礼乐文化研究读本

夏静　编著

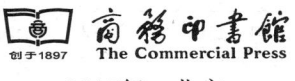

2017年·北京

图书在版编目（CIP）数据

礼乐文化研究读本 / 夏静编著. —北京：商务印书馆，2017
 ISBN 978-7-100-13243-5

Ⅰ.①礼… Ⅱ.①夏… Ⅲ.①礼乐-文化研究-中国 Ⅳ.①K892.9

中国版本图书馆CIP数据核字（2017）第064877号

本书获得国家社科基金重点项目"儒家早期文学价值观研究"（批准号 16AZW001）资助

权利保留，侵权必究。

礼乐文化研究读本
夏静　编著

商　务　印　书　馆　出　版
（北京王府井大街36号　邮政编码 100710）
商　务　印　书　馆　发　行
三河市尚艺印装有限公司印刷
ISBN 978 - 7 - 100 - 13243 - 5

2017年10月第1版　　开本 710×1000　1/16
2017年10月第1次印刷　印张 24

定价：60.00 元

目 录

导 论 1

旧学时期经典文献选录

论语（节选） 9
  学而（节录） 9
  为政（节录） 10
  雍也（节录） 10
  泰伯（节录） 10
  先进（节录） 10
  颜渊（节录） 10
  子路（节录） 11
  宪问（节录） 11
  季氏（节录） 11
  阳货（节录） 11

墨子（节选） 15
  非乐上 15

  三辩 21
左传（节选） 23
  隐公三年（节录） 23
  隐公十一年（节录） 25
  桓公二年（节录） 27
  庄公二十七年 29
  僖公二十七年 31
  成公十二年（节录） 34
  襄公二十九年（节录） 36
  昭公二十五年（节录） 39
孟子（节选） 43
  梁惠王下（节录） 43
  公孙丑上（节录） 45
  滕文公上（节录） 47
  离娄上（节录） 49
荀子（节选） 52
  礼论（节录） 52
  乐论（节录） 58
韩非子（节选） 62
  十过（节录） 62
  孤愤（节录） 64
  说难（节录） 66
  亡徵（节录） 67
庄子（节选） 70
  骈拇（节录） 70
  马蹄（节录） 73
  天道（节录） 76
  缮性（节录） 78
  徐无鬼（节录） 80
  渔父（节录） 82
  天下（节录） 84

周礼（节选） ... 87
- 天官冢宰·大宰 ... 87
- 天官冢宰·内宰（节录） ... 91
- 地官司徒·大司徒 ... 94
- 春官宗伯·大宗伯 ... 98
- 春官宗伯·大司乐 ... 102
- 秋官司寇·大行人 ... 106

仪礼（节选） ... 112
- 士昏礼第二（节录） ... 112
- 士相见礼第三（节录） ... 116
- 乡饮酒礼第四（节录） ... 118
- 燕礼第六（节录） ... 120

礼记（节选） ... 126
- 文王世子 ... 126
- 礼运 ... 133
- 礼器 ... 139
- 效特牲（节录） ... 146
- 内则（节录） ... 151
- 大传 ... 153
- 乐记 ... 156
- 经解 ... 162
- 仲尼燕居 ... 164
- 孔子闲居 ... 168
- 中庸 ... 171

上博简（节选） ... 183
- 缁衣（节录） ... 183
- 性情论（节录） ... 183

郭店楚简（节选） ... 186
- 五行（节录） ... 186
- 性自命出（节录） ... 186
- 六德（节录） ... 187

尊德义（节录）	187
语丛一（节录）	187
语丛二（节录）	187

新书（节选） 191
新书·礼 191

春秋繁露（节选） 200
玉杯（节录） 201
立元神（节录） 202
三代改制质文（节录） 203

史记（节选） 205
礼书（节录） 205
乐书（节录） 210

汉书（节选） 222
礼乐志（节录） 222
艺文志（节录） 226

白虎通义·礼乐（节录） 232
礼乐 232
右总论礼乐 233
右论太平乃制礼乐 233
右论王者乐六 234
右论四夷之乐 234
右论降神之乐 234
右论侑食之乐 234

礼稽命征（节录） 241

礼　纬 244

乐动声仪 248

乐叶图征 253

乐　纬 259

乐　论 263
附（乐论佚文） 267

声无哀乐论 272

宋书（节选） 291
　　礼志（节录） 291
　　乐志（节录） 293
贞观政要·论礼乐（节录） 297
议礼乐 303
礼乐论（节录） 306
二程遗书（节选） 312
　　伊川先生语四 312
问礼乐（节录） 316
　　用和为贵章 316
传习录·礼乐论（节选） 319
文史通义（节选） 324
　　诗教上 324
　　诗教下 330
　　经解上 336
　　经解中 338
　　经解下 342
杂著·礼 347

新学时期代表文章选录

礼教绪论 353
艺术之教育底功用 355
乐的精神与礼的精神
　　——儒家思想系统的基础 357
礼乐新解 360
由音乐探索孔子的艺术精神 362
孔子的礼学体系
　　——纪念孔子诞辰二千五百四十周年 364
宗周的礼乐文明 366

评孔丘的"正乐"思想 368
忧乐圆融
  ——中国的人文精神 370
中国古典美学的奠基石
  ——论《乐记》的美学思想 372

后　记 375

导论

　　历代礼乐研究，内容极为浩瀚，有狭义和广义之分。狭义主要是指围绕"三礼"进行的一系列研究，肇始于孔子，鼎盛于汉儒，源远流长，盛而不衰，这在"六经"研究中居于重要位置，是传统儒学及经学研究的一个重镇。历代学者从音韵、文字、训诂、订补、校勘、辨伪、辑佚等角度进行原典考证，以及礼学流派、传承及演变的研究，因此主要是基于事实判断基础上的还原性研究；广义则包括礼乐载体"六经"的研究。礼乐本乎天，贯通群经，讲天地变化之道的为《易》，讲历史典制的为《书》，讲政教兴废的为《雅》、《颂》，《春秋》则为礼义之大宗，《汉书·礼乐志》："《六经》之道同归，而礼乐之用为急。"以"六经"为主体的传统礼乐研究，涵盖了经学研究的核心部分。广义的研究作为古人对宇宙世界、社会人生所持的一种基本判断标准，因其构成的价值体系体现了古人的生存状态与信仰世界，故而在中华民族的思想文化史上长久地发挥着精神支柱的作用。

　　从礼乐研究的内容看，分为礼学和乐学两个部分。礼学研究，或传注笺疏，或考索典章制度，或研讨名物度数，代有著述，成果丰硕，难以计数。与之相比，乐学研究则存在严重的不足，究其根源，大致有三：其一，"乐"无经。其二，在旧学时代，礼乐合一言礼。从孔子以来的儒者用一个"礼"

字总括传统文化，礼学与广义上的文明或文化乃同一概念，因而传统礼学常常包含礼学与乐学。其三，新学研究时期，受西学专业划分以及相应知识工具的限定，乐学研究主要局限在史学和艺术研究领域。从时间上看，礼乐研究历史不仅早于儒学与经学的研究历史，而且在两千年的发展中，随着儒学及经学研究的兴衰更替而成为传统学术中的一门显学。从孔子时代就开始了对三代礼乐的研究，并形成礼经学和礼制学两条主轴。以晚清为界，礼乐研究可分为旧学与新学两个时期，这是与中国古代学术传统的崩溃与现代学术传统的建立同步的。

旧学时期的礼乐研究，主要是历代学者对"三礼"经义和礼制的研究，以及散见于经、史、子、集中的理论性阐发，如荀子及北宋李觏的礼论等。从整体特征上看，旧学时期的研究，具有强烈的经世致用色彩和历史阶段性特征。所谓经世致用表现为，历代礼乐研究总是追随政治权力的取向而论经证义，最终目的在于通经致用，故而歧见百出、矛盾重重；所谓历史阶段性表现为，礼乐研究随着历代经学研究的发展，在历史形态和工具范式上呈现出明显的阶段性特征，故《四库全书总目提要·经部总叙》有"儒者沿波，学凡六变"的论断。

礼乐制度的研究可以分为两个层面：具体的礼典制定与纯学术性的古礼考辨。秦汉以降，几乎每一个朝代都要根据三代传统与礼治实践来制定本朝的礼乐制度，形成礼典以备施行，如宋嘉祐年间的《太常因革礼》、政和年间的《政和五礼新仪》，唐开元盛世的《大唐开元礼》，明洪武年间的《明集礼》，清乾隆年间的《钦定大清通礼》，民国《北泉议礼录》等官修礼制。除官修以外，还有私家编纂的礼书，其内容主要是关于冠、婚、丧、祭等日用伦常的家礼、乡礼等，如宋司马光《司马氏书仪》、朱熹《朱子家礼》，明王守仁《南赣乡约》、黄佐《泰泉乡礼》，等等。与礼典的制定不同，纯学术层面的研究则着眼于搜辑考订，如唐杜佑《通典》中《礼典》一百卷，《乐典》七卷，元马端临《文献通考》中《郊祀考》二十三卷、《宗庙考》十五卷、《王礼考》二十二卷、《乐考》二十一卷，清秦蕙田《五礼通考》七十五类，等等，对于烦琐的名物、制度、礼节，明其沿革，究其礼意。以《通典》为例，凡二百卷，约一百七十万字，分八门，礼占卷帙之半，尽述唐以及唐以前历代礼制的沿革,四库馆臣评曰:"斟酌损益,首尾完备。"

以历史阶段而论,礼乐研究始于先秦。百年来出土材料与传世典籍的印证,业已证明夏、商、周是中华文明的成熟定型期,中国历史上确有"夏礼"、"殷礼"和"周礼"的存在,周礼则为三代礼乐之集大成。后世礼乐研究正是以三代制度为根基,以阐发礼乐文化精神为宗旨的一门学问。此一时期的研究留下了诸多争议极大的问题,针对这些问题的不同结论成为经学研究的不同学派与师承的源头。诸子之学兴起的背景正是春秋的"礼坏乐崩",对于礼乐的研究总结受到了这一时代思想家的高度重视,在《左传》、《国语》、《论语》等典籍中,谈论礼乐的言论数不胜数。人们从各个层面讨论礼的起源与效用、礼制与礼治的关系、礼与仁的关系,等等。与孔子同时或之前的思想家都有关于礼乐的研究,如子产、晏子、老子、墨子等,其中子产对周礼的哲学阐释以及晏子、老子、墨子对礼乐的思考,是礼乐研究发端时期的重要思想源头。孔子思想的主体是以礼乐为知识背景而阐发生成的,其仁学本体论为礼乐教化思想提供了一种文化哲学的基础,从而使其避免流于钟鼎玉帛的表面形式而具有更为深厚的理论生命力。孔子以后,儒家的礼乐传统一以贯之。战国时代的荀子有《礼论》、《乐论》专篇,第一次在理论上明确礼教、乐教的不同特点,对礼乐的起源、本质和作用等诸多问题进行了总结,形成了相当完整的思想体系,尤其是礼与法的结合,和孔子礼与仁的结合一样,成为后世礼乐研究的重要思想依据之一。

礼乐研究的鼎盛期在两汉,这是中国古代礼乐研究系统化、规范化、细密化时期。主要表现在两个方面:一是"三礼"之学大兴,并最终确立了经学地位。汉代统治者非常重视"三礼"的整理与传播,从制度层面上促使了汉代礼乐研究的鼎盛。郑玄破除门户,遍注"三礼",构成了中国传统礼经学和礼仪学的脊柱。子学研究方面,从贾谊、董仲舒到班固、王符、荀悦,等等,他们对礼与法、德与刑的关系进行了充分的理论阐述,形成了德主刑辅、礼法合治的思想。与先秦研究所不同的是,此一个时期不再是"六艺"之学与诸子之学并行,而是以经学研究为主,子学降到附属的地位。二是两汉"礼乐复兴"中方兴未艾的制度建设。汉代的礼乐制度建设始于叔孙通,其制礼定乐,活动全面,兼采古礼与秦礼,包括定朝仪、宗庙礼乐、宗庙仪法、天子服制等。从元帝到西汉末年，汉代礼乐在兴废之间拉锯，依托儒家经典，托古改制是这一时期思想发展的主导力量，此一趋势到王莽时期引发了一个新的高潮。东汉时期统治者仍致力于完善礼乐制度，章帝时期《白虎通》所确立的"三纲"，成为传统时代礼乐研究中最根本的指导思想。汉代乐府有很大的发展，从武帝到成帝的一百多年是乐府的昌盛期，其用途涵盖了礼乐政治的各个方面。

魏晋至明代是礼乐研究的兴衰与更迭时期。魏晋六朝玄学与佛学虽然极为兴盛，但出于门阀制度维护等级特权的需要，礼乐之学仍独炽不衰。鉴于丧服制度最能体现宗法社会之尊卑亲疏关系，故而南方六朝礼学以丧服学最为精密，在《隋书·经籍志》经部"礼"类著录中，标明"丧服"者有五十部，占三分之一还要多。魏晋时期古文经地位上升，贾逵、马融、王肃等反对郑学，用古文注"三礼"，王肃在政治上联姻司马氏，使其礼学列于学官而夺郑学之位。北朝礼学偏重《周礼》，也颇为兴盛。据《北史·儒林传》记载熊安生"专以三礼教授弟子，自远方至者千余人"，所撰《周礼义疏》二十卷，《礼记义疏》三十卷，惜未传世。北周文帝以《周礼》为立国之根本大法，这就直接影响了其后隋唐的礼乐制度。赵翼《廿二史劄记》："六朝人最重'三礼'之学，唐初犹然。"唐朝国家昌盛，文教繁荣，礼学空前发展。太宗时修《贞观礼》，高宗时修《显庆礼》，玄宗时修《开元礼》，这三部礼书堪称古代礼制之大备。同时，唐代科举以九经取士，并以《礼记》为大经，《周礼》、《仪礼》为中经，故学子多习《礼记》。唐初孔颖达、贾公彦所撰"三礼"义疏是钦定的科举范本，这三部里程碑式的著作完成了对南北朝礼经学的总结。

宋儒以理学悟礼意，庆历以后始兴疑古之风，排斥汉唐旧说，遂有王安石废置《仪礼》，以《周礼》取士，撰《周礼新义》二十二卷，另有王昭禹撰《周礼详解》四十卷，易祓撰《周官总义》三十卷等，使《周礼》之学突起。与此相反，欧阳修、苏轼、苏辙多毁《周礼》，胡安国、胡宏父子亦反对王安石援《周礼》变法，这种状况一直延至南宋。朱熹以《仪礼》为经、以《礼记》为传、以《周礼》为纲来构筑他的礼学体系，成为继孔子、荀子、郑玄之后，又一位重要的礼学传承人物。朱子礼学注重"践履"，所著

《朱子家礼》，在明清两代传遍全国，是民间的通用礼。"三礼"之学至宋而微，元代除陈澔《礼记集说》外，无可称道者，至明几成绝学。在礼仪的订立上，宋代以后承续了自《开元礼》以来撰作"五礼"的传统，《政和五礼新仪》、《明集礼》、《清通礼》是留存至今的代表性礼典。此外，家礼、书仪类著述在宋元明清大量出现，成为礼仪学的一个新的重要支流。这类著作基本上都是由士大夫或乡绅私人编纂，内容着重于冠、婚、丧、祭"四礼"及其他日常行为规范，故常以"四礼"为标题，如吕坤《四礼疑》和《四礼翼》、马从聘《四礼辑》、韩承祚《四礼集说》等。这一个时期还出现了不少承续子学传统的礼论，如李世民《论礼乐》、白居易《议礼乐》、王安石《礼乐论》、真德秀《问礼乐》等，在一定范围内产生了影响。

　　清代礼乐研究受乾嘉学派考据之风的影响，出现了一批带总结性的鸿篇巨作。在诸经新疏方面，完稿于光绪二十五年（1899年）、初版于1905年的《周礼正义》，凡八十六卷，二十三万字，是孙诒让用毕生精力完成的巨著。该书博采宋元明清诸家之说，疏通考证，折中至当，乃集大成之作；胡培翚《仪礼正义》四十卷，补郑注之所未备，并以近儒之说附、订《注》；孙希旦《礼记集解》六十一卷，取郑注孔义，并取宋元以来诸儒之说，遵程朱理学解释礼意。在礼学通论方面，江永《礼书纲目》仿《仪礼经传通解》、徐乾学《读礼通考》特详丧礼、秦蕙田《五礼通考》特详吉礼，网罗众说，考古多于通今。另有邵懿辰《礼经通论》、朱彬《礼记训纂》、郭嵩焘《礼记质疑》等。在考释及工具书方面，胡匡衷《仪礼释官》、江永《仪礼释宫增注》、程瑶田《仪礼丧服足征记》、沈彤《周官禄田考》、王鸣盛《军赋说》、戴震《考工记图》，都是考据派的代表作。工具书方面，有张惠言《仪礼图》、凌廷堪《礼经释例》等。清人的研究囊括各个方面，达到了传统礼乐研究的顶峰。

　　从 20 世纪初开始，在出土材料和西学范式的影响下，礼乐研究开始进入了新学时期。胡适 1919 年出版《中国哲学史大纲》，认为礼是一切习惯风俗所承认的规矩，可以随时改良变换。这种对礼的理解，较之旧学时期的观念，已经有了质的不同。李安宅 1930 年出版《〈仪礼〉与〈礼记〉社会学的研究》一书，较早尝试从新的角度阐释古礼。1942 年朱光潜撰写《乐的精神与礼的精神——儒家思想系统的基础》一文，在西学之伦理学、教育学与政治学、宗教学的知识背景下，以乐之和与礼之序建构儒家思想系统的核心。1947年邓小琴《中国礼俗学纲要》和柳诒徵《中国礼俗史发凡》问世，两者都提出研究"礼"离不开"俗"。1965年杨宽《古史新探》一书中包括了六篇论文，其中有《"冠礼"新探》、《"乡饮酒礼"与"乡礼"新探》、《"射礼"新探》等文，将传世典籍与出土文物、民族调查资料结合起来，是新学时期研讨古代礼制的典范之作。1979年有顾颉刚《周公制礼的传说和〈周官〉一书的出现》和沈文倬《略论礼典的实行和〈仪礼〉书本的撰作》问世。以上成果基本上奠定了现代学术意义上礼乐研究的雏形。

新学时期的研究，虽然研究的主要对象仍然是"三礼"的经义以及历代的注疏阐释，但是由于对西学研究范式的借鉴以及考古材料的不断出现，使得新学时期的研究重点和方法，较之旧学，已经具有明显不同的特点，这主要表现在两个方面：其一，随着西学思想的大量涌入，各种新学科的划分把传统的礼乐研究带进了新的学科领域，如文化学、人类学、考古学、民俗学、政治学、宗教学、哲学、艺术、思想史等，形成多学科、多方位的研究态势。各种新的理念、范式的导入为礼乐研究注入了新的研究意识，逐渐摆脱了旧学以古证古的路数，从而更加注重从思想文化的角度进行研究。其二，注重古代文献资料与新发现的考古资料、古文字资料以及民族学资料的互相印证。王国维提倡的"二重证据法"的"古史新证"以及李济提出的以考古学为中心的"古史重建"是新学研究能够突破传统套路，取得突破性进展的重要方法论原则。大批文物材料的出土，为三代礼乐研究提供了翔实而可靠的证据，尤其是龙山、仰韶、二里头、殷墟遗址的发掘，甲骨文、青铜铭文、战国简帛等出土文字材料以及大量礼器、乐器与祭祀遗址的重现，为重新定义三代文明乃至追溯更为早期的文明源头找到了强有力的证据。这些成果的取得，为新时期的研究注入了新的活力，也为古老的礼乐文化研究展开了新的篇章。

旧学时期经典文献选录

论语（节选）

孔子（前551—前479），名丘，字仲尼，春秋时鲁国人，我国伟大的思想家、教育家和政治家。孔子三岁丧父，家道中落，"少好礼"，自幼受传统礼制的熏陶，青年时便以广博的礼乐知识闻名于鲁，从事儒者之业，以替富贵者办理丧祭赞礼为生。中年时，聚徒讲学，从事教育活动。年五十，曾一度担任鲁国的"司寇"，摄行相职，不久即弃官离鲁，率弟子周游列国，终不见用。晚年回到鲁国，致力教育事业，整理《诗》、《书》等古代典籍，删修《春秋》。孔子的思想学说主要汇集在《论语》中，其思想及学说对后世产生了深远的影响。

学而（节录）

有子曰："礼之用，和为贵^{（一）}。先王之道，斯为美^{（二）}。小大由之，有所不行。知和而和，不以礼节之，亦不可行也。"

有子曰："信近于义，言可复也^{（三）}。恭近于礼，远耻辱也^{（四）}。因不失其亲^{（五）}，亦可宗也。"

子贡曰："贫而无谄，富而无骄，何如？"子曰："可也。未若贫而乐^{（六）}，富而好礼者也^{（七）}。"子贡曰："《诗》云：'如切如磋，如琢如磨'，其斯之谓与？"子曰："赐也，始可与言《诗》已矣，告诸往而知来者^{（八）}。"

为政（节录）

子曰："道之以政^(九)，齐之以刑，民免而无耻^(一〇)。道之以德^(一一)，齐之以礼，有耻且格^(一二)。"

孟懿子问孝^(一三)。子曰："无违。"樊迟御，子告之曰："孟孙问孝于我，我对曰，无违。"樊迟曰："何谓也？"子曰："生，事之以礼。死，葬之以礼，祭之以礼。"

雍也（节录）

子曰："君子博学于文^(一四)，约之以礼，亦可以弗畔矣夫^(一五)！"

泰伯（节录）

子曰："兴于诗，立于礼，成于乐^(一六)。"

先进（节录）

子曰："先进于礼乐，野人也。后进于礼乐，君子也^(一七)。如用之，则吾从先进^(一八)。"

颜渊（节录）

颜渊问仁。子曰："克己复礼为仁^(一九)。一日克己复礼，天下归仁焉。为仁由己，而由人乎哉！"颜渊曰："请问其目。"子曰："非礼勿视，非礼勿听，非礼勿言，非礼勿动。"颜渊曰："回虽不敏，请事斯语矣。"

子路（节录）

子路曰："卫君待子而为政，子将奚先？"子曰："必也正名乎！"子路曰："有是哉，子之迂也！奚其正？"子曰："野哉[二〇]，由也！君子于其所不知，盖阙如也。名不正则言不顺，言不顺则事不成，事不成则礼乐不兴，礼乐不兴则刑罚不中，刑罚不中则民无所错手足，故君子名之必可言也，言之必可行也。君子于其言，无所苟而已矣。"

樊迟请学稼[二一]。子曰："吾不如老农。"请学为圃[二二]。曰："吾不如老圃。"樊迟出。子曰："小人哉，樊须也！上好礼，则民莫敢不敬。上好义，则民莫敢不服。上好信，则民莫敢不用情[二三]。夫如是，则四方之民襁负其子而至矣，焉用稼！"

宪问（节录）

子路问成人。子曰："若臧武仲之知，公绰之不欲，卞庄子之勇，冉求之艺，文之以礼乐，亦可以为成人矣。"

季氏（节录）

孔子曰："天下有道，则礼乐征伐自天子出；天下无道，则礼乐征伐自诸侯出。自诸侯出，盖十世希不失矣[二四]；自大夫出，五世希不失矣；陪臣执国命[二五]，三世希不失矣。天下有道，则政不在大夫。天下有道，则庶人不议。"

孔子曰："益者三乐，损者三乐。乐节礼乐[二六]，乐道人之善[二七]，乐多贤友[二八]，益矣。乐骄乐[二九]，乐佚游[三〇]，乐宴乐[三一]，损矣。"

阳货（节录）

子曰："礼云礼云，玉帛云乎哉[三二]？乐云乐云，钟鼓云乎哉？"

■ 题解

《论语》记录了孔子及其弟子的言行,是一部孔子弟子及再传弟子所编写的语录体著作。现行的《论语》在汉代整理而成,共二十篇,是儒家学派的经典文献。《论语》集中体现了孔子"仁"、"礼"和"中庸"的思想内涵,以及"为政以德"的政治观,"因材施教"的教育观,"知其不可为而为之"的人生观等理念。《论语》与《大学》、《孟子》、《中庸》并称"四书"。

■ 注释

（一）和：谓乐也。《说文》："龢，调也"，"盉，调味也"。乐调谓之龢，味调谓之盉，事之调适者谓之和，其义一也。

（二）"先王之道"二句，言先王治民之道，以此礼贵和美，礼节民心，乐民声。斯：此也。

（三）"信近于义"二句，义不必信，信非义也。朱熹《集注》："复，践言也。"但未举论证，因之后代训诂家多有疑之者。按朱注，复言，即践行诺言之义。

（四）"恭近于礼"二句，恭不合礼，非礼也。以其能远耻辱，故曰近礼也。

（五）因：依靠，凭借。

（六）乐：谓志于道，不以贫为忧苦。

（七）好：谓闲习礼容，不以富而倦略。

（八）诸：之也。

（九）政：谓法教。

（一〇）免：苟免。例如："免罪"、"免刑"、"免祸"。

（一一）德：谓道德。

（一二）格：正也。

（一三）孟懿子：鲁国的大夫，三家之一，姓仲孙，名何忌，"懿"为谥号。

（一四）文：即诗书礼乐，一切典章制度，著作义理，皆属文。

（一五）约：约束。"畔"同"叛"，背义。君子能博约并进，礼文兼修，自可不背于道。

（一六）兴：起也。立：立身也。成：成性也。

（一七）先进、后进：谓仕先后辈也。礼乐因世损益，后进与礼乐，俱得时之中，斯君子矣；先进有古风，斯野人也。

（一八）"如用之"两句，将移风易俗，归之淳素。先进犹近古风，故从之。

（一九）克：约也。己：身也。复：返也。身能返礼则为仁矣。

（二〇）野：鲁莽。

（二一）稼：谓树五谷。

（二二）圃：谓树菜蔬。

（二三）情：情实也。言民化于上，各以实应。

（二四）希：少也。

（二五）陪：重也，谓家臣。

（二六）节礼乐：节者，有节制。礼贵中，乐贵和，皆有节。以得礼乐之节，不失于中和为乐，亦有益。

（二七）"乐道人之善"者，谓好称人之美。

（二八）"乐多贤友"者，谓好多得贤人以为朋友。

（二九）"乐骄乐"者，谓恃尊贵以自恣。

（三〇）"乐佚游"者，谓好出入不节。

（三一）"乐宴乐"者，谓好沉荒淫渎，必有损。

（三二）玉：圭璋之属。帛：束帛之属。皆行礼之物。

■ 讲疏

在《论语》中，孔子与弟子多次谈及礼乐文化对社会的重要作用。孔子崇尚礼治和道德教化，认为"礼"作为行为准则，能促进社会和谐，社会上每个人都应按"礼"所示行事，做到"非礼勿视，非礼勿听，非礼勿言，非礼勿动"。"乐"之本质是"和"，所谓"和"，意味着和合、和谐；"礼"之本质是"序"，所谓"序"，意味着等级、秩序。和谐与秩序是对立的统一。

在古人的社会理想中，一方面靠"礼"，即政治制度与道德规范维护等级秩序；另一方面用"乐"，即诗歌、音乐、舞蹈等情感满足方式维系和谐一致。一个理想的社会，必须是礼乐兼备，相辅相成，"礼"与"乐"不可相离，不可偏废。为此，孔子提出"复礼"、"正乐"、"正诗"、"正名"等一系列主张，旨在通过纠正"礼"与"乐"之间业已出现的崩坏状态，使之与社会人生达成一种新的平衡，从而实现其礼乐复兴、思想重建的政治理想。孔子所说的"乐"，不仅常常与"礼"并提，且在内容与本质上，都是与规范性的"礼"密不可分的。儒家理想人格的培养，就是通过感发于"诗"，立足于"礼"，完成于"乐"的过程，"诗"、"乐"、"礼"融合为一，在具体感性的愉悦中，培养出"文质彬彬"、"尽善尽美"的理想君子。

■ 参考文献

《论语注疏》，《十三经注疏》，清阮元校刻本，中华书局1980年。

《论语正义》，《十三经清人注疏》，（清）刘宝楠撰，中华书局1990年。

《论语译注》，杨伯峻译注，中华书局2009年。

《钱穆先生全集——论语新解》，钱穆著，九州出版社2011年。

《中国美学思想史》，敏泽著，齐鲁书社1987年。

《合内外之道——儒学文艺思想论集》，夏静著，中国社会科学出版社2012年。

墨子（节选）

墨子名翟，生卒年于史无载，根据清代及近代学者研究，他生活于春秋、战国之际，时代略后于孔子。至于墨子的籍贯，说法不一，一般认为他是鲁国人。墨子为墨家学派的创始人，有"兼爱"、"非攻"、"尚贤"、"尚同"、"天志"、"明鬼"、"非命"、"非乐"、"节葬"、"节用"等思想主张。他告诫统治者要勤政行善，减轻下层劳作者的负担；反对一切侵伐别国的战争，积极探讨守城御敌的方法；反对贵族生活的奢侈化，提倡节省财力；主张唯贤是举，不偏袒亲贵。墨子死后，墨家分为相里氏之墨、相夫氏之墨、邓陵氏之墨三个学派。墨家学派在先秦时期影响很大，与儒家并称"显学"。

非乐上

子墨子言曰，仁人之事者，必务求兴天下之利，除天下之害。将以为法乎天下，利人乎即为，不利人乎即止。且夫仁者之为天下度也，非为其目之所美，耳之所乐，口之所甘，身体之所安，以此亏夺民衣食之财，仁者弗为也。是故子墨子之所以非乐者，非以大钟鸣鼓琴瑟竽笙之声以为不乐也（一），非以刻镂华文章之色以为不美也，非以犓豢煎炙之味以为不甘也（二），非以高台厚榭邃野之居以为不安也（三）。虽身知其安也，口知其甘也，目知其美也，耳知其乐也，然上考之不中圣王之事，下度之不中万民之利，是故子墨子曰：为乐非也。

今王公大人虽无造为乐器^(四)，以为事乎国家，非直掊潦水、折壤坦而为之也^(五)，将必厚措敛乎万民，以为大钟鸣鼓、琴瑟竽笙之声。然则当用乐器，譬之若圣王之为舟车也，即我弗敢非也。古者圣王亦尝厚措敛乎万民，以为舟车。既以成矣，曰："吾将恶许用之^(六)？"曰："舟用之水，车用之陆，君子息其足焉，小人休其肩背焉^(七)。"故万民出财，赍而予之^(八)，不敢以为戚恨者，何也？以其反中民之利也。然则乐器反中民之利亦若此，即我弗敢非也。

民有三患：饥者不得食，寒者不得衣，劳者不得息，三者民之巨患也。然即当为之撞巨钟^(九)，击鸣鼓，弹琴瑟，吹竽笙，而扬干戚^(一〇)，民衣食之财将安可得乎^(一一)？即我以为未必然也。意舍此^(一二)，今有大国即攻小国，有大家即伐小家，强劫弱，众暴寡，诈欺愚，贵傲贱，寇乱盗贼并兴，不可禁止也。然即当为之撞巨钟，击鸣鼓，弹琴瑟，吹竽笙，而扬干戚，天下之乱也，将安可得而治与？即我以为未必然也。是故子墨子曰：姑尝厚措敛乎万民，以为大钟鸣鼓、琴瑟竽笙之声，以求兴天下之利，除天下之害，而无补也。是故子墨子曰：为乐非也。

今王公大人唯毋处高台厚榭之上而视之，钟犹是延鼎也^(一三)，弗撞击，将何乐得焉哉？其说将必撞击之。惟勿撞击^(一四)，将必不使老与迟者^(一五)，老与迟者，耳目不聪明，股肱不毕强^(一六)，声不和调，明不转朴^(一七)。将必使当年^(一八)，因其耳目之聪明，股肱之毕强，声之和调，明之转朴。使丈夫为之，废丈夫耕稼树艺之时；使妇人为之，废妇人纺绩织纴之事。今王公大人唯毋为乐，亏夺民衣食之财以拊乐，如此多也^(一九)。是故子墨子曰：为乐非也。

今大钟鸣鼓、琴瑟竽笙之声，既已具矣，大人肃然奏而独听之，将何乐得焉哉？其说将必与贱人^(二〇)。不与君子听之，废君子听治；与贱人听之，废贱人之从事。今王公大人唯毋为乐，亏夺民之衣食之财以拊乐，如此多也。是故子墨子曰：为乐非也。

昔者齐康公兴乐万^(二一)，万人不可衣短褐^(二二)，不可食糠糟。曰："食饮不美，面目颜色不足视也；衣服不美，身体从容不足观也^(二三)。"是以食必粱肉，衣必文绣。此掌不从事乎衣食之财^(二四)，而掌食乎人者也。是故子墨子曰：今王公大人惟毋为乐，亏夺民衣食之财以拊乐，如此多也。是故子墨子曰：为乐非也。

今人固与禽兽、麋鹿、蜚鸟^(二五)、贞虫异者也^(二六)。今之禽兽、麋鹿、蜚鸟、贞虫，因其羽毛以为衣裘，因其蹄蚤以为绔屦^(二七)，因其水草以为饮食。故唯使雄不耕稼树艺，雌亦不纺绩织纴，衣食之财固已具矣。今人与此异者也，赖其力者生^(二八)，不赖其力者不生。君子不强听治，即刑政乱；贱人不强从事，即财用不足。今天下之士君子以吾言不然，然即姑尝数天下分事，而观乐之害。王公大人蚤朝晏退，听狱治政，此其分事也。士君子竭股肱之力，亶^(二九)其思虑之智，内治官府，外收敛关市、山林、泽梁之利，以实仓廪府库，此其分事也。农夫蚤出暮入，耕稼树艺，多聚叔粟，此其分事也。妇人夙兴夜寐，纺绩织纴，多治麻丝葛绪，綑布縿^(三〇)，此其分事也。今惟毋在乎王公大人说乐而听之，即必不能蚤朝晏退，听狱治政，是故国家乱而社稷危矣。今惟毋在乎士君子说乐而听之，即必不能竭股肱之力，亶其思虑之智，内治官府，外收敛关市、山林、泽梁之利，以实仓廪府库，是故仓廪府库不实。今惟毋在乎农夫说乐而听之，即必不能蚤出暮入，耕稼树艺，多聚叔粟，是故叔粟不足。今惟毋在乎妇人说乐而听之，即必不能夙兴夜寐，纺绩织纴，多治麻丝葛绪，綑布縿，是故布縿不兴。曰：孰为大人之听治而废国家之从事，曰乐也。是故子墨子曰：为乐非也。

何以知其然也？曰："先王之书汤之《官刑》有之。曰：其恒舞于宫，是谓巫风。其刑，君子出丝二卫，小人否^(三一)似二伯黄径。"乃言曰："鸣呼！舞佯佯^(三二)，黄言孔章，上帝弗常^(三三)，九有以亡^(三四)。上帝不顺，降之百殃^(三五)，其家必坏丧。"察九有之所以亡者，徒从饰乐也。于《武观》曰："启乃淫溢康乐，野于饮食^(三六)，将将铭，莧磬以力，湛浊于酒^(三七)，渝食于野^(三八)，万舞翼翼^(三九)，章闻于大^(四〇)，天用弗式^(四一)。"故上者天鬼弗戒，下者万民弗利。

是故子墨子曰："今天下士君子，请将欲求兴天下之利，除天下之害，当在乐之为物，将不可不禁而止也。"

■ 题解

《非乐上》，《墨子》篇名，主要记载墨子对音乐的否定。"非乐"，即对沉迷于声乐的社会现状提出批判，谴责统治阶层的腐化生活。儒家以"诗"、"书"、"礼"、"乐"作为教化百姓、实行仁政的重要手段，对"乐"大力提倡，而墨家却针锋相对地提出"非乐"的主张。墨子认为当时的统治者为了满足自身享乐，不仅加重赋税，"亏夺民衣食之财"，而且还驱使大批青壮年为其击鼓鸣钟，大搞繁乐，导致整个社会"废君子听治，废贱人从事"，"废丈夫耕稼树艺，废妇人纺绩织纴"，使得国家"财用不足"，"仓廪府库不实"，人民"饥不得食，寒不得衣，劳不得息"。对此，墨家主张兴天下之利，除天下之害，反对贵族们的文娱生活，认为音乐只是贵族们享受的奢侈品，不能兴利除害，反而会妨碍人们的正常工作和生活。此外，在墨家看来，民之三大患（饥者不得食、寒者不得衣、劳者不得息）都不能靠撞巨钟、击鸣鼓、弹琴瑟、吹竽笙、扬干戚去解决。相反，制造钟鼓琴瑟等乐器以及豢养庞大的音乐歌舞队伍，要花费巨大的财富，"将必厚措敛乎万民"，"亏夺民衣食之财"，国君虽自取其乐，天下则会因此大乱。

■ 注释

（一）大钟：《尔雅·释乐》云："大钟谓之镛。"《说文》"金"部云："镛，大钟，淳于之属。"

（二）煎：熬也，凡有汁而干，谓之煎。犓，音"锄"，同"刍"，用草料喂养牲口。犓豢，指牛羊等牲口。

（三）邃：深也。野，王引之云："'野'字即宇字也，古读野如宇，故与宇通。"宇，屋也。《楚辞·招魂》："高堂邃宇"，王逸注："邃，深也；宇，屋也。"

（四）无：语词也。虽无，即唯毋，语气助词，无义。下文同此。

（五）壤坦：犹言壇土也。壇，同"坛"。

（六）恶许：犹言何许。

（七）"小人"句：言小人休息其负荷之劳也。

（八）"故万"句：言万民出财赍，以给为舟车之费也。财，敛财本数及余见者。赍，所给予人以物曰赍。

（九）即当：王引之注："即与则同，当与倘同。"当，与"尝"字通。尝，试也。撞：击也。

（一〇）扬：举也。

（一一）安：语助词，犹于是也，言衣食之财，将于是可得而具也。

（一二）意：通作"抑"。抑舍此者，言姑舍此弗论，而更论它事也。

（一三）延鼎：盖谓偃覆之鼎。延：冕上覆也。

（一四）惟勿：发语助词，犹云唯毋、唯无。勿，语词。

（一五）迟：晚也。王念孙："读为稺，迟与稺同训为晚。"此指小孩。

（一六）毕：疾也。毕强，动作快。

（一七）明：即目也。朴：为"扑"。

（一八）当年：壮年也。当：盛状之义。

（一九）拊：击也。拊乐：奏乐。

（二〇）"其说"句：谓所与共听者，非贱人则君子也。

（二一）兴：犹作也，犹喜也。万：万舞也。

（二二）短褐：即裋褐之借字。裋：竖使布长襦。褐：粗衣。短褐：亦曰竖褐，为褐布竖裁，劳役之衣，短而且狭。

（二三）"衣服"句：谓衣服不美者，身体之一举一动皆无足可观也。从容，举动也。

（二四）掌：与"常"字通。下同。

（二五）蜚：与"飞"字通。

（二六）贞：与"征"字通。

（二七）绔：胫衣也。《说文》："胫衣，即绑腿。"

（二八）赖：利也。生：旧作"主"，以意改，下同。

（二九）亶：尽也。苏时学："《非命篇》'亶'作'殚'。"孙诒让注："亶、殚声近字通。"

（三〇）纴：织也。紾：为缯也，缯，帛如绀色，或曰深缯。细布紾，犹言细布帛。

（三一）"小人"句：似言小人则无刑。此官刑，故严于君子而宽于小人。又疑"否"当为"咅"，即"倍"之省，犹《尚书·吕刑》云："其罚惟倍"，言小人之罚倍于君子也。

（三二）伴伴：洋洋，众多也。

（三三）"上帝"句：谓天弗右也。常，尚也，尚古通作常。尚。右也。

（三四）九有：九州也。

（三五）殄，"祥"字异文。《孔传》云："详，善也。天之祸福，惟善恶所在，不常在一家。"

（三六）于：往也。

（三七）湛湎：沉湎也，言饮酒无度。浊：乱也。

（三八）渝：孙云："渝与输通。"当读为偷，转输馈食于野，言游田无度也。《表记》郑注云："'偷'，苟且也。"谓苟且饮食于野外燕游之所。

（三九）翼翼：奕奕然，闲也，奕、翼字通。

（四〇）章：显闻。惠栋注："大"当作"天"。

（四一）用：因此。弗式：不以为法式。

■ 讲疏

墨子提出"非乐"的音乐美学主张。虽不否认美的客观存在，"非以大钟鸣鼓、琴瑟竽笙之声，以为不乐也；非以刻镂华文章之色，以为不美也"，认为音、色、甘、美也为人所需要，但要先质后文。强调追求华美的音乐不利于天下，贵族们鸣钟伐鼓并不能解决实际的社会问题，而且制造钟鼓琴瑟等乐器以及组织庞大的音乐歌舞队伍要花费巨大的国家财富，"将必厚措敛乎万民"，"亏夺民衣食之财"，主张音乐"不可不禁而止也"。"非乐"思想一方面是对当时统治者奢靡腐败生活的批判；另一方面却表现出狭隘功利主义的态度，以物质功利活动取代对于美和艺术的追求，从而相对忽视了音乐的正面作用。

三辩

程繁问于子墨子曰："夫子曰：'圣王不为乐。'昔诸侯倦于听治，息于钟鼓之乐^(一)。士大夫倦于听治，息于竽瑟之乐。农夫春耕夏耘^(二)，秋敛冬藏，息于聆缶之乐。今夫子曰：'圣王不为乐。'此譬之犹马驾而不税^(三)，弓张而不弛，无乃非有血气者之所能至邪？"

子墨子曰："昔者尧舜有茅茨者^(四)，且以为礼，且以为乐。汤放桀于大水，环天下自立以为王，事成功立，无大后患，因先王之乐，又自作乐，命曰《护》，又修《九招》。武王胜殷杀纣，环天下自立以为王，事成功立，无大后患，因先王之乐，又自作乐，命曰《象》^(五)。周成王因先王之乐，又自作乐，命曰《驺虞》^(六)。周成王之治天下也，不若武王，武王之治天下也，不若成汤；成汤之治天下也，不若尧舜。故其乐逾繁者，其治逾寡。自此观之，乐非所以治天下也。"

程繁曰："子曰：'圣王无乐。'此亦乐已，若之何其谓圣王无乐也？"子墨子曰："圣王之命也^(七)多寡之。食之利也，以知饥而食之者智也，因为无智矣。今圣有乐而少，此亦无也^(八)。"

■ 题解

《三辩》，《墨子》篇目之一。该篇通过墨子与程繁对音乐的讨论，指出圣人治理天下重在事功，提出"圣王不为乐"的思想。反对后世为了音乐享受，愈发追求音乐的繁密、精巧。

■ 注释

（一）听治：听政，处理政务。钟鼓：谓金奏。

（二）耘：除苗间秽也。

（三）税：舍车也，指马从车上解脱出来。赵、宋、陈、魏之间谓之税。

（四）茅茨：毕沅云："'茅茨'旧作'第期'"，今据《太平御览》改。孔颖达疏："墨子称茅茨不剪，谓以茅覆屋。"

（五）象：郑玄注："象，周武王伐纣之乐。"《春秋繁露·三代改制质文》篇云："文王作《武乐》，武王作《象乐》，周公作《汋乐》。"

（六）驺虞：《诗·召南》有《驺虞》篇，盖作于成王时，故墨子以为成王之乐，凡诗皆可入乐也。《周礼·大司乐》篇云："大射令奏驺虞。"郑玄注："《驺虞》，乐章名。"

（七）命：令也。

（八）"食之"句：此言食为人之利，然人饥知食，不足为智，若因饥知食而谓之为智，则所知甚浅，固为无智矣，以喻圣王虽作乐而少，犹之无乐也。

■ **讲疏**

《墨子·三辩》篇通过墨子与程繁的辩论，强调圣人治理天下重在事功，反对追求音乐享受。这对批判当时统治者的享乐生活有现实意义。本篇亦可看出墨子的"非乐"思想，他认为统治者喜好音乐，必定会妨碍社会生产，浪费社会财富，加重劳动人民的负担，使劳动人民衣食不足，从而造成社会的混乱和国家的灭亡。他把音乐看作是奢侈品，音乐越繁复，治理国家的政绩就越少，因此他主张"非乐"。

■ **参考文献**

《墨子间诂》，（清）孙诒让撰，孙启治点校，中华书局2001年。

《墨子》，李小龙译注，中华书局2007年。

《墨子》，高秀昌注译，中州古籍出版社2008年。

《墨子校注》，吴毓江撰，孙启治点校，中华书局2006年。

《墨子导读》，水渭松著，巴蜀书社1991年。

左传（节选）

　　《左传》是我国最早的一部编年史，共三十五卷。关于本书的作者，司马迁和班固都认为是左丘明，唐宋以后的学者多有怀疑。清代今文经学家认为系刘歆改编，近人认为是战国初年人据各国史料编成，据杨伯峻考证，《左传》大约作于前403—前386年。《左传》的写作参照了《春秋》，记事起于鲁隐公元年（前722），迄于鲁哀公十七年（前478），它以《春秋》为文本，通过记叙春秋战国时期的史实说明《春秋》的纲目，并附以灭智伯之事，全面地记载了春秋时期各国的政治、军事、外交等方面的活动，比较真实地反映了当时的社会现实。《左传》直书无隐，褒贬分明，具有鲜明的政治道德倾向，对后世的影响体现在文史哲各个方面。《左传》还保存了当时流行的部分应用文，为后世应用文的发展提供了借鉴。《春秋左氏传》、《春秋公羊传》与《春秋穀梁传》合称"春秋三传"，并列为"十三经"。

隐公三年（节录）

■ 传

　　君子曰："信不由中，质无益也。明恕而行，要之以礼，虽无有质，谁能间之？苟有明信，涧谿沼沚之毛^(一)，蘋蘩蕰藻之菜^(二)，筐筥锜釜之器^(三)，潢污行潦之水^(四)，可荐于鬼神，可羞于王公^(五)。而况君子结二国之信，行之以礼，又焉用质？《风》有《采蘩》、《采蘋》，《雅》有《行苇》、《泂酌》，昭忠信也。"

....

石碏谏曰："臣闻爱子，教之以义方，弗纳于邪^{（六）}。骄、奢、淫、泆^{（七）}，所自邪也。四者之来，宠禄过也。将立州吁，乃定之矣。若犹未也，阶之为祸^{（八）}。夫宠而不骄，骄而能降，降而不憾，憾而能眕者，鲜矣。且夫贱妨贵，少陵长，远间亲，新间旧，小加大，淫破义，所谓六逆也。君义，臣行，父慈，子孝，兄爱，弟敬，所谓六顺也。去顺效逆，所以速祸也。君人者，将祸是务去，而速之，无乃不可乎！"弗听。其子厚与州吁游，禁之，不可。桓公立，乃老^{（九）}。

■ 题解

鲁隐公三年纪事。鲁隐公，名息，鲁国第十四代国君，《春秋》即起于鲁隐公元年。前文说"周、郑交恶"，选文取《诗》为言，以诗言志，通言盟约彼此之情。《正义》曰："《泂酌》论天子之事，是羞于王也。《采蘩》云公侯之事，是羞于公也。"《春秋左传注疏》："《采蘋》义取于不嫌薄物；《泂酌》义取虽行潦可以共祭祀也；《行苇》其意别取忠厚。"从文中可以看到《诗》用于外交，可"昭忠信也"，结两国之和。

■ 注释

（一）信：诚信。明恕：互相体谅。要：约束。谿：涧也。《尔雅·释水》："水注川曰谿。"李注："水出于山，入于川。"沼，池也。沚，小渚也。《诗·秦风·蒹葭》："宛在水中沚。"《诗·召南·江有渚》："江有渚，之子归，不我与。"毛，草也。

（二）蘋：大萍也，长于浅水。蘩：蟠蒿。蕰藻：聚藻也。《尔雅·释草》云："苹，萍，其大者蘋。"

（三）筥：《说文》云："筥，饭牛筐也。"锜：《广雅》云："锜，釜也。"

（四）潢污：谓水不流也。行潦：流潦。孔颖达疏："行，道也；雨水谓之潦。言道上聚流者也。服虔云：'畜水谓之潢；水不流谓之污；行潦，道路之水是也。'"

（五）羞：进奉食品。郑玄注《庖人》云："备品物曰荐，致滋味乃为羞。"

（六）碏：石碏，卫大夫。方：正确的礼仪规矩。

（七）泆：音"逸"，荒淫放荡。

（八）阶之为祸：成为酿成祸乱的阶梯。骄而能降：骄傲而能安心于地位的下降。降而不憾：地位下降而能无所怨恨。

（九）老：致仕也。《左传·宣公十七年》："范武子将老。"

■ 讲疏

孔子有"不学《诗》，无以言"的说法。从诗句中推衍出自己所要表达的意见和主张，这种"赋诗言志"的解读方式，使《诗》获得了一种社会交往功能。这种交往功能既以政教意见的表达为主，也包含着美感交流。诸侯国之间日益频繁的政治、外交活动，不仅讲求礼仪形式的等级和规格，更增加了对言语辞令的审美追求。《礼记·乐记》："声音之道与政通矣"，宗教祭祀、外交往来、礼仪道德、生活教育，诗或劝谏，或评论，或辨析，或颂扬，各有其用这种"观志"批评方法，体现出审美与政教统一的鲜明倾向。《左传》的这种赋诗，在一定程度上扩大了《诗》的功用和传播范围。

隐公十一年（节录）

■ 传

十一年春，滕侯、薛侯来朝，争长。薛侯曰："我先封。"滕侯曰："我，周之卜正也^(一)。薛，庶姓也，我不可以后之。"

公使羽父请于薛侯曰："君与滕君，辱在寡人^(二)。周谚有之曰：'山有木，工则度之；宾有礼，主则择之。'寡人若朝于薛，不敢与诸任齿。^(三)"君若辱贶寡人，则愿以滕君为请^(四)。

…………

乃使公孙获处许西偏，曰："凡而器用财贿，无置于许。我死，乃亟去之。吾先君新邑于此^(五)，王室而既卑矣^(六)，周之子孙日失其序。夫许，大岳之胤也^(七)，天而既厌周德矣，吾其能与许争乎？"

君子谓郑庄公于是乎有礼。礼，经国家，定社稷，序民人，利后嗣者也。许，无刑而伐之，服而舍之，度德而处之，量力而行之，相时而动，无累后人，可谓知礼矣。郑伯使卒出豭，行出犬鸡，以诅射颍考叔者。君子谓郑庄公失政刑矣。政以治民，刑以正邪。既无德政，又无威刑，是以及邪。邪而诅之，将何益矣！

■ 题解

鲁隐公十一年纪事。主要记述了三件事：滕侯与薛侯争长，鲁隐公派羽父以礼相劝并说服薛侯；鲁、郑、齐联合伐许，取胜且不霸占；羽父派人杀死鲁隐公。鲁隐公在位十一年，虽无大功，却也明智。与宋、戎通好，向宋、卫、齐、郑卖粮以援京等，可见其处事谨慎。

■ 注释

（一）卜正：卜官之长。杜预注："卜正，卜官之长。"孔颖达疏："《周礼·春官》：'太卜下大夫二人，其下有卜师、卜人、龟人、筮人，大卜为之长。正训长也，故谓之卜正。'"

（二）请：开导。辱：承蒙，谦词。《左传·僖公四年》："辱收寡君，寡君之愿也。"

（三）齿：并列。《正义》曰："以爵位相次列亦名为齿，故云齿也。"

（四）贶：赐予，加惠。《说文》："贶，赐也。"

（五）先君：指郑武公。

（六）而：同"尔"。

（七）大岳：神农之后。杜预注："大岳，神农之后，尧四岳也。"陆德明释文："大岳，音泰。"孔颖达疏："以其主岳之祀，尊之，故称大岳。"《左传·庄公二十二年》："姜，大岳之后也。"杜预注："姜姓之先，为尧四岳。"胤，子孙，后裔。《说文》："子孙相承续也。"《尔雅》："胤，继也。"

- 讲疏

　　所谓"礼,经国家,定社稷,序民人,利后嗣者也"。礼为治身、合体、立国、明序之器。面对"礼崩乐坏"的现实,思想家进行政治批判、社会批判和文化批判,拟托古人创立学说,奔走诸侯,企图说服君主,谋取禄位,实现自己的政治理论。《左传》襄公二十一年载晋叔向认为"礼,政之舆也";襄公三十年载郑子产认为"礼,国之干也"。这些言论,体现出政治上迅速崛起的各国诸侯,急于在文化上找到与自己政治地位相应的礼乐法度,有循规守礼者,也有废弃僭越者。这也说明,《诗》、《书》、《礼》、《乐》连同它所包含的仁、义、礼、智、忠、信,仍然是春秋时期重要的社会价值观。

桓公二年（节录）

- 传

　　夏四月,取郜大鼎于宋。戊申,纳于大庙,非礼也。

　　臧哀伯谏曰："君人者,将昭德塞违以临照百官,犹惧或失之,故昭令德以示子孙。是以清庙茅屋,大路越席,大羹不致(一),粢食不凿(二),昭其俭也。衮、冕、黻、珽(三),带、裳、幅、舄(四),衡、紞、纮、綖(五),昭其度也。藻、率、鞞、鞛(六),鞶、厉、游、缨(七),昭其数也。火、龙、黼、黻(八),昭其文也。五色比象,昭其物也。锡、鸾、和、铃(九),昭其声也。三辰旂旗(一〇),昭其明也。夫德,俭而有度,登降有数(一一),文物以纪之,声明以发之,以临照百官,百官于是乎戒惧而不敢易纪律。今灭德立违,而置其赂器于大庙,以明示百官。百官象之,其又何诛焉！国家之败,由官邪也。官之失德,宠赂章也。郜鼎在庙,章孰甚焉？武王克商,迁九鼎于雒邑,义士犹或非之,而况将昭违乱之赂器于大庙,其若之何？"公不听。周内史闻之曰："臧孙达其有后于鲁乎！君违不忘谏之以德(一二)。"

- 题解

　　鲁桓公二年纪事。鲁桓公,姬姓,名允,一名轨,为鲁惠公之子,鲁隐公之弟。《史记·鲁周公世家》载："二年，以宋之赂鼎入于太庙，君子讥之。"选文记述了桓公从宋国取来了郜国的大鼎并安放在太庙里的事，这件事不符合礼制，所以遭臧哀伯劝阻。

■ 注释

（一）大羹：供祭祀用的肉汁。不致：不用全。郑玄云："大羹湆，煮肉汁也。不和，贵其质，设之所以敬尸也。"

（二）粢：黍稷，不精凿。凿：精米。郑玄云："六粢，谓黍、稷、稻、粱、麦、菰。"

（三）衮：彩绣的衣服，帝王及上公的礼服。《说文》："衮，天子享先王。卷龙绣于下常。幅一龙，蟠阿上乡（向）。"冕：冠。黻：韦鞸，以蔽膝。《论语·泰伯》："恶衣服，而致美乎黻冕。"珽：玉笏。《说文》："珽，大圭，长三尺。杼上，终葵首。"

（四）带：革带。裳：衣下，古人穿的遮蔽下体的衣裙，男女都穿。《诗·邶风·绿衣》："绿兮衣兮，绿衣黄裳。"幅：若今行縢者。舄：重木底鞋（古时最尊贵的鞋，多为帝王大臣穿）。《周礼·天官》："屦人掌王及王后之服屦，为赤舄黑舄。"

（五）衡：维持冠者。紞：冠之垂者。《说文》："紞，冕冠县塞耳者。"纮：缨从下而上者。《说文》："纮，冠卷也。"下系于颔，上结于吕。綖：冠上覆。《礼·玉藻》："天子玉藻十有二旒，前后邃延。"

（六）藻、率：亦作"藻縴"，便于附着圭、璋作装饰用。杜预注："藻率，以韦为之，所以藉玉也。王五采，公、侯、伯三采，子、男二采。"鞞：佩刀削上饰。鞛：下饰。孔颖达疏："《诗》曰：'鞞琫容刀'，故知鞞鞛佩刀削之饰也。"

（七）鞶：绅带，一名大带。厉：大带之垂者。《诗·小雅·都人士》："垂带而厉。"游：旌旗之旒。缨：在马膺前，如索裙，引申指绳索。

（八）火：画火也。龙：画龙也。白与黑谓之黼，形若斧；黑与青谓之黻。《晏子春秋·谏下十五》："公衣黼黻之衣，素绣之裳，一衣而王采具焉。"

（九）钖：马额头上的金属装饰物。鸾：通"銮"，古代帝王的车驾上有銮铃，故亦作帝王车驾的代称。铃，金属制成的响器。

（一〇）三辰：即日、月、星，画于旂旗，象天之明。

（一一）登降：谓上下尊卑。王引之《经义述闻·春秋左传上》："登降以数言之，非以位言之也。登谓增其数，降谓减其数也。"

（一二）内史：周大夫官名。《左传·襄公十年》："使周内史选其族嗣，纳诸霍人，礼也。"杜预注："内史，掌爵禄废置者。"

■ 讲疏

《左传》全书中"礼"字共见约四百五十三次，言"礼制"者十条。礼者，既有礼仪，也有礼义。礼义指礼的精神，礼仪指礼的仪节。礼制，为礼仪制度，是国家规定的礼法。《礼记·乐记》云："天高地下，万物散殊，而礼制行矣。"孔颖达疏曰："礼者，别尊卑，定万物，是礼之法制行矣。"强调"礼"所规定的政治秩序和政治关系是"礼"的根本要义。

礼是一种文明教化的力量约束。清代刘文淇著《春秋左氏传旧注疏证》注例中有一则云："释《春秋》必以礼明之。"王国维在《殷周制度论》中认为"周之制度典礼，乃道德之器械"，"它既是观念，又是观念形态的物质附属物"。礼制作为一种相对稳定的制度和观念，其基本精神和基本内容不会发生本质上的改变。春秋时期的"礼崩乐坏"主要指"礼"在制度层面的崩坏。

庄公二十七年

■ 经

二十有七年春，公会杞伯姬于洮（一）。

夏六月，公会齐侯、宋公、陈侯、郑伯同盟于幽（二）。

秋，公子友如陈，葬原仲（三）。

冬，杞伯姬来（四）。

莒庆（五）来逆叔姬。

杞伯（六）来朝。

公会齐侯于城濮^(七)。

■ 传

二十七年春，公会杞伯姬于洮，非事也^(八)。天子非展义^(九)不巡守，诸侯非民事不举，卿非君命不越竟^(一〇)。

夏，同盟于幽，陈、郑服也。

秋，公子友如陈，葬原仲，非礼也。原仲，季友之旧也。

冬，杞伯姬来，归宁也。凡诸侯之女，归宁曰来，出曰来归^(一一)。夫人归宁曰如某，出曰归于某。

晋侯将伐虢，士蒍曰："不可。虢公骄，若骤得胜于我，必弃其民。无众而后伐之，欲御我谁与^(一二)？夫礼乐慈爱，战所畜也^(一三)。夫民让事、乐和、爱亲、哀丧而后可用也。虢弗畜也，亟战将饥^(一四)。"

王使召伯廖赐齐侯命^(一五)，且请伐卫，以其立子颓也。

■ 题解

庄公二十七年纪事。鲁庄公，姬姓，名同，桓公之子，闵公、僖公之父。公元前693—前662年在位，共计三十二年。《鲁颂·閟宫》三章："周公之孙，庄公之子。"《毛传》："周公之孙，庄公之子，谓僖公也。""周公之孙"，指鲁君为周公之后。本篇记载了庄公二十七年时发生的重大事件，主要有齐鲁等国结盟、晋伐虢、王命齐侯。

■ 注释

（一）洮：鲁地。

（二）齐侯：齐桓公。宋公：宋桓公。陈侯：陈宣公。郑伯：郑文公。

（三）原仲：陈大夫。

（四）来：女子归宁，即回娘家。

（五）庆：莒大夫。

（六）杞伯：杞惠公。

（七）城濮，卫地。鲁公、齐侯会于此将讨卫也。

（八）非事：非诸侯之事。

（九）展义：宣扬德义。

（一〇）竟：同"境"，疆界。

（一一）出：见弃于夫家。来归：来而不再返回。

（一二）与：从。

（一三）畜：具备。

（一四）饥：指没有士气。

（一五）召伯廖：周惠王卿士。命：宠命。

■ 讲疏

在《左传》中，"礼"的阐释占据了很大篇幅。《左传》的作者将"礼"与国家兴亡联系起来，给予"礼"不可置疑的崇高地位，在《昭公三年》中引《诗》曰："人而无礼，胡不遄死"来强调"礼"，本篇亦然。

鲁国公子友到陈国给原仲送葬，然而并没有请示君主的意见，他的这种行为不敬上，所以说他"非礼"。晋臣认为"虢君骄"，虢君对外多次侵犯晋国，对内则不恤民，百姓困饥；并且急功近利，不懂得蓄民，必会导致国破家亡。这符合孔子"以不教民战，是谓弃也"的思想，不是说国君不应战争，而是应该蓄百姓，用礼乐教化人民；君惠百姓，则百姓必然支持君事。春秋时期"礼崩乐坏"，诸侯混战，周王威信下降，选文中齐侯称霸，周王派召伯廖前去赐命，正是要突出周天子的崇高地位。

僖公二十七年

■ 经

二十有七年春，杞子来朝^{（一）}。

夏六月庚寅，齐侯昭卒。

秋八月乙未，葬齐孝公。

乙巳，公子遂帅师入杞。

冬，楚人、陈侯、蔡侯、郑伯、许男围宋^{（二）}。

十有二月，甲戌，公会诸侯盟于宋。

■ 传

二十七年春，杞桓公来朝，用夷礼，故曰子。公卑杞，杞不共也^(三)。

夏，齐孝公卒。有齐怨，不废丧纪，礼也。

秋，入杞，责无礼也。

楚子将围宋，使子文治兵于睽^(四)，终朝而毕，不戮一人。子玉复治兵于蒍，终日而毕，鞭七人，贯三人耳^(五)。国老皆贺子文，子文饮之酒。蒍贾尚幼^(六)，后至不贺。子文问之，对曰："不知所贺。子之传政于子玉，曰：'以靖国也。'靖诸内而败诸外，所获几何？子玉之败，子之举也。举以败国，将何贺焉？子玉刚而无礼，不可以治民。过三百乘，其不能以入矣。苟入而贺，何后之有？"

冬，楚子及诸侯围宋，宋公孙固如晋告急。先轸曰^(七)："报施救患，取威定霸，于是乎在矣。"狐偃曰："楚始得曹而新昏于卫^(八)，若伐曹、卫，楚必救之，则齐、宋免矣。"于是乎蒐于被庐，作三军，谋元帅。赵衰曰："郤縠可。臣亟闻其言矣^(九)，说礼乐而敦诗书^(一〇)。诗书，义之府也。礼乐，德之则也。德义，利之本也。《夏书》曰^(一一)：'赋纳以言，明试以功，车服以庸^(一二)。'君其试之。"乃使郤縠将中军，郤溱佐之。使狐偃将上军，让于狐毛，而佐之。命赵衰为卿，让于栾枝、先轸。使栾枝将下军，先轸佐之。荀林父御戎^(一三)，魏犨为右。

晋侯始入而教其民^(一四)，二年，欲用之。子犯曰："民未知义，未安其居。"于是乎出定襄王，入务利民，民怀生矣^(一五)。将用之。子犯曰："民未知信，未宣其用。"于是乎伐原以示之信。民易资者不求丰焉^(一六)，明征其辞^(一七)。公曰："可矣乎？"子犯曰："民未知礼，未生其共^(一八)。"于是乎大蒐以示之礼，作执秩以正其官^(一九)，民听不惑而后用之^(二十)。出谷戍，释宋围，一战而霸，文之教也。

■ 题解

僖公二十七年纪事。僖公，姬姓，名申。庄公之子。庆父先杀公子斑，后杀闵公，鲁人怒而欲诛庆父，庆父出逃到莒国。季友与闵公弟公子申回国，遂立申为君，并贿赂莒人，引庆父回鲁，逼其自杀。僖公在位期间，正值齐桓公、晋文公称霸之时，故先后依附顺从齐、晋。

■ 注释

（一）二十有七年：公元前633年。杞子：杞桓公。

（二）楚人：指楚成王。陈侯：陈穆公。蔡侯：蔡庄侯。郑伯：郑文公。许男：许僖公。

（三）卑：看不起。共：同"恭"，恭敬。

（四）治兵：演习兵事。

（五）贯耳：用箭穿耳。

（六）蒍贾：字伯嬴，孙叔敖之父。

（七）先轸：晋大夫，一名原轸。

（八）昏：同"婚"，结婚。

（九）亟：多次。

（一〇）说：通"悦"，喜欢。敦：崇尚。

（一一）"《夏书》曰"引语见《尚书·益稷》。

（一二）杜预注："赋纳以言，观其志也；明试以功，考其事也；车服以庸，报其劳也。赋，犹取也。庸，功也。"赋纳：广泛听取。庸：报酬。

（一三）荀林父：即晋国中行桓子也。

（一四）教：教化、训练。

（一五）怀：眷恋。生：生计，产业。

（一六）易资：交易，做买卖。

（一七）明征其辞：说话算话。

（一八）共：恭敬之心。

（一九）作：设置。执秩：主管禄位爵位的官。

（二十）听：辨别能力。

- **讲疏**

　　春秋时期，诸侯争霸，礼乐崩坏，《春秋》所秉持的"微言大义"便是针对这种社会现状。《孟子·滕文公下》："势衰道微，邪说暴行有作，臣弑其君者有之，子弑其父者有之。孔子惧，作《春秋》"，"孔子成《春秋》，而乱臣贼子惧"。而《左传》作者在阐释礼时，不仅仅站在周天子的角度考虑，还站在了诸侯国的立场上。在这一点上，《左传》许多篇章与彰显孔子思想的《春秋》略有不同。选文中楚国子玉无礼，军队围宋无礼，其结果就是兵败国衰。晋国君臣间以礼见德，以礼教民，并任用熟知礼乐的贤臣领军作战，取得了释宋围、得曹卫、败楚国、称霸主的业绩。

成公十二年（节录）

- **传**

　　晋郤至如楚聘，且莅盟。楚子享之，子反相，为地室而县焉(一)。郤至将登(二)，金奏作于下，惊而走出。子反曰："日云莫矣(三)，寡君须矣(四)，吾子其入也！"宾曰："君不忘先君之好，施及下臣，贶之以大礼(五)，重之以备乐(六)。如天之福，两君相见，何以代此？下臣不敢。"子反曰："如天之福，两君相见，无亦唯是一矢以相加遗，焉用乐？寡君须矣，吾子其入也！"宾曰："若让之以一矢，祸之大者，其何福之为？世之治也，诸侯闲于天子之事，则相朝也，于是乎有享宴之礼。享以训共俭，宴以示慈惠。共俭以行礼(七)，而慈惠以布政。政以礼成，民是以息。百官承事，朝而不夕，此公侯之所以扞其民也。故《诗》曰：'赳赳武夫，公侯干城。'及其乱也，诸侯贪冒，侵欲不忌，争寻常以尽其民(八)，略其武夫(九)，以为己腹心股肱爪牙。故《诗》曰：'赳赳武夫，公侯腹心。'天下有道，则公侯能为民扞，而制其腹心。乱则反之。今吾子之言，乱之道也，不可以为法。然吾子，主也，至敢不从？"遂入，卒事。归，以语范文子。文子曰："无礼必食言，吾死无日矣夫！"

　　冬，楚公子罢如晋聘，且莅盟。十二月，晋侯及楚公子罢盟于赤棘(一〇)。

■ 题解

　　成公十二年纪事。鲁成公，姬姓，名黑肱，公元前590—前573年在位，由季孙行父任卿执政，对外附晋抗齐。成公元年"三月，作丘甲"，改革军赋。二年，随晋军于鞌（今山东济南东）大败齐军，齐被迫将汶阳之田（今山东泰安西南）还鲁。八年，晋遣使告鲁将汶阳之田还齐。十三年，往京师朝见周王，周王只以行人之礼见之，亦不加赏赐。十八年，晋厉公卒，前往晋国，卒于途中。本篇记载了成公十二年晋郤至楚国代君结盟因礼三让的事情。

■ 注释

　　（一）地室：地下室。县：钟、鼓一类悬挂乐器。

　　（二）登：登堂。

　　（三）莫：同"暮"。此指晚，非晚上之意。

　　（四）须：等待。

　　（五）贶：赠、赐。

　　（六）重：加上。备乐：完整的音乐。即上文"金奏"，以钟镈一类乐器奏九种夏乐，这是诸侯相见时用的礼。

　　（七）行：推行。

　　（八）贪冒：贪图私利。寻常：古代的长度单位，八尺曰"寻"，倍寻曰"常"。文中指为争尺丈之地，必相攻伐。尽其民：使其民投于战争而死亡。

　　（九）略：争取，网罗。

　　（一〇）赤棘：晋地，具体地点不详。成公元年（前590）鲁、晋曾于此地会盟。

■ 讲疏

　　选文讲的是"晋郤至如楚聘，且莅盟"这段历史。晋郤至作为晋国使者到楚国行聘与盟，认为楚国方面的乐礼不合礼制。对此，晋郤至借享、宴之礼所传达的"共俭"、"慈惠"的精神来表现自己对礼的理解。赋《诗》言志在《左传》中时常出现，诸侯会盟、飨宴、使臣出访等过程中，人物往往通过赋《诗》来抒发自身的想法。节选部分晋郤两次用《诗》，给自己的陈述乐礼之意寻找根据，增强了言辞的说服力。然而晋郤所引用《诗》并非该句的本意，这呈现出一种"以《诗》注我"、"断章取义"的用《诗》法，这个特点在《荀子》和《孟子》中也十分突出。

襄公二十九年（节录）

■ 传

吴公子札来聘，见叔孙穆子，说之^(一)。谓穆子曰："子其不得死乎^(二)！好善而不能择人^(三)。吾闻吾子务在择人。吾子为鲁宗卿，而任其大政，不慎举^(四)，何以堪之？祸必及子！"

请观于周乐^(五)。使工为之歌《周南》、《召南》^(六)。曰："美哉！始基之矣^(七)，犹未也^(八)。然勤而不怨矣^(九)。"为之歌《邶》、《鄘》、《卫》^(一〇)，曰："美哉，渊乎^(一一)！忧而不困者也^(一二)。吾闻卫康叔、武公之德如是^(一三)，是其《卫风》乎？"为之歌《王》^(一四)，曰："美哉！思而不惧，其周之东乎？"为之歌《郑》^(一五)，曰："美哉！其细已甚^(一六)，民弗堪也，是其先亡乎！"为之歌《齐》^(一七)，曰："美哉！泱泱乎^(一八)，大风也哉！表东海者，其大公乎^(一九)！国未可量也^(二〇)。"为之歌《豳》^(二一)，曰："美哉，荡乎^(二二)！乐而不淫，其周公之东乎^(二三)？"为之歌《秦》，曰："此之谓夏声^(二四)。夫能夏则大，大之至也，其周之旧乎^(二五)？"为之歌《魏》^(二六)，曰："美哉，沨沨乎^(二七)！大而婉^(二八)，险而易行，以德辅此，则明主也。"为之歌《唐》^(二九)，曰："思深哉！其有陶唐氏之遗民乎？不然，何其忧之远也？非令德之后。谁能若是？"为之歌《陈》^(三〇)，曰："国无主，其能久乎？"自《郐》以下无讥焉^(三一)。为之歌《小雅》^(三二)，曰："美哉！思而不贰^(三三)，怨而不言，其周德之衰乎^(三四)？犹有先王之遗民焉。"为之歌《大雅》，曰："广哉，熙熙乎^(三五)！曲而有直体，其文王之德乎！"为之歌《颂》^(三六)，曰："至矣哉！直而不倨^(三七)，曲而不屈^(三八)，迩而不偪^(三九)，远而不携^(四〇)，迁而不淫^(四一)，复而不厌，哀而不愁，乐而不荒^(四二)，用而不匮，广而不宣^(四三)，施而不费^(四四)，取而不贪，处而不底，行而不流^(四五)。五声和^(四六)，八风平^(四七)，节有度^(四八)，守有序^(四九)，盛德之所同也。"

■ 题解

　　襄公二十九年纪事。鲁襄公，姬姓，名午。继位之后，以三朝元老季孙行父为相，保持鲁国政局的稳定。襄公五年（前568），名臣季孙行父去世，行父要以薄葬来进行下葬仪式，鲁襄公动容，给行父的谥号为"文"。襄公二十一年（前552），鲁襄公向晋平公祝贺。襄公三十一年（前542），鲁襄公去世，由太子姬野即位。

■ 注释

　　（一）"吴公"句：札，季札，吴王寿梦第四子。聘：访，问。说：音悦。

　　（二）不得死：不得以寿终。

　　（三）"好善"句，虽有仁心，鉴不周物，故好而不能择也。好善，仁。择人，鉴。

　　（四）不慎举：不慎重举拔人。

　　（五）周乐：鲁以周公故，有天子礼乐。

　　（六）工：乐工。《周南》、《召南》：《诗经》之首二篇。此皆各依其本国歌所常用声曲。召，本或作"邵"。周、召，岐山之阳地名。

　　（七）基之：《周南》、《召南》，王化之基。

　　（八）犹未也：犹有商纣，未尽善也。犹未：还没有完成。

　　（九）勤：劳也，勤劳。怨：怨恨。

　　（一〇）《邶》、《鄘》、《卫》，武王伐纣，分其地为三监。三监叛，周公灭之。更封康叔，并三监之地。邶：今河南汤阴南；鄘：今河南新乡市南；卫：今河南淇县。

　　（一一）渊：深也。

　　（一二）"忧而"句，亡国之音哀以思，其民困。卫康叔、武公德化深远，虽遭宣公淫乱，懿公灭亡，民犹秉义，不至于困。

　　（一三）康叔：周公弟，卫国始封君主。武公，即卫武公，康叔九世孙。

（一四）《王》：《王风·黍离》也，周平王东迁洛邑后的乐歌。

（一五）《郑》：《诗》第七。

（一六）细：烦碎。

（一七）《齐》：《诗》第八。

（一八）泱泱：深广宏大貌。

（一九）"表东"两句：大公封齐，为东海之表率。

（二〇）国未可量也：言其或将复兴。

（二一）《豳》：《诗》第十五。豳：周之旧国。

（二二）荡乎：荡然也。

（二三）"乐而"两句：乐而不淫，言有节。周公遭管、蔡之变，东征三年，为成王陈后稷、先公不敢荒淫，以成王业，故言"其周公之东乎"。

（二四）夏声：西方之声，秦本在西戎汧、陇之西。秦仲始有车马、礼乐。去戎狄之音而有诸夏之风。

（二五）周之旧：及襄公佐周，平王东迁，而受其故地，故曰，"周之旧"。

（二六）《魏》：《诗》第九。魏：姬姓国。闵公元年，晋献公灭之。

（二七）沨沨：浮泛轻飘。

（二八）"大而"两句：婉：约也，婉曲。险：当为"俭"字之误也。大而约，则俭节易行。惜其过小无明君也。

（二九）《唐》：《诗》第十。指晋诗。

（三〇）《陈》：《诗》第十二。

（三一）《郐》：《诗》第十三。

（三二）《小雅》：小正，亦乐歌之常。

（三三）思而不贰：思文武之德，无背叛之心。

（三四）衰：小也。

（三五）熙熙：和乐声，和美融洽。

（三六）《颂》：此当是《诗经》之《周颂》、《鲁颂》、《商颂》。

（三七）倨：倨傲，放肆。

（三八）屈：卑下，靡弱。

（三九）偪：谦退。

（四〇）携：离开。

（四一）淫：过分。

（四二）荒：过度。

（四三）宣：显露。

（四四）费：减少。

（四五）不流：不流荡以致泛滥无归。

（四六）五声：宫、商、角、徵、羽。

（四七）八风：即八音。指金、石、丝、竹、匏、土、革、木八类乐器奏出的声音。

（四八）节：节奏。

（四九）守有序：言更相鸣奏，次序不乱。

■ 讲疏

襄公二十九年记述了季札观乐的情景。整篇论乐，都是讲"乐"的认识作用"观"，从这些不同地方的"风乐"中，可以认识到各个诸侯国的民心向背、政治兴衰等，揭示出诗、乐、舞三位一体的紧密联系，阐释了儒家平和中正的礼乐思想。季札之时已为春秋末期，鲁国为周公旦封地，礼乐传统保持尚好，合乐、行礼与用《诗》体制尚且保存完备，故季札通过所演奏的诗乐，能够准确地判断出各诸侯国的德化礼义、风土人情、治教得失。

昭公二十五年（节录）

■ 传

夏，会于黄父，谋王室也（一）。赵简子令诸侯之大夫（二），输王粟，具戍人，曰："明年将纳王。"子大叔见赵简子，简子问揖让、周旋之礼焉。对曰："是仪也，非礼也。"简子曰："敢问何谓礼？"对曰："吉也闻诸先大夫子产曰：'夫礼，天之经也，地之义也，民之行也（三）。'天地之经，而民实则之。则天之明，因地之性，生其六气，用其五行（四）。气为五味，发为五色，章为五声（五）。淫则昏乱，民失其性（六）。是故为礼以奉之。为六畜（七）、五牲^(八)、三牺^(九)，以奉五味。为九文^(一〇)、六采^(一一)、五章^(一二)、以奉五色。为九歌^(一三)、八风^(一四)、七音^(一五)、六律^(一六)，以奉五声。为君臣、上下，以则地义。为夫妇、外内，以经二物^(一七)。为父子、兄弟、姑姊、甥舅、昏媾、姻亚，以象天明^(一八)。为政事、庸力、行务^(一九)，以从四时。为刑罚、威狱，使民畏忌，以类其震曜杀戮^(二〇)。为温慈、惠和，以效天之生殖长育。民有好、恶、喜、怒、哀、乐，生于六气。是故审则宜类，以制六志^(二一)。哀有哭泣，乐有歌舞，喜有施舍，怒有战斗，喜生于好，怒生于恶。是故审行信令^(二二)，祸福赏罚，以制死生。生，好物也。死，恶物也。好物，乐也。恶物，哀也。哀乐不失，乃能协于天地之性，是以长久。"简子曰："甚哉，礼之大也！"对曰："礼，上下之纪^(二三)，天地之经纬也，民之所以生也，是以先王尚之^(二四)。故人之能自曲直以赴礼者^(二五)，谓之成人。大，不亦宜乎！"简子曰："鞅也，请终身守此言也。"

■ 题解

昭公二十五年纪事。鲁昭公，姬姓，名裯，一名稠、袑，鲁襄公之子，春秋时期鲁国第二十四位国君，前542—前510年在位。公元前542年，鲁昭公即位。昭公二十五年，鲁国因斗鸡而发生内乱，鲁昭公先后逃亡到齐国、晋国。公元前510年，鲁昭公在晋国的乾侯去世，终年五十一岁。

■ 注释

（一）谋王室：王室有子朝乱，谋定之。

（二）赵简子：赵鞅。

（三）"天之经也"三句：经者，道之常。义者，利之宜。行者，人所履。

（四）"则天"句：天之明，日月星辰也。地之性，高下刚柔也。六气，谓阴、阳、风、雨、晦、明。五行，谓金、木、水、火、土。

（五）"气为"句：五味，谓酸、咸、辛、苦、甘。五色，谓青、黄、赤、白、黑。发，见也。五声，见《襄公二十九年》。

（六）"淫则昏乱"两句：滋味声色，过则伤性。

（七）六畜：谓马、牛、羊、鸡、犬、豕。

（八）五牲：谓麋、鹿、麇、狼、兔。

（九）三牺：牛、羊、豕，祭天地宗庙三者谓之牺。

（一〇）九文：九种文采，谓山、龙、华、虫、藻、火、粉米、黼、黻也。

（一一）六采：画缋之事，杂用天地四方之色，青与白，赤与黑，玄与黄，皆相次，谓之六色。

（一二）五章：青与赤谓之文，赤与白谓之章，白与黑谓之黼，黑与青谓之黻，五色备谓之绣，集此五者，以奉成五色之用。

（一三）九歌：九功之德，皆可歌也。六府、三事谓之九功。六府，谓水、火、金、木、土、谷。三事，谓正德、利用、厚生也。

（一四）八风：八方之风。

（一五）七音：宫、商、角、徵、羽、变宫、变徵也。

（一六）六律：黄钟、大簇、姑洗、蕤宾、夷则、无射也。

（一七）经：法。二物：阴阳。

（一八）象天明：如众星拱辰极。

（一九）政事：国家政令。庸力：农工管理。行务：行为规范。

（二〇）震：雷霆。曜：电闪。

（二一）六志：即好、恶、喜、怒、哀、乐。

（二二）信令：使人信服的政令。

（二三）纪：纲纪。

（二四）尚：上，作为首要的事。

（二五）曲直：委屈、率直。赴：达到。

■ 讲疏

选文记载了赵鞅问礼于郑大夫子大叔的事迹。子大叔对礼进行了一番阐释，主要论及礼义的产生背景、主要内容及重要作用。"六气"、"五行"、"五味"、"五声"是礼产生的物质基础，即客观原因，而"淫则混乱，民失其性"则是礼产生的主观原因。九个"为"字领出礼制的具体内容，九个"以"字引出所制礼义的具体作用，涵盖了政治、经济、文化等领域；国家、集体、个人等层面；君臣、夫妻、兄妹等关系。礼义对人类生活的各个方面进行了规定，让人们言有所出，行有所依，维持了社会的和谐，保证了国家的安定。

■ **参考文献**

《春秋左传正义》，《十三经注疏》，清阮元校刻本，中华书局1980年。

《春秋左传注》，杨伯峻编著，中华书局1981年。

《左传译注》，李梦生撰，上海古籍出版社2004年。

《左传精读》，翁其斌编著，上海古籍出版社2012年。

孟子（节选）

孟子（约前372—前289），名轲，字子舆，战国中期邹国（今山东邹城）人，著名的思想家，儒家学派的重要代表人物。孟子生活在"百家争鸣"的战国中期，较孔子生活的春秋末期，这时的社会更加动荡不安，思想更为活跃多元。一方面，孟子继承了孔子思想，并加以发展，提出"性善论"、"四端说"、"王道"、"仁政"等一系列主张。另一方面，在与墨家、道家、法家等学派的激烈交锋中，孟子维护了儒家学派的思想理论，确立了自己在儒学中的重要地位，后世被奉为"亚圣"。和孔子一样，孟子也曾带领学生游历魏、齐、宋、鲁、滕、薛等国，并一度担任过齐宣王的客卿。但他的政治主张不被重用，于是回到家乡聚徒讲学，与学生万章等人著书立说。《孟子》一书现存七篇，思想深远，文辞纵横驰骋，汪洋恣肆，极富雄辩色彩。南宋时朱熹将《孟子》、《论语》、《大学》与《中庸》合在一起，称为"四书"。

梁惠王下（节录）

庄暴见孟子[一]，曰："暴见于王，王语暴以好乐，暴未有以对也。"曰："好乐何如？"

孟子曰："王之好乐甚，则齐国其庶几乎！"

他日，见于王曰："王尝语庄子以好乐，有诸？"

王变乎色，曰："寡人非能好先王之乐也，直好世俗之乐耳(二)。"

曰："王之好乐甚(三)，则齐其庶几乎！今之乐犹古之乐也。"

曰："可得闻与？"

曰："独乐乐，与人乐乐，孰乐？"

曰："不若与人。"

曰："与少乐乐，与众乐乐，孰乐？"

曰："不若与众。"

"臣请为王言乐。今王鼓乐于此(四)，百姓闻王钟鼓之声，管籥之音(五)，举疾首蹙頞而相告曰：'吾王之好鼓乐，夫何使我至于此极也？父子不相见，兄弟妻子离散。'今王田猎于此，百姓闻王车马之音，见羽旄之美，举疾首蹙頞而相告曰：'吾王之好田猎，夫何使我至于此极也？父子不相见，兄弟妻子离散(六)。'此无他，不与民同乐也。

今王鼓乐于此，百姓闻王钟鼓之声，管籥之音，举欣欣然有喜色而相告曰：'吾王庶几无疾病与，何以能鼓乐也(七)？'今王田猎于此，百姓闻王车马之音，见羽旄之美，举欣欣然有喜色而相告曰：'吾王庶几无疾病与，何以能田猎也？'此无他，与民同乐也。今王与百姓同乐，则王矣。(八)"

■ 题解

梁惠王即魏惠王，姬姓，魏氏，名罃，在位五十年，魏惠王初期是魏国鼎盛时期，但在以后的战争中，大败于齐国，魏国开始衰落。此处用作《孟子》篇名，分上、下两篇。上篇共七章，下篇共十六章，主要阐述和发挥儒家仁政的思想。孟子认为，王道和仁政是立国的根本，为政者应施行王道，反对霸道；实行仁政，反对暴政。在政治上主张把仁义放在第一位，功利放在第二位，在思想上树立起仁爱的观念。在孟子看来，仁义的准则是为政者处理国家政事的根本立足点，仁义的思想应该贯彻到国家政治生活的各个方面。

■ 注释

（一）庄暴：齐臣。

（二）世俗之乐：谓郑声也。庶几：差不多的意思，但只用于积极方面。

（三）甚：大也。

（四）鼓乐：乐以鼓为节也。

（五）管：笙。籥：箫。或曰籥若笛，而有三孔。

（六）"今王田猎于此"句，田猎无节，以非时取牲也。羽旄之美，但饰羽旄，使美好也。发民驱兽，供给役使，不得休息，故民穷极而离散奔走也。

（七）"今王鼓乐于此"句，百姓欲令王康强而鼓乐也。今无赋敛于民，而有惠益，故欣欣然而喜也。

（八）"今王田猎于此"句，王以农隙而田，不妨民时，有悯民之心。因田猎而加抚恤之，是以民悦之也。

■ 讲疏

选文围绕"与民同乐"的思想展开。如果说《梁惠王上》是比较宽泛地谈论仁政的话，《梁惠王下》则是比较集中地谈论仁政的一个方面，即"民为贵"的民本思想。战国时期，各国国君为了实现扩张领土的野心及个人的享乐，强征百姓，加重赋税，造成"父子不相见，兄弟妻子离散"的社会状况。文中孟子借着齐宣王对音乐的喜好，步步引导，劝他与民同乐。在孟子看来，古乐与今乐相同，君主好乐与好田猎均属正当，但前提是施行仁政，百姓丰衣足食。如果君主做到乐民之乐，忧民之忧，便能得到民众的拥护，实现王道。

公孙丑上（节录）

曰："宰我、子贡、有若，智足以知圣人……子贡曰：'见其礼而知其政，闻其乐而知其德（一），由百世之后，等百世之王，莫之能违也。自生民以来，未有夫子也。（二）'……"

…………

孟子曰："人皆有不忍人之心。先王有不忍人之心，斯有不忍人之政矣。以不忍人之心，行不忍人之政，治天下可运之掌上。所以谓人皆有不忍人之心者,今人乍见孺子将入于井(三),皆有怵惕恻隐之心(四);非所以内交于孺子之父母也(五),非所以要誉于乡党朋友也(六),非恶其声而然也。由是观之,无恻隐之心,非人也;无羞恶之心,非人也;无辞让之心,非人也;无是非之心,非人也。恻隐之心,仁之端也(七);羞恶之心,义之端也;辞让之心,礼之端也;是非之心,智之端也。……"

■ 题解

公孙丑,孟子弟子,《正义》曰:"丑有政事之才,而问管晏之功,如《论语》子路问政,遂以目为篇题。"《论语》第十三篇有"子路问政,子曰先之劳之,请益曰无倦",《孟子》效《论语》以公孙丑为题。《孟子·公孙丑上》共九章,主要体现了孟子仁政思想和性善论思想。

■ 注释

(一)乐:《雅》、《颂》之乐。《春秋外传》言"五声昭德",五音之乐声可以明德也。

(二)夫子,即孔子。

(三)乍:暂也。孺子:幼子。正义曰:"孺子,未有知之小子也。"

(四)怵惕:恐惧。恻隐:哀痛怜悯。

(五)内:通"纳",结。

(六)要:求。

(七)端:首也。

■ 讲疏

孟子发展了孔子的学说,进一步将周代的礼乐思想理论化、理想化,从而建立具有普世性的价值准则。孟子说仁兼说义,分辨义、利甚严,以"浩然之气"为修养的最高境界。孟子强调人性善,人皆有恻隐心、羞恶心、辞让心,是非心,这便是仁、义、礼、智四端的由来,总称为"不忍人之心",是由内而发的,源自人内在的道德自觉,只要能够加以发扬,便成善人。孟子认为圣王本于"不忍人之心",发为"不忍人之政",便是"仁政"、"王道"。孟子定礼为德，置礼于心，完成了礼的德性转换，发展了儒学的内在心性路数。

滕文公上（节录）

滕文公为世子，将之楚，过宋而见孟子。孟子道性善，言必称尧舜。

世子自楚反^{（一）}，复见孟子。孟子曰："世子疑吾言乎？夫道一而已矣。成覸谓齐景公曰^{（二）}：'彼，丈夫也；我，丈夫也；吾何畏彼哉？'颜渊曰：'舜，何人也？予，何人也？有为者亦若是。'公明仪曰^{（三）}：'文王，我师也；周公岂欺我哉？'今滕，绝长补短，将五十里也，犹可以为善国。《书》曰：'若药不瞑眩^{（四）}，厥疾不瘳^{（五）}。'"

滕定公薨，世子谓然友曰："昔者孟子尝与我言于宋，于心终不忘。今也不幸至于大故，吾欲使子问于孟子，然后行事。"

然友之邹问于孟子^{（六）}。

孟子曰："不亦善乎！亲丧，固所自尽也。曾子曰：'生，事之以礼；死，葬之以礼，祭之以礼，可谓孝矣。'^{（七）}诸侯之礼，吾未之学也；虽然，吾尝闻之矣。三年之丧，齐疏之服，飦粥之食^{（八）}，自天子达于庶人，三代共之。"

…………

孟子曰："……夫世禄^{（九）}，滕固行之矣。《诗》云：'雨我公田，遂及我私。'^{（一〇）}惟助为有公田。由此观之，虽周亦助也。设为庠序学校以教之。庠者，养也；校者，教也；序者，射也^{（一一）}。夏曰校，殷曰序，周曰庠，学则三代共之^{（一二）}，皆所以明人伦也。人伦明于上，小民亲于下。有王者起，必来取法，是为王者师也^{（一三）}。《诗》云：'周虽旧邦，其命惟新^{（一四）}。'文王之谓也。子力行之^{（一五）}，亦以新子之国。"

■ 题解

滕文公，名宏，滕定公之子，世称元公，战国时滕国贤君。文公十分尊敬孟子，问以古道，犹卫灵公问陈于孔子，《孟子》因以题篇。本篇主要记录了孟子向滕文公阐发治国之道的对话。三次问答中，孟子详细描述了他的"仁政"主张。

■ 注释

（一）世子：即太子，帝王和诸侯的嫡长子。《公羊传·僖公五年》："世子，贵也。世子犹世世子也。"

（二）成覸：齐国勇士。

（三）公明仪：人名，复姓公明，名仪，鲁国贤人，曾子的学生。

（四）瞑眩：眼睛昏花看不清楚。《书·说命上》："若药弗瞑眩，厥疾弗瘳。"孔颖达疏云："瞑眩者，令人愤闷之意也。"

（五）瘳：病愈。《国语·晋语》："君不度而贺大国之袭，于己也何瘳？"

（六）然友：世子之傅，滕文公的老师。

（七）此为曾子转述孔子的话。《正义》曰："案《论语》：孟孙问孝于孔子，孔子对曰：'生，事之以礼，死，葬之以礼，祭之以礼。'"孟子欲让世子如曾子从礼。

（八）斋疏：斋衰也。饘：糜粥也。

（九）世禄：古者诸侯、卿大夫、士有功德，则世禄赐族者也。

（一〇）雨：动词，下雨。

（一一）养：朱熹认为这里的养、教、射是教育的内容。

（一二）学则三代共之：赵岐注："学则三代同名，皆谓之学"。

（一三）师：师法。为王者师：被称王天下的人所效法。朱熹《集注》云："滕国褊小，缉行仁政未必能兴王业，然为王者师，则虽不有天下而其泽亦足以及天下矣。"

（一四）其命惟新：新，意为更新。

（一五）子力行之：子指滕文公，因他的父亲去世还不到一年。《左传·僖公九年》："凡在丧，王曰小童，公、侯曰子。"《公羊传·庄公三十二年》："君存称世子，君薨称子某，既葬称子，逾年称公。"

■ 讲疏

孟子发扬孔子"仁"的思想，其思想体系的核心是仁政学说。谈论"礼"的问题，目的也在仁政。孟子用"仁"解释"礼"，从而确立人性中仁、义、礼、智、信的内涵，导出人性善的价值指向。"道性善"和"称尧舜"是孟子思想中的两条纲，"道性善"是阐明"性善论"，"称尧舜"是宣扬唐尧虞舜的"王道"政治。在孟子勾描的理想政治愿景中，主张政府设立校（夏朝名称）、序（殷朝名称）、庠（周朝名称）来教育百姓，都是为了让人明白群己相宜的道理，居于上位的人懂得这些，那么百姓就会和睦地生活在一起。从文中可以看出，三代的礼乐政教仍然是其核心内容。

离娄上（节录）

孟子曰："离娄之明、公输子之巧，不以规矩，不能成方圆〔一〕；师旷之聪〔二〕，不以六律，不能正五音〔三〕；尧舜之道，不以仁政，不能平治天下。今有仁心仁闻而民不被其泽〔四〕，不可法于后世者，不行先王之道也。故曰：徒善不足以为政，徒法不能以自行。《诗》云：'不愆不忘，率由旧章〔五〕。'遵先王之法而过者，未之有也。圣人既竭目力焉，继之以规矩准绳，以为方员平直，不可胜用也；既竭耳力焉，继之以六律正五音，不可胜用也；既竭心思焉，继之以不忍人之政，而仁覆天下矣。故曰：为高必因丘陵，为下必因川泽；为政不因先王之道，可谓智乎？是以惟仁者宜在高位。不仁而在高位，是播其恶于众也。上无道揆也〔六〕，下无法守也〔七〕，朝不信道，工不信度，君子犯义，小人犯刑，国之所存者幸也。故曰：城郭不完〔八〕，兵甲不多，非国之灾也；田野不辟，货财不聚，非国之害也。上无礼，下无学，贼民兴，丧无日矣。"

…………

孟子曰："仁之实，事亲是也；义之实，从兄是也〔九〕；智之实，知斯二者弗去是也〔一〇〕；礼之实，节文斯二者是也；乐之实，乐斯二者〔一一〕，乐则生矣；生则恶可已也，恶可已，则不知足之蹈之手之舞之〔一二〕。"

■ 题解

焦循《正义》："离娄，古之明目者，黄帝时人也。黄帝亡其玄珠，使离朱索之。离朱，即离娄也，能视于百步之外，见秋毫之末。"这里用作《孟子》篇名。《离娄上》共二十八章，阐述修身、齐家、治国、平天下的思想。本篇大多数是长短不一的语录，主要谈到行仁义与平治天下，以及效法先王与孝道的问题。孟子认为治国的重点在"仁"，历史上的圣王能完成"平天下"的大业，靠的是施行仁义之道。在孟子看来，即便尧、舜那样贤明的君主，他们治理人民，如果不以仁政为准绳，也不能平定天下。齐家重在"孝"，孝是取信于朋友、君王的关键。

■ 注释

（一）规：圆规，画圆的工具；矩：曲尺，画方的工具。《礼记·经解》："规矩诚设，不可欺以方圆。"孔颖达疏："规所以正圆，矩所以正方。"

（二）师旷：春秋晋平公时著名乐师。

（三）六律：以律管确定乐音的标准音高，一套完整的律管共十二个，单数的六个管称"阳律"，简称"律"；双数的六个管称"阴吕"，简称"吕"。五音：宫、商、角、徵、羽。

（四）仁心：朱熹《集注》云："仁心，爱人之心也；仁闻者，有爱人之声闻于人也。"

（五）旧章：旧有的规章法度。《史记·秦始皇本纪》："秦圣临国，始定刑名，显陈旧章。"

（六）"上无道揆"句，朱熹《集注》云："道，义理也；揆，度也"，"谓以义理度量事物而制其宜"。

（七）"下无法守"句，朱熹《集注》云："谓以法度自守。"

（八）完：坚牢也。《周礼·冬官·考工记》："轮敝三才不失职，谓之完。"

（九）"仁之实"句，事皆有实。事亲、从兄，仁、义之实也。

（一〇）"智之实"句，知仁、义所用而不去之，则智之实也。

（十一）"礼之实"句，礼义之实，节文事亲从兄，使不失其节，而文其礼敬之容，故中心乐之也。

（十二）"乐则生矣"句，乐此事亲从兄，出于中心，则乐生其中矣。乐生之至，安可已也，岂能自觉足蹈节、手舞曲哉！

- **讲疏**

　　孟子认为，在事亲的行为中，就可呈现极高明的道理。仁、义、礼、智等一切德行，都涵于日常行为中，只要人们能怀着诚心去做，就会体会到无尽的快乐，甚至手舞足蹈。这一章最能表现儒学"不离伦常日用，而又能上达高明"的特色。儒学中超越性的"天道"、"天理"，就在伦常日用的活动中显现出来。天道既超越又内在，也内在于人的本心中，而本心（仁）的呈现，就是天道的发用。

- **参考文献**

　　《孟子注疏》，《十三经注疏》，清阮元校刻本，中华书局1980年。

　　《孟子译注》，杨伯峻译注，中华书局1960年。

　　《孟子旁通》，南怀瑾著述，复旦大学出版社1996年。

　　《解读孟子》，傅佩荣著，上海三联书店2007年。

　　《孟子通说》，邓球柏著，湖南人民出版社2008年。

荀子（节选）

荀子（约前313—约前230），名况，字卿，战国后期赵国人，时人尊称为荀卿，儒家学派的代表人物，先秦思想文化的集大成者。荀子学识渊博，论述精详，于儒家中自成一派，强调"法后王"、"性恶论"，与孟子的"法先王"与"性善论"相对。提出"制天命而用之"的天论，认为万物的运行，都遵循着较为客观的规律，反对宿命论。在礼学方面，荀子推崇"隆礼"，主张"礼义论"，认为"礼"作为一种完善的行为准则和社会制度，和其他学派的政治观念相比，更能起到改造社会，治理国家的作用。现存《荀子》三十二篇，大部分是荀子自己的著述，其内容涉及哲学、伦理、政治、文学等多个方面。

礼论（节录）

礼起于何也？曰：人生而有欲，欲而不得，则不能无求；求而无度量分界，则不能不争；争则乱，乱则穷（一）。先王恶其乱也，故制礼义以分之，以养人之欲，给人之求（二），使欲必不穷于物，物必不屈于欲（三），两者相持而长，是礼之所起也。故礼者，养也。刍豢稻粱，五味调香（四），所以养口也；椒兰芬苾，所以养鼻也；雕琢、刻镂、黼黻、文章，所以养目也；钟鼓、管磬、琴瑟、竽笙，所以养耳也；疏房（五）、檖䫉（六）、越席（七）、床笫、几筵，所以养体也。故礼者，养也。君子既得其养，又好其别。曷谓别？曰：贵贱有等，长幼有差，贫富轻重皆有称者也〔八〕。故天子大路越席，所以养体也；侧载睪芷，所以养鼻也；前有错衡，所以养目也；和鸾之声，步中《武》、《象》，趋中《韶》、《护》，所以养耳也；龙旗九斿〔九〕，所以养信也〔一〇〕；寝兕〔一一〕、持虎〔一二〕、蛟韅〔一三〕、丝末〔一四〕、弥龙〔一五〕，所以养威也；故大路之马必倍至教顺〔一六〕，然后乘之，所以养安也。孰知夫出死要节之所以养生也〔一七〕！孰知夫出费用之所以养财也〔一八〕！孰知夫恭敬辞让之所以养安也〔一九〕！孰知夫礼义文理之所以养情也〔二〇〕！故人苟生之为见，若者必死〔二一〕；苟利之为见，若者必害〔二二〕；苟怠惰偷懦之为安，若者必危〔二三〕；苟情说之为乐，若者必灭〔二四〕。故人一之于礼义，则两得之矣；一之于情性，则两丧之矣〔二五〕。故儒者将使人两得之者也，墨者将使人两丧之者也，是儒、墨之分也。

礼有三本：天地者，生之本也；先祖者，类之本也〔二六〕；君师者，治之本也。无天地恶生？无先祖恶出？无君师恶治？三者偏亡焉〔二七〕，无安人。故礼上事天，下事地，尊先祖而隆君师，是礼之三本也。故王者天太祖〔二八〕，诸侯不敢坏，大夫士有常宗〔二九〕，所以别贵始。贵始，得之本也〔三〇〕。郊止乎天子，而社止于诸侯〔三一〕，道及士大夫〔三二〕，所以别尊者事尊，卑者事卑，宜大者巨，宜小者小。故有天下者事十世〔三三〕，有一国者事五世，有五乘之地者事三世〔三四〕，有三乘之地者事二世，持手而食者不得立宗庙〔三五〕，所以别积厚，积厚者流泽广〔三六〕，积薄者流泽狭也〔三七〕。

…………

凡礼，始乎棁，成乎文，终乎悦校〔三八〕。故至备，情文俱尽〔三九〕；其次，情文代胜〔四〇〕；其下，复情以归大一也〔四一〕。天地以合，日月以明，四时以序，星辰以行，江河以流，万物以昌，好恶以节，喜怒以当〔四二〕，以为下则顺，以为上则明，万变不乱，贰之则丧也。礼岂不至矣哉〔四三〕！立隆以为极，而天下莫之能损益也〔四四〕。本末相顺，终始相应，至文以有别，至察以有说〔四五〕。天下从之者治，不从者乱；从之者安，不从者危；从之者存，不从者亡。小人不能测也。

…………

礼者断长续短，损有余，益不足，达爱敬之文，而滋成行义之美者也^{（四六）}。故文饰、粗恶，声乐、哭泣，恬愉、忧戚，是反也^{（四七）}，然而礼兼而用之，时举而代御^{（四八）}。故文饰、声乐、恬愉，所以持平奉吉也；粗恶、哭泣、忧戚，所以持险奉凶也^{（四九）}。故其立文饰也至于窕冶^{（五〇）}；其立粗恶也，不至于瘠弃；其立声乐恬愉也，不至于流淫惰慢；其立哭泣哀戚也，不至于隘慑伤生^{（五一）}：是礼之中流也^{（五二）}。

■ 题解

本文节选自《荀子·礼论》，是研究荀子礼学思想最重要的一篇文献。荀子于此旨在论述"礼"的起源、内容和作用。荀子认为"礼"源自圣王为了调节社会的无序，顺应人性的需求，从而制定一系列的典章制度，所谓："先王恶其乱也，故制礼义以分之，以养人之欲，给人之求"。"礼"的功用主要是区别富贵贫贱长幼的规范，用以确定等级名分，维持社会安定，因此荀子宣称社会生活不可无"礼"，并且为统治者治国的根本，"礼者，人道之极也"。

■ 注释

（一）穷：谓计无所出也。

（二）"故制礼义以分之"三句，有分，然后欲可养，求可给。

（三）屈：竭也。先王为之立中道，故欲不尽于物，物不竭于欲，欲与物相扶持，故能长久，是礼所起之本意者也。

（四）香：王念孙："香，臭也，非味也，与'五味调'三字义不相属。""香"当为"盉"。《说文》："盉，调味也，从皿，禾声。"

（五）疏房：通明的房子。疏：通也。

（六）檖貌：未详。或曰："檖，读为邃。貌，庙也。庙者，宫室尊严之名。"或曰："貌，读为邈。言屋宇深邃绵邈也。"

（七）越席：剪蒲席也，古人所重。

（八）称：谓各当其宜。

（九）龙旗：画龙旗。《尔雅》曰："素升龙于缘，练斿九。"

（一〇）养：犹奉也。信：即"符信"，凭据的意思。古代君王和各级官员为了区别不同的地位和身份，使用不同的旗，龙旗九斿是君王的符信，谓使万人见而信之，识至尊也。

（一一）寝兕：谓武士寝处于甲胄者也。兕，卧着的雌犀牛。

（一二）持虎：谓以虎皮为弓衣，武士执持者也。

（一三）蛟韅：韅，马服之革，盖象蛟形。

（一四）丝末：末与幦同。《礼记》曰："君羔幦虎犆。"郑玄注："覆苓也。"丝幦，盖织丝为幦。

（一五）弥龙：弥，如字，又读为弭。弭：末也。谓金饰衡轭之末为龙首也。

（一六）倍至：谓倍加精至也。

（一七）孰：甚也。出死：出身死寇难也。要节：自要约以节义，谓立节也。使其孰知出死要节，尽忠于君，是乃所以受禄养生也。若不能然，则乱而不保其生也。

（一八）费：用财以成礼，谓问遗之属，是乃所以求奉养其财，不相侵夺也。

（一九）"孰知……养安也"句，无恭敬辞让，则乱而不安也。

（二〇）"孰知……养情也"句，无礼义文理，则纵情性，不知所归也。

（二一）"故人苟生之为见"两句，言苟唯以生为所见，不能出死要节，若此者必死也。

（二二）"苟利之为见"两句，苟唯以利为所见，不能用财以成礼，若此者必遇害也。

（二三）"苟怠惰愉懦之为安"两句，言苟以怠惰为安居，不能恭敬辞让，若此者必危也。懦，读为儒。

（二四）"苟情说之为乐"两句，言苟以情悦为乐，不知礼仪文理，恣其所欲，若此者必灭亡也。说，读为悦。

（二五）"故人一之于礼义"四句，专一于礼义，则礼义情性两得；专一于情性，则礼义情性两丧也。

（二六）类：种也，种族之意。

（二七）偏亡：谓缺一也，缺乏某方面。

（二八）太祖：若周之后稷。

（二九）常宗：继别子之后，为族人所常宗，百世不迁之大宗也。别子，若鲁三桓也。

（三〇）得：当为"德"。卢文弨曰"得"，《大戴礼》作"德"，古二字通用。

（三一）郊：古代的祭天之礼；社：《说文》，"地主也"。此指社祭，也就是古代的祭地之礼。

（三二）道：通也。言社自诸侯通及士大夫也。另，祭路神，除丧服的祭祀。

（三三）十：当作"七"。《穀梁传》作"天子七庙"。

（三四）五乘之地：古者十里为成，成出革车一乘。五乘之地，谓大夫有菜地者，得立三庙也。

（三五）持手而食者：谓农工食力也。

（三六）积："积"与"绩"同，功业也。

（三七）"积厚者流泽广"两句，天子七庙，诸侯五，大夫三，士二。故德厚者流光，德薄者流卑。是以贵始，德之本也。

（三八）"凡礼"四句，《史记》作："始乎脱，成乎文，终乎税。"言礼始于脱略，成于文饰，终于税减。郝懿行曰："'税'，《史记》作'脱'。疑此当作'税'，税者，敛也；'校'当作'恔'，恔者，快也，称心、满意。此言礼始乎收敛，成乎文饰，终乎悦快。"

（三九）情文俱尽：此乃礼之至备。情：谓礼意，丧主哀，祭主敬之类。文：谓礼物，威仪也。

（四〇）"其次"句，不能至备，或文胜于情，情胜于文，是亦礼之次也。

（四一）"其下"句，虽无文饰，但复情以归质素，是亦礼也。

（四二）"天地以合"八句，言礼能上调天时，下节人情，若无礼以分别之，则天时人事皆乱也。昌：谓各遂其生也。

（四三）"以为下则顺"五句，礼在下位则使人顺，在上位则治万变而不乱。贰：谓不一在礼。丧：亡也。

（四四）"立隆以为极"两句，立隆盛之礼以极尽人情，使天下不复更能损益也。立隆：完善的礼制。隆：中正，最高的准则。极：指言行的极致。

（四五）"至文以有别"两句，言礼之至文，以其有尊卑贵贱之别；至察：以其有是非分别之说。

（四六）"礼者断长续短"五句，皆谓使贤不肖得中也。贤者则达爱敬之文而已，不至于灭性；不肖者用此成行义之美，不至于禽兽也。

（四七）反：相反也。

（四八）御：进用也。

（四九）持：扶助也。险：谓不平之时。

（五〇）窕冶：妖美也。窕，读为姚。

（五一）嗌：穷也。憯：犹戚也，悲伤之意。

（五二）中流：礼之中道也。

■ **讲疏**

《礼论》篇是荀子对礼的论述，荀子的礼学以"性恶论"为基础，他认为"人生而有欲"，欲而不得，就会产生争端和混乱，影响社会的安定繁荣，所以先王制定礼义，礼义使欲望与现实相互平衡，同时也使社会的等级制度得以稳固。礼的内容，荀子认为有"养"和"别"两个方面。"养"即"养人之欲，给人以求"，满足人的物质欲望和需求；"别"即"贵贱有等，长幼有差，贫富轻重皆有称者"。荀子认为这两者是相辅相成的。"天地"、"先祖"、"君师"是礼的三个本源，天地是生存的根本，祖先是种族的根本，君师是政治的根本。礼分为三个等级，最高级、最完备的礼要求感情和礼义都发挥到极致，同时二者又要相得益彰。人生虽有"吉凶忧愉乐之情"，但荀子认为"礼"要"谨于吉凶"，要用礼来节制情感，"使本末终始，莫不顺比"，使礼成为"万世则"。凡此种种，荀子对"礼"在维护社会安定方面的作用给予了高度的评价。

乐论（节录）

夫乐者^(一)，乐也，人情之所必不免也，故人不能无乐。乐则必发于声音^(二)，形于动静^(三)，而人之道，声音、动静、性术之变尽是矣^(四)。故人不能不乐，乐则不能无形，形而不为道，则不能无乱。先王恶其乱也，故制《雅》、《颂》之声以道之，使其声足以乐而不流，使其文足以辨而不諰，使其曲直、繁省、廉肉^(五)、节奏足以感动人之善心，使夫邪污之气无由得接焉。是先王立乐之方也，而墨子非之，奈何！

故乐在宗庙之中，群臣上下同听之，则莫不和敬；闺门之内^(六)，父子兄弟同听之，则莫不和亲；乡里族长之中，长少同听之，则莫不和顺。故乐者，审一以定和者也，比物以饰节者也^(七)，合奏以成文者也，足以率一道^(八)，足以治万变。是先王立乐之术也，而墨子非之，奈何！

夫声乐之入人也深，其化人也速，故先王谨为之文。乐中平则民和而不流，乐肃庄则民齐而不乱。民和齐则兵劲城固，敌国不敢婴也^(九)。如是，则百姓莫不安其处，乐其乡，以至足其上矣。然后名声于是白^(一〇)，光辉于是大，四海之民莫不愿得以为师。是王者之始也。乐姚冶以险^(一一)，则民流僈鄙贱矣^(一二)。流僈则乱，鄙贱则争。乱争则兵弱城犯^(一三)，敌国危之。如是，则百姓不安其处，不乐其乡，不足其上矣。故礼乐废而邪音起者，危削侮辱之本也。故先王贵礼乐而贱邪音。其在序官也，曰："修宪命^(一四)，审诗商^(一五)，禁淫声，以时顺修，使夷俗邪音不敢乱雅，太师之事也^(一六)。"

墨子曰："乐者，圣王之所非也，而儒者为之，过也。"君子以为不然。乐者，圣人之所乐也，而可以善民心，其感人深，其移风易俗易^(一七)，故先王导之以礼乐而民和睦。夫民有好恶之情而无喜怒之应则乱。先王恶其乱也，故修其行，正其乐，而天下顺焉。故齐衰之服，哭泣之声，使人之心悲；带甲婴轴，歌于行伍，使人之心伤^(一八)；姚冶之容，郑、卫之音^(一九)，使人之心淫；绅端章甫，舞《韶》歌《武》，使人之心庄。故君子耳不听淫声，目不视女色，口不出恶言。此三者，君子慎之。……

君子以钟鼓道志，以琴瑟乐心，动以干戚，饰以羽旄，从以磬管^(二〇)。

故其清明象天，其广大象地，其俯仰周旋有似于四时（二一）。故乐行而志清，礼修而行成，耳目聪明，血气和平，移风易俗，天下皆宁，美善相乐。故曰：乐者，乐也。君子乐得其道，小人乐得其欲。以道制欲，则乐而不乱；以欲忘道，则惑而不乐。故乐者，所以道乐也。金石丝竹，所以道德也。乐行而民乡方矣。故乐者，治人之盛者也，而墨子非之。且乐也者，和之不可变者也；礼也者，理之不可易者也。乐合同，礼别异。礼乐之统，管乎人心矣。穷本极变，乐之情也；著诚去伪，礼之经也。墨子非之，几遇刑也。明王已没，莫之正也。愚者学之，危其身也。君子明乐，乃其德也。乱世恶善，不此听也，于乎哀哉！不得成也。弟子勉学（二二），无所营也。

■ 题解

《荀子·乐论》是荀子谈论礼乐问题的重要篇目，本文探讨了音乐的起源及其社会教育作用。先秦诸子中，墨子对礼乐极力反对，荀子驳斥墨子"非乐"的观点，指出音乐既是人性的天然需求，又是教化人民、安邦定国的重要手段。

■ 注释

（一）乐：音乐。下一个"乐"，读作"快乐"之"乐"。

（二）声音：指嗟叹歌咏。

（三）动静：指手舞足蹈。

（四）性术之变：指人的思想情感的变化。

（五）曲直：声音的曲折与平直。繁省：声音的复杂与简单。廉肉：声音的单薄与丰满。

（六）闺门：家庭。

（七）比：配。物：各种乐器。饰：通"饬"，整饬，调整。

（八）一道：指君臣上下、父子兄弟、长少之间的"和敬"、"和亲"、"和顺"等根本道理。

（九）婴：侵犯。

（一〇）白：显赫。

（一一）姚冶：妖艳，指音乐不正派。险：邪。

（一二）流僈：放纵散漫。

（一三）犯：应读作"脆"，脆弱。

（一四）宪命：法令文告。

（一五）商：通"章"。

（一六）太师：乐官之长。

（一七）"其感人深"句，王先谦曰："《史记》作'其风移俗易'，语皆未了。此二语相俪，当是'其感人深，其移风俗易'，与《富国篇》'其道易，其塞固，其政令一，其防表明'句法一例，上文'声乐之入人也深，其化人也速'，即是此意。"

（一八）心伤：俞樾曰："歌于行伍，何以使人心伤？义不可通。'伤'，当为'惕'。"

（一九）郑、卫之音：常用来指代轻佻的音乐。

（二〇）磬管：卢文弨曰："元刻作'箫管'，与《礼记》同。"

（二一）周旋：卢文弨曰："元刻'周旋'作'随还'。"

（二二）勉：卢文弨曰："元刻'勉'作'免'。"

■ 讲疏

《乐论》是一篇系统性很强的儒家礼乐思想论著。荀子在文中对音乐及其有关问题进行论述，驳斥了墨子"非乐"的观点。文章从批判墨子的主张出发，阐述了"乐"的内涵，"乐"的社会功用以及"礼乐"的关系。荀子肯定了"乐"的自然属性和社会功能，认为音乐是人自然性情的一种必然需要，在人生中起着重要的作用。同时，认为不同的音乐给人以不同影响："乐肃庄则民齐而不乱，民和齐则兵劲城固。"假使对各种音乐放任自流，邪恶之音就会危害社会。从这个意义上讲，统治者有必要制定出一系列的正声雅乐来引导民众，让它"感动人之善心"以安定社会，维护自己的统治。荀子又提到："礼也者，理之不可易者也。乐和同，礼别异。礼乐之统，管乎人心矣"，强调"礼"、"乐"相成对于教化人心的重要性，这是中国古代以"礼乐"治国的重要思想资源。

■ **参考文献**

《荀子集解》,(清)王先谦撰,沈啸寰、王星贤点校,中华书局1988年。

《荀子简释》,梁启雄著,中华书局1983年。

《荀子校释》,(战国)荀况著,王天海校释,上海古籍出版社2005年。

《荀子今注今译》,熊公哲注释,重庆出版社2008年。

韩非子（节选）

韩非（约前280—前233），中国古代著名的思想家，先秦法家思想的集大成者，战国末期韩国人。韩非为韩国贵族，入秦后被秦始皇赏识，遭到李斯等嫉妒，最终下狱而死。韩非师从荀子，精于"刑名法术之学"。但和荀子极不相同，韩非主张君主集权，用"法"、"术"、"势"统御臣下；强调明赏罚，重农战的治国方略；反对儒、墨的仁义观，提出"明主之国，无书简之文，以法为教，无先王之语，以吏为师"的文化立场，反对战国时期的游侠、私学习气，宣扬消灭"五蠹"的社会政策。这成为后来秦朝建立的重要思想基础。《韩非子》是韩非主要著作的辑录，共有文章五十五篇，十余万字。《韩非子》一书观点鲜明，结构精严，其文风格严峻峭刻，明晓犀利，书中还包含丰富的寓言故事，在先秦诸子中独树一帜。

十过（节录）

十过[一]：一曰行小忠，则大忠之贼也[二]。二曰顾小利，则大贼之残也。三曰行僻自用[三]，无礼诸侯，则亡身之至也。四曰不务听治而好五音，则穷身之事也。五曰贪愎喜利，则灭国杀身之本也。六曰耽于女乐，不顾国政，则亡国之祸也。七曰离内远游而忽于谏士，则危身之道也。八曰过而不听于忠臣，而独行其意，则灭高名，为人笑之始也。九曰内不量力，外恃诸侯，则削国之患也。十曰国小无礼，不用谏臣，则绝世之势也⁽四⁾。

……………

平公曰："清角可得而闻乎？"师旷曰："不可。昔者黄帝合鬼神于西泰山之上⁽五⁾，驾象车而六蛟龙，毕方并辖⁽六⁾，蚩尤居前⁽七⁾，风伯进扫，雨师洒道，虎狼在前，鬼神在后，腾蛇伏地，凤皇覆上，大合鬼神，作为清角。今主君德薄，不足听之；听之，将恐有败。"平公曰："寡人老矣，所好者音也，愿遂听之。"师旷不得已而鼓之。一奏，而有玄云从西北方起；再奏之，大风至，大雨随之，裂帷幕，破俎豆，隳廊瓦，坐者败走。平公恐惧，伏于廊室之间。晋国大旱，赤地三年。平公之身遂癃病⁽八⁾。故曰："不务听治而好五音不已，则穷身之事也。"

■ 题解

篇名"十过"，指国君的十种过失。作者从历史经验中总结出了君主常犯的十种过失，告诫统治者要引以为鉴。在选文中韩非举平公因为贪听"清角"之乐得病致死的故事，说明君主耽于感性享乐，会带来灾难性的后果。

■ 注释

（一）过：这里用为错误之意。

（二）贼：这里用为伤害、坑害之意。

（三）僻：邪恶。

（四）田太方说：《荀子·强国篇》注："世，谓继也。"《周礼》注："父死子立曰世。"

（五）黄帝：中国古代传说中的"人神杂糅"的人物。战国中、后期百家托古，多集于黄帝。黄帝被说成是上古的圣帝明王，是大发明家、大思想家，被尊为华夏民族的始祖。

（六）毕方：传说中的木神。辖：大车轴头上穿着的小铁棍，可以管住轮子使之不脱落。《说文》："辖，键也。"《左传·哀公三年》："巾车脂辖。"

（七）蚩尤：传说是古代九黎族首领，后被黄帝在涿鹿擒杀。《尚书·吕刑》："蚩尤惟始作乱。"郑玄注："蚩尤霸天下，黄帝所伐者，学蚩尤为此者，九黎之君在少昊之代也，是黄帝擒于涿鹿者。"

（八）癃：癃痪病之意。《说文·广部》："癃，罷病也。"《资治通鉴·汉文帝前二年》："臣闻山东吏布诏令，民虽老羸癃疾，扶杖而往听之。"

■ 讲疏

本文第一节首先列出"十过"的具体内涵，后文逐节征引历史事实、陈述每一过错的实情及其造成的危害，以劝解君主不要重蹈历史覆辙。选文中晋平公好乐祸国的故事，正好反映了韩非对"法先王"及"乐"的否定态度。在韩非看来，古今的社会文化已经发生了深刻的变动，先王所提倡和运用的"礼乐、仁义、道德"，在以气力相争的战国时期不能有效治理国家。如文中所述"清角"是黄帝时期的"乐"，而晋平公"今主君德薄，不足听之。听之，将恐有败"。此外，对"乐"进行否定，韩非虽和墨子态度接近，但韩非是出于军国兼并的需要而进行阐释，与墨子"非乐"的含义大相径庭。

孤愤（节录）

智术之士，必远见而明察，不明察不能烛私（一）；能法之士，必强毅而劲直，不劲直不能矫奸。人臣循令而从事，案法而治官（二），非谓重人也（三）。重人也者，无令而擅为，亏法以利私，耗国以便家，力能得其君，此所为重人也。智术之士，明察听用，且烛重人之阴情；能法之士，劲直听用，且矫重人之奸行。故智术能法之士用，则贵重之臣必在绳之外矣。是智法之士与当涂之人（四）不可两存之仇也。当涂之人擅事要，则外内为之用矣。是以诸侯不因则事不应，故敌国为之讼（五）；百官不因则业不进，故群臣为之用；郎中不因（六）则不得近主，故左右为之匿；学士不因则养禄薄礼卑，故学士为之谈也。此四助者，邪臣之所以自饰也。重人不能忠主而进其仇，人主不能越四助而烛察其臣，故人主愈弊而大臣愈重。

■ 题解

孤愤，谓因孤高嫉俗而产生的愤慨之情。《史记·老子韩非列传》："（韩非）悲廉直不容于邪枉之臣，观往者得失之变，故做《孤愤》。"司马贞《索隐》："《孤愤》，愤孤直不容于时也。"全文围绕当权重臣与法术之士的利害关系、君主对待当权重臣与法术之士的态度，抒发了作者面对"智法之士与当涂之人，不可两存之仇"的现实所产生的孤独、愤懑之情。

■ 注释

（一）烛：照。《韩非子·内储说上》："夫日，兼烛天下。"《史记·鲁仲连邹阳列传》："名高天下而光烛邻国。"

（二）案：同"按"，用为之意。《庄子·盗跖》："案剑瞋目，声如乳虎。"《荀子·王制》："偃然案兵不动。"《史记·魏其武安侯列传》："案灌夫项，令谢。"

（三）重人：言当涂用事之臣，威权重者。

（四）当涂：当路，与"当道"俱同义，谓居权要也。

（五）讼：通"颂"，歌颂。《诗·召南·行露》："何以速我讼。"《汉书·王莽传上》："深讼莽功德。"《易林·否之大有》："家给人足，讼声并作。"

（六）郎：原指官殿廷廊，置侍卫人员所在。郎中：官名，战国始置，帝王侍从官侍郎、中郎、郎中等的通称。其职责原为护卫陪从、随时建议，备顾问差遣等侍从之职。郎官一直沿用到清朝。《韩非子·有度》："势在郎中，不敢蔽善饰非。"《后汉书·桓帝纪》注："郎官，谓三中郎将下之属官也。"

■ 讲疏

韩非此文，"孤"指法术之士在同当权贵族斗争时孤立无援的处境，"愤"指法术之士面对大臣专权、惑主败法、国家混乱衰亡的愤懑之情。韩非所处的时代，法术之士"操五不胜之势"而同当涂之人"势不两存"，必然导致"明法术而逆主上者，不戮于吏诛，必死于私剑矣"。《孤愤》之沉痛，为司马迁所激赏，所谓"韩非囚秦，《说难》、《孤愤》"，明人胡应麟说："余读韩非书，若《孤愤》、《五蠹》、《八奸》、《十过》诸篇，亡论文词瑰伟，其抉摘隐微，烨如悬镜，实天下之奇作也。"

说难（节录）

凡说之务^(一)，在知饰所说之所矜而灭其所耻^(二)。彼有私急也，必以公义示而强之^(三)。其意有下也，然而不能已，说者因为之饰其美而少其不为也^(四)。其心有高也，而实不能及，说者为之举其过而见其恶而多其不行也。有欲矜以智能，则为之举异事之同类者，多为之地^(五)；使之资说于我^(六)，而佯不知也以资其智。欲内相存之言，则必以美名明之，而微见其合于私利也。欲陈危害之事，则显其毁诽，而微见其合于私患也^(七)。誉异人与同行者，规异事与同计者。有与同污者，则必以大饰其无伤也；有与同败者，则必以明饰其无失也。彼自多其力，则毋以其难概之也；自勇之断，则无以其谪怒之；自智其计，则毋以其败穷之。大意无所拂悟^(八)，辞言无所系縻^(九)，然后极骋智辩焉。此道所得亲近不疑而得尽辞也。

■ 题解

《说难》，韩非后期作品。说，音税，游说的意思；难，音南，困难。说难，即游说的困难。战国时期，游说之风盛行，韩非曾数次进说韩王而没有成功。此文便是他根据战国时谋臣策士的游说教训和自己的切身体会，写成的一份关于游说君主的经验总结。韩非此篇，描述了游说者如何揣测君主心理，然后投其所好，进行有目的的游说。

■ 注释

（一）说：音税，《史记·项羽本纪》："鲰生说我曰：'距关，毋内诸侯，秦地可尽王也。'"《史记·魏公子列传》："公子患之，数请魏王，及宾客辩士说王万端。"

（二）矜：夸耀。

（三）强：音抢，劝勉。

（四）少：贬低，看不起。

（五）地：梁启雄："理之所居谓之地。"谓事理的依据。

（六）资：取。

（七）其合于私患：即"它对君主有害"之意。

（八）悟：通"忤"，拂逆。清张廷玉等《明史》："触忤当死。"

（九）系縻：抵触，摩擦。陈奇猷《集释》："王先慎曰：'系縻、击摩古字相通，《说文》：系，缚也；縻，牛辔也。引申为羁束字。'……本书作系縻者，谓无缚束也。"

■ 讲疏

韩非认为，游说的真正困难在于游说对象（君主）的主观好恶，即"知所说之心"，并指出为了游说的成功，一要研究人主对于宣传游说的种种逆反心理，二要注意人主的爱憎厚薄，三是断不可撄人主的"逆鳞"。本文还表达了游说行动对语言艺术的重视，如"欲内相存之言，则必以美名明之，而微见其合于私利也"。

亡徵（节录）

群臣为学，门子好辩，商贾外积，小民右仗者（一），可亡也。……国小而不处卑，力少而不畏强，无礼而侮大邻，贪愎而拙交者，可亡也。……

挫辱大臣而狎其身（二），刑戮小民而逆其使，怀怒思耻而专习则贼生，贼生者，可亡也。……辞辩而不法，心智而无术，主多能而不以法度从事者，可亡也。……

亡征者，非曰必亡，言其可亡也。夫两尧不能相王（三），两桀不能相亡（四）；亡王之机，必其治乱、其强弱相踦者也（五）。木之折也必通蠹（六），墙之坏也必通隙。然木通蠹，无疾风不折；墙虽隙，无大雨不坏（七）。万乘之主，有能服术行法以为亡征之君风雨者，其兼天下不难矣。

■ 题解

"亡征",又名"亡徵",意为国家将亡的征兆。本文列举了四十七种亡国的征兆,这并不是对社会现状作出简单的罗列,而是韩非对政治、经济、军事、文化以及君主的修养爱好等方面进行深入研究后所做出的概括。本文提出"不法无术,国家可亡"的观点,支撑韩非加强君权专制、厉行法治、打击旧贵族宗法势力的主张。这一主张,与传统的文化道德观念以及诸家的思想产生了剧烈的冲突。

■ 注释

（一）右：同"祐",《说文通训定声》："今据许书,凡助为右、为佑,神助则为祐。"《诗·小雅·裳裳者华》："右之右之,君子有之。"此句中意为保佑。仗：《广韵》解为"凭仗",此句中意为依靠、依赖。

（二）狎：亲昵。

（三）尧：上古时代的圣王。王：做王、统治。

（四）桀：夏朝的末代君主,著名的暴君。

（五）踦：偏重。《战国策·赵策四》："齐、秦非复合也,必有踦重者矣。"《韩非子·八经》："大臣两重,提衡不踦。"

（六）蠹：蛀蚀。

（七）这两句的喻义是：国家虽然有了灭亡的征兆,但如果没有强国明君来攻打是不会灭亡的。

■ 讲疏

《论语·雍也》云："质胜文则野,文胜质则史,文质彬彬,然后君子。""质"是天生的本性,朴实无华；"文"是后天的修养,如礼乐教化。孔子的"礼"就是使天下仁义,它本质上是一种"仁"的存在；而韩非排斥"仁",剥离"礼"的外壳而阐扬其"法"、"术"、"势"理论,是重"质"的学说。孔子认为德即是仁,仁即是德,强调人相对道德的主体性；韩非对人性的理解截然不同,他认为人是为欲望、利益而斗争的个体。"辞辩而不法,心智而无术"则可亡,韩非并不是绝对地否定文化和文学,而是认为礼乐应以"功用"为标准。"凡所治者，刑罚也。"(《诡使》)"刑胜而民静，赏繁而奸生。故治民者，刑胜，治之首也；赏繁，乱之本也。"(《心度》)法治而非礼治才是更具现实性的治国方略。

■ 参考文献

《韩非子集注》，(清)王先慎撰，钟哲校注，中华书局1993年。

《韩非子译注》，张觉等撰，上海古籍出版社2012年。

《韩非子》，陈秉才译注，中华书局2007年。

《韩非子》，高华平、王齐洲、张三夕译注，中华书局2010年。

庄子（节选）

庄子（约前369—前286），名周，战国宋蒙地（今河南商丘）人，先秦道家学派的代表人物，老子思想的继承者和发扬者。他的学说涵盖着当时社会生活的方方面面，根本精神还是归依于老子的思想，后世将他与老子并称为"老庄"，称他们的思想为"老庄思想"。庄子以"道"为其思想的最高范畴，崇尚自然的人性和自由的精神，与儒家的"礼乐"思想不同，庄子提出"天地有大美而不言，四时有明法而不议"，对现实社会的政治秩序和道德观念持强烈的批判态度。《庄子》一书为庄子及其后学的著作集，分为《内篇》、《外篇》和《杂篇》。此书发思敏锐，想象奇特，用笔汪洋恣肆。唐玄宗天宝二年诏庄子号"南华真人"，故《庄子》又名《南华真经》。

骈拇（节录）

彼正正者，不失其性命之情^{（一）}。故合者不为骈，而枝者不为跂；长者不为有余，短者不为不足。是故凫胫虽短，续之则忧；鹤胫虽长，断之则悲^{（二）}。故性长非所断，性短非所续，无所去忧也^{（三）}。意仁义其非人情乎？彼仁人何其多忧也？

且夫骈于拇者，决之则泣；枝于手者，龁之则啼^{（四）}。二者，或有余于数，或不足于数，其于忧一也。今世之仁人，蒿目而忧世之患^{（五）}；不仁之人，决性命之情而饕贵富^(六)。故意仁义其非人情乎！自三代以下者，天下何其嚣嚣也^(七)？

且夫待钩绳规矩而正者^(八)，是削其性者也；待绳约胶漆而固者^(九)，是侵其德者也^(一〇)；屈折礼乐，呴俞仁义^(一一)，以慰天下之心者，此失其常然也^(一二)。天下有常然。常然者，曲者不以钩，直者不以绳，圆者不以规，方者不以矩，附离不以胶漆，约束不以纆索。故天下诱然皆生而不知其所以生^(一三)，同焉皆得而不知其所以得。故古今不二，不可亏也。则仁义又奚连连如胶漆纆索而游乎道德之间为哉^(一四)，使天下惑也！

■ 题解

"骈拇"，指并合的脚趾。成玄英疏云："骈，合也，大也，谓足大拇指与第二指相连合为一指也；枝指者，谓手大拇指傍枝生一指成六指也。"后多比喻多余无用之物。庄子以骈拇、枝指、附赘县疣为喻说明智慧、仁义和辩言都是不符合自然的多余之物，进而着力批评仁义、礼乐"使天下惑也"，君子和小人都"残生损性"。庄子指出天下的至理正道，莫如"不失其性命之情"，以无为之治使万物顺其自然。庄子本篇发挥了老子自然无为、返璞归真的政治理想，反映了他的无为而治、返归自然的社会观和政治观，对儒家提倡的仁义和礼乐做了直接的批判。

■ 注释

（一）性：指本性。命：指天命。性命之情，就是物各自得、顺其自然的真情。

（二）凫：野鸭。胫：小腿。《说文》云："胫，胻也。"《论语》曰："以杖叩其胫。"皇疏："脚胫也。膝上曰股，膝下曰胫。"

（三）无所去忧：没有什么忧愁，所以无须抛弃。

（四）决：裂析，分开。《淮南子·说山》云："决指而身死。"注曰："伤也。"《礼记·曲礼》云："濡肉齿决。"注曰："犹断也。"龁：咬断。

（五）蒿目：一说为放眼远望，一说通作"眊"，意为眼睛失神。

（六）富：财产多也。贵：地位高也。抛弃性命之情而贪贵富。

（七）嚣嚣：喧哗不停。

（八）钩：木工划弧线的曲尺。《说文》："钩，曲也。"

（九）绳约：即绳索。《老子》："善闭无关键而不可开，善结无绳约而不可解。"《后汉书·儒林传》："至如张温、皇甫嵩之徒……犹鞠躬昏主之下，狼狈折扎之命，散成兵，就绳约，而无悔心。"李贤注："绳约，犹拘制也。"

（一〇）侵其德：即伤害了事物的天性和自然。

（一一）"屈折礼乐，呴俞仁义"句，谓用礼乐、仁义矫正言行。

（一二）常然：事物本来的状态，即自然真性。《后汉书·王符传》："存亡以之迭代，政乱从此周复，天道常然之大数也。"《晋书·文苑传·李充》："政异征辞，拔本塞源，遁迹永日，寻响穷年，刻意离性而失其常然。"

（一三）诱然：油然，自然而然。

（一四）连连：不断地，无休止的。

■ 讲疏

对于周代文化传统的继承，儒家和道家有着不同的选择。儒家由情说仁、缘情制礼，道家提出仁义需合于"性命之情"、"任其性命之情"、"安其性命之情"，这是庄子在《骈拇篇》、《在宥篇》中反复强调的观点。本篇阐述了人的行为须顺乎自然，无所损益。制礼作乐，滥用聪明，犹如旁生的指头，是无用之物，非天下之至正。所谓的至正，就是不失性命之情，或离或合，或长或短，皆得其宜。仁义礼乐与天道自然，二者水火不相容。无论殉于仁义，还是殉于财货，都是残生损性。所谓完美，指的是任性命之情；所谓的聪明，指的是能够审视自己。文中批评以仁义、礼乐残生害性的现象，否定世俗的君子、小人之分。在庄子看来，礼乐、仁义是外在的准则，将人置于这些规范之下，往往导致以外在准则取代人的本然之性，从而使人失去人性化的"常然"，漠视了人的内在之性和自身存在价值。庄子说儒者"屈折礼乐，呴俞仁义"，导致"擢德塞性"、"残生伤性"。"不知贵真，禄禄而受变于俗"，这类批评贯穿整个庄子学派。

马蹄（节录）

马，蹄可以践霜雪，毛可以御风寒，龁草饮水^{（一）}，翘足而陆^{（二）}，此马之真性也。虽有义台路寝^{（三）}，无所用之。及至伯乐^{（四）}，曰："我善治马。"烧之^{（五）}，剔之^{（六）}，刻之，雒之，连之以羁馽^{（七）}，编之以皂栈^{（八）}，马之死者十二三矣；饥之，渴之，驰之，骤之，整之，齐之，前有橛饰之患^{（九）}，而后有鞭策之威^{（一〇）}，而马之死者已过半矣。陶者曰^{（一一）}："我善治埴^{（一二）}，圆者中规，方者中矩。"匠人曰："我善治木，曲者中钩，直者应绳。"夫埴木之性，岂欲中规矩钩绳哉？然且世世称之曰"伯乐善治马而陶匠善治埴木"，此亦治天下者之过也^{（一三）}。

吾意善治天下者不然。彼民有常性，织而衣，耕而食，是谓同德^{（一四）}；一而不党^{（一五）}，命曰天放^{（一六）}。故至德之世，其行填填^{（一七）}，其视颠颠^{（一八）}。当是时也，山无蹊隧^{（一九）}，泽无舟梁；万物群生，连属其乡^{（二〇）}；禽兽成群，草木遂长^{（二一）}。是故禽兽可系羁而游，鸟鹊之巢可攀援而窥。夫至德之世，同与禽兽居，族与万物并^{（二二）}，恶乎知君子小人哉！同乎无知，其德不离；同乎无欲，是谓素朴。素朴而民性得矣。及至圣人，蹩躠为仁^{（二三）}，踶跂为义^{（二四）}，而天下始疑矣；澶漫为乐^{（二五）}，摘僻为礼^{（二六）}，而天下始分矣。故纯朴不残^{（二七）}，孰为牺尊^{（二八）}！白玉不毁，孰为珪璋^{（二九）}！道德不废，安取仁义^{（三〇）}！性情不离，安用礼乐！五色不乱，孰为文采！五声不乱，孰应六律^{（三一）}！夫残朴以为器，工匠之罪也；毁道德以为仁义，圣人之过也。

夫马，陆居则食草饮水，喜则交颈相靡，怒则分背相踢^{（三二）}。马知已此矣。夫加之以衡扼^{（三三）}，齐之以月题，而马知介倪闉扼鸷曼诡衔窃辔^{（三四）}。故马之知而态至盗者^{（三五）}，伯乐之罪也。

夫赫胥氏之时^{（三六）}，民居不知所为，行不知所之，含哺而熙，鼓腹而游。民能已此矣！及至圣人，屈折礼乐以匡天下之形^{（三七）}，县企仁义以慰天下之心^{（三八）}，而民乃始踶跂好知^{（三九）}，争归于利，不可止也。此亦圣人之过也。

■ 题解

《马蹄》，《庄子·外篇》篇名。此篇阐述社会要有"无为而治"的思想。作者认为，人民本有素朴的本性，耕食织衣，无知无欲，正因为如此，所以上古社会能处于自由和快乐的状态。出现"圣人"之后，就用"仁义"来危害人的本性，用"礼乐"来约束天下，社会人心都为其所败坏，这是"圣人"的罪恶。马本有其真性，经伯乐之治，横加摧残，大半因而致死；残存者因无以忍受，于是产生反抗的举动，马的真性随之也丧失殆尽。陶者之治埴、匠者之治木，也是以外力改变了埴、木之性。

■ 注释

（一）龁：咬，吃。

（二）陆：跳也。

（三）义台：犹言容台，行礼容之台。路：正也，大也。

（四）伯乐：姓孙，名阳，善驭马。

（五）烧之：烧铁以烁之。

（六）剔之：谓剪其毛。

（七）羁：勒也。

（八）皂：枥也。栈：若棧床，施之湿地也。

（九）橛：衔也。饰：谓加饰于马镳也。

（一〇）鞭策：带皮曰鞭，无皮曰策。

（一一）陶：窑也。

（一二）埴：土也。

（一三）"此亦"句：其过与治天下者等。

（一四）同德：共同的本性。

（一五）党：偏。

（一六）命：名。天：自然也。

（一七）填填：重迟也。

（一八）颠颠：专一也。

（一九）蹊：径。隧：道。

（二〇）"连属"句：各就所居为连属。

（二一）遂：自由。

（二二）族：聚也。

（二三）蹩躠：用心为仁之貌。

（二四）踶跂：用心为义之貌。

（二五）澶漫：犹纵逸也。

（二六）摘僻：当作"摘擗"，谓烦碎也。摘，摘取之；擗，分析之。

（二七）纯朴：完整的、未曾加工过的木料。

（二八）牺尊：酒器，刻为牛首，以祭宗庙也。

（二九）珪璋：上锐下方曰珪，半珪曰璋。

（三〇）"道德"句，《老子》第十八章："大道废，有仁义。"

（三一）应：应和，制定。

（三二）分背：马之踶必向后，故曰分背。

（三三）衡：辕前横木，缚轭者。扼：叉马颈者也。

（三四）介倪：犹睥睨也。闉：曲也。鸷：抵也。曼：突也。诡衔：吐出其勒。窃辔：盗脱笼头。

（三五）"故马"句：充其所知，而态至于盗。

（三六）赫胥：上古帝王也。

（三七）匡：正也。

（三八）县跂：县举而企及之，使人共慕也。

（三九）踶跂：自矜。好知：行诈。

■ 讲疏

《马蹄》篇取篇首二字为题，它是《庄子》中篇幅最短的一篇，也是其中构思最简明的一篇，表现了庄子反对束缚和羁绊，提倡一切返归自然的思想主张。本篇批评了当权者在所谓的"善治"下，带给社会和人们的伤害，宣扬道家"无为而治"的政治思想。"禽兽可系羁而游，鸟鹊之巢可攀援而窥"，可谓庄子版的"世外桃源"，庄子据此谴责后代推行的所谓"仁"、

"义"、"礼"、"乐",摧残了人的本性和事物的真情,并直接指出这就是"圣人之过"。庄子认为至德之世,人们纯朴无知;及至圣人,"屈折礼乐以匡天下之形,县企仁义以慰天下之心,而民乃始踶跂好知,争归于利,不可止也"。在庄子的眼里,"礼乐"是对人性的破坏,"圣人"是社会的罪人。当世社会的纷争动乱都源于所谓圣人之治,因而他主张摒弃仁义和礼乐,取消一切束缚和羁绊,让社会和事物都回归自然本性。文章对于仁义、礼乐的虚伪性、蒙蔽性揭露是深刻的,带有尚古的倾向。

天道(节录)

圣人之静也,非曰静也善,故静也;万物无足以铙心者^(一),故静也。水静则明烛须眉,平中准^(二),大匠取法焉。水静犹明,而况精神!圣人之心静乎!天地之鉴也,万物之镜也^(三)。夫虚静恬淡寂漠无为者^(四),天地之平而道德之至^(五),故帝王圣人休焉^(六)。……静而圣,动而王,无为也而尊,朴素而天下莫能与之争美^(七)。

夫子曰:"夫道,于大不终,于小不遗,故万物备^(八)。广广乎其无不容也^(九),渊乎其不可测也。形德仁义,神之末也,非至人孰能定之^(一〇)!夫至人有世^(一一),不亦大乎!而不足以为之累。天下奋棅而不与之偕^(一二),审乎无假而不与利迁,极物之真,能守其本,故外天地,遗万物,而神未尝有所困也。通乎道,合乎德,退仁义,宾礼乐^(一三),至人之心有所定矣。"

■ 题解

《天道》,《庄子·外篇》篇名,以"天道运而无所积,故万物成"为始,故名。此篇以阐述天道自然圣人法之的思想为主。天道,指自然之道,《庄子·庚桑楚》:"夫春气发而百草生,正得秋而万宝成。夫春与秋,岂无得而然哉?天道已行矣。"郭象注曰:"皆得自然之道,故不为也。"庄子认为"不失性命之情",才是顺应天道的做法,指出要"退仁义"、"宾礼乐",从而做到"守其本"而又"遗万物",即提倡无为的态度。《庄子·天道篇》的主旨是明"内圣外王"之道,"静而圣,动而王,无为也而尊,朴素而天下莫能与之争美"。认为虚静恬淡、寂寞无为是万物之本，是为君王天子的根本。

■ 注释

（一）铙：乐器名。《说文》："铙，小钲也。军法。卒长执铙。"铙心：搅乱心灵。

（二）烛：照。须眉：细小的事物。平中准：平正合乎标准。明李贽《四书评·孟子·离娄下》："叙事刻画，须眉如画。"

（三）鉴：同镜。《老子》十章："涤除玄览（鉴）。"高亨《老子正诂》："玄鉴者，内心之光明，为形而上之镜，能照察事物，故谓之玄鉴。"

（四）寂漠：清静。

（五）平：基本准则。

（六）休：止。《说文》："休，息止也。"《诗·周南·汉广》："南有乔木，不可休思。"

（七）朴：没有雕琢的木。素：没有染色的丝。成玄英疏："夫淳朴素质，无为虚静者，实万物之根本也。"《淮南子·原道训》："所谓天者，纯粹朴素，质直皓白，未始有与杂糅者也。"

（八）夫子：指老子。备：必备，必需。

（九）广广：犹旷旷，空旷、空虚貌。《荀子·非十二子》："恢恢然，广广然，昭昭然，荡荡然，是父兄之容也。"杨倞注："恢恢，广广，皆容众貌。"

（一〇）形：同"刑"，刑法。定之：明白这个道理。定：判定，明白。

（一一）世：天下。《后汉书·张衡传》："虽才高于世，而无骄尚之情。"

（一二）棅：《说文》同"柄"。《管子·山权数》："权棅之数，吾已得闻之矣。"奋棅：争权夺利。

（一三）宾：通"摈"，放弃。《庄子·徐无鬼》："先生居山林，食芧栗，厌葱韭，以宾寡人，久矣夫！"

■ 讲疏

《天道》篇认为，道德与仁义、礼乐的关系为体用、本末的关系。以道德的自然真朴为本，以仁义、礼乐的人为造设为末，而持守道物之本真为关键。庄子认为礼乐制度是对人之性情的背离，儒家用世俗之礼来满足人的耳目之欲，以此达到媚世、谀人的目的，这种以制度的形式使人之性情发生背离，具有莫大的危害。礼乐的压抑，还造就了少数人对文化的垄断。在他们的控制下，普通人的天性就会发生扭曲。庄子认为，守道的方法就是"退仁义，宾礼乐"，从而达到一种"知不可奈何而安之若命"的个体"虚静"之境，这就迥异于儒家强调道德、礼乐教化的社会功能。

缮性（节录）

　　缮性于俗，俗学以求复其初（一）；滑欲于俗（二），思以求致其明（三），谓之蔽蒙之民。

　　古之治道者，以恬养知（四）；知生而无以知为也，谓之以知养恬。知与恬交相养，而和理出其性。夫德，和也；道，理也（五）。德无不容，仁也；道无不理，义也；义明而物亲，忠也；中纯实而反乎情，乐也（六）；信行容体而顺乎文，礼也（七）。礼乐遍行，则天下乱矣。彼正而蒙己德（八），德则不冒（九），冒则物必失其性也。

　　古之人，在混芒之中（一〇），与一世而得澹漠焉。当是时也，阴阳和静，鬼神不扰，四时得节，万物不伤，群生不夭，人虽有知，无所用之，此之谓至一（一一）。当是时也，莫之为而常自然。

　　古之所谓得志者，非轩冕之谓也（一二），谓其无以益其乐而已矣（一三）。今之所谓得志者，轩冕之谓也。轩冕在身，非性命也，物之傥来，寄者也（一四）。寄之，其来不可圉（一五），其去不可止。故不为轩冕肆志，不为穷约趋俗，其乐彼与此同，故无忧而已矣。今寄去则不乐，由是观之，虽乐，未尝不荒也（一六）。故曰：丧己于物，失性于俗者，谓之倒置之民。

■ 题解

　　"缮性"意为涵养本性。成玄英疏："缮，治也；性，生也。"《缮性》篇主旨在讲自性复归的道德修养问题。庄子提出"以恬养知"的主张，认为只有自养而又敛藏，方才不失其性，而随着时代的推移德行逐渐衰退，以致不能返归本真，这都因为"文灭质"、"博溺心"。所以，修治本性的要领是"正己"和"得志"，既能正己，又能自适，外物就不会使自己丧身失性，因而也就不会本末倒置。本篇内容简短，从形式上看，与《刻意》篇有相似处，但具体内容与思想倾向又有明显的差异。

■ 注释

（一）缮：修养。俗：指仁、义、礼、智一类的学问。

（二）滑：通汩，治理、疏导。欲：由外物而引起的情欲、物欲。俗思：以追求名利为目标的通行观念。

（三）致其明：获得明彻的心境。致：获得。

（四）知：通"智"，智慧、才智。《庄子·逍遥游》："故夫知效一官。"《荀子·劝学》："则知明而行无过矣。"

（五）"夫德，和也"句，和为恬静淡漠之性，理为自然之理，二者皆出于本性。

（六）中纯实：心中被仁义充实；反乎情：仁义与外物、性情相和。

（七）信行容体：信义之行表现于仪容举止。

（八）"彼正而蒙己德"句，彼正：天地人物各自正其性命。蒙己德：把己之德行隐蔽起来。

（九）冒：覆盖。《诗·邶风·日月》："下土是冒。"

（一〇）混芒：混沌淳朴。

（一一）至一：最为纯粹而无杂念的时代。

（一二）轩冕：古时卿大夫所乘之车、所戴之冠，后为官位爵禄之代称。

（一三）益：增加。《周易·杂卦传》："损益，盛衰之始也。"《吕氏春秋·察今》："人或益之，人或损之，胡可得而法？"

（一四）傥来：偶然得来。寄者：暂时寄存之物。

（一五）圉：通"御"，抵御，推辞。

（一六）荒：空虚。

■ 讲疏

　　庄子认为，制度化的"礼乐"耽溺性情，是导致性情背离的首要原因。针对这种使性情趋俗的情况，庄子将仁义礼乐标准重新厘定为"德无不容"、"道无不理"、"信行容体而顺乎文"、"中纯实而反乎情"。"礼"的推行，其实质是使人"丧己于物，失性于俗"。儒家认为与礼乐文明相联系的德性是雅正的，在庄子看来，这种将社会伦理内化，并取代本然个性的"礼"却是俗礼。一旦将自我消解在物之中，便意味着人与物、性与俗关系的颠倒。庄子认为礼乐文化使人丧失天然本性，所谓"文灭质，博溺心"，为了"反其性情而复其初"，就必须"灭文章，散五彩"，表现出重质废文的思想倾向。本篇在论述道家理论中，还吸收和掺杂某些儒家的主张，表现出一种综合的趋势。

徐无鬼（节录）

　　少焉，徐无鬼曰："尝语君，吾相狗也。下之质执饱而止，是狸德也；中之质若视日，上之质若亡其一（一）。吾相狗，又不若吾相马也。吾相马，直者中绳，曲者中钩，方者中矩，圆者中规，是国马也，而未若天下马也。天下马有成材，若卹若失（二），若丧其一，若是者，超轶绝尘，不知其所。"武侯大悦而笑。

　　徐无鬼出，女商曰："先生独何以说吾君乎（三）？吾所以说吾君者，横说之则以《诗》、《书》、《礼》、《乐》，从说之则以《金板》、《六弢》（四），奉事而大有功者不可为数（五），而吾君未尝启齿（六）。今先生何以说吾君，使吾君说若此乎？"徐无鬼曰："吾直告之吾相狗马耳。"女商曰："若是乎？"曰："子不闻夫越之流人乎？去国数日，见其所知而喜；去国旬月，见所尝见于国中者喜（七）；及期年也，见似人者而喜矣（八）；不亦去人滋久，思人滋深乎？夫逃虚空者，藜藋柱乎鼪鼬之径（九），踉位其空，闻人足音跫然而喜矣，又况乎昆弟亲戚之謦欬其侧者乎！久矣夫莫以真人之言謦欬吾君之侧乎（一○）！"

■ 题解

徐无鬼，魏国的隐士，本篇以之作为篇名。《徐无鬼》篇由十余则故事组成，每则夹带议论，庄子在此篇中批判了有为的思想和有为的政治，指出了有为与无为的关系以及达到无为的途径。选文写徐无鬼拜见魏武侯，用相马之术引发魏武侯的喜悦，借此讥讽"诗"、"书"、"礼"、"乐"的无用。

■ 注释

（一）若亡其一：好像忘却了自己的一切。一：全部，一切。

（二）若恤若失：无论是缓步慢行，还是快速奔驰。恤：犹豫顾惜，形容缓慢的样子。失：同"佚"，快速。

（三）独：究竟。

（四）从：通"纵"。南北称纵，东西称横，古作"从衡"。《墨子·备城门》："以柴抟从横施之。"《仪礼·特牲馈食礼》："肵俎心舌，皆去本末，午割之。"郑玄注："午割，从横割之。"

（五）数：计算。《说文》："数，计也。"《礼记·儒行》："遽数之不能终其物。"《老子》："善数不用筹策。"

（六）启齿：微笑。王先谦《集解》："笑也。"说：通"悦"，高兴、愉快。

（七）流人：流放的人。去国：离开本国。《礼记·曲礼下》："去国三世，爵禄有列于朝，出入有诏于国。"

（八）似人者：好像是同乡的人。

（九）虚空：荒野，空旷无人之处。逃虚空者：逃到无人之地的人。王先谦集解："司马云：'故坏冢处为空虚也。'案：谓墟旁有空处也，故下云'位其空'。"藜藋：两种野草名，这里泛指野草。柱：塞。鼪鼬：黄鼠狼。径：小路。

（一〇）跫：脚步声。謦欬：咳嗽，借指谈笑、谈吐。成玄英疏："况乎兄弟亲眷謦欬言笑者乎？"

- **讲疏**

《诗》、《书》、《礼》、《乐》为儒家重视的经典。本篇中，庄子讽刺儒者极力用《诗》、《书》、《礼》、《乐》取悦于君王，效果却适得其反。庄子借用相狗、相马的道理来阐释"与道为一"、"无为而治"的思想。庄子否定当时社会上实行的仁、义、礼、乐等社会道德与政治制度，认为这些都是罪恶与祸害的根源。他认为自然的本性是最完善的，如果人为地加以改变，便会损害事物的本性，造成不幸和痛苦。庄子所强调的"至仁无亲"、"至义不物"的境界，与儒家礼乐教化的现实品格完全不同。

渔父（节录）

孔子愀然曰〔一〕："请问何谓真？"客曰："真者，精诚之至也〔二〕。不精不诚，不能动人。故强哭者虽悲不哀，强怒者虽严不威，强亲者虽笑不和。真悲无声而哀，真怒未发而威，真亲未笑而和。真在内者，神动于外，是所以贵真也。其用于人理也〔三〕，事亲则慈孝，事君则忠贞，饮酒则欢乐，处丧则悲哀。忠贞以功为主，饮酒以乐为主，处丧以哀为主，事亲以适为主〔四〕，功成之美，无一其迹矣〔五〕。事亲以适，不论所以矣〔六〕；饮酒以乐，不选其具矣；处丧以哀，无问其礼矣〔七〕。礼者，世俗之所为也〔八〕；真者，所以受于天也，自然不可易也。故圣人法天贵真〔九〕，不拘于俗。愚者反此。不能法天而恤于人〔一〇〕，不知贵真，禄禄而受变于俗〔一一〕，故不足。惜哉，子之蚤湛于人伪而晚闻大道也〔一二〕！"

孔子又再拜而起曰："今者丘得遇也，若天幸然〔一三〕。先生不羞而比之服役，而身教之〔一四〕。敢问舍所在，请因受业而卒学大道〔一五〕。"客曰："吾闻之，可与往者与之，至于妙道；不可与往者，不知其道，慎勿与之，身乃无咎〔一六〕。子勉之！吾去子矣，吾去子矣！"乃刺船而去〔一七〕，延缘苇间。

- **题解**

渔父，老渔翁。《庄子·秋水》："夫水行不避蛟龙者，渔父之勇也。"本篇记录孔子和渔父对话的全过程。首先是渔父和子路、子贡的对话，批评孔子"性服忠信、身形仁义"、"饰礼乐、选人伦",都是"苦心劳形以危其真"。然后是渔父对孔子的直接批评,指出他不在其位而谋其政,乃是"八疵"、"四患"的行为,应该各安其位,才是最好的治理。渔父提出"真"就是"受于天",主张"法天"、"贵真"、"不拘于俗"。在《缮性》篇中庄子将"礼"与"俗"并称,对儒家仁义和礼乐制度进行批判,庄子以"真"脱"俗",强调"真在内者,神动于外,是所以贵真也"的思想。

■ 注释

（一）愀然：神色严肃不愉快的样子。《法言》："闻其言者,愀如也。"

（二）精诚之至：纯而不杂为精,信而不伪为诚。《后汉书·广陵思王荆传》："精诚所加,金石为开。"

（三）人理：人伦,做人的道德规范。《后汉书·仲长统传》："夫如此,然后可以用天性,究人理,兴顿废,属断绝。"

（四）适：舒适、顺从。

（五）无：通"毋"。《诗·周颂·烈文》："无封靡于尔邦。"《左传·成公二年》："唯吾子戎车是利,无顾士宜。"

（六）不论所以：不论用什么办法。所以：所为。

（七）无问：不论。

（八）所为：所以、所造成,表示行为动作发生的原因。《公羊传·隐公三年》："先君之所为不与臣国而纳国乎君者,以君可以为社稷宗庙主也。"王引之《经传释词》卷二："(所为)言'所以'也。"董仲舒《春秋繁露·服制象》："天地之生万物也以养人,故其可食者以养身体,其可威者以为容服,礼之所为兴也。"

（九）法天贵真：谓效法自然之道,以真为贵。

（一〇）恤：体恤,周济。

（一一）禄禄：同"碌碌",平凡的样子。王先谦《集解》："案禄禄,犹录录也。《汉书·萧曹赞》作'录录'。"颜注："犹鹿鹿。言在凡庶之中。"

（一二）蚤：同"早"。《诗·豳风·七月》："四之日其蚤。"《淮南子·天文》："日至于曾泉,是谓蚤食。"湛：通"眈",逸乐无度。人伪：世俗的礼乐。

（一三）天幸：天赐幸运。

（一四）比：置，当作。役：弟子。王充《论衡》："儒家之徒董无心，墨家之役缠子，相见讲道。"

（一五）因：趁此机会。

（一六）咎：灾难。

（一七）刺船：撑船。《史记·陈丞相世家》："平恐，乃解衣裸而佐刺船。"一本作"刺船"。

■ 讲疏

"法天贵真"所贵的是自然本性，庄子认为只有无为才能顺应道，顺应人的本性；只有不为物所累，才能保性全"真"。庄子的"真"道出的是事物存在的应然状态，是道在人身上的开显、体现。"真"是回归本真自我的情感诉求，是一种自由与超越的精神境界，是因顺自然、天人合一的存在状态。与"真"相对的观念是"俗"，在庄子看来，礼俗即伪。"拘于俗"与"贵真"是儒道两家对礼的两种迥然不同的态度，《庄子》中孔子的形象多为"拘于俗"的代表，"圣人法天贵真，不拘于俗，愚者反此"，庄子借渔父之口讥讽孔子为"愚者"，通过孔子愀然问道的描述，针砭儒家礼教。庄子以性情之真来作为礼之真实，将老子所言"精"与儒家所言"诚"合而称"至真"，从而进一步丰富了"法天贵真"的思想内涵。儒家的"诚"主要是对后世正统道德修养和治国理论产生影响，而庄子的"真"则影响了后世的文人风度和文学艺术。

天下（节录）

不侈于后世，不靡于万物，不晖于数度，以绳墨自矫而备世之急，古之道术有在于是者。墨翟禽滑厘闻其风而说之，为之大过，已之大循（一）。作为《非乐》，命之曰《节用》；生不歌，死无服。墨子泛爱兼利而非斗，其道不怒（二）；又好学而博，不异（三），不与先王同，毁古之礼乐。

芴漠无形，变化无常，死与生与，天地并与，神明往与！芒乎何之，忽乎何适，万物毕罗，莫足以归，古之道术有在于是者。庄周闻其风而悦之，以谬悠之说，荒唐之言，无端崖之辞^(四)，时恣纵而不傥，不以觭见之也^(五)。以天下为沉浊，不可与庄语^(六)，以卮言为曼衍，以重言为真，以寓言为广^(七)。独与天地精神往来而不敖倪于万物，不谴是非，以与世俗处^(八)。其书虽瑰玮而连犿无伤也^(九)。其辞虽参差而諔诡可观^(一〇)。彼其充实不可以已，上与造物者游，而下与外死生无终始者为友。

■ 题解

《天下》篇取篇首二字为篇名，是《庄子》的最后一篇。《天下》篇描绘了庄子所追求的"内圣外王之道"，简切精当地体现了庄子不以绳墨自矫、不与世俗处的思想探索，是庄子思想的总结性篇目。庄子认为道术是普遍的学问，只有天人、圣人、神人、至人才能掌握它；学术则是具体的各家各派的学问，这种学问都是各执一偏的片面学问。《天下》篇既带有《庄子》全书总论的性质，也是中国学术史的开创之作。

■ 注释

（一）已之大循：对人的情欲限制得太过分。已：节制。之：指人的情欲。循：顺。大循：即太激进过分。

（二）怒：怨恨。

（三）不异：不主张彼此有差别。

（四）谬悠：虚空悠远。成玄英疏："谬，虚也。悠，远也。"荒唐：漫无边际。成玄英疏："荒唐，广大也。"郭庆藩《集释》："荒唐，广大无域畔者也。"无端崖：谓思绪不定，无所约束。

（五）傥：借为"说"，直言。觭：借为"奇"，高亨《诸子新笺》："谓时放纵厥辞，而不直言也。"不以觭见之也：谓其言说不以一端自见。

（六）沉浊：污浊。庄语：严正的言说。王先谦《集解》："庄语，犹正论。"

（七）卮言：无心之言。重言：代先人言，寄托之言。成玄英疏："卮，酒器也。日出，犹日新也。天倪，自然之分也。和，合也……无心之言，即卮言也。"郭庆藩《集释》引郭嵩焘曰："重，当为直容切。《广韵》：重，复也。庄生之文，注焉而不穷，引焉而不竭者是也。"曼衍：散漫流衍。广：推衍道理。

（八）敖倪：即傲睨，傲慢卑视。不谴是非：不拘泥是非。

（九）瑰玮：奇伟。连犿：宛转貌，谓与物相从不违。

（一〇）参差：变化多端。諔诡：奇谲。

■ 讲疏

《天下》篇论述了庄子的人格特质和学术风貌。"独与天地精神往来，而不敖倪于万物"，既表达了庄子在追求精神超拔的同时，又抱有深切的人间情怀与社会关爱。孔子不言生死鬼神，庄子在《天下》篇中说"物方生方死"，又用"寂漠无形，变化无常"描绘生命受形之后的种种变化，进而表示这样的道术只有去礼俗、贵本真的生命状态才能达到。这种得道的状态，并不是由礼乐教化而来，而是生命本身由本性的真朴而提升到的真淳境界。在庄子看来，死亡在本质上所代表的意义在于"返真"，是一种去礼乐、游心物的精神超脱。

■ 参考文献

《庄子集释》，（清）郭庆藩撰，王孝鱼点校，中华书局1961年。

《庄子集解》，（清）王先谦撰，上海古籍出版社2008年。

《庄子注解》，（战国）庄周著，张京华校注，岳麓书社2009年。

《庄子浅注》，曹础基著，中华书局2002年。

《庄子》，孙通海译注，中华书局2007年。

《庄学研究》，崔大华著，人民文学出版社1992年。

《庄子今注今译》，陈鼓应注译，中华书局2009年。

周礼（节选）

关于《周礼》的作者时代，前人众说纷纭。《周礼》是中国周代后期根据周王朝系统曾有过的官制加工整理的王朝设官分职的书，汉代原称《周官》，又称《周官经》。西汉末年，刘歆改称《周礼》，东汉末年，郑玄兼注《周礼》、《仪礼》和《礼记》，遂为"三礼"之一。西汉以来，对《周礼》一书的真伪争论颇多，刘歆认为该书是"周公致太平之迹"，而何休却认为它是"六国阴谋之书"或"末世渎乱不验之书"。唐宋以降，乃至近世，聚讼纷纭，康有为甚至还指出该书是刘歆的伪作。洪诚认为《周礼》乃"西周宣王中兴之书"，又说："此书实起于周初，历二三百年之损益积累而成，成书最晚不在东周惠王后。"钱穆在《〈周官〉著作时代考》一文中，从《周礼》所载祀典、刑法、田制及其他方面，分析制度之产生发展，论证《周礼》成书于战国晚世，其说有力可信。

天官冢宰·大宰

大宰之职，掌建邦之六典，以佐王治邦国：一曰治典，以经邦国[一]，以治官府，以纪万民；二曰教典，以安邦国，以教官府，以扰万民[二]；三曰礼典，以和邦国，以统百官，以谐万民；四曰政典，以平邦国，以正百官，以均万民；五曰刑典，以诘邦国[三]，以刑百官，以纠万民；六曰事典，以富邦国，以任百官，以生万民。

以八法治官府^(四)：一曰官属，以举邦治；二曰官职，以辨邦治^(五)；三曰官联^(六)，以会官治；四曰官常^(七)，以听官治；五曰官成^(八)，以经邦治；六曰官法^(九)，以正邦治；七曰官刑^(一〇)，以纠邦治；八曰官计^(一一)，以弊邦治^(一二)。

以八则治都鄙^(一三)：一曰祭祀，以驭其神；二曰法则，以驭其官；三曰废置^(一四)，以驭其吏；四曰禄位，以驭其士；五曰赋贡^(一五)，以驭其用；六曰礼俗，以驭其民；七曰刑赏，以驭其威；八曰田役^(一六)，以驭其众。

以八柄诏王驭群臣：一曰爵，以驭其贵；二曰禄，以驭其富；三曰予，以驭其幸；四曰置，以驭其行；五曰生，以驭其福；六曰夺，以驭其贫；七曰废，以驭其罪；八曰诛，以驭其过。

以八统诏王驭万民：一曰亲亲，二曰敬故，三曰进贤，四曰使能，五曰保庸^(一七)，六曰尊贵，七曰达吏^(一八)，八曰礼宾。

以九职任万民：一曰三农，生九谷^(一九)；二曰园圃，毓草木；三曰虞衡^(二〇)，作山泽之材；四曰薮牧^(二一)，养蕃鸟兽；五曰百工，饬化八材^(二二)；六曰商贾，阜通货贿^(二三)；七曰嫔妇^(二四)，化治丝枲；八曰臣妾，聚敛疏材；九曰闲民^(二五)，无常职，转移执事^(二六)。

以九赋敛财贿：一曰邦中之赋，二曰四郊之赋，三曰邦甸之赋，四曰家削之赋，五曰邦县之赋，六曰邦都之赋，七曰关市之赋，八曰山泽之赋，九曰币余之赋^(二七)。

以九式均节财用：一曰祭祀之式，二曰宾客之式，三曰丧荒之式，四曰羞服之式，五曰工事之式，六曰币帛之式，七曰刍秣之式，八曰匪颁之式^(二八)，九曰好用之式。

以九贡致邦国之用：一曰祀贡，二曰嫔贡^(二九)，三曰器贡^(三〇)，四曰币贡，五曰材贡，六曰货贡，七曰服贡^(三一)，八曰游贡^(三二)，九曰物贡^(三三)。

以九两系邦国之民：一曰牧，以地得民；二曰长，以贵得民；三曰师，以贤得民；四曰儒，以道得民；五曰宗，以族得民；六曰主，以利得民；七曰吏，以治得民；八曰友，以任得民；九曰薮，以富得民。

正月之吉^(三四)，始和布治于邦国都鄙。乃县治象之法于象魏^(三五)，使万民观治象，挟日而敛之。乃施典于邦国，而建其牧，立其监，设其参，傅其伍，陈其殷，置其辅。

乃施则于都鄙，而建其长，立其两，设其伍，陈其殷，置其辅。乃施法于官府，而建其正，立其贰^(三六)，设其考^(三七)，陈其殷，置其辅。凡治，以典待邦国之治，以则待都鄙之治，以法待官府之治，以官成待万民之治，以礼待宾客之治。

祀五帝^(三八)，则掌百官之誓戒，与其具修。前期十日，帅执事而卜日，遂戒。及执事，视涤濯。及纳享，赞王牲事。及祀之日，赞玉、币、爵之事。祀大神示亦如之，享先王亦如之，赞玉几、玉爵。大朝觐会同^(三九)，赞玉币、玉献、玉几、玉爵。大丧，赞赠玉、含玉。作大事^(四〇)，则戒于百官，赞王命。王视治朝，则赞听治；视四方之听朝，亦如之。凡邦之小治，则冢宰听之，待四方之宾客之小治。

岁终，则令百官府各正其治，受其会，听其致事，而诏王废置。三岁，则大计群吏之治而诛赏之。

■ 题解

大宰，古代官名，周朝天官的属官，为百官之长，辅佐国君治理国家，相当于后代的宰相、首辅、总理大臣。《周礼·天官·大宰》："大宰之职，掌建邦之六典。以佐王治邦国……"其具体职责是助国君以治六典：一曰治典，二曰教典，三曰礼典，四曰政典，五曰刑典，六曰事典。

■ 注释

（一）经：及下文"治"、"纪"变文而义同，都是治理的意思。

（二）扰：驯，使万民驯服。

（三）诘：禁止之义。《尚书》曰："度作详刑，以诘四方。"

（四）官府：柯尚迁曰："府者官所居之处。"此为王朝之官府。

（五）辨：贾疏："别也。官事有分别。"

（六）官联：是指有关官吏联合办事的法则。

（七）官常：一官之常职也。

（八）官成：郑玄注："谓官府之成事品式也。"即官府办事的成例，可依而行事。

（九）官法：指诸官所应遵守的法度、规则。

（一〇）官刑：有关惩治官吏的法则。

（一一）官计：指评断吏治的标准。

（一二）弊：郑玄注："断也。"

（一三）都鄙：古代公卿大夫或王子弟（在王畿内）的采邑。都：指大城市。鄙：边地小城也。

（一四）废置：罢黜和任用官吏的制度。

（一五）赋贡：有关征收赋贡的制度。

（一六）田役：有关田猎和役使民众的制度。

（一七）庸：功，有功者也。

（一八）达吏：表彰提拔勤劳守则的小官吏。

（一九）三农：郑玄注："原、隰及平地。"此指在三种不同地理条件下从事农业生产者。九谷：指黍、稷、稻、粱、苽、麻、大豆、小豆、小麦九者。

（二〇）虞衡：指掌管山泽的官。

（二一）薮牧：郑玄注："泽无水曰薮。牧，牧田，在远郊。皆畜牧之地。"

（二二）饬：通"饰"。饬化：指加工。八材：珠、玉、象、石、木、金、革、羽。

（二三）阜通货贿：郑玄注："阜，盛也。金曰货，布帛曰贿。"

（二四）嫔妇：即妇女。郑玄注："嫔，妇人之美称也。"

（二五）闲民：无常职而为人佣工者。

（二六）转移执事：朱申曰："若今佣雇为工作者。"

（二七）都城外百里内谓四郊，郊外百里至二百里谓邦甸，距都城二百里至三百里谓家削，距都城三百里至四百里称邦县，距都城四五百里谓邦都。币余：公家财物的余额。

（二八）匪颁：郑司农曰："匪，分也。"郑玄注："谓王所分赐群臣也。"

（二九）嫔贡：郑玄注："'嫔'旧书做'宾'。"即贡王宾客之事。

（三〇）器贡：黄度曰："用器、兵器、礼乐之器。"

（三一）服贡：谓进贡制作祭服之材。

（三二）游贡：供玩赏之物。

（三三）物贡：郑玄注："杂物鱼盐橘柚。"

（三四）正月之吉：郑玄注："正月，周之正月。吉谓朔日。"按：周历法以十一月为岁首。

（三五）象魏：王官之阙。宫门筑台，左右对峙，又称双象。王者在此处悬挂法令布告，所以又称象魏。

（三六）贰：副也。即长官的副手。

（三七）考：这里指帮助成事的人，指宰夫、乡师等。

（三八）五帝：谓五方帝，又称五色帝。具体指东方苍帝、西方白帝、南方赤帝、北方黑帝、中央黄帝。

（三九）朝觐：诸侯春天朝拜天子曰"朝"，秋天朝拜天子称"觐"。

（四〇）大事：《春秋传》曰："国之大事，在祀与戎。"

■ 讲疏

从内容上讲，"三礼"中，《周礼》以丰富的政治内容著称，可视为一部传统的政治经典，因此本篇章和以下几节的《周礼》中选的诸篇章都是围绕着古代政治职官来谈的。《周礼》分官职为六官，六官各有分职、各有所属，官员划分清晰，职权分明，上下等级一目了然。明确君臣关系是职官分明的直接目的，《天官冢宰》开篇说："惟王建国，辨方正位，体国经野，设官分职，以为民极。乃立天官冢宰，使帅其属而掌邦治，以佐王均邦国。"君王为政在于得人，得贤人治国，这其中不仅宣扬的是尊尊之道，还包括亲贤之道，君圣臣贤则国治天下平，这才是为政者的终极目标。

天官冢宰·内宰（节录）

内宰掌书版图之法（一），以治王内之政令（二），均其稍食（三），分其人民以居之（四）。

以阴礼教六宫⁽⁵⁾，以阴礼教九嫔，以妇职之法教九御⁽⁶⁾，使各有属，以作二事⁽⁷⁾，正其服，禁其奇邪，展其功绪⁽⁸⁾。

　　大祭祀，后祼献⁽⁹⁾，则赞，瑶爵亦如之⁽¹⁰⁾。正后之服位，而诏其礼乐之仪。赞九嫔之礼事⁽¹¹⁾。

　　凡宾客之祼献、瑶爵，皆赞。致后之宾客之礼。

　　凡丧事，佐后使治外内命妇，正其服位。

　　凡建国，佐后立市，设其次，置其叙，正其肆，陈其货贿，出其度、量、淳、制，祭之以阴礼。

　　中春，诏后帅外内命妇始蚕于北郊，以为祭服。

　　岁终，则会内人之稍食，稽其功事。佐后而受献功者，比其大小与其粗良而赏罚之。会内宫之财用。正岁均其稍食，施其功事，宪禁令于王之北宫而纠其守⁽¹²⁾。

　　上春，诏王后帅六宫之人而生穜稑之种⁽¹³⁾，而献之于王。

■ 题解

　　内宰，周朝官名，为宫内长官，掌宫中政令，以礼教六宫九嫔；大祭祀，正王后的服位；凡丧事，佐王后使治外内命妇等。本篇介绍此类官职的具体职责，《周礼·天官·内宰》："内宰掌书版图之法，以治王内之政令。均其稍食，分其人民以居之；以阴礼教六宫，以阴礼教九嫔，以妇职之法教九御，使各有属，以作二事，正其服，禁其奇邪，展其功绪。大祭祀，后祼献，则赞，瑶爵亦如之，正后服位，而诏其礼乐之仪。赞九嫔之礼事，凡宾客之祼献、瑶爵，皆赞。"

■ 注释

　　（一）版图：郑玄注："版，谓宫中阍寺之属及子弟录籍也。图，王及后、世子之宫中吏官府之形象也。"

　　（二）王内：王宫中路门以及王后、夫人所居之地。

　　（三）稍食：用作报酬的食粮。

　　（四）分其人民以居之：郑玄注："人民、吏子弟。分之，使众者就寡，均宿卫。"

（五）阴礼：郑司农云："阴礼，妇人之礼。"女属阴，故称阴礼。

（六）妇职：妇人所做纺织缝纫之事。九御：指女御。旧说天子有女御八十一人。

（七）使各有属：女御隶属九嫔统领，一嫔领九御。

（八）展其功绪：郑玄注："展，犹录也。绪，业也。"

（九）后裸献：祭祀宗庙时，天子先裸祭迎神，王后行亚裸；天子行三献、五献，王后行四献、六献。

（一〇）瑶爵：用瑶玉装饰的爵。祭祀时，王后在王酳尸之后酳尸，应使用瑶爵。酳尸：即尸献上漱口的酒。

（一一）赞九嫔之礼事：郑玄注："助九嫔赞后之事。"

（一二）宪：公布。

（一三）穜：先种后熟的谷物；稑：后种先熟的谷物。穜稑：泛指谷物。

■ 讲疏

这是一篇介绍"内宰"具体职责的文章。"大宰"主外事，助王经邦国；"内宰"主宫廷内事，协助王后理内宫事。"内宰"教"阴礼"，即教妇人之礼，其受教范围覆盖六宫、九嫔。地位低的九御接受"妇职之法"，让她们"各有所属，以作二事"，即从事丝、麻生产。每到中春时节，为了帮助祭祀大事，在"内宰"的传召下，王后才能率百妇参与采桑。此外，王后祭祀宗庙也须有"内宰"的辅助。"内宰"所教的"阴礼"面向当时的贵妇，其作用在于"正其服，禁其奇邪"，防止她们的穿戴超越标准，做出不当的举措。由于古代的知识教育基本限于男性，本篇所言的"阴礼"，更多是在衣、食、住、行等具体规范上对女性提出要求。由此可见，文中的礼制表现的是一种外在性，"内宰"教授"阴礼"不是知识、学养上的礼学教育，而是通过规范外在举止进而内化到对妇人德行的培养。除此之外，"内宰"主掌的"阴礼"和"妇职之法"本身自有其标准；前者规定采桑是女性贵族的主要工作，后者规定"九御"的主要工作是治丝麻。这种规定受上古形成的男耕女织的事实状况的遗传的影响，进而形成了一种礼制传统。

地官司徒·大司徒

大司徒之职，掌建邦之土地之图，与其人民之数，以佐王安扰邦国。

以天下土地之图，周知九州之地域广轮之数[一]，辨其山林、川泽、丘陵、坟衍、原隰之名物；而辨其邦国都鄙之数，制其畿疆而沟封之，设其社稷之壝而树之田主[二]，各以其野之所宜木，遂以名其社与其野[三]。

以土会之法辨五地之物生[四]：一曰山林，其动物宜毛物，其植物宜皂物[五]，其民毛而方。二曰川泽，其动物宜鳞物，其植物宜膏物，其民黑而津。三曰丘陵，其动物宜羽物，其植物宜核物，其民专而长。四曰坟衍，其动物宜介物，其植物宜荚物，其民皙而瘠。五曰原隰，其动物宜裸物，其植物宜丛物，其民丰肉而庳[六]。

因此五物者民之常[七]，而施十有二教焉：一曰以祀礼教敬，则民不苟。二曰以阳礼教让[八]，则民不争。三曰以阴礼教亲[九]，则民不怨。四曰以乐礼教和[一〇]，则民不乖。五曰以仪辨等，则民不越。六曰以俗教安，则民不偷。七曰以刑教中，则民不虣。八曰以誓教恤，则民不怠。九曰以度教节，则民知足。十曰以世事教能，则民不失职。十有一曰以贤制爵，则民慎德。十有二曰以庸制禄，则民兴功。

以土宜之法辨十有二土之名物[一一]，以相民宅而知其利害，以阜人民，以蕃鸟兽，以毓草木，以任土事。辨十有二壤之物而知其种[一二]，以教稼穑树艺。

以土均之法辨五物九等，制天下之地征，以作民职，以令地贡，以敛财赋，以均齐天下之政。

以土圭之法测土深[一三]，正日景，以求地中[一四]。日南则景短多暑，日北则景长多寒，日东则景夕多风，日西则景朝多阴。日至之景尺有五寸，谓之地中：天地之所合也，四时之所交也，风雨之所会也，阴阳之所和也。然则百物阜安，乃建王国焉，制其畿方千里而封树之[一五]。

凡建邦国，以土圭土其地而制其域：诸公之地，封疆方五百里，其食者半[一六]；诸侯之地，封疆方四百里，其食者叁之一；诸伯之地，封疆方三百里，其食者叁之一；诸子之地，封疆方二百里，其食者四之一；诸男之地，封疆方百里，其食者四之一。

凡造都鄙，制其地域而封沟之，以其室数制之。不易之地家百亩，一易之地家二百亩，再易之地家三百亩。

乃分地职、奠地守、制地贡而颁职事焉，以为地法而待政令。

以荒政十有二聚万民：一曰散利，二曰薄征，三曰缓刑，四曰弛力，五曰舍禁，六曰去几（一七），七曰眚礼（一八），八曰杀哀，九曰蕃乐（一九），十曰多昏，十有一曰索鬼神，十有二曰除盗贼。

以保息六养万民：一曰慈幼，二曰养老，三曰振穷，四曰恤贫，五曰宽疾，六曰安富。

以本俗六安万民：一曰媺宫室（二〇），二曰族坟墓，三曰联兄弟，四曰联师儒，五曰联朋友，六曰同衣服。

正月之吉，始和布教于邦国都鄙。乃县教象之法于象魏，使万民观教象，挟日而敛之。乃施教法于邦国都鄙，使之各以教其所治民。

令五家为比，使之相保；五比为闾，使之相受；四闾为族，使之相葬；五族为党，使之相救；五党为州，使之相赒；五州为乡，使之相宾（二一）。

颁职事十有二于邦国都鄙，使以登万民（二二）：一曰稼穑，二曰树艺，三曰作材，四曰阜蕃，五曰饬材，六曰通财，七曰化材，八曰敛材，九曰生材，十曰学艺，十有一曰世事，十有二曰服事。

以乡三物教万民而宾兴之：一曰六德，知、仁、圣、义、忠、和；二曰六行，孝、友、睦、姻、任、恤；三曰六艺，礼、乐、射、御、书、数。

以乡八刑纠万民：一曰不孝之刑，二曰不睦之刑，三曰不姻之刑，四曰不弟之刑，五曰不任之刑，六曰不恤之刑，七曰造言之刑，八曰乱民之刑。

以五礼防万民之伪，而教之中。以六乐防万民之情，而教之和。

凡万民之不服教而有狱讼者，与有地治者听而断之；其附于刑者归于士。

祀五帝，奉牛牲，羞其肆（二三）。享先王，亦如之。

大宾客，令野脩道委积。

大丧，帅六乡之众庶，属其六引，而治其政令。

大军旅，大田役，以旗致万民，而治其徒庶之政令。

若国有大故,则致万民于王门,令无节者不行于天下。

大荒、大札^(二四),则令邦国移民通财、舍禁弛力、薄征缓刑。

岁终,则令教官正治而致事。正岁令于教官曰:"各共尔职,修乃事,以听王命。其有不正,则国有常刑。"

■ 题解

　　大司徒,古代官名。周置,《周礼地官·大司徒》:"大司徒之职,掌建邦之土地之图,与其人民之数,以佐王安抚邦国。"由此可知,大司徒在周朝是掌管图籍、人口和教化的官员。本篇是对大司徒职责的具体说明。

■ 注释

　　(一)九州:扬、荆、豫、青、兖、雍、幽、冀、并。

　　(二)壝:社稷坛周围之矮墙也。

　　(三)遂以名其社与其野:郑玄注举例,如以松木为田主,其社就叫松社,其野就叫松树之野。

　　(四)土会之法:会:计算。根据各种土地所生之各种动植物和人民,从而制定贡税之法则。

　　(五)早:阮校说,是"阜"的假借字。

　　(六)庳:矮、短。

　　(七)常:谓常所安习,亦即习惯。

　　(八)阳礼:指乡射、饮酒之礼。

　　(九)阴礼:指婚姻之礼。

　　(一〇)乐礼:王引之《经义述闻》以为"乐"下不当有"礼"字,此涉上祀礼、阳礼、阴礼而衍。乐谓五声八音之乐。

　　(一一)十有二土:据郑玄注,是指根据天上的十二星次所划分的地上的十二个国家或区域。

　　(一二)十有二壤:乃"十有二土"之变文。

　　(一三)土圭:原为测日影的土堆,后来做成玉器,一尺五寸长,代替土堆作为测日影的标准仪。土圭之法:即用土圭测日影以计算土地的方法。

(一四)地中：指东西南北四方的交叉点，体长等于影长的地方，实是北纬45°处。

(一五)畿：周王直接统治的地方叫"畿"，也称王畿之地；封树：在边界处挖界沟，并在挖出的土上植树。

(一六)食者半：谓公爵可收取租税的土地占五百亩的一半，其余一半土地的租税则归天子所有。下文"叁之一"、"四之一"之义同此。

(一七)去几：郑注曰："去其税耳。"案谓关市之税。

(一八)眚礼：眚：通"省"，削减。这里指礼节从简。

(一九)蕃乐：蕃：通"藩"，闭藏。此指将乐器收藏起来，不作乐。

(二〇)嫩：美。

(二一)相宾：郑玄注："宾客其贤者。"

(二二)登：成，使民能各从其业也。

(二三)肆：已经剖割之牲体也。

(二四)札：瘟疫也。

■ 讲疏

本篇介绍了大司徒的地位和职责，这个职位掌管国家地理图册、人口以及执行礼乐教化等。作者认为对百姓进行礼乐教化，是符合自然规律的事，"因此五物者民之常，而施十有二教焉"。通过教化，让百姓心理、生活、生产有序而不乱，达到"中和"，正如篇中所说的"以五礼防万民之伪，而教之中。以六乐防万民之情，而教之和。"孔子有"富而教之"的主张，这在本篇中也有反映，在"颁职事十有二于邦国都鄙"之后又介绍了"以乡三物教万民而宾兴之"，这是对百姓由物质丰富到精神提高的更高追求。总之，教化是一种调节，也是一种丰富，更是一种权利的象征，教化是自上而下的，这种恩惠是上层的撒播，接受者是百姓。其次，本文还反映了作者深厚的民本思想。这主要体现在"保息养民"和"本俗安民"上，在灾荒之年，官员对百姓的安抚政策，在荒政时以十二种恩惠于民之策来聚集百姓，若在"大荒、大札"之年，"则令邦国移民通财、舍禁弛力、薄征缓刑"。

春官宗伯·大宗伯

大宗伯之职，掌建邦之天神、人鬼、地示之礼^(一)，以佐王建保邦国^(二)。

以吉礼事邦国之鬼神示，以禋祀祀昊天上帝^(三)，以实柴祀日、月、星、辰，以槱燎祀司中、司命、风师、雨师^(四)。

以血祭祭社稷、五祀、五岳^(五)，以貍沉祭山林川泽，以疈辜祭四方百物^(六)。

以肆献祼享先王^(七)，以馈食享先王，以祠春享先王，以禴夏享先王，以尝秋享先王，以烝冬享先王。

以凶礼哀邦国之忧^(八)，以丧礼哀死亡，以荒礼哀凶札^(九)，以吊礼哀祸灾^(一〇)，以禬礼哀围败^(一一)，以恤礼哀寇乱^(一二)。

以宾礼亲邦国^(一三)。春见曰朝，夏见曰宗，秋见曰觐，冬见曰遇，时见曰会，殷见曰同^(一四)。时聘曰问^(一五)，殷覜曰视^(一六)。

以军礼同邦国^(一七)，大师之礼，用众也；大均之礼，恤众也^(一八)；大田之礼，简众也^(一九)；大役之礼，任众也；大封之礼，合众也。

以嘉礼亲万民^(二〇)，以饮食之礼，亲宗族兄弟^(二一)；以昏冠之礼，亲成男女；以宾射之礼，亲故旧朋友；以飨燕之礼，亲四方之宾客^(二二)；以脤膰之礼^(二三)，亲兄弟之国^(二四)；以贺庆之礼，亲异姓之国^(二五)。

以九仪之命，正邦国之位^(二六)。壹命受职，再命受服，三命受位，四命受器，五命赐则，六命赐官，七命赐国，八命作牧，九命作伯。

以玉作六瑞，以等邦国^(二七)。王执镇圭^(二八)，公执桓圭^(二九)，侯执信圭^(三〇)，伯执躬圭，子执谷璧，男执蒲璧。

以禽作六挚，以等诸臣。孤执皮帛^(三一)，卿执羔^(三二)，大夫执雁^(三三)，士执雉^(三四)，庶人执鹜^(三五)，工商执鸡^(三六)。

以玉作六器，以礼天地四方^(三七)。以苍璧礼天，以黄琮礼地，以青圭礼东方，以赤璋礼南方，以白琥礼西方，以玄璜礼北方。皆有牲币，各放其器之色。

以天产作阴德^(三八)，以中礼防之；以地产作阳德^(三九)，以和乐防之。以礼乐合天地之化，百物之产，以事鬼神，以谐万民，以致百物。

凡祀大神，享大鬼，祭大示，帅执事而卜日^{（四〇）}，宿^{（四一）}，视涤濯^{（四二）}，莅玉鬯^{（四三）}，省牲镬^{（四四）}，奉玉粢，诏大号^{（四五）}，治其大礼^{（四六）}，诏相王之大礼。若王不与祭祀，则摄位。凡大祭祀，王后不与，则摄而荐豆笾彻。

大宾客，则摄而载果^{（四七）}。朝觐、会同，则为上相^{（四八）}。大丧亦如之^{（四九）}。王哭诸侯亦如之。王命诸侯，则傧。国有大故^{（五〇）}，则旅上帝及四望^{（五一）}。五大封，则先告后土，乃颁祀于邦国都家乡邑^{（五二）}。

■ 题解

大宗伯为古代官名，周朝六卿之一，掌国家礼仪。《汉书·百官公卿表上》："天官冢宰，地官司徒，春官宗伯，夏官司马，秋官司寇，冬官司空，是为六卿，各有徒属职分，用于百事。"注："师古曰：冢宰掌邦治，司徒掌邦教，宗伯掌邦礼，司马掌邦政，司寇掌邦禁，司空掌邦土也。"贾公彦疏引郑玄《三礼目录》云："象春所立之官也。宗，尊也；伯，长也。春者出生万物，天子立宗伯，使掌邦礼、典礼以事神为上，亦所以使天下报本反始。不言司者，鬼神示人之所尊，不敢主之故也。"本篇正是对其以上职责的具体讲述。

■ 注释

（一）建：立也。立天神地祇人鬼之礼者，谓祀之，祭之，享之。礼：吉礼是也。

（二）保：安也。

（三）禋：禋之言烟，周人尚臭，烟，气之臭闻者。

（四）槱：积也。

（五）社稷：土谷之神，有德者配食焉，共工氏之子曰句龙，食于社，有厉山氏之子曰柱，食于稷。

（六）疈：疈牲胸也。

（七）肆：进所解牲体，谓荐熟时也。献：献醴，谓荐血腥也。祼：灌，灌以郁鬯，谓始献尸求神时也。

（八）哀：谓救患分灾。

（九）荒：人物有害也。

（一〇）祸灾：谓遭水火。

（一一）以袷：同盟者合会财货，以更其所丧。

（一二）恤：忧也。邻国相忧。

（一三）亲：谓使之相亲附。

（一四）"春见"句：此六礼者，以诸侯见王为文。六服之内，四方以时分来，或朝春，或宗夏，或觐秋，或遇冬，名殊礼异，更递而遍。朝犹朝也，欲其来之早。宗，尊也，欲其尊王。觐之言勤也，欲其勤王之事。遇，偶也，欲其若不期而俱至。时见者，言无常期，诸侯有不顺服者，王将有征讨之事，则既朝觐，王为坛于国外，合诸侯而命事焉。

（一五）时聘：无常期，天子有事乃聘之焉。

（一六）殷眺：谓一服朝之岁，以朝者少，诸侯乃使卿以礼重聘焉。一服朝在元年、七年、十一年。

（一七）同：谓威其不协僭差者。

（一八）"大均"句：均其地政、地守、地职之赋，所以忧民。

（一九）简：阅也，谓阅其车徒之数也。

（二〇）嘉：善也。

（二一）亲：使之相亲。人君有食宗族饮酒之礼，所以亲之也。

（二二）宾客：谓朝聘者。

（二三）脤膰：社稷宗庙之肉，以赐同姓之国，同福禄也。

（二四）兄弟：有共先王者。

（二五）异性：王昏姻甥舅。

（二六）"以九"句：每命异仪，贵贱之位乃正。《春秋传》曰："名位不同，礼亦异数。"

（二七）等：犹齐等。

（二八）镇圭：盖以四镇之山为瑑饰，圭长尺有二寸。镇：安也，所以安四方。

（二九）公：二王之后及王之上公。桓：宫室之象，所以安其上也。桓圭：盖亦以桓为瑑饰，圭长九寸。

（三〇）信：当为"身"，声之误也。身圭、躬圭，盖皆象以人形为瑑饰，文有粗缛耳。欲其慎行以保身。圭皆长七寸。

（三一）皮帛：束帛而表以皮为饰。皮：虎豹皮。帛：如今璧色缯也。

（三二）羔：小羊，取其群而不失其类。

（三三）雁：取其候时而行。

（三四）雉：取其守介而死，不失其节。

（三五）鹜：取其不飞迁。

（三六）鸡：取其守时而动。

（三七）礼：谓始告神时荐于神坐。

（三八）阴德：谓情性隐而不露。

（三九）阳德：谓分地利以致富。

（四〇）执事：诸有事于祭者。

（四一）宿：申戒也。

（四二）涤濯：溉祭器也。

（四三）玉：礼神之玉也。

（四四）镬：亨牲器也。

（四五）大号：六号之大者，以诏大祝，以为祝词。

（四六）治：犹简习也。

（四七）载：为也。

（四八）相：诏王礼也。出接宾曰摈，入诏礼曰相。相者五人，卿为上摈。

（四九）大丧：王后及世子也。

（五〇）故：谓凶灾。

（五一）旅：郑注曰："国有故而祭曰旅。"孙诒让曰："凡言旅者，并指非常之祭而言。"

（五二）"乃颁"句：班其所当祀及其礼。都家之乡邑：谓王子弟及公卿大夫所食采地。

■ 讲疏

春官系统共有七十职官，大宗伯是其长，小宗伯是大宗伯的副手。按照《叙官》的说法，春官是"礼官"，即掌礼事的官，《周礼·春官·大宗伯》

篇首言："大宗伯之职，掌建邦之天神、人神、地示之礼，以佐王建保邦国。"大、小宗伯的职责主要就是掌礼（包括吉礼、凶礼、宾礼、军礼、嘉礼五礼），以辅佐王建立和安定天下各国。其下六十八属官，则大体可以分为以下几类。第一类是掌礼事的官，有肆师、郁人、鬯人、鸡人、司尊彝、司几筵、典瑞、典命、司服、典祀、守祧、世妇、内宗、外宗、冢人、墓大夫、职丧、都宗人、家宗人、神仕等，凡二十职。第二类是掌乐事的官，有大司乐、乐师、大胥、小胥、大师、小师、瞽蒙、视瞭、典同、磬师、钟师、笙师、镈师、韎师、旄人、籥师、籥章、鞮鞻氏、典庸器、司干等，凡二十职。第三类是掌卜筮的官，有大卜、卜师、龟人、菙氏、占人、筮人、占梦、视祲等，凡八职。第四类是祝巫之官，有大祝、小祝、丧祝、甸祝、诅祝、司巫、男巫、女巫等，凡八职。第五类是掌史及星历的官，有大史、小史、冯相氏、保章氏、内史、外史、御史等，凡七职。第六类是掌车旗的官，有巾车、典路、车仆、司常等，凡四职。还有天府一职，其主要职责则是掌宗庙宝器以及吏治文书的收藏，可自成一类。

　　从以上分类看，春官的职责虽不尽掌礼事，但还是要服务礼事。如第二类掌乐事的官，就是直接为礼事服务的，且礼、乐二官的数量占了春官系统的大半。第三、第四、第七三类职官，也主要是为礼事服务的，而天府一官，也有为祭礼服务的职责。北周依《周礼》置六官，其春官府亦以大宗伯为长官，设卿一人，正七命；佐官为小宗伯，上大夫二人，正六命；春官府又有都上士，正三命。《唐六典》谓大宗伯相当于礼部尚书，小宗伯相当于太常少卿，春官府都上士相当于礼部员外郎。后以大宗伯为礼部尚书的别称，少宗伯为礼部侍郎的别称，少宗伯即小宗伯。明清亦称礼部尚书为大宗伯。

春官宗伯·大司乐

　　大司乐掌成均之法^(一)，以治建国之学政，而合国之子弟焉。凡有道者有德者，使教焉，死则以为乐祖^(二)，祭于瞽宗^(三)。

　　以乐德教国子：中、和、祗、庸、孝、友^(四)。以乐语教国子：兴、道、讽、诵、言、语^(五)。以乐舞教国子：舞《云门大卷》、《大咸》、《大韶》、

《大夏》、《大濩》、《大武》^(六)。

以六律、六同、五声、八音、六舞^(七)，大合乐以致鬼神示^(八)，以和邦国，以谐万民，以安宾客，以说远人，以作动物。

乃分乐而序之^(九)，以祭，以享，以祀。乃奏黄钟，歌大吕，舞《云门》，以祀天神。乃奏大蔟，歌应钟，舞《咸池》^(一〇)，以祭地示。乃奏姑洗，歌南吕，舞《大韶》，以祀四望。乃奏蕤宾，歌函钟^(一一)，舞《大夏》，以祭山川。乃奏夷则，歌小吕^(一二)，舞《大濩》，以享先妣^(一三)。乃奏无射，歌夹钟，舞《大武》，以享先祖。凡六乐者，文之以五声，播之以八音。

凡六乐者，一变而致羽物及川泽之示^(一四)，再变而致臝物及山林之示，三变而致鳞物及丘陵之示，四变而致毛物及坟衍之示^(一五)，五变而致介物及土示，六变而致象物及天神^(一六)。

凡乐，圜钟为宫^(一七)，黄钟为角，大蔟为徵，姑洗为羽，雷鼓雷鼗^(一八)，孤竹之管，云和之琴瑟，《云门》之舞^(一九)，冬日至，于地上之圜丘奏之，若乐六变，则天神皆降，可得而礼矣。凡乐，函钟为宫，大蔟为角，姑洗为徵，南宫为羽，灵鼓灵鼗^(二〇)，孙竹之管^(二一)，空桑之琴瑟，《咸池》之舞，夏日至，于泽中之方丘奏之，若乐八变，则地示皆出，可得而礼矣。凡乐，黄钟为宫，大吕为角，大蔟为徵，应钟为羽，路鼓路鼗^(二二)，阴竹之管^(二三)，龙门之琴瑟，《九德》之歌，《九韶》之舞，于宗庙之中奏之，若乐九变，则人鬼可得而礼矣。

凡乐事，大祭祀宿县^(二四)，遂以声展之，王出入则令奏《王夏》^(二五)，尸出入则令奏《肆夏》，牲出入则令奏《昭夏》，帅国子而舞。大飨不入牲^(二六)，其他皆如祭祀。大射，王出入，令奏《王夏》；及射，令奏《驺虞》。诏诸侯以弓矢舞^(二七)。王大食，三宥，皆令奏钟鼓。王师大献，则令奏恺乐。

凡日月食，四镇五岳崩，大傀异灾，诸侯薨，令去乐。

大札、大凶、大灾、大臣死，凡国之大忧，令弛县。

凡建国，禁其淫声、过声、凶声、慢声^(二八)。

大丧，莅廞乐器^(二九)。及葬，藏乐器，亦如之。

■ 题解

大司乐，官名，又名大乐正，始于周代，周朝春官的属官。主管祭祀、乐仪、教育的长官，员二人，中大夫爵，为乐官之长。《周礼·春官·大司乐》："大司乐掌成均之法，以治建国之学政。"其主要职责为："以乐德教国子"，"以乐语教国子"，"以乐舞教国子"。国子，公卿大夫之子弟当学者。大司乐还负责在祭祀时，按尊卑等级演奏乐舞。

■ 注释

（一）成均：郑司农云："均，调也。乐师主调其音，大司乐主受此成事已调之乐。"郑玄注："董仲舒云：'成均，五帝之学。'"

（二）乐祖：郑玄注："死则以为乐之祖，神而祭之。"

（三）瞽：盲人，古代多为乐师。

（四）祗：恭敬。郑玄注："中犹忠也。和，刚柔适也。祗，敬。庸，有常也。"

（五）兴：以物譬事。道：通"导"，以古导今。讽：背诵诗歌的文字。诵：歌唱。言：直说己事。语：回答他人而说。

（六）《云门大卷》：周代所存古代六舞之一。为皇帝的乐舞，与黄钟、大吕之乐相配，祀五帝及日月星辰。《大咸》：亦名咸池，六舞之一，为尧的乐舞，与大蔟、应钟之乐相配，祭地神。《大韶》：六舞之一，为舜的乐舞，与姑洗、南吕之乐相配，祭四望。《大夏》：六舞之一，为禹的乐舞，与蕤宾、函钟之乐相配，祭山川。《大濩》：亦作"大护"，六舞之一，为汤的乐舞，与夷则、小吕之乐相配，享先妣姜嫄。《大武》：六舞之一，为武王的乐舞，与无射、夹钟之乐相配，享周之先祖。

（七）六律：十二律中的六个阳声：黄钟、大蔟、姑洗、蕤宾、夷则、无射。六同：也称"六吕"、"六钟"。十二律中六个阴声：大吕、应钟、南吕、函钟、小吕、夹钟。五声：指宫、商、角、徵、羽。八音：指八类乐器，即金、石、土、革、丝、木、匏、竹。金，钟镈。石，磬。土，埙。革，鼓鼗。丝，琴瑟。木，柷敔。匏，笙竽。竹，管箫。六舞：周代所存上古六种大舞。即《云门大卷》、《大咸》、《大韶》、《大夏》、《大濩》、《大武》。

（八）六舞大合乐：六舞即六代之舞（见上节）。

（九）乃分乐而序之：贾公彦疏："上总云六舞，今分此六代之舞，尊者用前代，卑者用后代，使尊卑有序，故云序。"

（一〇）《咸池》：即《大咸》。

（一一）函钟：即林钟。

（一二）小吕：即中吕。

（一三）先妣：姜嫄。传说姜嫄履大人迹，感神灵而生后稷，故为周之先母。

（一四）变：郑玄注："犹更也，乐成则更奏也。"是一变犹言一遍。下文"二变"、"三变"等同此。

（一五）坎：堤岸。衍：大河两侧的平地。

（一六）象物：指四灵，即麟、凤、龟、龙。

（一七）圜钟：即夹钟也。此句谓以圜钟律来定宫音的音高。

（一八）雷鼓雷鼗：指八面的鼓。下文的灵鼓灵鼗六面，路鼓路鼗四面。

（一九）《云门》之舞：贾公彦疏："天用《云门》，地用《咸池》，宗庙用《大韶》者，还依上分乐之次序，尊者用前代，卑者用后代为差也。"

（二〇）灵鼓灵鼗：据郑玄注，都是六面鼓。

（二一）孙竹：据段玉裁说，是横生的竹根所生出的小竹。

（二二）路鼓路鼗：据郑玄注，都是四面鼓。

（二三）阴竹：郑玄注："生于山北者。"

（二四）宿县：祭祀前一天晚上预先把乐器悬挂好。

（二五）《王夏》：乐章名。下文的《肆夏》、《昭夏》同为"九夏"之一。

（二六）大飨：天子飨宴来朝的诸侯宾客。

（二七）弓矢舞：在行射礼时，奏章乐，射者执弓挟矢，其行动之节与舞相应。

（二八）淫声：所谓郑、卫之音。过声：哀乐失节之声。凶声：亡国之声。慢声：惰慢不恭之声。

（二九）莅：临也。欣：兴也。

■ 讲疏

上古时期，"诗"、"乐"、"舞"三者一体，巫在祭神时的唱辞要有乐和舞的配合，乐起着渲染和内心感化的作用，"乐"的教化意义逐渐凸显出来，后来人们开始将"礼"、"乐"结合，赋予其政治性。《周礼》对传统礼乐文化的内容多有保存和宣扬，选文详细介绍了"乐教"的内涵：

"乐德"是指"乐"所体现的道德精神，它包括"中、和、祗、庸、孝、友"六个部分，郑玄注："中，犹忠也；和，刚柔适也；祗，敬；庸，有常也；善父母曰孝，善兄弟曰友。"这就给音乐加上了道德的色彩，旨在使音乐成为道德教化的有效途径。《礼记·乐记》有"声音之道，与政通矣"，"乐者，通伦理者也"。其思想与本篇一致。

"乐语"包括"兴、道、讽、诵、言、语"，郑玄注："兴者，以善物喻善事；道，读曰导，导者，言古以剀今也；倍文曰讽，以声节之曰诵，发端曰言，答述曰语。"孙怡让："言语应答，比于诗乐。"指通过音乐来引导人，教化人。篇中谈到，使用不同的音调，在不同的时节，处于不同的地方，会让音乐产生不同的结果，或"天神皆降"，或"地祇皆出"等。此即文中提到的乐有六变。

"乐舞"是一种舞蹈化的语言，也是对历史的保留和再现。列举的六种乐舞分别属于黄帝、尧、舜、禹、汤、武时期的音乐，这些贤君都是德治的典范，强调他们那个时代的乐舞是对乐教的肯定和继承。另外，六大舞也用于王朝祭祀，即"乃分乐而序之，以祭，以享，以祀"。不同的乐舞可祭祀不同的神，这也是《周礼》"五礼"中"吉礼"的不可缺少的内容。

秋官司寇·大行人

大行人掌大宾之礼及大客之仪^(一)，以亲诸侯。

春朝诸侯而图天下之事^(二)，秋觐以比邦国之功，夏宗以陈天下之谟，冬遇以协诸侯之虑，时会以发四方之禁^(三)，殷同以施天下之政^(四)。

时聘以结诸侯之好，殷覜以除邦国之慝^(五)。间问以谕诸侯之志^(六)，归脤以交诸侯之福^(七)，贺庆以赞诸侯之喜，致禬以补诸侯之灾^(八)。

以九仪辨诸侯之命⁽⁹⁾，等诸臣之爵；以同邦国之礼，而待其宾客。上公之礼，执桓圭九寸⁽¹⁰⁾，缫藉九寸⁽¹¹⁾，冕服九章⁽¹²⁾，建常九斿⁽¹³⁾，樊缨九就⁽¹⁴⁾，贰车九乘⁽¹⁵⁾，介九人⁽¹⁶⁾，礼九牢⁽¹⁷⁾，其朝位⁽¹⁸⁾，宾主之间九十步，立当车轵⁽¹⁹⁾，摈者五人，庙中将币三享⁽²⁰⁾，王礼再祼而酢⁽²¹⁾，飨礼九献，食礼九举，出入五积，三问三劳⁽²²⁾。诸侯之礼，执信圭七寸，缫藉七寸，冕服七章⁽²³⁾，建常七斿，樊缨七就，贰车七乘，介七人，礼七牢，朝位宾主之间七十步，立当前疾⁽²⁴⁾，摈者四人，庙中将币三享，王礼壹祼而酢⁽²⁵⁾，飨礼七献，食礼七举，出入四积，再问再劳。诸伯执躬圭，其他皆如诸侯之礼。诸子执谷璧五寸，缫藉五寸，冕服五章⁽²⁶⁾，建常五斿，樊缨五就，贰车五乘，介五人，礼五牢，朝位宾主之间五十步，立当车衡，摈者三人，庙中将币三享，王礼壹祼不酢⁽²⁷⁾，飨礼五献，食礼五举，出入三积，壹问壹劳。诸男执蒲璧，其他皆如诸子之礼。

凡大国之孤⁽²⁸⁾，执皮帛以继小国之君，出入三积，不问，壹劳，朝位当车前，不交摈⁽²⁹⁾，庙中无相，以酒礼之⁽³⁰⁾。其他皆视小国之君。凡诸侯之卿，其礼各下其君二等以下，及其大夫士皆如之。

邦畿方千里，其外方五百里谓之侯服，岁壹见，其贡祀物。又其外方五百里谓之甸服，二岁壹见，其贡嫔物。又其外方五百里谓之男服，三岁壹见，其贡器物。又其外方五百里谓之采服，四岁壹见，其贡服物。又其外方五百里谓之卫服，五岁壹见，其贡材物。又其外方五百里谓之要服⁽³¹⁾，六岁壹见，其贡货物。九州之外谓之蕃国，世壹见，各以其所贵宝为挚。

王之所以抚邦国诸侯者：岁遍存；三岁遍覜；五岁遍省；七岁属象胥⁽³²⁾，谕言语，协辞命；九岁属瞽史，谕书名，听声音；十有一岁达瑞节⁽³³⁾，同度量，成牢礼，同数器⁽³⁴⁾，修法则⁽³⁵⁾；十有二岁王巡守殷国。

凡诸侯之王事，辨其位，正其等，协其礼，宾而见之。

若有大丧，则诏相诸侯之礼。

若有四方之大事，则受其币，听其辞。

凡诸侯之邦交，岁相问也，殷相聘也，世相朝也。

■ 题解

秋官司寇负责刑法事务，大行人是其属官。大行人主掌大宾客礼仪以亲诸侯，凡诸侯朝聘、王向诸侯、蕃国相卫，皆主之。《周礼·秋官·大行人》："大行人掌大宾之礼及大客之仪，以亲储侯。"天子称来朝的诸侯为"大宾"，称来朝的诸侯之大夫、卿为"大客"。意即负责接待远方的客人。

■ 注释

（一）郑玄注："大宾，要服以内诸侯。大客，谓其孤、卿。"

（二）图天下之事：孙诒让言："与诸侯图谋一岁行事之可否。"

（三）时会：分四时会见一方诸侯。

（四）殷同：同时会见各方诸侯。

（五）殷眺：天子畿外六服，每十二年中，元年、七年、十一年只有一服来朝，故众诸侯派卿以聘礼来朝天子，天子以礼见之。

（六）间问：天子每隔一年派臣聘问诸侯。

（七）归脤：赠送祭祀宗庙社稷的余肉。

（八）致襘：某一诸侯国有凶荒丧灾，天子及其他诸侯汇集财物慰问救助。

（九）九仪：包括命者和爵者两部分。命者有公、侯、伯、子、男；爵者包括孤、卿、大夫、士。

（一〇）桓圭：圭的两边各有两条琢饰，合之为四，正与四桓楹相似，故称桓圭。

（一一）缫藉：圭的衬垫，大小与圭相同。

（一二）冕服：戴冕时所穿的衣、裳、韨。九章：衣与裳之上共有九种装饰图案，上衣画龙、山、华虫、火、宗彝，下裳绣藻、粉米、黼、黻四章。

（一三）常：旗帜。斿：缀于旗帜正幅旁的犬牙状飘带。

（一四）樊缨：络马的带饰。樊在马腹，缨在马颈。就：五彩具备为一就。九就即九根五彩绳。

（一五）贰车：副车。古代行车必有副车相随，一为壮威仪，二为备乘车损坏。

（一六）介：辅助行礼的人。古代出使，正使为宾，副使为上介，余为众介，其爵位各递降一等。

（一七）礼九牢：此是行过朝聘礼后，天子派卿送给宾客的饔饩。牛、羊、豕三牲各一为一牢。

（一八）朝位：皋门外之廷为天子迎接朝君之处，宾主所立的位置有规定。朝聘宾客至大门外下车步行，至距大门九十步处站定；天子迎至大门口。

（一九）车轵：轮毂的外端。朝君所乘车在大门外之西，距门九十步，朝君立于车东当轴头处。

（二〇）将币：诸侯朝见天子时将玉授于天子。

（二一）再祼：以郁鬯酒献宾两次。此再祼均为大宗伯代行。

（二二）三问三劳：问：问候。劳：慰劳。朝聘诸侯始入王畿、远郊、近郊，天子派臣或亲自至途中馆舍问劳三次。问劳皆有礼物，但问礼轻，劳礼重。

（二三）七章：衣四章，裳三章。于九章减龙、山为七章。

（二四）前疾：据惠士奇校，"疾"当作"侯"。郑司农读之为"前胡"，"胡"通"侯"。前侯：指车辀与车身相接处。

（二五）壹祼：大宗伯代王献郁鬯于宾，不代王后献。

（二六）五章：七章中去华虫及火为五章，衣三章，裳二章。

（二七）不酢：不回敬主人的酒，因诸子爵位低。

（二八）大国之孤：上公之国，立孤卿一人，侯伯以下的诸侯国无孤卿。

（二九）不交摈：即不交摈传辞。案诸侯将自己的来意告诉自己的上介，上介传于次介，次介传于末介，末介再传之于王的末摈，末摈传之于承摈、上摈，最后由上摈传之于王。王的辞命则依相反的程序传之于诸侯。

（三〇）以酒礼之：聘享之后，天子以齐酒礼孤，不用郁鬯酒，孤也不酢天子。

（三一）要服：蛮服，因距离王都远而得此称。

（三二）象胥：翻译官。

（三三）达瑞节：瑞节，即符节，用作信物、凭证，是权利的象征。

（三四）数器：郑玄注："铨衡也。"

（三五）法则：郑玄注："法，八法也。则，八则也。"

■ **讲疏**

　　大行人是帮助天子主掌"大宾之礼及大客之仪"的官员，也就是说大行人辅助天子接待远近诸侯和重要卿相，并对来朝见的公侯们提出要求，规范他们的礼仪。等级越高，礼仪要求就越严格，公、侯、伯、子、男级别不同，对他们来朝见时的要求不同，天子对彼此的问候就有差异。本篇除了对大行人具体职责的介绍外，还间接告诉了我们诸多先秦的文化知识，例如："春朝诸侯而图天下之事，秋觐以比邦国之功，夏宗以陈天下之谟，冬遇以协诸侯之虑。"周天子在不同的季节朝见诸侯会有不同的称呼，春季为"朝"，秋季为"觐"，夏季为"谟"，冬季为"虑"。不同季节的朝见名称不同，自然谈论的国事也不同，春朝是天子诸侯聚集共讨一年中天下大事，秋觐是评比各诸侯国的业绩，诸侯们借夏宗陈述彼此的谋略，诸侯们在冬遇时协调彼此的思想。还有就是周朝对距离国都远近的不同地方，名称不同，规定的朝见政策也不一样，周天子的京畿之地（即直接管辖）围绕国都方圆千里，一千里至一千五百里的地方称"侯服"，要求每年都要向天子进贡用于祭祀的东西一次，春秋齐桓公南侵楚国时的理由就是依此来的。以五百里为单位，更远的分别称"甸服"，"二岁一见，其贡嫔物"；"男服"，"三岁一见，其贡器物"；"采服"，"四岁一见，其贡服物"；"卫服"，"五岁一见，其贡材物"；"要服"，"六岁一见，其贡货物"，这是九州以内的，属于周王的直接或间接管辖，九州之外的称"蕃国"，新王登基时来见，以乡土稀世珍宝为见面礼。《周礼》将官员的职权划分阐释得十分严密，体现了作者完备的"礼制"政治思想。

■ **参考文献**

　　《周礼》，（汉）郑玄注，（唐）陆德明释文，北京图书馆出版社2003年。
　　《周礼注疏》，《十三经注疏》，清阮元校刻本，中华书局1980年。
　　《周礼正义》，（清）孙诒让撰，中华书局2013年。
　　《周礼译注》，杨天宇撰，上海古籍出版社2004年。

《周礼》国学基本丛书，钱玄、钱兴奇、王华宝、谢秉洪注译，岳麓书社2001年。

《三礼辞典》，钱玄、钱兴奇编著，江苏古籍出版社1998年。

仪礼（节选）

关于《仪礼》的作者，尚存争议，一说周公作，一说孔子删定。学术界对《仪礼》的成书年代亦没有定论，大多数人认为《仪礼》成书于秦统一六国之前。汉置五经博士，礼学只有《仪礼》。东汉郑玄分别给《仪礼》、《周礼》、《礼记》作注，始有"三礼"之名。值得注意的是，汉代还没有《仪礼》之名，魏晋以降，人们才将汉代称为《礼》、《士礼》、《礼经》等的十七篇礼称为《仪礼》。近人根据书中丧葬制度，结合考古出土器物进行研究，认为《仪礼》为战国初期至中期人所编。梁启超认为，今十七篇或出孔子之手，周代礼节繁缛，孔子厘定之，使其适宜。十七篇中，至少《士丧礼》为孔子手定，或口授孺悲写定。张岱年认为，《仪礼》当是战国儒家的著述，经汉儒编定的。此书为西周、春秋时代部分礼制汇编，主要记载古代贵族冠、婚、丧、祭、饮、射、朝、聘等具体仪节，不讲仪礼的作用及意义。

士昏礼第二（节录）

昏礼。下达，纳采用雁[一]。

主人筵于户西，西上，右几。

使者玄端至[二]。

摈者出请事[三]，入告。

主人如宾服，迎于门外，再拜，宾不答拜。揖入。

至于庙门，揖入。三揖，至于阶，三让。

主人以宾升^(四)，西面。宾升西阶，当阿^(五)，东面致命。主人阼阶上北面再拜。

授于楹间，南面。

宾降，出，主人降，授老雁^(六)。

摈者出请^(七)。

宾执雁，请问名，主人许。宾入，授，如初礼。

摈者出请^(八)，宾告事毕。入告，出请醴宾。

宾礼辞，许。

主人彻几改筵^(九)，东上。侧尊甒醴于房中。

主人迎宾于庙门外，揖让如初，升。主人北面，再拜。宾西阶上北面答拜。主人拂几，授校^(一〇)，拜送。宾以几辟^(一一)，北面设于坐，左之，西阶上答拜。

赞者酌醴，加角柶，面叶，出于房。

主人受醴，面枋，筵前西北面。宾拜受醴，复位。主人阼阶上拜送。

赞者荐脯醢。宾即筵坐，左执觯，祭脯醢，以柶祭醴三，西阶上北面坐，啐醴，建柶，兴，坐奠觯，遂拜。主人答拜。

宾即筵，奠于荐左，降筵，北面坐取脯，主人辞。

宾降，授人脯，出，主人送于门外，再拜。

纳吉，用雁，如纳采礼。

纳征，玄纁束帛^(一二)、俪皮，如纳吉礼。

请期，用雁。主人辞，宾许，告期，如纳征礼。

期^(一三)，初昏，陈三鼎于寝门外东方，北面，北上。其实特豚，合升，去蹄。举肺脊二，祭肺二，鱼十有四，腊一肫^(一四)，髀不升。皆饪。设扃鼏^(一五)。

设洗与阼阶东南。馔于房中，醯酱二豆，菹醢四豆，兼巾之。黍稷四敦，皆盖。

大羹湆在爨^(一六)。

仪礼（节选）

113

尊于室中北墉下，有禁。玄酒在西。绤幂，加勺，皆南枋。

尊于房户之东，无玄酒。篚在南，实四爵合卺^(一七)。

主人爵弁，纁裳，缁袘^(一八)。从者毕玄端。乘墨车^(一九)，从车二乘，执烛前马。

妇车亦如之，有裧^(二〇)。

■ 题解

《士昏礼》为《仪礼》第二篇。贾公彦疏引郑玄《三礼目录》云："士娶妻之礼。以昏为期，因而名焉。必以昏者，取其阳往而阴来，日入三商为昏。昏礼于五礼属嘉礼。大小戴及《别录》，此皆第二。"士昏礼主要礼节包括：纳采、问名、纳吉、纳征、请期、亲迎、共牢合卺、妇见姑舅等，选篇介绍了纳采、问名、纳吉、纳征、请期、亲迎六大婚礼礼节。

■ 注释

（一）郑玄注："昏礼有六,五礼用雁：纳采、问名、纳吉、请期、亲迎是也，惟纳征不用雁，以其自有币帛可执故也。"纳采，提亲得到应允后，男方派使者行纳采礼；问名，男方问所娶女子之名，以便占卜吉凶；纳吉，男方在占卜得到吉兆之后，派使者前往女家告知，礼同纳采。纳征，女方接受男方的礼物，双方婚姻关系确定；请期，男方卜得迎娶吉日，备礼告知女家，征得同意；亲迎，新郎亲自去女方家迎娶。

（二）玄端：士傍晚或祭祀宗庙时穿的黑色服装。

（三）摈者：即有司佐礼之人。

（四）以：引导。

（五）阿：本指丘陵，此指堂屋顶部最高处的栋。

（六）老：家臣的长者。

（七）出请：宾纳采后出门未离去，等待问名。郑玄注："不必宾之事有无。"

（八）摈者出请：摈者出门询问还有何事要办，是表示对来宾尊重的礼仪性问话，并非来宾真有事。

（九）彻几：撤去纳采时供神用的几，换上供来宾用的几。改筵：将纳采时供神用的席，改换成供来宾用的席；鬼神之席以西为上，来宾之席则改为以东为上。

（一〇）校：几的脚。

（一一）辟：逡遁，欲行又止。

（一二）玄纁：婚礼用玄纁，象征阴阳大备。古人认为，天的正色苍而玄，地的正色黄而缥，婚姻有阴阳相成之义，所以服色也要效法天地。

（一三）期：当为娶妻之日。

（一四）一肫：或作"纯"，纯，全也。

（一五）扃：用来扛鼎。鼏：覆鼎之物。

（一六）羹：肉汤也。湆：煮肉汁。爨：灶也。

（一七）卺：读若"斤"，婚礼时用的酒器，一瓠分成两个瓢叫卺。

（一八）袳：衣裙的下摆。

（一九）墨车：按礼制士大夫所乘之车。

（二〇）裧：通"襜"，车上的帷幕。

■ 讲疏

在古代的礼仪生活中，昏礼直接延续了冠礼，《礼记·内则》规定男子"二十而冠"，"三十而有室"；女子"十有五年而笄，二十而嫁。有故，二十三而嫁"。古代欲昏礼，必先冠礼，《太平御览》卷七一八引《白虎通》："男子幼娶必冠，女子幼嫁必笄。"人生阶段不同，礼仪对人的要求不同。昏礼不但要求男子必冠，而且还要求"行媒"。纳采、问名、纳吉、纳征、问期都是通过媒人的中间传达来实现的，只有迎亲时才有男方的实际参与，《礼记·曲礼上》："男女非有行媒，不相知名。"可见古代行媒对于昏礼完整意义的重大作用。

昏礼在礼仪程序上的安排，传达了男方对女方亲、敬的道德意义，如："摈者出请。宾执雁，请问名，主人许。宾入，授，如初礼。"仅"问名"方面，与其说是礼仪烦琐，不如说是双方对儿女婚姻大事的重视，这也是对男方或女方关于婚姻态度的考察或检验。婚姻是"合二姓之好"，婚期取决于男方，但为表示谦敬，男方要通过媒人代咨询女方。婚娶当天男方要戴"爵弁"，"爵弁"是古代男子行冠礼时第三次加戴的，这标志着男子有参与宗族祭祀的资格和权利。祭祀和战争被称为"国之大事"，联系本文，这突出了文章题目"士"的特点，也暗示了女方的择偶标准。《仪礼·士昏礼》所记礼制，不仅是士阶层所实行的礼制，实际上士以上基本也通行，只是在细节、规模上不同而已。

士相见礼第三（节录）

士相见之礼。挚，冬用雉^{（一）}，夏用腒^{（二）}。左头奉之^{（三）}，曰："某也愿见，无由达。某子以命命某见^{（四）}。"主人对曰："某子命某见，吾子有辱^{（五）}。请吾子之就家也，某将走见^{（六）}。"宾对曰："某不足以辱命，请终赐见。"主人对曰："某不敢为仪^{（七）}，固请吾子之就家也，某将走见。"宾对曰："某不敢为仪，固以请。"主人对曰："某也固辞，不得命，将走见。闻吾子称挚^{（八）}，敢辞挚。"宾对曰："某不以挚不敢见。"主人对曰："某不足以习礼，敢固辞。"宾对曰："某也不依于挚不敢见，固以请。"主人对曰："某也固辞，不得命，敢不敬从！"出迎于门外，再拜。宾答再拜。主人揖，入门右。宾奉挚，入门左。主人再拜受。宾再拜送挚，出。主人请见，宾反见，退。主人送于门外，再拜。主人复见之，以其挚，曰："向者吾子辱^{（九）}，使某见。请还挚于将命者^{（一〇）}。"主人对曰："某也既得见矣，敢辞。"宾对曰："某也非敢求见，请还挚于将命者。"主人对曰："某也既得见矣，敢固辞。"宾对曰："某不敢以闻^{（一一）}，固以请于将命者。"主人对曰："某也固辞，不得命，敢不从。"宾奉挚入，主人再拜受。宾再拜送挚，出。主人送于门外，再拜。

士见于大夫，终辞其挚^{（一二）}。于其入也，一拜其辱也。宾退，送，再拜。

若尝为臣者，则礼辞其挚^{（一三）}，曰："某也辞，不得命，不敢固辞。"宾入，奠挚，再拜。主人答壹拜。宾出，使摈者还其挚于门外，曰："某也使某还挚。"宾对曰："某也既得见矣，敢辞。"摈者对曰："某也命某，某非敢为仪也。敢以请。"宾对曰："某也夫子之贱私^{（一四）}，不足以践礼，敢固辞。"摈者对曰："某也使某，不敢为仪也。固以请。"宾对曰："某固辞，不得命，敢不从!"再拜受。

下大夫相见,以雁,饰之以布,维之以索,如执雉。

上大夫相见^(一五),以羔,饰之以布,四维之,结于面,左头,如麛执之^(一六)。如士相见之礼。

始见于君,执挚,至下,容弥蹙^(一七)。庶人见于君,不为容,进退走。士、大夫则奠挚,再拜稽首,君答壹拜。

若他邦之人,则使摈者还其挚,曰:"寡君使某还挚。"宾对曰:"君不有其外臣^(一八),臣不敢辞。"再拜稽首,受。

凡燕见于君^(一九),必辩君之南面。若不得,则正方,不疑君^(二〇)。君在堂,升见无方阶,辩君所在。

■ 题解

本篇记大夫、庶人见君;士见大夫;士相见;大夫见他国使者的礼仪规定。贾公彦《仪礼注疏》:"独以《士相见》为名者,以其两士职位不殊,同类昵近。"郑玄《目录》曰:"士以职位相亲,始承挚相见。"选文记述了士君子相交接的礼仪程式,对相关的礼物、应对、回访做了详细说明。

■ 注释

(一)挚:见面礼。雉:野鸡。士相见用死雉作礼物。古人认为雉不为食所引诱,不为威所慑服,宁死而不被蓄养,正像士行威、守节、死义的品格。

(二)腒:鸟脯。

(三)左头:雉横捧于左手,雉头朝左,因为左首尊,头为阳,左也为阳。

(四)某子:介绍双方见面的人的名字。以命:以主人之命。

(五)吾子:尊称对方。

(六)走见:急往相见。

(七)不敢为仪:不敢以容貌为威仪。意即出自真心,而非虚貌相待。

(八)称:举。

(九)向:不久前。

(一〇)将:传;将命者,即传命者也。

（十一）不敢以闻：谦语，意为不敢以还挚之事使主人听闻。

（十二）终辞：推辞三次。

（十三）礼辞：推辞一次。

（十四）贱私：私，大夫的家臣；贱私，为谦称。

（十五）上大夫：下大夫指大夫，上大夫指卿。

（一六）麛：幼小的鹿。

（一七）戁：局促不安，指态度恭敬。

（一八）外臣：见他国之君，自称外臣。《礼记·玉藻》郑玄注："见于他国君，下大夫自名于他国君曰外臣某。"

（一九）燕见：私见也。

（二〇）辩：郑玄注："辩犹正也。君南面，则臣见正北面。君或时不然，当正东面，若正西面，不得疑君所处，邪向之。疑，度也。"

■ 讲疏

《周礼·春官·大宗伯》讲述了不同阶层见面来往时关于见面礼（即"挚"）的问题："孤执皮帛，卿执羔，大夫执雁，士执雉，庶人执鹜，工商执鸡。"级别不同，要求的见面礼不同。士去拜访平级或高于自己级别的人物时，要"执挚"，郑玄注："'交有时，别有伦'之意"。贾公彦疏："（雉）交接有时，至于别后则雌雄不杂"。本篇介绍了士见面时的情况，士与士初次相见，二人都要非常谦敬，来者要手执雉，并固求拜见接雉，主人固辞再三然后接见来者，还要于接受礼物时再三推让。最后主人接受礼物，将客人送走后回访客人，退还礼物。士之间通过这种交往活动来传达对彼此的谦让、恭敬态度。

乡饮酒礼第四（节录）

乡饮酒之礼。主人就先生而谋宾、介（一）。主人戒宾，宾拜辱（二）。主人答拜，乃请宾，宾礼辞，许。主人再拜，宾答拜。主人退，宾拜辱。介亦如之。

乃席宾、主人、介^(三)。众宾之席，皆不属焉。尊两壶于房户间，斯禁^(四)。有玄酒，在西。设篚于禁南，东肆^(五)，加二勺于两壶。设洗于阼阶东南，南北以堂深，东西当东荣。水在洗东，篚在洗西，南肆。

羹定，主人速宾^(六)，宾拜辱，主人答拜，还，宾拜辱。介亦如之。宾及众宾皆从之^(七)。主人一相迎于门外，再拜宾，宾答拜，拜介，介答拜。揖众宾。主人揖，先入。宾厌介^(八)，入门，左。介厌众宾，入，众宾皆入门左，北上。

主人与宾三揖^(九)，至于阶，三让。主人升，宾升。主人阼阶上，当楣北面再拜。宾西阶上，当楣北面答拜^(一〇)。

■ 题解

本篇选自《仪礼》。"乡饮酒礼"为中国古代的一种礼仪，五礼之一，属嘉礼。选贤举能、每年祭祀，或尊长敬老，均举行宴会，由乡大夫做主人，设宴饮酒。例如，周代每三年由诸侯的乡大夫考察有德行、艺能的人向国君荐举备选，将行之时，乡大夫以宾客之礼相待，与其饮酒。后世地方官设宴招待本地年高有德者，也称为"乡饮酒礼"。

■ 注释

（一）先生：乡中致仕者，一般指乡大夫。宾：乡饮酒中被款待的人，多指乡中贤能者。介：近次于宾的人。

（二）拜辱：郑玄注："出拜其自屈辱，至己门也。"

（三）席：指铺席。宾的席位在窗前，面朝南；主人的席位在阼阶之上，面朝西；介的席位在西阶之上，面朝东。

（四）两壶：酒和玄酒。斯禁：酒器下无足的承盘。

（五）肆：陈。

（六）速：邀请并催促。

（七）从：跟随。众宾散居四方，主人不能一一催请，只能在行礼之日聚于某处，主人速宾后便一齐随往。

（八）厌：一种揖，双手合抱后拉到胸前。

（九）三揖：主人迎宾入门，每至转向处，主宾相作揖，凡三揖。入门，将右，揖；将向北，揖；当庭中之碑处，揖。三揖：亦称每曲揖。

（一〇）楣：堂的前梁。

■ 讲疏

在古代社会生活中，乡饮酒礼是礼仪活动的重要方面，所谓乡饮酒礼，王启发先生在《中国经学思想史》第九章阐释礼的道德意义时说："就是在乡一级地方行政组织范围内举行的宴饮活动，即乡一级地方组织所属民众在乡的首脑'乡大夫'的组织下进行聚会活动。"在周代，它代表了一种具有道德教化意义的礼事活动。"乡"是一个地域行政管理单位，《周礼·地官·大司徒》："令五家为比，使之相保；五比为闾，使之相受；四闾为族，使之相葬；五族为党，使之相救；五党为州，使之相赒；五州为乡，使之相宾。"古代规定天子六乡，诸侯三乡，卿二乡，大夫一乡，每乡各有乡大夫一名。乡饮酒礼一般三年举行一次。其礼仪程序为：首先，主人要先通知宾、介来确定其所邀请的宾客名单，其实都是卿、大夫等贵族或才德之士。其次，在宴饮当天，宾、介要引领众宾客一块前去参加；主人到门口迎接，以示欢迎，并彼此就座，分清主次。在乡大夫主持的饮酒礼仪活动中，乡大夫与宾客之间通过拜迎、揖让来表示彼此的尊重谦恭，表明人际交往要遵循相互尊重和谦让的道德原则。古人倡导治国必先修身，道德方面的表现，不仅代表了个人的内在德行，而且还外延到邦国治理的层面。这种礼仪活动旨在通过彼此尊重、谦让的表现来达到社会和谐的局面。因此，"乡饮酒礼"举办的最终目的之一是禁止暴乱之祸，"乡饮酒礼"可以说是古代宗法规范在礼的规定下，由家族"亲亲"扩展到社会"尊尊"的一个突出体现。

燕礼第六（节录）

燕礼。小臣戒与者^(一)。膳宰具官馔于寝东^(二)。乐人县。设洗篚于阼阶东南，当东霤^(三)。罍水在东，篚在洗西^(四)，南肆。设膳篚在其北，西面。

司宫尊于东楹之西^(五)，两方壶，左玄酒，南上。公尊瓦大两^(六)，有丰，幂用绤若锡^(七)，在尊南，南上。尊士旅食于门西，两圆壶。司宫筵宾于户西，东上，无加席也。射人告具^(八)。

小臣设公席于阼阶上，西乡^(九)，设加席。公升，即位于席，西乡。小臣纳卿大夫，卿大夫皆入门右，北面东上。士立于西方，东面北上。祝史立于门东，北面东上。小臣师一人^(一〇)，在东堂下，南面。士旅食者立于门西，东上。公降立于阼阶之东南，南乡。尔卿，卿西面北上；尔大夫，大夫皆少进。

射人请宾。公曰："命某为宾。"射人命宾，宾少进，礼辞。反命。又命之。宾再拜稽首，许诺。射人反命。宾出^(一一)，立于门外，东面。公揖卿大夫，乃升就席。

小臣自阼阶下，北面，请执幂者与羞膳者。乃命执幂者，执幂者升自西阶，立于尊南，北面，东上。

膳宰请羞于诸公卿者。

射人纳宾。宾入，及庭，公降一等揖之。公升就席。宾升自西阶，主人亦升自西阶^(一二)，宾右北面至再拜，宾答再拜。主人降洗，洗南，西北面。宾降，阶西，东面。主人辞降，宾对。

主人北面盥，坐取觚洗^(一三)。宾少进，辞洗。主人坐奠觚于篚，兴对。宾反位。

主人卒洗，宾揖，乃升。主人升，宾拜洗。主人宾右奠觚答拜，降盥。宾降，主人辞，宾对。卒盥，宾揖升，主人升，坐取觚。执幂者举幂，主人酌膳，执幂者反幂。主人筵前献宾，宾西阶上拜，筵前受爵，反位。主人宾右拜送爵。膳宰荐脯醢，宾升筵。膳宰设折俎。宾坐，左执爵，右祭脯醢，奠爵于荐右，兴，取肺，坐绝祭，嚌之，兴，加于俎，坐挩手，执爵，遂祭酒，兴，席末坐，啐酒，降席，坐奠爵，拜，告旨，执爵兴。主人答拜。宾西阶上北面坐卒爵，兴，坐奠爵，遂拜。主人答拜。

宾以虚爵降。主人降。宾洗南坐奠觚，少进，辞降。主人东面对。宾坐取觚，奠于篚下，盥洗。主人辞洗。宾坐奠觚于篚，兴对，卒洗，及阶，揖，升。主人升，拜洗如宾礼。宾降盥，主人降，宾辞降。卒盥，揖升，酌膳，执幂如初，以酢主人于西阶上。主人北面拜受爵，宾主人之左拜送爵。主人坐祭，不啐酒，不拜酒，不告旨。遂卒爵，兴，坐奠爵，拜，执爵兴。宾答拜。主人不崇酒，以虚爵降奠于篚。

宾降，立于西阶西。射人升宾，宾升，立于序内，东面。主人盥，洗象觚，升实之，东北面献于公。

公拜受爵。主人降自西阶，阼阶下北面拜送爵。士荐脯醢，膳宰设折俎，升自西阶。公祭如宾礼，膳宰赞授肺，不拜酒，立卒爵，坐奠爵，拜，执爵兴。主人答拜，升，受爵以降，奠于膳篚。

更爵^{（一四）}，洗，升，酌膳酒以降，酢于阼阶下，北面坐奠爵，再拜稽首，公答再拜。主人坐祭，遂卒爵，再拜稽首。公答再拜，主人奠爵于篚。

主人盥洗，升，媵觚于宾，酌散^{（一五）}，西阶上坐奠爵，拜宾。宾降筵，北面答拜。主人坐祭，遂饮，宾辞^{（一六）}。卒爵，拜，宾答拜。主人降洗，宾降，主人辞降，宾辞洗。卒洗，揖升。不拜洗。主人酌膳，宾西阶上拜。受爵于筵前，反位。主人拜送爵，宾升席，坐祭酒，遂奠于荐东。主人降复位。宾降筵西，东南面立。

小臣自阼阶下请媵爵者，公命长^{（一七）}。小臣作下大夫二人媵爵。媵爵者阼阶下皆北面，再拜稽首，公答再拜。媵爵者立于洗南，西面，北上。序进，盥，洗角觯，升自西阶，序进，酌散，交于楹北。降，阼阶下皆奠觯，再拜稽首，执觯兴，公答再拜。媵爵者皆坐祭，遂卒觯，兴，坐奠觯，再拜稽首，执觯兴。公答再拜。媵爵者执觯待于洗南。小臣请致者。若君命皆致，则序进，奠觯于篚，阼阶下皆再拜稽首，公答再拜。媵爵者洗象觯，升实之，序进，坐奠于荐南，北上，降，阼阶下皆再拜稽首，送觯。公答再拜。

公坐，取大夫所媵觯，兴以酬宾。宾降，西阶下再拜稽首。公命小臣辞，宾升成拜。公坐奠觯，答再拜，执觯兴，立卒觯。宾下拜，小臣辞。宾升，再拜稽首。公坐奠觯，答再拜，执觯兴。宾进受虚爵，降奠于篚，易觯洗。公有命，则不易不洗，反升酌膳觯，下拜。小臣辞。宾升，再拜稽首。公答再拜。宾以旅酬于西阶上。射人作大夫长升受旅。宾大夫之右坐奠觯，拜，执觯兴，大夫答拜。宾坐祭，立饮，卒觯，不拜。若膳觯也，则降更觯洗，升实散。大夫拜受，宾拜送。大夫辩受酬，如受宾酬之礼，不祭。卒受者以虚觯降，奠于篚。

- **题解**

本篇选自《仪礼》，说明古代天子诸侯与群臣宴饮之礼。郑玄《目录》曰："诸侯无事，若卿大夫有勤劳之功，与群臣燕饮以乐之。《燕礼》于五礼属嘉，《大戴》第十二，《小戴》及《别录》皆第六。"孔颖达疏将燕分四等：一为《目录》所言；二为卿大夫有王事之劳所设之燕；三为卿大夫有聘而来还与之燕；四为四方聘客与之燕。篇中内容记叙诸侯宴请臣下的仪节规定。

- **注释**

（一）与者：参与燕礼的群臣。群臣朝诸侯完毕将退归，国君命小臣留下群臣，并告诫有关事项。

（二）膳宰：掌管君王饮酒和膳食的小官吏。寝：寝宫。供议事用的为路寝，供休息用的为燕寝，这里指的是路寝。

（三）霤：屋檐，古代君王的宫室四面有檐。

（四）篚：竹器，方形，有盖。洗：盥手洗爵。

（五）司宫：当时掌管诸侯宫中事务的官。

（六）瓦大：太古之瓦尊，盛醴酒之器。亦即大尊。

（七）锡：细麻布。

（八）射人：主管大臣射次和位次之法的官。

（九）乡：通"向"。

（一〇）小臣师：小臣之长的辅佐。

（一一）宾出：宾此时刚择定，所以被选定者必须出门，以便按照宾的礼节入门。

（一二）主人：指宰夫。宰夫是掌管国君饮食的小吏，国君位尊，不能亲自向宾献酒等，所以由宰夫代理主人。

（一三）觚：古代饮酒器，容量一般比爵大。

（一四）更爵：国君尊贵，不能向臣下回敬酒，所以主人只能自酢。自酢不敢使用国君的象觚，所以要更换它爵，但所酌之酒仍是国君的膳酒。

（一五）酌散：郑玄注："酌散者，酌方壶酒也，于膳为散。"

（一六）宾辞：如果是国君酬宾，应该坐着将酒喝完，此处由主人代为酬宾，应该降低礼数，站着将酒饮完，但主人坐而不立，表示不降其礼，所以宾以不敢当相辞。

（一七）命长：郑玄注："命长，使选卿大夫之中长幼可使者。"

■ 讲疏

"燕礼"是一种饮宴之礼，西周、春秋时代一项重要的礼仪活动。清人孙希旦总结"燕礼"有以下几种情况：天子燕来朝之诸侯者，天子燕诸侯之使臣者，诸侯燕来聘之臣者，诸侯燕其聘宾者，君燕其臣者等。本篇介绍的是诸侯燕其臣。

礼本质上追求的是一种特殊性和区别性，这种特性也表现在君臣宴饮中。君臣等级不同，彼此的座次方向不同、入座前后的表现姿态不同，"司宫筵宾于户西，东上，无加席也"。"小臣设公席于阼阶上，西乡，设加席。公升，即位于席，西乡。"公席要西乡，而且要"加席"，即两个席子，臣宾则"无加席"。在命谁为宾的问题上，孙希旦解释《仪礼·燕礼》时说："盖燕礼之为宾者劳，故凡燕皆不以所为燕者为宾，优之也。然所为燕者，虽或有公、卿、大夫之不同，而所命为宾者则必大夫，盖公卿已尊，又加以为宾之尊，则疑于君而无别也。"故以大夫为宾而不以卿为尊，彰显的正是"君君"、"臣臣"之义。

其次，燕礼中要体现出君主对宾客的款待恩赐之心。例如国君借助膳宰服务于宾客；在酒礼上，国君通过两位年长的下大夫为自己和诸宾客倒酒，以尽君臣之欢。需要说明的是，燕礼不是酒食款待那么简单，前面已提到"君君"、"臣臣"，君主举行燕礼，旨在通过君臣之间繁多礼仪的交往，让彼此认识到君有君礼，臣有臣礼。这样做的目的就是促使君臣和敬，彼此不怨恨，这就赋予了燕礼深刻的政治内涵。

■ **参考文献**

《仪礼注疏》,《十三经注疏》,清阮元校刻本,中华书局1980年。

《仪礼通论》,(清)姚际恒著,陈祖武点校,中国社会科学出版社1998年。

《仪礼》,彭林注译,岳麓出版社2001年。

礼记（节选）

《礼记》是战国至秦汉年间儒家学者解释说明经书《仪礼》的文章选集，是一部儒家思想的资料汇编。《礼记》的作者与写作时间存在争议，其中的多数篇章可能是孔子弟子及其后学的作品。《礼记》亦称《小戴记》或《小戴礼记》，据《汉书·艺文志》记载，《礼记》为孔子七十弟子后学所记，汉戴圣传述；晋朝陈邵的《周礼·论序》云："戴德删古《礼》二百四篇为八十五篇，谓之《大戴礼》；戴圣删大戴为四十九篇，是为《小戴礼》。"《大戴礼》的篇章多已佚失，流传下来的《礼记》指《戴礼》，亦称《小戴记》或《小戴礼记》。东汉末年，著名学者郑玄为《小戴礼记》作注，后来这个本子便盛行不衰，由此，解说经文的著作逐渐成为经典，到唐代被列为"九经"之一，到宋代被列入"十三经"。

文王世子

文王之为世子，朝于王季日三。鸡初鸣而衣服，至于寝门外，问内竖之御者曰[一]：今日安否何如？内竖曰：安。文王乃喜。乃日中又至，亦如之。及莫又至[二]，亦如之。其有不安节，则内竖以告文王，文王色忧，行不能正履。王季复膳，然后亦复初。食上，必在视寒暖之节。食下，问所膳。命膳宰曰："末有原[三]。"应曰：诺，然后退。

武王帅而行之^(四)，不敢有加焉。文王有疾，武王不脱冠带而养。文王一饭，亦一饭，文王再饭，亦再饭。旬有二日乃间^(五)。

文王谓武王曰：女何梦矣？武王对曰：梦帝与我九龄。文王曰：女以为何也？武王曰：西方有九国焉，君王其终抚诸？文王曰：非也。古者谓年龄，齿亦龄也。我百尔九十，吾与尔三焉^(六)。文王九十七乃终，武王九十三而终。

成王幼，不能莅阼^(七)。周公相，践阼而治^(八)。抗世子法于伯禽，欲令成王之知父子、君臣、长幼之道也^(九)。成王有过，则挞伯禽，所以示成王世子之道也。

——文王之为世子也。

…………

凡学世子及学士，必时，春夏学干戈，秋冬学羽籥，皆于东序^(一〇)。小乐正学干^(一一)，大胥赞之。籥师学戈，籥师丞赞之，胥鼓《南》^(一二)。春诵夏弦，大师诏之；瞽宗秋学礼，执礼者诏之；冬读书，典书者诏之。礼在瞽宗，书在上庠^(一三)。

凡祭与养老，乞言合语之礼，皆小乐正诏之于东序^(一四)。大乐正学舞干戚，语说，命乞言，皆大乐正授数，大司成论说在东序^(一五)。凡侍坐于大司成者，远近间三席，可以问。终则负墙，列事未尽，不问。

凡学，春官释奠于其先师^(一六)，秋冬亦如之。凡始立学者，必释奠于先圣先师，及行事，必以币。凡释奠者，必有合也，有国故则否^(一七)。凡大合乐^(一八)，必遂养老。凡语于郊者，必取贤敛才焉。或以德进，或以事举，或以言扬。曲艺皆誓之^(一九)，以待又语。三而有一焉，乃进其等，以其序，谓之郊人。远之于成均以及取爵于上尊也。始立学者，既兴器用币^(二〇)，然后释菜，不舞不授器，乃退。傧于东序，一献，无介语可也。

——教世子。

凡三王教世子必以礼乐^(二一)。乐，所以修内也；礼，所以修外也。礼乐交错于中^(二二)，发形于外，是故其成也怿^(二三)，恭敬而温文。立大傅少傅以养之，欲知其父子君臣之道也。大傅审父子君臣之道以示之，少傅奉世子，以观大傅之德行而审喻之。大傅在前，少傅在后；入则有保，出则有师，是以教喻而德成也。师也者，教之以事而喻诸德者也；保也者，慎其身以辅翼之而归诸道者也(二四)。《记》曰：虞夏商周，有师保，有疑丞，设四辅及三公。不必备，唯其人。语使能也。君子曰德，德成而教尊，教尊而官正，官正而国治，君之谓也。

仲尼曰："昔者周公摄政，践阼而治，抗世子法于伯禽，所以善成王也。闻之曰：为人臣者，杀其身有益于君则为之，况于其身以善其君乎(二五)？周公优为之，是故知为人子，然后可以为人父；知为人臣，然后可以为人君；知事人，然后能使人。成王幼，不能莅阼，以为世子，则无为也，是故抗世子法于伯禽，使之与成王居，欲令成王之知父子君臣长幼之义也。

君之于世子也，亲则父也，尊则君也。有父之亲，有君之尊，然后兼天下而有之。是故，养世子不可不慎也。行一物而三善皆得者，唯世子而已。其齿于学之谓也。故世子齿于学，国人观之曰：将君我而与我齿让，何也？曰：有父在则礼然。然而众知父子之道矣。其二曰：将君我而与我齿让，何也？曰：有君在则礼然。然而众著于君臣之义也。其三曰："将君我而与我齿让，何也？"曰：长长也，然而众知长幼之节矣。故父在斯为子，君在斯谓之臣，君子与臣之节，所以尊君亲亲也。故学之为父子焉，学之为君臣焉，学之为长幼焉，父子君臣长幼之道得，而国治。语曰：乐正司业，父师司成，一有元良，万国以贞(二六)。世子之谓也。

——周公践阼。

庶子之正于公族者(二七)，教之以孝弟睦友子爱，明父子之义，长幼之序。其朝于公，内朝则东面北上，臣有贵者以齿。其在外朝，则以官，司士为之(二八)。其在宗庙之中，则如外朝之位，宗人授事，以爵以官(二九)，其登馂献受爵，则以上嗣(三〇)。

庶子治之，虽有三命(三一)，不逾父兄，其公大事，则以其丧服之精粗为序。虽于公族之丧亦如之，以次主人。若公与族燕，则异姓为宾，膳宰为主人，公与父兄齿。族食，世降一等。

其在军，则守于公祢(三二)。公若有出疆之政，庶子以公族之无事者守于公宫，正室守大庙，诸父守贵宫贵室，诸子诸孙守下宫下室。五庙之孙，祖庙未毁，虽为庶人，冠、取妻必告，死必赴(三三)，练祥则告。族之相为也，宜吊不吊，宜免不免，有司罚之⁽三四⁾。至于赗赙承含，皆有正焉⁽三五⁾。

公族其有死罪，则磬于甸人⁽三六⁾。其刑罪，则纤剸⁽三七⁾，亦告于甸人。公族无宫刑。狱成，有司谳于公。其死罪，则曰某之罪在大辟；其刑罪，则曰某之罪在小辟⁽三八⁾。公曰：宥之。有司又曰：在辟。公又曰：宥之⁽三九⁾。有司又曰：在辟。及三宥，不对，走出，致刑于甸人。公又使人追之曰：虽然，必赦之。有司对曰：无及也！反命于公，公素服不举，为之变，如其伦之丧。无服，亲哭之。

公族朝于内朝，内亲也。虽有贵者以齿，明父子也。外朝以官，体异姓也。宗庙之中，以爵为位，崇德也。宗人授事以官，尊贤也。登馂受爵以上嗣，尊祖之道也。丧纪以服之轻重为序，不夺人亲也。公与族燕则以齿，而孝弟之道达矣。其族食世降一等，亲亲之杀也⁽四〇⁾。战则守于公祢，孝爱之深也。正室守大庙，尊宗室，而君臣之道著矣。诸父诸兄守贵室，子弟守下室，而让道达矣。五庙之孙，祖庙未毁，虽及庶人，冠、取妻必告，死必赴，不忘亲也。亲未绝而列于庶人，贱无能也。敬吊临赗赙，睦友之道也。古者庶子之官治，而邦国有伦。邦国有伦，而众乡方矣⁽四一⁾。公族之罪，虽亲不以犯有司，正术也，所以体百姓也。刑于隐者，不与国人虑兄弟也。弗吊，弗为服，哭于异姓之庙，为忝祖远之也。素服居外，不听乐，私丧之也，骨肉之亲无绝也。公族无宫刑，不剪其类也。

天子视学，大昕鼓征⁽四二⁾，所以警众也。众至，然后天子至，乃命有司行事，兴秩节，祭先师先圣焉⁽四三⁾。有司卒事反命⁽四四⁾，始之养也。适东序，释奠于先老，遂设三老五更群老之席位焉⁽四五⁾。适馔省醴⁽四六⁾，养老之珍具，遂发咏焉，退，修之以孝养也。反，登歌《清庙》⁽四七⁾，既歌而语，以成之也。言父子君臣长幼之道，合德音之致，礼之大者也。下管《象》，舞《大武》，大合众以事，达有神，兴有德也⁽四八⁾。正君臣之位，贵贱之等焉，而上下之义行矣。有司告以乐阕⁽四九⁾，王乃命公侯伯子男及群吏曰：反，养老幼于东序，终之以仁也。是故，圣人之记事也，虑之以大，爱之以敬，行之以礼，修之以孝养，纪之以义，终之以仁。是故古之人一举事，而众皆知其德之备也。古之君子，举大事，必慎其终始，而众安得不喻焉？《兑命》曰：念终始典于学⁽五〇⁾。

《世子》之《记》曰：朝夕至于大寝之门外，问于内竖曰：今日安否何如？内竖曰：今日安。世子乃有喜色。其有不安节，则内竖以告世子，世子色忧不满容。内竖言：复初，然后亦复初。朝夕之食上，世子必在，视寒暖之节。食下，问所膳羞。必知所进，以命膳宰，然后退。若内竖言疾，则世子亲齐玄而养。膳宰之馈，必敬视之，疾之药，必亲尝之。尝馈善，则世子亦能食；尝馈寡，世子亦不能饱。以至于复初，然后亦复初。

■ 题解

《文王世子》实际上是将数篇文章合为一篇，它由六部分组成，其成文先后不一，第一部分《文王之为世子》大概作于战国中期，其次的《教世子》和《周公践阼》估计作于战国末期，第四、第五部分无题目，其经文可能写作于战国中期，第六部分《世子之记》可能成于战国初期。本篇重点为如何教育世子，开始记载文、武为太子时怎么侍奉王季、文王。接下来的《周公践阼》讲述周公旦摄政，通过教育其子伯禽，将太子之道示范给成王。次言大学之法，介绍古代大学及关于贵族子弟大学教育。然后介绍三王时代教世子之法，庶子如何管理公族以及如何养老乞言等。最后引用《世子之记》，与篇首《文王世子》呼应。

■ 注释

（一）内竖：《周礼·天官·内竖》："内竖掌内外之通令。"

（二）莫：暮，傍晚。

（三）原：再也。

（四）帅：循。

（五）间：瘳，疾减损。

（六）年：天气。齿：人寿之数。九龄：九十年之祥。文王以勤忧减寿，武王以安乐延年。

（七）阼：视也。不能视阼阶，行人君之事。

（八）践：履也。代成王履阼阶，摄王位，治天下也。

（九）抗：举也。意思是，举世子之法，使与成王居而学之。伯禽：周公旦长子，鲁国的第一任国君，姬姓，字伯禽，亦称禽父。

（一〇）干戈：《万》舞，象武也，用动作之时学之。羽籥：《籥》舞，象文也，用安静之时学之。

（一一）小乐正：乐师。

（一二）《南》：南夷之乐也。

（一三）瞽宗：殷学名。上庠：虞学名。

（一四）养老、乞言：养老人之贤者，因从乞善言可行者也。合语：即乡射、乡饮酒、大射、燕射之类。

（一五）论说：课其义之深浅，才能优劣。

（一六）官：《礼》、《乐》、《诗》、《书》之官。

（一七）国无先师先圣，则所释奠者当与邻国合也。若唐虞有夔龙、伯夷，周有周公，鲁有孔子，则各自奠之，不合也。

（一八）大合乐：谓春入学舍菜合舞，秋颁学合声。

（一九）誓：谨也，皆谨习其事。

（二〇）兴：当为"衅"字之误，礼乐之器成，则衅之，又用币告先圣先师以器成。

（二一）三王：指夏商周三代君王。世子：太子。

（二二）交错于中：交互作用在内心。

（二三）其成也怿：能成就愉悦的心境。怿：成就。

（二四）保：护也。辅：相也。翼：助也。谓护慎世子之身，辅相翼助，使世子而归于道。

（二五）于：读为"迂"，广大。

（二六）元：大也。良：善也。贞：正也。

（二七）庶子：司马之属，掌国子之倅，为政于公族者。正：政也。

（二八）内朝：路寝庭。外朝：路寝门之外庭。司士：亦司马之属也，掌群臣之班，正朝仪之位也。

（二九）宗人：掌礼及宗庙也。以爵：贵贱异位也。以官：官各有所掌也。

（三〇）上嗣：君之嫡长子。受爵：谓上嗣举奠也。俊：谓宗人遣举奠盥，祝命之俊也。

（三一）三命：一命齿于乡里，再命齿于父族，三命不齿。不齿者：特为位，不在父兄行列。

（三二）公祢：即迁主，载在齐车随公出行的人。

（三三）赴：告于君。

（三四）吊：六世以上。免：五世。

（三五）承：读为"赠"。车马曰赗，财帛曰赙，珠玉曰含，衣服曰襚，揔谓之赠，皆赠丧之物也。

（三六）磬：悬缢杀之。甸人：掌郊野之官。

（三七）纤：通"歼"，刺也。刲：割也。

（三八）谳：言也。辟：罪也。

（三九）宥：宽也。

（四〇）杀：差也。

（四一）众乡族：天下之人皆知其所乡之方也。

（四二）大昕：黎明时。鼓征：击鼓征招学士。

（四三）兴：举也。秩：常也。节：礼也。使有司摄其事，举常礼祭先师先圣。

（四四）反命：向天子复命汇报。

（四五）三老五更，各一人也，皆年老更事致仕者也。名以三五者，取象三辰五星，天所因以照明天下着。

（四六）适馔省醴：察看为养老礼准备的食物和醴酒。

（四七）登歌：乐工上堂演唱。

（四八）《象》：周武王伐纣之乐。达有神：明天授命周家之有神也。兴有德：美文王武王有德，师乐为用，前歌后舞。

（四九）阕：终也。

（五〇）《兑命》：书名，殷高宗之臣傅说之所作。典：常也。学：礼义之府。

■ 讲疏

本篇详细论述了周代如何教育世子及其他贵族子弟。据郑玄说，《世子之礼》亡，此存其《记》。刘向《别录》将其归入《世子法》。记文王为世子之法。文王，周文王姬昌。世子，古代天子、诸侯的嫡长子。篇中说："凡三王教世子以礼乐。乐所以修内也，礼所以修外也。礼乐交错于，发形于外，是故其成也，怿恭敬而温文。"所谓"乐由中出"，"乐以修内"，说的是"乐"可以劝导己志，使行之不倦，其作用在于培养人的内心道德感情。而"礼"是外在的必须遵循的道德准则。所以，"礼乐交错"构成了周代道德修养的两个方面。文中还提到："亲则父也，尊则君也，对父之亲，有君之尊，然后兼天下而有之。"这就是说，只要实行了"亲亲尊祖"、"尊祖敬宗"、"敬宗收族"的"亲亲之道"，国家就可以长治久安。在古人看来，贵族子弟的品德与才能与国家的命运息息相关，而政权的巩固与社会的安定需要大批优秀人才，因此上层统治者特别重视贵族子弟的教育工作，专门设立国学对世子及其他贵族子弟进行德与才的全面培养。

礼运

昔者仲尼与于蜡宾(一)，事毕，出游于观之上(二)，喟然而叹。仲尼之叹，盖叹鲁也。

言偃在侧曰："君子何叹？"孔子曰："大道之行也，与三代之英，丘未之逮也，而有志焉。大道之行也，天下为公。选贤与能，讲信修睦，故人不独亲其亲，不独子其子，使老有所终，壮有所用，幼有所长，矜寡孤独废疾者，皆有所养。男有分，女有归。货，恶其弃于地也，不必藏于己；力，恶其不出于身也，不必为己。是故，谋闭而不兴，盗窃乱贼而不作，故外户而不闭，是谓大同。

今大道既隐，天下为家，各亲其亲，各子其子，货力为己，大人世及以为礼。城郭沟池以为固，礼义以为纪；以正君臣，以笃父子(三)，以睦兄弟，以和夫妇，以设制度，以立田里，以贤勇知，以功为己。故谋用是作，而兵由此起。禹汤文武成王周公，由此其选也。此六君子者，未有不谨于礼者也。以著其义，以考其信(四)，著有过，刑仁讲让(五)，示民有常。如有不由此者，在执者去，众以为殃，是谓小康(六)。"

言偃复问曰:"如此乎礼之急也。"孔子曰:"夫礼,先王以承天之道,以治人之情。故失之者死,得之者生。《诗》曰:'相鼠有体,人而无礼,人而无礼,胡不遄死^(七)!'是故夫礼,必本于天,殽于地,列于鬼神,达于丧祭射御冠昏朝聘。故圣人以礼示之,故天下国家可得而正也。"

言偃复问曰:"夫子之极言礼也,可得而闻与?"孔子曰:"我欲观夏道,是故之杞,而不足征也,吾得《夏时》焉^(八)。我欲观殷道,是故之宋,而不足征也,吾得《坤乾》焉。《坤乾》之义,《夏时》之等,吾以是观之。夫礼之初,始诸饮食,其燔黍捭豚,污尊而抔饮,蒉桴而土鼓,犹若可以致其敬于鬼神。及其死也,升屋而号,告曰:'皋某复'。然后饭腥而苴孰^(九)。故天望而地藏也,体魄则降,知气在上,故死者北首,生者南乡^(一〇),皆从其初。昔者先王未有宫室,冬则居营窟,夏则居橧巢。未有火化,食草木之实,鸟兽之肉,饮其血,茹其毛。未有麻丝,衣其羽皮。后圣有作,然后修火之利,范金合土,以为台榭宫室牖户,以炮以燔,以亨以炙,以为醴酪,治其麻丝,以为布帛,以养生送死,以事鬼神上帝,皆从其朔。故玄酒在室,醴盏在户,粢醍在堂^(一一),澄酒在下。陈其牺牲,备其鼎俎,列其琴瑟管磬钟鼓,修其祝嘏,以降上神与其先祖,以正君臣,以笃父子,以睦兄弟,以齐上下,夫妇有所。是谓承天之祜。"作其祝号^(一二),玄酒以祭,荐其血毛,腥其俎,孰其殽,与其越席,疏布以幂,衣其浣帛,醴盏以献,荐其燔炙,君与夫人交献,以嘉魂魄,是谓合莫^(一三)。然后退而合亨,体其犬豕牛羊,实其簠簋笾豆铏羹。祝以孝告,嘏以慈告,是谓大祥,此礼之大成也。"

孔子曰:"于呼哀哉!我观周道,幽厉伤之,吾舍鲁何适矣!鲁之郊禘,非礼也,周公其衰矣!

杞之郊也禹也,宋之郊也契也,是天子之事守也。故天子祭天地,诸侯祭社稷。祝嘏莫敢易其常古^(一四),是谓大假^(一五)。

祝嘏辞说,藏于宗祝巫史,非礼也,是谓幽国^(一六)。盏,斝及尸君,非礼也,是谓僭君。冕弁兵革藏于私家^(一七),非礼也,是谓胁君。大夫具官^(一八),祭器不假,声乐皆具,非礼也,是谓乱国。故仕于公曰臣,仕于家曰仆。三年之丧,与新有昏者,期不使。以衰裳入朝,与家仆杂居齐齿,非礼也,是谓君与臣同国。故天子有田以处其子孙,诸侯有国以处其子孙,大夫有采以处其子孙，是谓制度。故天子适诸侯，必舍其祖庙，而不以礼籍入，是谓天子坏法乱纪。诸侯非问疾吊丧而入诸臣之家，是谓君臣为谑。是故，礼者君之大柄也，所以别嫌明微，傧鬼神^(一九)，考制度，别仁义，所以治政安君也。故政不正，则君位危，君位危，则大臣倍，小臣窃。刑肃而俗敝，则法无常，法无常，而礼无列，礼无列，则士不事也。刑肃而俗敝，则民弗归也。是谓疵国^(二〇)。

故政者君之所以藏身也。是故夫政必本于天，殽以降命。命降于社之谓殽地，降于祖庙之谓仁义，降于山川之谓兴作，降于五祀之谓制度。此圣人所以藏身之固也。

故圣人参于天地，并于鬼神，以治政也。处其所存，礼之序也；玩其所乐，民之治也。故天生时而地生财^(二一)，人其父生而师教之，四者，君以正用之，故君者立于无过之地也。

故君者所明也^(二二)，非明人者也。君者所养也，非养人者也。君者所事也，非事人者也。故君明人则有过，养人则不足，事人则失位。故百姓则君以自治也，养君以自安也，事君以自显也。故礼达而分定，故人皆爱其死而患其生。故用人之知去其诈，用人之勇去其怒，用人之仁去其贪。故国有患，君死社稷谓之义，大夫死宗庙谓之变^(二三)。

故圣人耐以天下为一家^(二四)，以中国为一人者，非意之也^(二五)，必知其情，辟于其义^(二六)，明于其利，达于其患，然后能为之。何谓人情？喜怒哀惧爱恶欲，七者，弗学而能。何谓人义？父慈，子孝，兄良，弟弟，夫义，妇听，长惠，幼顺，君仁，臣忠，十者，谓之人义。讲信修睦，谓之人利。争夺相杀，谓之人患。故圣人所以治人七情，修十义，讲信修睦，尚辞让，去争夺，舍礼何以治之？饮食男女，人之大欲存焉。死亡贫苦，人之大恶存焉。故欲恶者，心之大端也^(二七)。人藏其心，不可测度也，美恶皆在其心不见其色也，欲一以穷之^(二八)，舍礼何以哉？

故人者，其天地之德，阴阳之交，鬼神之会，五行之秀气也。故天秉阳，垂日星；地秉阴，窍于山川。播五行于四时，和而后月生也。是以三五而盈，三五而阙。五行之动，迭相竭也^(二九)。五行四时十二月，还相为本也。五声六律十二管，还相为宫也。五味六和十二食，还相为质也。五色六章十二衣，还相为质也。故人者，天地之心也，五行之端也，食味别声被色而生者也。

故圣人作则，必以天地为本，以阴阳为端，以四时为柄，以日星为纪，月以为量，鬼神以为徒，五行以为质，礼义以为器，人情以为田，四灵以为畜，以天地为本，故物可举也。以阴阳为端，故情可睹也。以四时为柄，故事可劝也。以日星为纪，故事可列也。月以为量，故功有艺也。鬼神以为徒，故事有守也。五行以为质，故事可复也。礼义以为器，故事行有考也。人情以为田，故人以为奥也。四灵以为畜，故饮食有由也。

何谓四灵？麟凤龟龙，谓之四灵。故龙以为畜，故鱼鲔不淰（三〇）。凤以为畜，故鸟不獝。麟以为畜，故兽不狘（三一）。龟以为畜，故人情不失。

故先王秉蓍龟，列祭祀，瘗缯，宣祝嘏辞说，设制度，故国有礼，官有御，事有职，礼有序。故先王患礼之不达于下也，故祭帝于郊，所以定天位也，祀社于国，所以列地利也，祖庙所以本仁也，山川所以傧鬼神也，五祀所以本事也。故宗祝在庙，三公在朝，三老在学。王前巫而后史，卜筮瞽侑皆在左右（三二），王中心无为也，以守至正。故礼行于郊，而百神受职焉；礼行于社，而百货可极焉；礼行于祖庙，而孝慈服焉，礼行于五祀，而正法则焉。故自郊社祖庙山川五祀，义之修而礼不藏也。

是故夫礼必本于大一（三三），分而为天地，转而为阴阳，变而为四时，列而为鬼神。其降曰命，其官于天也（三四）。夫礼必本于天，动而之地，列而之事，变而从时，协于分艺，其居人也曰养（三五），其行之以货力、辞让、饮食、冠昏、丧祭、射御、朝聘。故礼义也者，人之大端也，所以讲信修睦而固人之肌肤之会，筋骸之束也。所以养生送死事鬼神之大端也。所以达天道顺人情之大窦也。故唯圣人为知礼之不可以已也，故坏国，丧家，亡人，必先去其礼。

故礼之于人也，犹酒之有蘖也（三六），君子以厚，小人以薄。故圣王修义之柄、礼之序，以治人情。故人情者，圣王之田也。修礼以耕之，陈义以种之，讲学以耨之（三七），本仁以聚之，播乐以安之。故礼也者，义之实也。协诸义而协，则礼虽先王未之有，可以义起也。义者，艺之分，仁之节也。协于艺，讲于仁，得之者强。仁者，义之本也，顺之体也，得之者尊。故治国不以礼，犹无耜而耕也。为礼不本于义，犹耕而弗种也。为义而不讲之以学，犹种而弗耨也。讲之于学而不合之以仁，犹耨而弗获也。合之以仁而不安之以乐，犹获而弗食也。安之以乐而不达于顺，犹食而弗肥也。四体既正，肤革充盈，人之肥也。父子笃，兄弟睦，夫妇和，家之肥也。大臣法，小臣廉，官职相序，君臣相正，国之肥也。天子以德为车，以乐为御。诸侯以礼相与，大夫以法相序。士以信相考，百姓以睦相守，天下之肥也。是谓大顺。大顺者，所以养生送死事鬼神之常也故事大积焉而不苑^(三八)，并行而不缪，细行而不失。深而通，茂而有间^(三九)。连而不相及也，动而不相害也，此顺之至也。故明于顺，然后能守危也。故礼之不同也，不丰也，不杀也，所以持情而合危也^(四〇)。

　　故圣王所以顺，山者不使居川，不使渚者居中原，而弗敝也。用水火金木，饮食必时。合男女^(四一)，颁爵位，必当年德。用民必顺。故无水旱昆虫之灾，民无凶饥妖孽之疾。故天不爱其道，地不爱其宝，人不爱其情。故天降膏露，地出醴泉，山出器车，河出马图，凤凰麒麟皆在郊棷^(四二)，龟龙在宫沼，其余鸟兽之卵胎，皆可俯而窥也。则是无故，先王能修礼以达义，体信以达顺故，此顺之实也^(四三)。"

- **题解**

　　"礼运"即礼之运行。周衰，礼崩乐坏，孔子借子游之问，极言礼之运行，表达以礼治国的思想。《礼运》篇提出了"大同"、"小康"的理想社会，这种社会蓝图与儒家所推崇的礼治思想紧密联系。该篇对"礼"的起源和发展，以及"礼治"思想等方面进行了全面阐释，是一篇重要的礼学论文。

- **注释**

　　（一）蜡者：索也，岁十二月合聚万物而索飨之，亦祭宗庙。

　　（二）观：阙也。

　　（三）笃：厚也。

　　（四）以考其信：考，成也。民有相欺，则用礼成之使信也。

　　（五）刑仁：刑，则也。民有仁者，用礼赏之以为则也。

（六）由：用也。去：罪退之。殃：祸恶也。若为君而不用上谨于礼以下五事者，虽在富贵执位，而众人必以为祸恶，共以罪黜退之。

（七）相：视也。遄：疾也。鼠之有身体，如人而无礼者矣。人之无礼，可憎贱如鼠，不如疾死之愈。

（八）杞：夏后氏之后也。征：成也。无贤君，不足与成也。

（九）苴：或作"苜"。

（一〇）首：阴也。乡：阳也。

（一一）粢：稷也。

（一二）祝号：《周礼》祝号有六："神号，鬼号，祇号，牲号，粢号，币号。"

（一三）莫：指冥漠世界。

（一四）古代祭祀时，执事人为受祭者致福于主人。

（一五）假：亦大也。

（一六）幽国：幽，暗也。国暗者，君与大夫俱不明也。

（一七）古时贵族戴的帽子。

（一八）具官：各种执事皆备。

（一九）傧鬼神：傧，接宾以礼。以郊天祀地及一切神明，是傧鬼神也。

（二〇）疵：病也。

（二一）《易》曰："何以守位曰仁，何以聚人曰财。"

（二二）明：尊也。

（二三）变：当为"辩"，辩犹正也。君守社稷，臣卫君宗庙。

（二四）耐：古"能"字。

（二五）意：心无所虑也。

（二六）辟：开也。

（二七）心之大端：人心最基本的出发点。

（二八）穷之：彻底显露。

（二九）竭：负载。

（三〇）淰：闪者。

（三一）獝、狘：飞走貌。

（三二）瞽：乐人也。侑：四辅也。

（三三）大：音泰。

（三四）官：效法。

（三五）协：合也。礼合于月之分，犹人之乂也。养：当为"乂"字之误。下之则为教令，居人身为义，《孝经说》曰："义由人出。"

（三六）蘖被砍去或倒下的树木再生的枝芽，这里指美味。

（三七）耨：锄也。

（三八）苑：积也。

（三九）茂而有间：繁杂的事而有条理。

（四〇）丰、杀：谓天子及名士，名位不同，礼亦异数，所以拱持其情，合安其危。

（四一）合男女：《媒氏》："令男三十而取，女二十而嫁。"

（四二）槭：聚草也。

（四三）实：犹诚也，尽也。

■ 讲疏

本篇的中心思想是谈论"礼"的发展演变和运用。以子游问、孔子答的形式提出了中国历史上著名的有关"大同"社会的理想，并进而说明礼制是"大道之隐"之后的"小康"社会的产物。然后着重叙述礼的起源、发展、演变，以至于完善的过程，并探讨了圣王制礼的根据、原则，礼与仁、义、乐、顺等的关系，以及礼制的运行规律，反复强调了运用礼来治理人情、社会的重要意义，批评了周末的种种违礼现象。最后描述了通过运用礼制以达到天下"大顺"的境界，以与篇首的"小康"社会相呼应。《礼运》中的"大同"思想自问世以来，就成为中国知识分子追求的最终目标，成为我国人民探寻社会前进发展道路的精神动力之一。

礼器

礼器(一)，是故大备。大备，盛德也。礼释回，增美质，措则正，施则行⁽²⁾。其在人也，如竹箭之有筠也，如松柏之有心也。二者居天下之大端矣。故贯四时而不改柯易叶。故君子有礼，则外谐而内无怨，故物无不怀仁，鬼神飨德⁽³⁾。

先王之立礼也，有本有文。忠信，礼之本也；义理，礼之文也。无本不立，无文不行。礼也者，合于天时，设于地财，顺于鬼神，合于人心，理万物者也。是故天时有生也，地理有宜也，人官有能也，物曲有利也⁽⁴⁾。故天不生，地不养，君子不以为礼，鬼神弗飨也。居山以鱼鳖为礼，居泽以鹿豕为礼，君子谓之不知礼。故必举其定国之数，以为礼之大经，礼之大伦。以地广狭，礼之薄厚，与年之上下。是故年虽大杀，众不匡惧⁽⁵⁾，则上之制礼也节矣。

礼时为大，顺次之，体次之，宜次之，称次之。尧授舜，舜授禹。汤放桀，武王伐纣。时也。《诗》云：匪革其犹，聿追来孝⁽⁶⁾。天地之祭，宗庙之事，父子之道，君臣之义，伦也。社稷山川之事，鬼神之祭，体也。丧祭之用，宾客之交，义也。羔豚而祭，百官皆足，大牢而祭，不必有余，此之谓称也。诸侯以龟为宝，以圭为瑞⁽⁷⁾，家不宝龟，不藏圭，不台门，言有称也。

礼有以多为贵者：天子七庙，诸侯五，大夫三，士一。天子之豆二十有六，诸公十有六，诸侯十有二，上大夫八，下大夫六。诸侯七介、七牢，大夫五介、五牢。天子之席五重，诸侯之席三重，大夫再重，天子崩七月而葬，五重八翣⁽⁸⁾；诸侯五月而葬，三重六翣；大夫三月而葬，再重四翣。此以多为贵也。

有以少为贵者：天子无介，祭天特牲。天子适诸侯，诸侯膳以犊。诸侯相朝，灌用郁鬯，无笾豆之荐⁽⁹⁾。大夫聘礼以脯醢。天子一食，诸侯再，大夫士三，食力无数。大路繁缨一就，次路繁缨七就。圭璋特，琥璜爵。鬼神之祭单席。诸侯视朝，大夫特，士旅之。此以少为贵也。

有以大为贵者：宫室之量，器皿之度，棺椁之厚，丘封之大。此以大为贵也。

有以小为贵者：宗庙之祭，贵者献以爵，贱者献以散，尊者举觯，卑者举角。五献之尊，门外缶，门内壶，君尊瓦甒⁽¹⁰⁾。此以小为贵也。

有以高为贵者：天子之堂九尺，诸侯七尺，大夫五尺，士三尺。天子诸侯台门。此以高为贵也。

有以下为贵者。至敬不坛，埽地而祭。天子诸侯之尊废禁，大夫士棜禁[一]。此以下为贵也。

礼有以文为贵者。天子龙衮，诸侯黼，大夫黻，士玄衣纁裳。天子之冕，朱绿藻十有二旒[一二]，诸侯九，上大夫七，下大夫五，士三。此以文为贵也。

有以素为贵者。至敬无文，父党无容，大圭不琢，大羹不和；大路素而越席，牺尊疏布鼏，樿杓[一三]。此以素为贵也。

孔子曰："礼，不可不省也[一四]！礼不同，不丰，不杀。"此之谓也。盖言称也。礼之以多为贵者，以其外心者也。德发扬，诩万物[一五]，大理物博，如此，则得不以多为贵乎？故君子乐其发也。礼之以少为贵者，以其内心者也。德产之致也精微[一六]。观天下之物无可以称其德者，如此，则得不以少为贵乎？是故君子慎其独也[一七]。古之圣人，内之为尊外之为乐，少之为贵，多之为美。是故先生之制礼也，不可多也，不可寡也，唯其称也。

是故君子大牢而祭，谓之礼，匹士大牢而祭，谓之攘[一八]。管仲镂簋朱纮，山节藻棁，君子以为滥矣[一九]。晏平仲祀其先人，豚肩不掩豆。浣衣濯冠以朝，君子以为隘矣。是故，君子之行礼也，不可不慎也。众之纪也，纪散而众乱。孔子曰："我战则克，祭则受福。"盖得其道矣。

君子曰："祭祀不祈，不麏蚤，不乐葆大，不善嘉事，牲不及肥大，荐不美多品。"孔子曰："臧文仲安知礼！夏父弗綦逆祀，而弗止也，燔柴于奥[二〇]。夫奥者，老妇之祭也，盛于盆，尊于瓶。"

礼也者，犹体也。体不备，君子谓之不成人。设之不当，犹不备也。礼有大有小，有显有微。大者不可损，小者不可益，显者不可掩，微者不可大也。故经礼三百，曲礼三千，其致一也。未有入室而不由户者。

君子之于礼也，有所竭情尽慎，致其敬而诚若，有美而文而诚若。君子之于礼也，有直而行也[二一]，有曲而杀也[二二]，有经而等也[二三]，有顺而讨也^(二四)，有撕而播也^(二五)，有推而进也^(二六)，有放而文也^(二七)，有放而不致也^(二八)，有顺而摭也^(二九)。三代之礼一也，民共由之。或素或青，夏造殷因。周坐尸，诏侑武方，其礼亦然，其道一也。夏立尸而卒祭，殷坐尸。周旅酬六尸。曾子曰："周礼其犹醵与^(三〇)！"

君子曰：礼之近人情者，非其至者也。郊血，大飨腥，三献焣^(三一)，一献孰。是故君子之于礼也，非作而致其情也，此有由始也。是故七介以相见也，不然则已悫^(三二)；三辞三让而至，不然则已蹙。故鲁人将有事于上帝，必先有事于頖宫。晋人将有事于河，必先有事于恶池。齐人将有事于泰山，必先有事于配林。三月系，七日戒，三日宿，慎之至也。故礼有摈诏^(三三)，乐有相步，温之至也。

礼也者，反本修古，不忘其初者也。故凶事不诏，朝事以乐；醴酒之用，玄酒之尚；割刀之用，鸾刀之贵；莞簟之安，而稿鞂之设。是故，先王之制礼也，必有主也。故可述而多学也。

君子曰：无节于内者^(三四)，观物弗之察矣。欲察物而不由礼，弗之得矣。故作事不以礼，弗之敬矣；出言不以礼，弗之信矣。故曰：礼也者，物之致也。是故，昔先王之制礼也，因其财物而致其义焉尔。故作大事，必顺天时，为朝夕必放于日月，为高必因丘陵，为下必因川泽。是故天时雨泽，君子达亹亹焉^(三五)。是故，昔先王尚有德，尊有道，任有能。举贤而置之，聚众而誓之。是故因天事天，因地事地，因名山升中于天，因吉土以飨帝于郊。升中于天，而凤凰降，龟龙假^(三六)。飨帝于郊，而风雨节，寒暑时，是故圣人南面而立，而天下大治。

天道至教，圣人至德。庙堂之上，罍尊在阼，牺尊在西，庙堂之下，县鼓在西，应鼓在东。君在阼，夫人在房。人明生于东，月生于西，此阴阳之分，夫妇之位也。君西酌牺象，夫人东酌罍尊，礼交动乎上，乐交应乎下，和之至也。

礼也者，反其所自生；乐也者，乐其所自成。是故先王之制礼也以节事，修乐以道志。故观其礼乐，而治乱可知也。蘧伯玉曰："君子之人达^(三七)。"故观其器，而知其工之巧，观其发，而知其人之知。故曰：君子慎其所以与人者。

　　大庙之内敬矣！君亲牵牲，大夫赞币而从^(三八)。君亲制祭，夫人荐盎。君亲割牲，夫人荐酒。卿大夫从君，命妇从夫人。洞洞乎其敬也^(三九)，属属乎其忠也^(四〇)，勿勿乎其欲其飨之也^(四一)。纳牲诏于庭，血毛诏于室，羹定诏于堂，三诏皆不同位，盖道求而未得也。设祭于堂，为祊乎外^(四二)，故曰：于彼乎？于此乎？

　　一献质，三献文，五献察，七献神。

　　大飨其王事与？三牲鱼腊，四海九州之美味也，笾豆之荐，四时之和气也。内金，示和也。束帛加璧，尊德也。龟为前列，先知也。金次之，见情也。丹漆丝纩竹箭，与众共财也。其余无常货，各以其国之所有，则致远物也。其出也，《肆夏》而送之，盖重礼也。

　　祀帝于郊，敬之至也。宗庙之祭，仁之至也。丧礼，忠之至也。备服器，仁之至也。宾客之用币，义之至也。故君子欲观仁义之道，礼其本也。

　　君子曰："甘受和，白受采^(四三)。忠信之人，可以学礼。苟无忠信之人，则礼不虚道^(四四)。是以得其人之为贵也。"孔子曰："诵《诗》三百，不足以一献；一献之礼，不足以大飨。大飨之礼，不足以大旅；大旅具矣，不足以飨帝。毋轻议礼^(四五)！"

　　子路为季氏宰。季氏祭，逮暗而祭，日不足，继之以烛。虽有强力之容，肃敬之心，皆倦怠矣。有司跛倚以临祭^(四六)，其为不敬大矣。他日祭，子路与，室事交乎户，堂事交乎阶，质明而始行事，晏朝而退^(四七)。孔子闻之曰："谁谓由也而不知礼乎？"

■ 题解

　　本篇命名为《礼器》，取篇首"礼器"二字，孙希旦集解云："此以《礼器》名篇，亦以其在简端耳，非有他义也。"所谓礼器，指的是古代用于祭祀和宴飨等礼仪场合的器物，其含义是"藏礼于器"。这是宗法等级制度的物化，它象征着使用者相应的权力和地位。人在社会中处于不同的等级地位，行礼时就有不同的礼器与之相适应，即文中所提到使用礼器的具体礼节："礼有以多为贵者"、"有以少为贵者"、"有以大为贵者"、"有以小为贵者"等等。而"礼不同，不丰、不杀……盖言称也"，就是说礼有种种不同的情况，不可增加，也不可减少，礼器不仅要与行礼者的地位相称，还要与所行之礼相称，即礼的根本精神即在于行礼者内心的诚敬。

■ 注释

（一）礼器：言礼使人成器，如耒耜之为用也。

（二）释：去也。回：邪辟也。质：性也。措：置也。

（三）飨：歆，欣羡，悦服。

（四）物曲：物体的性能。

（五）杀：谷物不熟。匡：恐也。

（六）革：急也。犹：道也。聿：述也。言文王改作者，非必欲急行己之道，乃追述先祖之业，来居此为孝。

（七）瑞：信也。诸侯执瑞，孤卿以下执挚。

（八）翣：古代棺饰。

（九）天子无介，无客礼也。灌：献也。

（一〇）凡觞一升曰爵，二升曰觚，三升曰觯，四升曰角，五升曰散。五献，子男飨礼也。壶大一石，瓦瓯五斗，缶大小未闻也。

（一一）㮙：斯禁也，谓之㮙者，无足，有似于㮙，或因名云耳。大夫用斯禁，士用禁，如今方案，隋长局足，高三寸。㮙，古代祭祀时放兽、馔或酒樽的长方形木盘，无足。

（一二）朱绿：似夏、殷礼也。周礼，天子五采藻。

（一三）"至敬无文"句：大圭不琢，大圭，天子朝日月之圭也，尚质之义但抒上，终葵首，而无琢桓蒲之文。大羹不和，大羹，肉汁也；不和，无盐梅也。大路，殷家祭天车也。越席，蒲席也。疏，粗也。幂：覆也。郊天时以粗布为巾以覆尊也。

（一四）省：察也。

（一五）翊：普也。

（一六）德：天地之德也。产：生也。

（一七）独：少也。既外迹应少，故君子用少而极敬慎也。

（一八）匹士：士也。攘：盗窃也。

（一九）镂簋：刻而饰之，大夫刻为龟，诸侯饰以象，天子饰以玉。朱纮：天子冕之纮也。藻棁：梁上侏儒柱也。滥：盗窃。

（二〇）文仲：鲁公子驱之曾孙臧孙辰也。奥：当为"爨"字之误，或作灶。

（二一）有直而行也，始死哭踊无节。

（二二）有曲而杀也，父在为母期。

（二三）有经而等也，天子以下至士庶人为父母三年。

（二四）有顺而讨也，天子以十二，公以九，侯伯以七，子男以五为节。

（二五）有撕而播也，芟杀有所与，若祭者贵贱皆有所得，不使虚。

（二六）有推而进也，若王者之后，得用天子之礼。

（二七）有放而文也，若天子之服，服日月以至黼黻。

（二八）有放而不致也，若诸侯自山龙以下。

（二九）有顺而撦也，若君沐粱，大夫沐稷，士沐粱。

（三〇）醵：敛钱共饮酒。

（三一）焰：沉肉于汤也。

（三二）慭：诚实，谨慎。

（三三）摈诏：告道宾主者也。

（三四）节：据郑玄说，经验。

（三五）亹亹：勉勉也。君子爱物，见天雨泽，皆勉勉劝乐。

（三六）假：音"格"，至也。

（三七）蘧伯玉：卫大夫也，名瑗。

（三八）君亲牵牲句：纳牲于庭时，当用币告神而杀牲。

（三九）洞洞乎：恭敬的样子。

（四〇）属属乎：专一的样子。

（四一）勿勿：勉勉也。

（四二）祊：祊祭，明日之绎祭，因于庙门旁而得名。

（四三）甘受和，白受采：举此二物，喻忠信之人，可得学礼。

（四四）道：犹由也，从也。

（四五）大旅：祭五帝也。飨帝：祭天。

（四六）跛倚：偏任为跛，依物为倚。

（四七）室事：祭时。堂事：傧尸。质：正也。晏：晚也。正明之时而始行事，朝正向晚，礼毕而退，言敬而能速也。

■ 讲疏

　　这篇文章主要论述了礼、器关系。清孙希旦《礼记集解》认为本文以《礼器》为篇名，是因为"礼器"二字在简策之首，非有它义。而郑玄认为本篇篇名与内容相关。郑玄《三礼目录》又曰："名为'礼器'者，以其记礼，使人成器之义也。故孔子谓子贡：'汝，器也。'曰：'何器也？'曰：'瑚琏也。'此于《别录》属《制度》。"本文的中心问题是说明"礼"的本质在于"尊祖反初"，强调守礼以诚。文中明确指出："礼也者，反本修古，不忘其初者也。"认为有"礼"是有道德的君子成其人的必要条件，"礼也者，犹体也，体不备，君子谓之不成人。"由此，作者进一步认为，"礼乐"能使"贵贱有等"，使民众各安其位，"是故先王制礼也以节事，修乐以道志，故观其礼乐而治乱可知也。""礼"关系到国家的治乱问题。

效特牲（节录）

　　效特牲，而社稷大牢（一）。天子适诸侯，诸侯膳用犊，诸侯适天子，天子赐之礼大牢。贵诚之义也。故天子牲孕弗食也，祭帝弗用也。大路繁缨一就，先路三就，次路五就（二）。郊血，大飨腥，三献爓，一献孰。至敬不飨味而贵气臭也。诸侯为宾，灌用郁鬯（三）。灌用臭也，大飨，尚腶修而已矣。

　　大飨，君三重席而酢焉。三献之介，君专席而酢焉。此降尊以就卑也。飨、禘有乐，而食尝无乐，阴阳之义也。凡饮，养阳气也；凡食，养阴气也。故春禘而秋尝（四），春飨孤子，秋食耆老，其义一也。而食尝无乐。饮，养阳气也，故有乐；食，养阴气也，故无声。凡声，阳也。鼎俎奇而笾豆偶，阴阳之义也。笾豆之实，水土之品也。不敢用亵味而贵多品，所以交于旦明之义也。

宾入大门而奏《肆夏》，示易以敬也[五]。卒爵而乐阕[六]，孔子屡叹之。奠酬而工升歌，发德也。歌者在上，匏竹在下[七]，贵人声也。乐由阳来者也，礼由阴作者也，阴阳和而万物得[八]。旅币无方，所以别土地之宜，而节远迩之期也[九]。龟为前列，先知也，以钟次之，以和居参之也。虎豹之皮，示服猛也。束帛加璧，往德也。

庭燎之百[一〇]，由齐桓公始也。大夫之奏《肆夏》也，由赵文子始也。朝觐，大夫之私觌，非礼也。大夫执圭而使，所以申信也；不敢私觌，所以致敬也。而庭实私觌，何为乎诸侯之庭？为人臣者，无外交，不敢贰君也。大夫而飨君，非礼也。大夫强而君杀之，义也；由三桓始也[一一]。天子无客礼，莫敢为主焉。君适其臣，升自阼阶，不敢有其室也。觐礼，天子不下堂而见诸侯。下堂而见诸侯，天子之失礼也，由夷王以下。

诸侯之宫县，而祭以白牡，击玉磬，朱干设钖，冕而舞大武，乘大路，诸侯之僭礼也[一二]。台门而旅树，反坫，绣黼，丹朱中衣，大夫之僭礼也。

故天子微，诸侯僭。大夫强，诸侯胁。于此相贵以等，相觌以货，相赂以利，而天下之礼乱矣。诸侯不敢祖天子，大夫不敢祖诸侯。而公庙之设于私家，非礼也，由三桓始也。

天子存二代之后，犹尊贤也。尊贤不过二代。诸侯不臣寓公。故古者寓公不继世[一三]。君之南乡，答阳之义也。臣之北面，答君也。大夫之臣不稽首，非尊家臣，以辟君也。大夫有献弗亲。君有赐不面拜，为君之答己也。

乡人禓[一四]，孔子朝服立于阼，存室神也。孔子曰："射之以乐也，何以听？何以射？"孔子曰："士，使之射，不能，则辞以疾，县弧之义也。"孔子曰："三日齐，一日用之，犹恐不敬，二日伐鼓，何居？"孔子曰："绎之于库门内，祊之于东方，朝市之于西方，失之矣。"

…………

礼之所尊，尊其义也。失其义，陈其数，祝史之事也。故其数可陈也，其义难知也。知其义而敬守之，天子之所以治天下也。

天地合而后万物兴焉。夫昏礼，万世之始也。取于异姓，所以附远厚别也。

币必诚，辞无不腆。告之以直信，信，事人也，信，妇德也。壹与之齐，终身不改。故夫死不嫁。男子亲迎，男先于女，刚柔之义也。天先乎地（一五），君先乎臣，其义一也。执挚以相见，敬章别也。男女有别，然后父子亲。父子亲，然后义生。义生，然后礼作。礼作，然后万物安。无别无义，禽兽之道也。婿亲御授绥，亲之也。亲之也者，亲之。敬而亲之，先王之所以得天下也。出乎大门而先，男帅女，女从男（一六），夫妇之义由此始也。

妇人，从人者也：幼从父兄，嫁从夫，夫死从子。夫也者，夫也。夫也者，以知帅人者也。玄冕斋戒，鬼神阴阳也（一七）。将以为社稷主，为祖先后，而可以不致敬乎？共牢而食，同尊卑也。故妇人无爵，从夫之爵，坐以夫之齿。器用陶匏，尚礼然也。三王作牢用陶匏。厥明，妇盥馈；舅姑卒食，妇馂余（一八），私之也（一九）。舅姑降自西阶，妇降自阼阶，授之室也。昏礼不用乐，幽阴之义也。乐阳气也。昏礼不贺，人之序也。

有虞氏之祭也，尚用气，血腥焰祭，用气也。殷人尚声，臭味未成，涤荡其声（二〇）。乐三阕，然后出迎牲。声音之号，所以诏告于天地之间也。周人尚臭，灌用鬯臭，郁合鬯，臭阴达于渊泉。灌以圭璋（二一），用玉气也。既灌然后迎牲，致阴气也。萧合黍稷，臭阳达于墙屋。故既奠，然后焫萧合膻芗（二二）。凡祭，慎诸此。魂气归于天，形魄归于地。故祭，求诸阴阳之义也。殷人先求诸阳，周人先求诸阴。

诏祝于室，坐尸于堂，用牲于庭，升首于室。直祭祝于主，索祭祝于祊（二三）。不知神之所在，于彼乎于此乎？或诸远人乎？祭于祊，尚曰求诸远者与？祊之为言倞也，肵之为言敬也。富也者福也。首也者，直也。相，飨之也。嘏（二四），长也，大也。尸，陈也。毛血，告幽全之物也。告幽全之物者，贵纯之道也。血祭，盛气也。祭肺肝心，贵气主也。祭黍稷加肺，祭齐加明水，报阴也。取膟膋燔燎（二五），升首，报阳也。明水涚齐（二六），贵新也。凡涚，新之也。其谓之明水也，由主人之絜著此水也（二七）。

君再拜稽首，肉袒亲割，敬之至也。敬之至也，服也。拜，服也。稽首，服之甚也。肉袒，服之尽也。祭称孝孙孝子，以其义称也。称曾孙某，谓国家也。祭祀之相，主人自致其敬，尽其嘉，而无与让也。腥肆爓腍祭^(二八)，岂知神之所飨也？主人自尽其敬而已矣。举斝角，诏妥尸。古者，尸无事则立，有事而后坐也。尸，神象也。祝，将命也。

缩酌用茅^(二九)，明酌也。盏酒涗于清，汁献涗于盏酒，犹明清与盏酒于旧泽之酒也。祭有祈焉，有报焉，有由辟焉。齐之玄也，以阴幽思也。故君子三日齐，必见其所祭者。

■ 题解

本篇题曰"郊特牲"，亦是取篇首三字，即祭天用辟犊之义。陆德明《经典释文》释"郊特牲"三字之义为："郊者，祭天之名。用一牛，故曰'特牲'。"杨天宇认为，这是一篇杂记诸礼的文字，其中涉及较多的是祭礼。既有郊天祭礼，还记载了天子大蜡八祭礼，并说明飨神用物与常人的不同。此外本篇所涉及的有关礼的内容还很多，如冠、婚两段，兼及朝、觐、飨、燕之礼，似显杂乱，有学者疑其错简所致。任铭善认为，本篇文字由九篇礼文抄合而成，除祭礼外，还有冠礼、婚礼、燕礼、飨礼、朝觐礼、君臣礼、田猎礼等，亦有对违礼现象的批评。

■ 注释

（一）社：五土总神。稷：是原隰之神，功及于人，人赖其功，故以大牢报祭，其牲则黝色。

（二）大路：殷祭天车也。先路：亦殷路也。殷则有三路。先：相次为言，对次故称先也。每加以两，大路一先路三也，次路故五就也。

（三）灌：献也。诸侯来朝，在庙中行三享竟，然后天子以郁鬯酒灌之也。

（四）禘：当为"礿"字，《王制》曰："春礿夏禘。"

（五）宾：朝聘者。易：和说也。

（六）卒爵：宾客饮完主人所献的酒。乐阕：演奏停止。

（七）匏：笙也。

（八）"乐由"三句：一是揭示乐和礼产生的必然性；二是强调礼和乐和

谐统一的重要性，唯有"阴阳"（礼乐）和谐统一共行教化，"万物"才能各得其所。

（九）旅：众也。迩：近也。

（一〇）庭燎：庭中设火，以照燎来朝之臣夜入者。

（一一）三桓：鲁桓公之子，庄公之第，公子庆父、公子牙、公子友。

（一二）白牡：大路，殷天子礼。

（一三）寓：寄也。寄公之子，非贤者，世不足尊也。

（一四）祊：强鬼也。

（一五）先：倡导。

（一六）从：顺其教令。

（一七）玄冕：祭服。阴阳：夫妇。

（一八）馂：吃剩下的食物。

（一九）私：郑玄注："私之犹言恩也。"

（二〇）涤荡：犹摇动也。

（二一）灌：以圭瓒酌鬯始献神也。

（二二）焫：烧。膻：当"馨"，声之误也。芗：同"香"。

（二三）索：求神也。祊：庙门也。

（二四）嘏：主人受祭福曰嘏。

（二五）脾脀：肠间脂也。

（二六）况：犹清也。

（二七）著：成也。主人齐絜，此水乃成，可得也。

（二八）腾：煮熟。

（二九）缩：滤去酒滓。

■ 讲疏

本篇论到，天是万物之本，冬至之日，天子南郊祭天，以始祖配祭。郊祭是众祭之首，天下之共主称天子，受命于天，所以以父事天，是尽人伦之义的大事。大地是万物之母，古代夏至之日于北郊祭社，表达"报德反本"的心愿。天子有大社，诸侯有国社，乡里有乡社、村社。社日不仅是人们聚集庆祝丰收的热闹日子，后来更成为男女相会的节日，今天在各地仍有保留。蜡祭，是"合聚万物而索飨之"，祭祀对象比较全面，不仅祭神农、后稷，同时将农官、吃田鼠的猫、食野猪的虎、叶陌、沟果一并聚在一起祭飨，体现了"报德"的思想。"天子大蜡八"的记载流传下来，腊月初八日便成为民间的节日。

内则（节录）

凡养老(一)，有虞氏以燕礼(二)，夏后氏以飨礼(三)，殷人以食礼(四)，周人修而兼用之。凡五十养于乡，六十养于国(五)，七十养于学(六)，达于诸侯。八十，拜君命，一坐再至，瞽亦如之，九十者使人受。五十异粻(七)，六十宿肉，七十二膳，八十常珍，九十饮食不违寝，膳饮从于游可也。六十岁制(八)，七十时制，八十月制，九十日修，唯绞纻衾冒(九)，死而后制。五十始衰，六十非肉不饱，七十非帛不暖，八十非人不暖，九十虽得人不暖矣。五十杖于家，六十杖于乡，七十杖于国，八十杖于朝，九十者，天子欲有问焉，则就其室以珍从。七十不俟朝，八十月告存，九十日有秩。五十不从力政，六十不与服戎，七十不与宾客之事，八十齐丧之弗及也。五十而爵，六十不亲学，七十致政。凡自七十以上，唯衰麻为丧。凡三王养老皆引年，八十者，一子不从政，九十者，其家不从政，瞽亦如之。凡父母在，子虽老不坐，有虞氏养国老于上庠(一〇)，养庶老于下庠(一一)；夏后氏养国老于东序，养庶老于西序；殷人养国老于右学，养庶老于左学；周人养国老于东胶，养庶老于虞庠，虞庠在国之西郊，有虞氏皇而祭，深衣而养老(一二)；夏后氏收而祭，燕衣而养老(一三)；殷人冔而祭(一四)，缟衣而养老；周人冕而祭，玄衣而养老。

■ 题解

《内则》为《礼记》第十二篇。本文记录男女居家侍奉父母公婆之礼，闺门之内，仪轨可则，所以题作"内则"。郑玄《礼记目录》云："名曰《内则》者，以其记男女居室事父母舅姑之法。此于《别录》属子法。"孔颖达疏曰：

"以闺门之内，轨仪可则，故曰《内则》。"关于《内则》的成篇年代，前人少有论及。朱熹认为："盖古经也……今按此必古者学校教民之书。"今人王愕通过对比分析《内则》与《仪礼》、《周礼》的相关篇章，认为《内则》成篇于战国中期，而《内则》的撰写时代与《仪礼》相当，早于《周礼》。

■ 注释

（一）养老：古代每年设宴款待年老者，以示优待老人。

（二）燕礼：以饮酒为主，礼数最轻的宴会。设宴于寝室，用一献之礼，然后坐着饮酒至醉。

（三）飨礼：礼数最隆重的宴会，菜肴极丰盛。设宴于朝，用九献礼。

（四）食礼：只吃饭不饮酒的宴会。

（五）国：国中，小学在王宫之左。

（六）学：大学，在郊，右也。

（七）粻：粮也。

（八）岁制：指需一年时间才能准备好的丧葬用品，如棺木等。

（九）绞：用以扎紧小殓衣、大殓衣的布带。紟：单被。大殓时用之。衾：夹被，大小殓均用，共三条。冒：小殓前套在尸身上的布袋。

（一〇）国老：年老而退职的官员。上庠：有虞氏的大学。下文"东序"、"右学"、"东胶"也是大学。

（一一）庶老：子孙为国而死的老人及年老的平民。下庠："下庠"及下文的"西序"、"左学"、"虞庠"均指小学。

（一二）深衣：长褂子。

（一三）燕衣：飨燕宾客时所穿礼服。

（一四）冔：殷代冠名。

■ 讲疏

朱熹指出，本文是一篇古经，是古代学校的教材，今天看来，其文理细密，法度精详，作为古圣贤用以厚人伦、美教化的读本，确实不错。家庭伦理是礼的一个重要层面，由于文献的缺失，先秦家庭礼仪的全貌已经不为人知了，但是通过本书中的《曲礼》、《内则》以及《少仪》等篇，关于子女侍奉父母公婆、生子、子见父几方面保存了很多资料。本文还为我们详细记录了古人的食谱、菜谱。

大传

礼，不王不禘。王者禘其祖之所自出，以其祖配之。诸侯及其大祖[一]，大夫士有大事，省于其君，干祫，及其高祖[二]。

牧之野，武王之大事也。既事而退，柴于上帝，祈于社[三]，设奠于牧室，遂率天下诸侯，执豆笾，逡奔走[四]，追王大王亶父、王季历、文王昌，不以卑临尊也。

上治祖祢[五]，尊尊也。下治子孙，亲亲也。旁治昆弟，合族以食，序以昭缪[六]，别之以礼义，人道竭矣。

圣人南面而听天下，所且先者五[七]，民不与焉。一曰治亲，二曰报功，三曰举贤，四曰使能，五曰存爱[八]。五者一得于天下，民无不足无不赡者。五者一物纰缪，民莫得其死。圣人南面而治天下，必自人道始矣。立权度量，考文章[九]，改正朔，易服色，殊徽号，异器械，别衣服，此其所得与民变革者也[一〇]。其不可得变革者则有矣，亲亲也，尊尊也，长长也，男女有别，此其不可得与民变革者也。

同姓从宗，合族属；异姓主名，治际会[一一]。名著而男女有别。

其夫属乎父道者，妻皆母道也。其夫属于子道者，妻皆妇道也。谓弟之妻妇者，是嫂亦可谓之母乎？名者，人治之大者也，可无慎乎？

四世而缌，服之穷也。五世袒免，杀同姓也。六世，亲属竭矣。其庶姓别于上，而戚单于下[一二]，昏姻可通乎？系之以姓而弗别，缀之以食而弗殊，虽百世而昏姻不通者，周道然也。

服术有六：一曰亲亲，二曰尊尊，三曰名，四曰出入，五曰长幼，六曰从服[一三]。从服有六：有属从，有徒从，有从有服而无服，有从无服而有服，有从重而轻，有从轻而重。

自仁率亲，等而上之，至于祖，名曰轻，自义率祖，顺而下之，至于祢，名曰重。一轻一重，其义然也。

君有合族之道，族人不得以其戚戚君[一四]，位也。

庶子不祭，明其宗也。庶子不得为长子三年，不继祖也。别子为祖，继别为宗，继祢者为小宗。有百世不迁之宗，有五世则迁之宗。百世不迁者，别子之后也。宗其继别子者，百世不迁者也。宗其继高祖者，五世则迁者也。尊祖故敬宗，敬宗，尊祖之义也。有小宗而无大宗者，有大宗而无小宗者，有无宗亦莫之宗者，公子是也[一五]。公子有宗道：公子之公，为其士大夫之庶者，宗其士大夫之适者，公子之宗道也。

绝族无移服[一六]，亲者属也。自仁率亲，等而上之至于祖。自义率祖，顺而下之至于祢。是故，人道亲亲也。亲亲故尊祖，尊祖故敬宗，敬宗故收族，收族故宗庙严，宗庙严故重社稷，重社稷故爱百姓，爱百姓故刑罚中，刑罚中故庶民安，庶民安故财用足，财用足故百志成，百志成故礼俗刑，礼俗刑然后乐[一七]。《诗》云："不显不承，无斁于人斯[一八]。"此之谓也。

■ 题解

《大传》是《礼记》的第十六篇。关于本篇篇名，郑玄《礼记目录》云："名曰'大传'者，以其记祖宗仁亲之大义。此于《别录》属通论。"本篇与《丧服小记》，古代学者以为是阐释《仪礼·丧服》而作的，亦即认为是注释性质的著作。但本篇主要是从宗法制度和血缘关系方面阐释丧服制度的大义，而与常规的注疏不同。正如元人吴澄所说："《仪礼》经十七篇，唯《丧服》一篇之经有《传》。"此篇通用《丧服传》，《大传》之于《礼记》，正如《系辞传》之于《易》一样，以泛论的方法总体讲述丧服、丧礼的一些基本原则。

■ 注释

（一）大祖：受封之君。

（二）大事：寇戎之事。省：善也。善于其君，谓免于大难也。干：空也。干祫：无庙祫，祭之于坛墠。

（三）柴、祈：莫告天地及先祖也。

（四）逡：疾也。疾奔走，言劝事也。

（五）治：犹正也。

（六）缪：读为"穆"，声之误也。

（七）且先：言未惶余事。

（八）存：察也。存爱：察有仁爱者也。

（九）权：称也。度：丈尺也。量：斗斛也。文章：礼法也。

（一〇）服色：车马也。徽号：旌旗之名也。器械：礼乐之器也及兵甲也。衣服：吉凶之制也。

（一一）际会：昏礼交接之会。

（一二）单：通"殚"，尽。

（一三）术：犹道也。亲亲：父母为首。尊尊：君为首。名：世母叔母之属也。出入：女子子嫁者及在室者。长幼：成人及殇也。从服：若夫为妻之父母，妻为夫之党服。

（一四）戚戚：上一"戚"字谓亲戚，下一"戚"为动词，亲近。

（一五）公子：先君之子，今君昆弟。

（一六）绝族无移服：族昆弟之子，不相为服。

（一七）严：犹尊也。《孝经》曰："孝莫大于严父。"百志：人之志意所欲也。刑：犹成也。

（一八）斁：厌也。

■ 讲疏

《大传》是研究中国古代思想史、儒家思想以及宗法制度的重要文献。《大传》开篇以帝王、诸侯祭祀祖先的隆重仪式引出"人道亲亲"的概念，并将"治亲"列为古代君主治理天下最为重要的五个方面之首，所谓"治亲"就是"亲亲"、"尊尊"、"长长"、"男女有别"。接着文章从丧服制度及宗法制度两个方面论述了"治亲"的基本方法与原则。根据"亲亲"、"尊尊"等基本原则制定的丧服制度，以及源自血缘亲疏来确定的丧服关系，是维系家族秩序的重要法则。以嫡长子继承制为核心的宗法制度将"亲亲"、"尊尊"的基本概念发展为严格的尊卑等级制度，治亲之道也从处理家族内部关系进一步扩展为整个宗法社会自上而下以尊统卑的根本法则。篇末总结全文，进一步强调"人道亲亲"是维护宗庙社稷的根本，更加突出了人道为治国之本的中心思想。

乐记

乐者为同，礼者为异。同则相亲，异则相敬^{（一）}。乐胜则流，礼胜则离^{（二）}。合情饰貌者，礼乐之事也。礼义立则贵贱等矣^{（三）}，乐文同则上下和矣，好恶着则贤不肖别矣，刑禁暴、爵举贤则政均矣。仁以爱之，义以正之，如此则民治行矣。

乐由中出^{（四）}，礼自外作^{（五）}。乐由中出故静^{（六）}，礼自外作故文^{（七）}。大乐必易，大礼必简。乐至则无怨，礼至则不争^{（八）}。揖让而治天下者，礼乐之谓也。暴民不作，诸侯宾服，兵革不试，五刑不用，百姓无患，天子不怒，如此则乐达矣^{（九）}。合父子之亲，明长幼之序，以敬四海之内天子，如此，则礼行矣。

大乐与天地同和，大礼与天地同节^{（一〇）}。和故百物不失，节故祀天祭地。明则有礼乐，幽则有鬼神^{（一一）}，如此，则四海之内合敬同爱矣。礼者殊事合敬者也；乐者异文合爱者也。礼乐之情同，故明王以相沿也^{（一二）}。故事与时并，名与功偕^{（一三）}。

故钟鼓管磬，羽籥干戚，乐之器也；屈伸俯仰，缀兆舒疾，乐之文也；簠簋俎豆，制度文章，礼之器也；升降上下，周还裼袭，礼之文也^{（一四）}。故知礼乐之情者能作，识礼乐之文者能述^{（一五）}。作者之谓圣，述者之谓明。明圣者，述作之谓也。

乐者，天地之和也；礼者，天地之序也。和故百物皆化，序故群物皆别^{（一六）}。乐由天作，礼以地制。过制则乱，过作则暴^{（一七）}。明于天地，然后能兴礼乐也。

论伦无患，乐之情也；欣喜欢爱，乐之官也^{（一八）}；中正无邪，礼之质也^{（一九）}；庄敬恭顺，礼之制也。若夫礼乐之施于金石，越于声音，用于宗庙社稷，事乎山川鬼神，则此所与民同也。

王者功成作乐，治定制礼^{（二〇）}。其功大者其乐备，其治辩者其礼具^{（二一）}。干戚之舞，非备乐也^{（二二）}；孰亨而祀，非达礼也^{（二三）}。五帝殊时，不相沿乐；三王异世，不相袭礼。乐极则忧，礼粗则偏矣^{（二四）}！及夫敦乐而无忧、礼备而不偏者^{（二五）}，其唯大圣乎！

　　天高地下，万物散殊，而礼制行矣。流而不息，合同而化，而乐兴焉。春作夏长，仁也；秋敛冬藏，义也。仁近于乐，义近于礼。乐者敦和^{（二六）}，率神而从天^{（二七）}；礼者别宜^{（二八）}，居鬼而从地^{（二九）}。故圣人作乐以应天，制礼以配地。礼乐明备，天地官矣^{（三〇）}。

　　天尊地卑^{（三一）}，君臣定矣。卑高已陈，贵贱位矣^{（三二）}。动静有常^{（三三）}，小大殊矣^{（三四）}。方以类聚^{（三五）}，物以群分^{（三六）}，则性命不同矣^{（三七）}。在天成象^{（三八）}，在地成形^{（三九）}。如此，则礼者天地之别也。地气上齐^{（四〇）}，天气下降，阴阳相摩^{（四一）}，天地相荡^{（四二）}，鼓之以雷霆，奋之以风雨^{（四三）}，动之以四时，暖之以日月^{（四四）}，而百化兴焉^{（四五）}。如此，则乐者天地之和也。化不时则不生^{（四六）}，男女无辨则乱升^{（四七）}，天地之情也。

　　及夫礼乐之极乎天而蟠乎地^{（四八）}，行乎阴阳而通乎鬼神，穷高极远而测深厚^{（四九）}。乐著大始而礼居成物。著不息者^{（五〇）}，天也；著不动者，地也。一动一静者，天地之间也。故圣人曰礼乐云。

　　…………

　　乐也者，施也；礼也者，报也；乐，乐其所自生，而礼，反其所自始^{（五一）}。乐章德，礼报情，反始也^{（五二）}。…………

　　乐也者，情之不可变者也。礼也者，理之不可易者也^{（五三）}。乐统同^{（五四）}，礼辨异^{（五五）}。礼乐之说管乎人情矣^{（五六）}！穷本知变，乐之情也；著诚去伪，礼之经也^{（五七）}。礼乐偩天地之情^{（五八）}，达神明之德，降兴上下之神^{（五九）}，而凝是精粗之体^{（六〇）}，领父子君臣之节^{（六一）}。

　　…………

　　君子曰：礼乐不可斯须去身^{（六二）}。致乐以治心^{（六三）}，则易直子谅之心油然生矣^{（六四）}。易直子谅之心生则乐，乐则安^{（六五）}，安则久^{（六六）}，久则天^{（六七）}，天则神^{（六八）}。天则不言而信，神则不怒而威。致乐以治心者也。致礼以治躬则庄敬^{（六九）}，庄敬则严威。心中斯须不和不乐，而鄙诈之心入之矣^{（七〇）}；外貌斯须不庄不敬，而易慢之心入之矣(七一)。故乐也者，动于内者也；礼也者，动于外者也。乐极和，礼极顺。内和而外顺，则民瞻其颜色而弗与争也，望其容貌而民不生易僈焉(七二)。故德辉动于内(七三)，而民莫不承听；理发诸外(七四)，而民莫不承顺。故曰："致礼乐之道，举而错之天下无难矣！"

乐也者，动于内者也；礼也者，动于外者也。故礼主其减，乐主其盈。礼减而进(七五)，以进为文；乐盈而反(七六)，以反为文(七七)。礼减而不进则销，乐盈而不反则放。故礼有报而乐有反。礼得其报则乐，乐得其反则安。礼之报(七八)，乐之反，其义一也。

■ 题解

本篇内容主要是记载和论述先秦的礼制、礼仪，解释仪礼，记录孔子与弟子间的问答，记述修身做人的准则。《礼记》内容广博，门类杂多，涉及政治、法律、道德、哲学、历史、祭祀、文艺、日常生活、历法、地理等诸多方面，几乎包罗万象，集中体现了先秦儒家的政治、哲学和伦理思想，是研究先秦社会的重要资料。

■ 注释

（一）同：谓协好恶也。异：谓别贵贱也。

（二）流：谓合行不敬也。离：谓析居不和也。

（三）等：阶级也。

（四）乐由中出：谓和在心也。

（五）礼自外作：敬在貌也。

（六）静：据王引之云，当为"情"字。

（七）文：犹动也。

（八）至：犹达也，行也。争：争斗之争。礼行于民由于谦敬，谦敬则不争也。

（九）宾：协也。试：用也。

（一〇）大乐与天地同和，大礼与天地同节：言顺天地之气与其数。

（一一）幽则有鬼神：《易》曰："是故知鬼神之情状，与天地相似。"

（一二）沿：犹因述也。孔子曰："殷因于夏礼，所损益可知也。周因于殷礼，所损益可知也。"沿，或作"缘"。尊卑有别，是殊事。俱行于礼，是合敬也。

（一三）事：圣人所为之事，与所当时而并行。名：谓乐名。偕：俱也。言圣王制乐之名，与所建之功而俱作也。

（一四）缀：谓酂，舞者之位也。兆：其外营域也。簠簋：并祭器名。

（一五）述：谓训其义也。

（一六）化：犹生也。别：谓形体异也。

（一七）过：犹误也。暴：失文武之意，谓文乐武乐杂乱也。

（一八）伦：犹类也。患：害也。官：犹事也。

（一九）邪：又作"斜"。质：犹本也。

（二〇）功成、治定，同时发生。功主于王业，治主于教民。

（二一）辩：郑玄读为"遍"，普遍。

（二二）备乐：乐以文德为备，若《咸池》者，孔子曰："《韶》尽美矣，又尽善也"，"《武》尽美矣，未尽善也"。

（二三）达：具也。

（二四）乐：人之所好也，害在淫佚。礼：人之所勤也，害在倦略。

（二五）敦：厚也。

（二六）敦和：乐贵同也。

（二七）率：循也。从：顺也。

（二八）别宜：礼尚异也。

（二九）居鬼：谓居其所为，亦言循之也。鬼：鬼神，谓先圣先贤也。

（三〇）官：犹事也。各得其事。

（三一）卑、高，谓山泽也。

（三二）位矣：尊卑之位，象山泽也。

（三三）动静：阴阳用事。

（三四）小大：万物也，大者常存，小者随阴阳出入。

（三五）方：谓行虫也。

（三六）物：谓殖生者也。

（三七）命：生之长短也。

（三八）象：光耀也。

（三九）形：体貌也。

（四〇）齐：读为跻，升也。谓地气上升天。

（四一）摩：犹迫也。阴阳二气相切迫也。

（四二）荡：犹动也。天地之气相感动。

（四三）奋：讯也。

（四四）暖：《易经》作"照耀"之意。

（四五）百化：百物化生也。兴：生也。

（四六）化不时：谓天地化养，不得其时，则不生物也。此明乐所以调和变化故也。

（四七）辨：别也。升：成也。若男女杂乱无别，则乱成也。此明礼之所以别男女故也。

（四八）极：至也。蟠：犹委也。

（四九）深厚：山川也。言礼乐之道，上至于天，下委于地，则其间无所不之。

（五〇）著：犹明白也。息：犹休止也。

（五一）自：由也。

（五二）"乐也者"四句：言乐出而不反，而礼有往来也。

（五三）理：犹事也。

（五四）统同：同和合也。统：领也。

（五五）辨异：异尊卑也。辨：别也。

（五六）管：犹包也。

（五七）经：常也。

（五八）侅：犹依象也。

（五九）降：下也。兴：犹出也。

（六〇）凝：犹成也。精粗：谓万物大小也。

（六一）领：犹理治也。

（六二）斯须：片刻。

（六三）致：犹深审也。

（六四）易：谓和宜。直：谓正直。子：谓子爱。谅：谓诚信。油然：新生好貌也。

（六五）乐则安：心乐故体安而不躁也。

（六六）安则久：既身不躁，故性命长久也。

（六七）久则天：志明行威，久而不改，则人信之如天。

（六八）天则神：既为人所信如天，故又为人所畏如神也。

（六九）躬：身也。礼自外作，故治身。

（七〇）鄙诈：是贪多诈伪。

（七一）易：轻易也。

（七二）孔疏："僈"作"慢"字。

（七三）德辉：颜色润泽也。

（七四）理：容貌之进止也。

（七五）进：谓自勉强也。

（七六）反：谓自抑止也。

（七七）文：犹美也，善也。

（七八）报：据郑玄注，当读为"褒"，勉励的意思。

■ 讲疏

《乐记》一文，说明音乐与政治的密切关系。本文先由《乐记》产生的历史背景判断其思想形成，复求《乐记》反映的音乐观及省察角度，探讨其起源、特性、功用。《乐记》本身是记乐的精义，这里的"乐"其实包括"礼"。"礼"、"乐"占"六艺"之二，一直是中国传统文化及经学的核心概念。"乐以象功，舞以象德。乐者为同，礼者别异。""礼乐"作为艺术手段，与文学一样，自问世以来就承担着表达性情和教化社会的双重功能。探讨"礼乐"的生成、异同、本质、形式、功用……可以说是《乐记》的主要内容。由此而论，我国古代最早的文艺理论，主要是乐论；我国古代最早的美学思想，也主要是音乐美学思想，通观诸子百家，几乎家家"论乐"。历代的思想家和统治者均视"礼乐"为无比重要的概念和手段，不断加以探讨和运用。

经解

孔子曰：入其国，其教可知也[一]。其为人也：温柔敦厚，《诗》教也[二]；疏通知远，《书》教也；广博易良[三]，《乐》教也；洁静精微，《易》教也；恭俭庄敬，《礼》教也；属辞比事[四]，《春秋》教也。故《诗》之失，愚；《书》之失，诬；《乐》之失，奢；《易》之失，贼[五]；《礼》之失，烦；《春秋》之失[六]，乱。其为人也，温柔敦厚而不愚，则深于《诗》者也。疏通知远而不诬，则深于《书》者也。广博易良而不奢，则深于《乐》者也。洁静精微而不贼，则深于《易》者也。恭俭庄敬而不烦，则深于《礼》者也。属辞比事而不乱，则深于《春秋》者也。

天子者，与天地参，故德配天地，兼利万物，与日月并明，明照四海而不遗微小。其在朝廷则道仁圣礼义之序[七]，燕处[八]，则听《雅》《颂》之音；行步，则有环佩之声[九]，升车，则有鸾和之音[一〇]。居处有礼，进退有度，百官得其宜，万事得其序。《诗》云："淑人君子，其仪不忒[一一]。其仪不忒，正是四国。"此之谓也。发号出令而民说[一二]，谓之和。上下相亲，谓之仁。民不求所欲而得之，谓之信。除去天地之害，谓之义。义与信，和与仁。霸王之器也。有治民之意而无其器，则不成[一三]。

礼之于正国也，犹衡之于轻重也[一四]，绳墨之于曲直也，规矩之于方圆也。故衡诚县[一五]，不可欺以轻重；绳墨诚陈[一六]，不可欺以曲直；规矩诚设[一七]，不可欺以方圆；君子审礼，不可诬以奸诈。是故，隆礼由礼，谓之有方之士[一八]；不隆礼不由礼，谓之无方之民。敬让之道也。故以奉宗庙则敬，以入朝廷则贵贱有位，以处室家则父子亲兄弟和，以处乡里则长幼有序。孔子曰："安上治民，莫善于礼。"此之谓也。故朝觐之礼，所以明君臣之义也。聘问之礼，所以使诸侯相尊敬也。丧祭之礼，所以明臣子之恩也。乡饮酒之礼，所以明长幼之序也。昏姻之礼[一九]，所以明男女之别也。夫礼，禁乱之所由生，犹坊止水之所自来也[二〇]。故以旧坊为无所用而坏之者，必有水败；以旧礼为无所用而去之者，必有乱患。故昏姻之礼废，则夫妇之道苦[二一]，而淫辟之罪多矣。乡饮酒之礼废，则长幼之序失，而争斗之狱繁矣。丧祭之礼废，则臣子之恩薄，而倍死忘生者众矣。聘觐之礼废，则君臣之位失，诸侯之行恶，而倍畔侵陵之败起矣〔二二〕。

　　故礼之教化也微，其止邪也于未形。使人日徙善远罪而不自知也，是以先王隆之也〔二三〕。《易》曰："君子慎始〔二四〕，差若毫厘，缪以千里。"此之谓也。

■ 题解

　　《经解》是《礼记》第二十六篇。本篇在《礼记》四十九篇中，属于纲领性的篇章。首章论"六经"之教，是对"六经"分类比较早的记载；其次歌颂天子之德，认为天子是"与天地参，故德配天地"；最后言隆礼治国之道。古代学校以《诗》、《书》、《礼》、《乐》为"四教"，为贵族子弟的必修课。后来孔子作"十翼"，修《春秋》，儒家后学尊孔子所删定者称为"六经"，本文对"六经"进行了详细分析，所以被命名为《经解》。

■ 注释

　　（一）"入其国"句：观其风俗，则知其所以教。教：教化。

　　（二）温：谓颜色温润。柔：谓情性和柔。

　　（三）易良：和易善良。

　　（四）属：犹合也。《春秋》聚合、会同之辞，是属辞，比次褒贬之事，是比事也。比：近也。

　　（五）贼：害。

　　（六）失：不能节其教者也。《诗》敦厚，近愚。《书》知远，近诬。《易》精微，爱恶相攻，远近相取，则不能容人，近于伤害。《春秋》习战争之事，近乱。

　　（七）道：犹言也。

　　（八）燕处：休息，起居。

　　（九）环佩：佩环、佩玉也，所以为行节也。《玉藻》曰："进则揖之，退则扬之。然后玉锵鸣也。"

　　（一〇）鸾、和：皆铃也，所以为车行节也。

（一一）忒：差错。

（一二）说：通"悦"。

（一三）器：人所操持以作事物者也。义、信和仁，皆存乎礼。

（一四）衡：称也。

（一五）县：谓锤也。

（一六）陈：谓弹画也，同下文句"设"。

（一七）诚：犹审也，或作"成"。

（一八）隆礼：盛行礼也。方：犹道也。《春秋传》曰："教之以义方。"

（一九）昏姻：谓嫁娶也。婿曰昏，妻曰姻。

（二〇）坊：谓堤防。人筑堤防，止约水之所从来之处。言若有污下水来之处，则豫坊障之。

（二一）苦：谓不至、不答之属。

（二二）倍畔：谓据倍天子也。侵陵：谓侵陵邻国也。

（二三）隆：谓尊盛之也。

（二四）始：谓其微时也。

■ 讲疏

郑玄《礼记目录》曰："名曰'经解'者，以其记六艺政教之得失也，此于《别录》属《通论》。"本篇虽名曰《经解》，但纵观全文，本篇的主要目的在于论述礼对于治理国家的重要性，并非仅解释儒家六经的文字内容。本篇首先记述孔子论六经，并对六经的教化作用做了评价。之后宣扬天子之德，指出天子能行仁义于天下，万民和睦，才能称霸于天下。接着解释何为"和、仁、信、义"，并称这四者为霸王之器，要统治天下，不仅要有"治民之意"，更重要的是要有"霸王之器"。最后论述了礼的重要作用。

仲尼燕居

仲尼燕居，子张、子贡、言游侍，纵言至于礼^(一)。子曰："居，女三人者！^(二)吾语女礼，使女以礼周流，无不遍也^(三)。"子贡越席而对曰^(四)："敢问何如？"子曰："敬而不中礼，谓之野^(五)；恭而不中礼，谓之给^(六)；勇而不中礼，谓之逆^(七)。"子曰："给夺慈仁^(八)。"子曰："师！尔过，而商也不及^(九)。子产犹众人之母也^(一〇)，能食之不能教也。"子贡越席而对曰："敢问将何以为此中者也？"子曰："礼乎礼！夫礼所以制中也。"

子贡退，言游进曰："敢问礼也者，领恶而全好者与^(一一)？"子曰："然。然则何如？"子曰："郊社之义，所以仁鬼神也；尝禘之礼，所以仁昭穆也^(一二)；馈奠之礼^(一三)，所以仁死丧也；射乡之礼，所以仁乡党也；食飨之礼，所以仁宾客也^(一四)。"子曰："明乎郊社之义，尝禘之礼，治国其如指诸掌而已乎！是故，以之居处有礼，故长幼辨也^(一五)；以之闺门之内有礼，故三族和也^(一六)；以之朝廷有礼，故官爵序也；以之田猎有礼，故戎事闲也；以之军旅有礼，故武功成也。是故，宫室得其度，量鼎得其象，味得其时，乐得其节，车得其式^(一七)，鬼神得其飨，丧纪得其哀，辨说得其党^(一八)，官得其体^(一九)，政事得其施。加于身而错于前，凡众之动得其宜。"子曰："礼者何也？即事之治也。君子有其事，必有其治。治国而无礼，譬犹瞽之无相与？伥伥乎其何之？譬如终夜有求于幽室之中，非烛何见？若无礼则手足无所错，耳目无所加，进退揖让无所制。是故，以之居处，长幼失其别，闺门、三族失其和，朝廷、官爵失其序，田猎、戎事失其策^(二〇)，军旅、武功失其制，宫室失其度，量鼎失其象，味失其时，乐失其节，车失其式，鬼神失其飨，丧纪失其哀，辩说失其党，官失其体，政事失其施；加于身而错于前，凡众之动，失其宜。如此，则无以祖洽于众也^(二一)。"

子曰："慎听之！女三人者，吾语女礼，犹有九焉。大飨有四焉^(二二)。苟知此矣，虽在畎亩之中事之，圣人已。两君相见，揖让而入门，入门而县兴^(二三)，揖让而升堂，升堂而乐阕，下管《象》《武》，《夏》籥序兴。陈其荐俎，序其礼乐，备其百官。如此而后君子知仁焉。行中规，还中矩，和鸾中《采齐》，客出以《雍》，彻以《振羽》。是故，君子无物而不在礼矣。入门而金作，示情也；升歌《清庙》，示德也；下而管《象》，示事也。是故古之君子，不必亲相与言也，以礼乐相示而已。"

子曰："礼也者，理也。乐也者，节也。君子无理不动，无节不作^(二四)。不能《诗》，于礼缪^(二五)；不能乐，于礼素^(二六)；薄于德，于礼虚。"子曰：

"制度在礼，文为在礼[二七]；行之，其在人乎？"子贡越席而对曰："敢问夔其穷与？"子曰："古之人与？古之人也。达于礼而不达于乐，谓之素；达于乐而不达于礼，谓之偏。夫夔，达于乐而不达于礼，是以传于此名也，古之人也。"子张问政，子曰："师乎？前，吾语女乎！君子明于礼乐，举而错之而已[二八]。"子张复问。子曰："师，尔以为必铺几筵，升降、酌献、酬酢，然后谓之礼乎？尔以为必行缀兆，兴羽籥，作钟鼓，然后谓之乐乎？言而履之，礼也。行而乐之，乐也。君子力此二者，以南面而立，夫是以天下大平也。诸侯朝，万物服体[二九]，而百官莫敢不承事矣。礼之所兴，众之所治也；礼之所废，众之所乱也。目巧之室[三〇]，则有奥阼，席则有上下，车则有左右，行则有随，立则有序，古之义也。室而无奥阼，则乱于堂室也。席而无上下，则乱于席上也。车而无左右，则乱于车也。行而无随，则乱于涂也。立而无序，则乱于位也。昔圣帝、明王、诸侯，辨贵贱、长幼、远近、男女、外内莫敢相逾越，皆由此涂出也。"三子者，既得闻此言也于夫子，昭然若发矇矣[三一]。

■ 题解

《仲尼燕居》是《礼记》第二十八篇。郑玄《礼记目录》曰："名曰《仲尼燕居》者，善其不倦，燕居犹使三子侍之，言及于礼。著其字，言事可法。退朝而处曰燕居。此于《别录》属通论。"本文为孔子退朝闲暇时，与弟子子张、子贡、子游论礼。主要论述了礼对修身的作用，礼在宗庙祭祀和宗法社会中的应用。指出礼的最终目的是建立一个有秩序、有等级、讲究和谐的社会。本文又见于《孔子家语》卷六《论礼》，字句稍有不同。

■ 注释

（一）子张：姓颛孙，名师，字子张。子贡：姓端木，名赐，字子贡。言游：言偃，子游也。纵言：泛指说事。

（二）居，女三人者：女三人且坐也。坐：凡与尊者言，更端则起。女，音汝，后同，本亦作"汝"。

（三）周流：周旋流动。言我使女等恒以礼周旋流转，无不遍于天下。

（四）对：应对。

（五）野：谓鄙野。

（六）给：谓捷给、便辟。

（七）逆：谓逆乱。

（八）夺：犹乱也。巧言足恭之人似。慈仁，实鲜仁。

（九）商：指孔子弟子子夏，姓卜名商。过与不及，言敏、钝不同，俱违礼也。

（一〇）言父义母慈，父能教而不能爱，母则能爱而不能教。

（一一）领：犹治也。好：善也。

（一二）昭穆：指不同辈分的祖先。

（一三）馈奠：以食品奠祭初死的人。

（一四）仁：犹存也，凡存此者，所以全善之道也。郊社、尝禘、馈奠，存死之善者也。射乡、食飨，存生之善者也。

（一五）辨：别也。

（一六）三族：父、子、孙也。

（一七）式：谓载也。所载有尊卑。

（一八）党：类也。

（一九）体：尊卑异而合同。

（二〇）策：谋也。

（二一）祖：始也。

（二二）大飨：飨诸侯来朝者也。

（二三）县兴：悬挂的乐器，一齐演奏。

（二四）节：制也。言乐者，使万物得其节制。

（二五）缪：误也。

（二六）素：质朴，没有文采。言乐能有音声、缀兆、干戚文饰于礼，若不能习乐，则于礼朴素。

（二七）文为：文章所为。

（二八）错：施行也。

（二九）服体：体服也，谓万物之符长，皆来为瑞应也。

（三〇）目巧：谓但用巧目善意作室，不由法度，犹有奥阼，宾主之处也。

（三一）乃晓礼乐不可废改之意也。

■ 讲疏

本篇可分为四个部分，文章开篇至"夫礼所以制中也"，只要是孔子答子贡之问，指出礼的实质是"所以制中"。"子贡退"至"以礼乐相示而已"，写孔子答言游之问，强调礼在社会生活中的重要意义。"子曰"至"古之人也"，主要是承上段礼乐之事继而说明礼乐之义：理为条理，乐为节制。最后则是答子张问政，强调为政之本在明于礼乐而践行之。礼乐行则天下平，礼乐废则天下乱。篇中阐述"礼以制中"，"礼"与"中"一致的理论。认为"中"是维持分的稳定，求"中"之方，由考察事物对立双方的连结点来确定，以求双方的平衡。"礼"之分要求适"中"。当"礼"之"分"走向极端，有可能引起破裂时，儒家认为应当采取"让"。"让，礼之主也。"（《左传·襄公十三年》）让才能和，和而后安。这个思想与孔子把礼视为"中"，人的行为要求执中，并处处事事以礼分事非，臧否人物。

孔子闲居

孔子闲居，子夏侍。子夏曰："敢问《诗》云：'凯弟君子（一），民之父母。'何如斯可谓民之父母矣？"孔子曰："夫民之父母乎！必达于礼乐之原，以致五至，而行三无，以横于天下，四方有败，必先知之。此之谓民之父母矣。"（二）

子夏曰："民之父母，既得而闻之矣，敢问何谓'五至'？"孔子曰："志之所至，《诗》亦至焉。《诗》之所至，礼亦至焉。礼之所至，乐亦至焉。乐之所至，哀亦至焉。哀乐相生。是故正明目而视之，不可得而见也；倾耳而听之，不可得而闻也；志气塞乎天地，此之谓五至。"

子夏曰："五至既得而闻之矣，敢问何谓三无？"孔子曰："无声之乐，无体之礼，无服之丧，此之谓三无。"子夏曰："三无既得略而闻之矣，敢问何诗近之？"孔子曰："'夙夜其命宥密'（三），无声之乐也（四）。'威仪逮逮^(五)，不可选也'，无体之礼也^(六)。'凡民有丧，匍匐救之^(七)'，无服之丧也^(八)。"

子夏曰："言则大矣！美矣！盛矣！言尽于此而已乎？"孔子曰："何为其然也！君子之服之也^(九)，犹有五起焉^(一〇)。"子夏曰："何如？"子曰："无声之乐，气志不违；无体之礼，威仪迟迟；无服之丧，内恕孔悲。无声之乐，气志既得；无体之礼，威仪翼翼；无服之丧，施及四国。无声之乐，气志既从；无体之礼，上下和同；无服之丧，以畜万邦。无声之乐，日闻四方；无体之礼，日就月将；无服之丧，纯德孔明。无声之乐，气志既起；无体之礼，施及四海；无服之丧，施于孙子^(一一)。"

子夏曰："三王之德，参于天地，敢问：何如斯可谓'参于天地'矣？"孔子曰："奉三无私以劳天下^(一二)。"子夏曰："敢问何谓三无私？"孔子曰："天无私覆，地无私载，日月无私照。奉斯三者以劳天下，此之谓三无私。其在《诗》，曰：'帝命不违，至于汤齐。汤降不迟，圣敬日齐。昭假迟迟，上帝是祗。帝命式于九围。'是汤之德也^(一三)。天有四时，春秋冬夏，风雨霜露，无非教也。地载神气，神气风霆，风霆流形，庶物露生，无非教也。清明在躬，气志如神，嗜欲将至，有开必先。开降时雨，山川出云^(一四)。其在《诗》曰："嵩高惟岳，峻极于天^(一五)。惟岳降神，生甫及申。惟申及甫，惟周之翰^(一六)。四国于蕃，四方于宣"。此文武之德也。三代之王也，必先令闻，《诗》云：'明明天子^(一七)，令闻不已^(一八)'。三代之德也。'弛其文德，协此四国。'大王之德也^(一九)。"子夏蹶然而起，负墙而立，曰："弟子敢不承乎？"^(二〇)

■ 题解

本篇记叙孔子燕退闲居与子夏论诗。郑玄《目录》："孔子闲居者，善其无倦而不亵，犹使一弟子侍，为之说《诗》，著其氏言可法也。退燕避人曰闲居，此于《别录》属通论。"

■ 注释

（一）凯弟：乐易也。本又作"恺"，又作"岂"。

（二）原：犹本也。横：充也。败：灾祸也。

（三）其：《诗》读"其"为"基"声之误也。基，谋也。密，静也。

（四）言君夙夜谋为政教以安民，则民乐之。此非有钟鼓之声也。

（五）逮逮：安和之貌也。

（六）言君之威仪，安和逮逮然，则民效之。此非有升降揖让之礼也。

（七）救之：赒恤之。

（八）言君于民有丧，有以赒恤之，则民效之。此非有衰绖之服。

（九）服：犹习也。

（一〇）君子习读此诗，起此诗之义，其说有五也。

（一一）孔：甚也。施：易也。从：顺也。畜：孝也，使万邦之民竞为孝也。就：成也。将：大也，使民之效礼，日有所成，至月则大矣。

（一二）三王：谓禹、汤、文王也。参天地：其德与天地为三也。劳：劳来。

（一三）帝：天帝也。《诗》读"汤齐"为"汤跻"，跻：升也。降：下也。齐：庄也。昭：明也。假：至也。祗：敬也。式：用也。九围：九州之界也。

（一四）清明在躬，气志如神：谓圣人也。嗜欲将至：谓其王天下之期将至也。神有以开之，必先为之生贤智之辅佐，若天将降时雨，山川为之先出云矣。

（一五）峻，高大也。

（一六）翰：幹也。

（一七）明明天子：谓宣王也。

（一八）令：善也。言以名德善闻，天乃命之王也。不已：不倦止也。

（一九）弛：施也。协：和也。大王：文王之祖，周道将兴，始有令闻。

（二〇）承：奉承，不失队也。

■ 讲疏

《孔子闲居》是《礼记》的第二十九篇，本文通过孔子与子夏的对话，讲述了君子要拥有"五至"、"三无"、"五起"、"三无私"的品质才能称为

"民之父母"。

"五至"的内涵是——"志"、"诗"、"礼"、"乐"、"哀"。"志",《说文》:"志,意也",《毛诗序》:"在心为志"。"志"即"心志",是对外物所引发的各种情感的一种主宰。"诗",郑玄解为"好恶之情",这和古代"诗言志"是密切相关的,"不学诗,无以言"(《论语·季氏》)。但是到了后代,诗逐渐摆脱了政教的功能,因此后代的学者逐渐注"诗"为"歌咏欢乐也"。但可以肯定的是"诗"较之"志",是一种外在的表现。"礼",历代各种注疏对"礼"的解释基本没有争议。"乐",本身有两个读音,音"洛"或音"岳"。如果和后面的"哀"相连,似乎应读为"洛",如果和前面的"礼"相连,似乎读为"岳"更恰当。唐宋注疏大多注音为"洛",清代学者多读为"岳"。而对于"乐"注音和理解的不同,归根结底在于对后面的"哀"字理解的差异。"哀",郑玄注从儒家推己及人的角度出发,认为在享受快乐的同时更要体会别人的哀伤。

"三无"就是没有声音的音乐,没有形体的礼仪,没有丧服的服丧。"五起"是没有声音的音乐,不违背气质和志向;没有形体的礼仪,容貌举止,从容不迫;没有丧服的服丧,存心宽厚,慈悲满怀;没有声音的音乐,气质和志向尽已获得;没有形体的礼仪,容貌举止,恭敬庄严;没有丧服的服丧,将恩惠施予四方国家。"三无私"是天覆盖四面八方没有偏私,地承载万事万物没有偏私,日月照耀普天之下没有偏私,奉行这三者以效劳天下,就称之为三无私。

中庸

天命之谓性(一),率性之谓道(二),修道之谓教(三)。道也者,不可须臾离也,可离非道也(四)。是故君子戒慎乎其所不睹,恐惧乎其所不闻。莫见乎隐,莫显乎微,故君子慎其独也(五)。喜怒哀乐之未发,谓之中;发而皆中节,谓之和;中也者,天下之大本也(六);和也者,天下之达道也。致中和,天地位焉,万物育焉(七)。

仲尼曰:"君子中庸,小人反中庸,君子之中庸也,君子而时中;小人

之中庸也，小人而无忌惮也。"（八）

子曰："中庸其至矣乎！民鲜能久矣！"（九）

子曰："道之不行也，我知之矣：知者过之，愚者不及也。道之不明也，我知之矣：贤者过之，不肖者不及也。人莫不饮食也，鲜能知味也。"（一〇）

子曰："道其不行矣夫！"

子曰："舜其大知也与！舜好问而好察迩言（一一），隐恶而扬善，执其两端（一二），用其中于民，其斯以为舜乎（一三）！"

子曰："人皆曰予知，驱而纳诸罟擭陷阱之中，而莫之知辟也。人皆曰予知，择乎中庸，而不能期月守也。"（一四）

子曰："回之为人也，择乎中庸，得一善，则拳拳服膺而弗失之矣（一五）。"

子曰："天下国家可均也，爵禄可辞也，白刃可蹈也，中庸不可能也。"

子路问强（一六）。子曰："南方之强与？北方之强与？抑而强与（一七）？宽柔以教，不报无道，南方之强也，君子居之。衽金革（一八），死而不厌，北方之强也，而强者居之。故君子和而不流（一九），强哉矫！中立而不倚，强哉矫！国有道，不变塞焉（二〇），强哉矫（二一）！国无道，至死不变，强哉矫！"

子曰："素隐行怪（二二），后世有述焉，吾弗为之矣。君子遵道而行，半途而废（二三），吾弗能已矣（二四）。君子依乎中庸，遁世不见知而不悔，唯圣者能之。"君子之道费而隐。夫妇之愚，可以与知焉，及其至也，虽圣人亦有所不知焉；夫妇之不肖，可以能行焉，及其至也，虽圣人亦有所不能焉。天地之大也，人犹有所憾（二五）。故君子语大，天下莫能载焉；语小，天下莫能破焉。（二六）《诗》云："鸢飞戾天，鱼跃于渊。"言其上下察也（二七）。君子之道，造端乎夫妇，及其至也，察乎天地。

子曰："道不远人，人之为道而远人，不可以为道。《诗》云：'伐柯伐柯，其则不远。'（二八）执柯以伐柯，睨而视之，犹以为远。故君子以人治人，改而止。忠恕违道不远（二九），施诸己而不愿，亦勿施于人。君子之道四，丘未能一焉：所求乎子，以事父，未能也；所求乎臣，以事君，未能也；所求乎弟，以事兄，未能也；所求乎朋友，先施之，未能也。庸德之行，庸言之谨。有所不足，不敢不勉；有余，不敢尽。言顾行，行顾言，君子胡不慥慥尔（三〇）！君子素其位而行，不愿乎其外（三一）。素富贵，行乎富贵；素贫贱，行乎贫贱；素夷狄，行乎夷狄；素患难，行乎患难，君子无入而不自得焉。在上位不陵下，在下位不援上^(三二)，正己而不求于人，则无怨^(三三)。上不怨天，下不尤人。故君子居易以俟命。小人行险以徼幸^(三四)。子曰："射有似乎君子，失诸正鹄，反求诸其身。"君子之道，辟如行远必自迩，辟如登高必自卑。^(三五)《诗》曰："妻子好合，如鼓瑟琴。兄弟既翕，和乐且耽。宜尔室家，乐尔妻帑。"^(三六)子曰："父母其顺矣乎！"子曰："鬼神之为德，其盛矣乎！视之而弗见，听之而弗闻，体物而不可遗。^(三七)使天下之人齐明盛服^(三八)，以承祭祀。洋洋乎如在其上^(三九)，如在其左右。《诗》曰：'神之格思，不可度思！矧可射思！'^(四〇)夫微之显，诚之不可掩如此夫。"

子曰："舜其大孝也与！德为圣人，尊为天子，富有四海之内。宗庙飨之，子孙保之^(四一)。故大德必得其位，必得其禄，必得其名^(四二)，必得其寿，故天之生物，必因其材而笃焉。^(四三)故栽者培之，倾者覆之^(四四)。《诗》曰：'嘉乐君子，宪宪令德。宜民宜人，受禄于天，保佑命之，自天申之^(四五)。'故大德者必受命。"子曰："无忧者，其唯文王乎！以王季为父，以武王为子，父作之，子述之。武王缵大王、王季、文王之绪，壹戎衣而有天下^(四六)。身不失天下之显名，尊为天子，富有四海之内。宗庙飨之，子孙保之。武王末受命，周公成文、武之德，追王大王、王季，上祀先公以天子之礼。斯礼也，达乎诸侯、大夫、及士、庶人。父为大夫，子为士，葬以大夫，祭以士。父为士，子为大夫，葬以士，祭以大夫。期之丧达乎大夫，三年之丧，达乎天子。父母之丧，无贵贱，一也。"

子曰："武王、周公，其达孝矣乎！夫孝者，善继人之志，善述人之事者也。春秋修其祖庙，陈其宗器，设其裳衣，荐其时食。^(四七)宗庙之礼，所以序昭穆也，序爵，所以辨贵贱也；序事，所以辨贤也；旅酬下为上，所以逮贱也^(四八)；燕毛，所以序齿也^(四九)。践其位^(五〇)，行其礼，奏其乐，敬其所尊，爱其所亲，事死如事生，事亡如事存，孝之至也。郊社之礼，所以事上帝也。宗庙之礼，所以祀乎其先也。明乎郊社之礼、禘尝之义，治国其如示诸掌乎！"

哀公问政。子曰："文武之政，布在方策。其人存，则其政举；其人亡，则其政息^(五一)。人道敏政，地道敏树^(五二)。夫政也者，蒲卢也^(五三)。故为政在人，取人以身，修身以道，修道以仁。仁者人也。亲亲为大；义者宜也。尊贤为大。亲亲之杀，尊贤之等，礼所生也。在下位不获乎上，民不可得而治矣！故君子不可以不修身；思修身，不可以不事亲；思事亲，不可以不知人，思知人，不可以不知天(五四)。天下之达道五，所以行之者三。曰君臣也，父子也，夫妇也，昆弟也，朋友之交也，五者天下之达道也。知，仁，勇，三者天下之达德也，所以行之者一也。或生而知之，或学而知之，或困而知之(五五)，及其知之，一也。或安而行之，或利而行之，或勉强而行之(五六)，及其成功，一也。子曰：好学近乎知，力行近乎仁，知耻近乎勇。知斯三者，则知所以修身；知所以修身，则知所以治人；知所以治人，则知所以治天下国家矣。"

凡为天下国家有九经，曰修身也，尊贤也，亲亲也，敬大臣也，体群臣也，子庶民也，来百工也，柔远人也，怀诸侯也(五七)。修身则道立，尊贤则不惑(五八)，亲亲则诸父昆弟不怨，敬大臣则不眩(五九)，体群臣则士之报礼重，子庶民则百姓劝，来百工则财用足，柔远人则四方归之，怀诸侯则天下畏之。齐明盛服，非礼不动。所以修身也；去谗远色，贱货而贵德，所以劝贤也；尊其位，重其禄，同其好恶，所以劝亲亲也；官盛任使，所以劝大臣也；忠信重禄，所以劝士也；时使薄敛，所以劝百姓也；日省月试，既廪称事(六〇)，所以劝百工也；送往迎来，嘉善而矜不能，所以柔远人也；继绝世，举废国，治乱持危。朝聘以时，厚往而薄来，所以怀诸侯也。

凡为天下国家有九经，所以行之者一也(六一)。凡事豫则立，不豫则废。言前定则不跲(六二)，事前定则不困，行前定则不疚(六三)，道前定则不穷。在下位不获乎上，民不可得而治矣，获乎上有道，不信乎朋友，不获乎上矣；信乎朋友有道，不顺乎亲，不信乎朋友矣；顺乎亲有道，反诸身不诚，不顺乎亲矣；诚身有道，不明乎善，不诚乎身矣。(六四)诚者，天之道也；诚之者，人之道也。诚者不勉而中，不思而得，从容中道，圣人也。诚之者，择善而固执之者也。(六五)

"博学之，审问之，慎思之，明辨之，笃行之。有弗学，学之弗能弗措也；有弗问，问之弗知弗措也；有弗思，思之弗得弗措也；有弗辨，辨之弗明弗措也；有弗行，行之弗笃弗措也(六六)。人一能之，己百之，人十能之，

己千之。果能此道矣(六七)，虽愚必明，虽柔必强。"(六八)

自诚明，谓之性。自明诚(六九)，谓之教。诚则明矣，明则诚矣。(七〇)

唯天下至诚，为能尽其性；能尽其性，则能尽人之性；能尽人之性，则能尽物之性；能尽物之性，则可以赞天地之化育；可以赞天地之化育，则可以与天地参矣(七一)。

其次致曲。曲能有诚，诚则形，形则著，著则明，明则动，动则变，变则化。唯天下至诚为能化。(七二)至诚之道，可以前知。国家将兴，必有祯祥；国家将亡，必有妖孽。见乎蓍龟，动乎四体(七三)。祸福将至，善，必先知之；不善，必先知之。故至诚如神。

诚者自成也，而道自道也。(七四)诚者，物之终始，不诚无物。(七五)是故君子诚之为贵。诚者非自成己而已也，所以成物也。成己，仁也；成物，知也。性之德也，合外内之道也。(七六)

故时措之宜也(七七)。故至诚无息。不息则久，久则征；征则悠远，悠远则博厚，博厚则高明。博厚，所以载物也；高明，所以覆物也；悠久，所以成物也。博厚配地，高明配天，悠久无疆。如此者，不见而章，不动而变，无为而成。天地之道，可一言而尽也(七八)。其为物不贰，则其生物不测。天地之道：博也，厚也，高也，明也，悠也，久也。今夫天，斯昭昭之多，及其无穷也，日月星辰系焉，万物覆焉。今夫地，一撮土之多。及其广厚，载华岳而不重，振河海而不泄，万物载焉(七九)。今夫山，一卷石之多，及其广大，草木生之，禽兽居之，宝藏兴焉，今夫水，一勺之多，及其不测，鼋鼍、蛟龙、鱼鳖生焉，货财殖焉。《诗》曰："惟天之命，于穆不已！"盖曰天之所以为天也。"于乎不显，文王之德之纯！"盖曰文王之所以为文也，纯亦不已。大哉圣人之道！洋洋乎发育万物，峻极于天(八〇)。优优大哉！礼仪三百，威仪三千。待其人而后行。故曰："苟不至德，至道不凝焉(八一)。"

故君子尊德性而道问学。致广大而尽精微，极高明而道中庸。温故而知新，敦厚以崇礼(八二)。是故居上不骄，为下不倍；国有道，其言足以兴(八三)；国无道，其默足以容。《诗》曰："既明且哲，以保其身(八四)。"其此之谓与！

子曰："愚而好自用，贱而好自专，生乎今之世，反古之道(八五)：如此者，灾及其身者也。"非天子不议礼，不制度，不考文(八六)。今天下车同轨，书同文，行同伦。虽有其位，苟无其德，不敢作礼乐焉；虽有其德，苟无其位，亦不敢作礼乐焉(八七)。子曰："吾说夏礼，杞不足征也(八八)。吾学殷礼，有宋存焉。吾学周礼，今用之，吾从周。"王天下有三重焉(八九)，其寡过矣乎！上焉者虽善无征，无征不信，不信民弗从；下焉者虽善不尊，不尊不信，不信民弗从。故君子之道：本诸身，征诸庶民，考诸三王而不缪，建诸天地而不悖，质诸鬼神而无疑，百世以俟圣人而不惑。质诸鬼神而无疑，知天也；百世以俟圣人而不惑，知人也。是故君子动而世为天下道，行而世为天下法，言而世为天下则。远之则有望，近之则不厌(九〇)。《诗》曰："在彼无恶，在此无射(九一)。庶几夙夜，以永终誉(九二)！"君子未有不如此而蚤有誉于天下者也。

仲尼祖述尧舜，宪章文武，上律天时，下袭水土(九三)。辟如天地之无不持载，无不覆帱(九四)，辟如四时之错行，如日月之代明。万物并育而不相害，道并行而不相悖，小德川流，大德敦化，此天地之所以为大也(九五)。

唯天下至圣，为能聪明睿知，足以有临也；宽裕温柔，足以有容也；发强刚毅，足以有执也；齐庄中正，足以有敬也；文理密察，足以有别也(九六)。溥博渊泉，而时出之(九七)。溥博如天，渊泉如渊。见而民莫不敬，言而民莫不信，行而民莫不说。是以声名洋溢乎中国，施及蛮貊(九八)。舟车所至，人力所通，天之所覆，地之所载，日月所照，霜露所队，凡有血气者，莫不尊亲，故曰配天(九九)。

唯天下至诚，为能经纶天下之大经，立天下之大本，知天地之化育(一〇〇)。夫焉有所倚？肫肫其仁(一〇一)！渊渊其渊！浩浩其天！(一〇二)苟不固聪明圣知达天德者，其孰能知之？

《诗》曰："衣锦尚䌹"，恶其文之著也。故君子之道，暗然而日章；小人之道，的然而日亡。君子之道：淡而不厌，简而文，温而理，知远之近，知风之自，知微之显，可与入德矣(一〇三)。《诗》云："潜虽伏矣，亦孔之昭！"故君子内省不疚，无恶于志(一〇四)。君子之所不可及者，其唯人之所不见乎！《诗》云："相在尔室，尚不愧于屋漏(一〇五)。"故君子不动而敬，不言而信。《诗》曰："奏假无言，时靡有争。"是故君子不赏而民劝，不怒而民威于鈇钺。《诗》曰："不显惟德！百辟其刑之。"是故君子笃恭而天下平。《诗》云："予怀明德，不大声以色。"子曰："声色之于以化民。末也。"《诗》曰："德辀如毛(一〇六)。"毛犹有伦(一〇七)，上天之载，无声无臭，至矣！

■ 题解

《中庸》是《礼记》第三十一篇。关于本篇的篇题，郑玄《礼记目录》说："名曰《中庸》者，以其记中和之为用也。庸，用也。孔子之孙子思伋作之。昭明圣祖之德。此于《别录》属通论。"朱熹《中庸章句》引程子语："不偏之谓中，不易之谓庸"作解，并进一步发挥，以"平常"释"庸"，认为"平常"兼有"不易"之义。"中庸"即大本之体发用于平常日用。程朱的解释，应该说更为详尽地揭示了"中庸"的含义。

■ 注释

（一）天命：谓天所命生人者也，是谓性命。木神则仁，金神则义，火神则礼，水神则信，土神则知。《孝经》曰："性者，生之质命，人所禀受度也。"

（二）率：循也。循性行之，是谓道。

（三）修：治也，治而广之。人仿效之，是曰"教"。

（四）道：犹道路也。

（五）慎独者，慎其闲居之所为也。小人于隐者，动作言语，自以为不见睹，不见闻，则必肆尽其情也。若有觇听之者，是为显见，甚于众人之中为之。

（六）中为大本者，以其含喜怒哀乐，礼之所由生，政教自此出也。

（七）"致中和"句：致，至也。位，正也。育，生长也。言人君所能，至极中和，使阴阳不错，则天地得其正位焉，生成得理，故万物其养育焉。

（八）庸：常也。用中为常，道也。反中庸者，所行非中庸，然亦自以为中庸也。君子而时中者，其容貌君子，而又时节其中也。小人而无忌惮，其容貌小人，又以无畏难为常行，是其反中庸也。忌：畏也。惮：难也。

（九）鲜：罕也。言中庸为道至美，顾人罕能久行。

（一〇）鲜能知味：谓愚者所以不及也。过与不及，使道不行，唯礼能为之中。

（一一）迩：近也。近言而善，易以进入，察而行之也。

（一二）两端：过与不及。

（一三）斯：此也。其德如此，乃号为舜。舜之言充也。

（一四）予：我也。言凡人自谓有知，人使之入罟，不知辟也。罟：网也。擭：谓柞椐也。

（一五）拳拳：奉持之貌。

（一六）强：勇者所好也。

（一七）抑：辞也。而之言女也，谓中国也。

（一八）衽：犹席也。

（一九）流：犹移也。

（二〇）塞：犹实也。

（二一）矫：强貌。

（二二）素：如攻城攻其所傃之"傃"，傃，犹乡也。

（二三）废：犹罢止也。

（二四）弗能已矣，汲汲行道，不为时人之隐行。

（二五）憾：恨也。

（二六）语：犹说也。所说大事，谓先王之道也。听说小事，谓若愚不肖夫妇之知行也。圣人尽兼行。

（二七）察：著也。

（二八）则：法也。言持柯以伐木，将以为柯近，以柯为尺寸之法。此法不远人，人尚远之，明为道不可以远。

（二九）违：犹去也。

（三〇）慥慥：守实言行相应之貌。

（三一）素：读皆为"傃"。不愿乎其外，谓思不出其位也。自得，谓所乡不失其道。

（三二）援：谓牵持之也。

（三三）无怨：人无怨之者也。《论语》曰："君子求诸己，小人求诸人。"

（三四）易：犹平安也。俟命：听天任命也。险：谓倾危之道。

（三五）自：从也。迩：近也。行之以近者卑者始，以渐致之高远。

（三六）琴瑟：声相应和也。翕：合也。耽：亦乐也。古者谓子孙曰帑。此《诗》言和室家之道，自近者始。

（三七）体：犹生也。可：犹所也。不有所遗，言万物无不以鬼神之气生也。

（三八）明：犹洁也。

（三九）洋洋：人想思其傍僾之貌。

（四〇）格：来也。矧：况也。射：厌也。思：皆声之助。言神之来，其形象不可亿度而知，事之尽敬而已，况可厌倦乎？

（四一）保：安也。

（四二）名：令闻也。

（四三）材：谓其质性也。笃：厚也。言善者天厚其福，恶者天厚其毒，皆由其本而为之。

（四四）栽：殖也。培：益也。覆：败也。

（四五）宪宪：兴盛之貌。保：安也。佑：助也。

（四六）缵：继也。绪：业也。戎：兵也。

（四七）修：谓扫粪也。宗器：祭器也。裳衣：先祖之遗衣服也，设之当以授尸也。时食：四时祭也。

（四八）序：犹次也。爵：谓公、卿、大夫、士也。事：谓荐羞也。以辨贤者，以其事别所能也，若司徒羞牛，宗伯共鸡牲矣。

（四九）燕：谓既祭而燕也。燕以发色为坐，祭时尊尊也，至燕亲亲也。齿：年也。

（五〇）践：犹升也。

（五一）方：版也。策：简也。息：灭也。

（五二）敏：犹勉也。

（五三）蒲卢：螺蠃，谓土蜂也。

（五四）言修身乃知孝，知孝乃知人，知人乃知贤不肖，知贤不肖乃知天命所保佑。

（五五）困而知之：长而见礼义之事，已临之而有不足，乃始学而知之，此"达道"也。

（五六）利：谓贪荣名也。勉强：耻不若人。

（五七）体：犹接纳也。子：犹爱也。远人：蕃国之诸侯也。

（五八）不惑：谋者良也。

（五九）不眩：所任明也。

（六〇）既：读为"饩"，"饩廪"，稍食也。

（六一）一：谓当豫也。

（六二）跲：踬也。

（六三）疚：病也。人不能病之。

（六四）获：得也。言臣不得于君，则不得居位治民。全句言知善之为善，乃能行诚。

（六五）言诚者，天性也。诚之者，学而诚之者也。因诚身说有大至诚。

（六六）措：置也。

（六七）果：犹决也。

（六八）此劝人学诚其身也。

（六九）自：由也。

（七〇）由至诚而有明德，是圣人之性者也。由明德而有至诚，是贤人学以知之也。

（七一）尽性者：谓顺理之使不失其所也。赞：助也。育：生也。

（七二）其次：谓自明诚者也。致：至也。曲：小小之事也。不能尽性而有至诚，于有义焉而已。形：谓人见其功也。尽性之诚，人不能见也。著：形之大者也。明：著之显者也。动：动人心也。变：改恶为善也。变之久，则化而性善也。

（七三）四体：龟之四足，春占后左，夏占前左，秋占前右，冬占后右。

（七四）言人能至诚，所以自成也。有道艺，所以自道达。

（七五）物：万物也，亦事也。大人无诚，万物不生。人小无诚，则事不成。

（七六）以至诚成己则仁道立，以至诚成物则知弥博。此五性之所以为德也，外内所须而合也。外内，犹上下。

（七七）时措：得其时而用也。

（七八）征：犹效验也。

（七九）昭昭：狭小之貌。振：犹收也。卷：犹区也。言至诚无贰，乃能生万物多无数也。

（八〇）育：生也。峻：高大也。

（八一）言为政在人，政由礼也。凝：犹成也。

（八二）德性：谓性至诚者。道：犹由也。问学：学诚者也。广大：犹博厚也。温：谓故学之孰矣，后时习之，谓之温。

（八三）兴：谓起在位也。

（八四）保：安也。

（八五）反古之道：谓晓一孔之人，不知今王之新政可从。

（八六）礼：谓人所服行也。度：国家官室及车舆也。文：书名也。

（八七）言作礼乐者，必圣人在天子之位。

（八八）征：犹明也。

（八九）三重：三王之礼。

（九〇）用其法度，想思若其将来也。

（九一）射：厌也。

（九二）永：长也。

（九三）此以《春秋》之义说孔子之德。孔子曰："吾志在《春秋》，行在《孝经》。"

（九四）帱：覆也。

（九五）圣人制作，其德配天地如此，唯五始可以当焉，帱亦覆也。小德川流，浸润萌芽，喻诸侯也。大德敦化，厚生万物，喻天子也。

（九六）言德不如此，不可以君天下也。盖伤孔子有其德而无其命。

（九七）言其临下普遍，思虑深重，非得其时，不出政教。

（九八）如天：取其运照不已也。如渊：取其清深不测也。貊：本又作"貉"，《说文》云："北方人也。"

（九九）尊亲：尊而亲之。

（一〇〇）大经：谓六艺，而指《春秋》也。大本，《孝经》也。

（一〇一）焉有所倚？肫肫：或为"纯纯"，恳诚貌也。

（一〇二）言无所偏倚也。人人自以被德尤厚，似偏颇者。

（一〇三）淡：其味似薄也。简而文，温而理，犹简而辨，直而温也。自：谓所从来也。三知者：皆言其睹未察本，探端知绪也。入德：入圣人之德。

（一〇四）孔：甚也。昭：明也。疢：病也。

（一〇五）相：视也。屋漏：室西北隅谓之"屋漏"。

（一〇六）輶：轻也。言化民当以德。德之易举而用，其轻如毛耳。

（一〇七）伦：犹比也。

■ 讲疏

"中庸"这一概念由孔子提出，《论语·雍也》："子曰：'中庸之为德也，其至矣乎！民鲜久矣。'"《中庸》篇的主旨，重点在于发挥孔子的中庸思想，其中提出了一系列重要思想观念，如"性"、"命"、"诚"等，对儒家形而上学做了重要表达，在儒学发展史上占有重要地位。本篇从唐代开始受到重视，韩愈、李翱为维护道统而推崇《中庸》（与《大学》），北宋二程百般褒奖宣扬，甚至认为《中庸》是"孔门传授心法"。南宋朱熹继承二程思想，把《中庸》从《礼记》中抽出来，与《论语》、《孟子》、《大学》合为"四书"，并撰《四书章句集注》。此后，"四书"日益受到社会的重视，并成为后世官方正统教育和开科取士的基本教典。

■ 参考文献

《礼记正义》，《十三经注疏》，清阮元校刻本，中华书局1980年。

《礼记解读》，丁鼎撰，中国人民大学出版社2010年。

《礼记》，陈戍国校注，岳麓书社2004年。

《礼记译注》，杨天宇撰，上海古籍出版社2004年。

《礼记今注今译》，王梦鸥注译，天津古籍出版社1987年。

《礼记通译》，俞仁良译注，上海辞书出版社2010年。

《礼乐文化与中国文论早期形态研究》，夏静著，中华书局2007年。

上博简(节选)

缁衣(节录)

子曰：长民者教之以德⁽一⁾，齐之以礼⁽二⁾，则民有昱心。教之以政，齐之以刑，则民有免心。故慈以爱之，则民有亲。信以结之，则民不倍⁽三⁾。恭以莅之⁽四⁾，则民有逊心。《诗》云："吾大夫恭且俭，靡人不敛。"《吕刑》云："苗民非用霝，制以刑，惟作五瘧之刑曰法。"

性情论(节录)

〔凡〕声，其出于情也信，然后其入拨人之心也厚⁽五⁾。闻笑声，则侃如也斯喜。闻歌谣，〔则陶如也斯奋〕。听琴瑟之声，则悸如也斯难。观《赉》、《武》，则愭如也斯作。观〔《韶》、《夏》，则勉如也斯敛〕。永思而动心，喟如也。其居次也久，其反善复始也慎，其出入也顺，殆其德〔也。郑卫之乐，非其〕声而从之也。

凡身欲静而毋滞，用心欲德而毋尤，虑欲渊而毋毕⁽六⁾，退欲肃而毋轻，〔进〕欲随而有礼，言欲直而毋流，居处欲逸易而毋慢⁽七⁾。君子执志必有夫柱柱之心，出言必有夫柬柬〔之信〕，宾客之礼必有夫齐齐之容⁽八⁾，祭司之礼必有夫脐脐之敬⁽九⁾，居丧必有夫恋恋之哀。

■ 题解

上海博物馆藏战国楚竹书，简称上博简，这批战国竹简共有1200多支，字数在35000左右，涉及80多种（部）先秦战国的古籍，其内容涉及儒家、道家、兵家、杂家等，其中多数古籍为佚书，个别见于今本，如《缁衣》、《周易》等，但传本不同。根据竹简尺寸、编绳、字体、内容等各方面分类排定，保留在竹简上的80多种（部）古籍的主要篇名有《周易》、《缁衣》、《子羔》、《彭祖》、《武王践阼》、《恒先》、《曹沫之陈》、《夫子答史留问》等。

《缁衣》存简24支，完简8支，计978字。其中重文10字，合文8字。简文均为单面书写，书于竹黄。简文中有分章符、重文符、合文符，结构严谨。全文以"子曰"为各章起首，章末字下有墨钉，以示结束，全篇有23章。

《性情论》可按文意排列的竹简40支，完简7支，另有严重残损者5支，计字1256个。简文与郭店简的《性自命出》篇大体相同。

■ 注释

（一）长：统治，主宰。

（二）齐：整治；整理。《礼记·大学》："欲治其国者，先齐其家。"

（三）倍：背离，违背。《礼记·大学》："上恤孤而民不倍。"

（四）莅：临视，治理。《孟子·梁惠王》："莅中国而抚四夷。"

（五）厚：深厚。

（六）毕：或读为"暴"。

（七）逸易：简单随便。

（八）齐齐：为庄敬之意。

（九）脐脐：同"齐齐"。

■ 讲疏

《缁衣》通篇是作者对统治者提出的道德伦理要求，每段以"子曰"开头，然后引《诗》、《书》相关内容以佐证作者的观点，集中体现了儒家的价值观念。孔子认为"长民者教之以德，齐之以礼，则民有耻心。教之以政，齐之以刑，则民有免心。"礼教的意义不仅外在于社会政治制度之创设，更内在于人精神之寄托，其人文化成意义、宗法伦理情感与人情人性理念，对中国文论发生特征的形成有着深远的影响。

《性情论》是一篇先秦思想家的佚文，该文从宏观的角度起论，提出了天降命、命出性、性生情、情始道的相承关系，主论"性"、"情"，兼及"道"的概念与特性。对于"情"与礼乐的关系，古人既肯定伦理道德之于个体内在情感的重要性，又将个体情感与政教治乱、时代风俗相联系，赋予其重大的社会历史意义。体现在文学思想上，一是重视情性之正，一是以礼制情。重视情性之正，是古代文学思想史上的一个重要传统。古人认为情志同源，心有所感，故形于诗、乐、舞。以礼制情，是中国古代文学思想史上的另一个重要传统，礼所表达的对先祖圣贤、国家社稷的感情，不仅联系着政治制度、社会整合等意识形态运作，更联系着血缘亲情、身份认同，是一种内在的情感要求与精神寄托。君子"执志"、"出言"、"居丧"、"宾客"、"祭司"等礼仪规范都是根据人情制作出来的。

■ **参考文献**

《上海博物馆藏战国楚竹书》（1—9），马承源主编，上海古籍出版社2001年。

《上博楚简三篇校读记》，李零著，中国人民大学出版社2007年。

《新出楚简文字考》，何琳仪、黄德宽、徐在国著，安徽大学出版社2007年。

《上博馆藏战国楚竹书研究》，上海大学古代文明研究中心、清华大学思想文化研究所编，上海书店出版社2002年。

《出土简帛丛考》，廖名春著，湖北教育出版社2004年。

郭店楚简（节选）

五行（节录）

闻君子道，聪也。闻而知之[一]，圣也。圣人知天道也。知而行之，义也。行之而时[二]，德也。见贤人，明也。见而知之，智也。知而安之，仁也。安而敬之，礼也。圣知礼乐之所由生也，五〔行之所和〕也。和则乐，乐则有德，有德则邦家兴[三]。文王之示也如此。"文〔王在上，于昭〕于天"，此之谓也。

闻道而悦者[四]，好仁者也。闻道而畏者[五]，好义者也。闻道而恭者，好礼者也。闻道而乐者，好德者也。

性自命出（节录）

凡道，心术为主。道四术[六]，唯人道为可道也。其三术者，道之而已。诗、书、礼、乐，其始出皆生于人。诗，有为为之也。书，有为言之也。礼乐，有为举之也。圣人比其类而论会之，观其先后而逆顺之，体其义而节文之，理其情而出入之，然后复以教。教所以生德于中者也。礼作于情，或兴之也。当事因方而制之，其先后之序则宜道也。又序为之节，则文也。致容貌，所以文节也。君子美其情，〔贵其义〕，善其节，好其容，乐其道，悦其教，是以敬焉。拜，所以□□□其灵敏也。币帛，所以为信与徵也，其辞宜道也。笑，礼之浅泽也。乐，礼之深泽也。

六德（节录）

何谓六德？圣、智也，仁、义也，忠、信也。圣与智就矣，仁与义就矣^(七)，忠于信就［矣］^(八)。作礼乐，制刑法，教此民尔，使之有向也^(九)，非圣智者莫之能也。亲父子，和大臣^(一〇)，寝四邻之抵牾^(一一)，非仁义者莫之能也。聚人民，任土地^(一二)，足此民尔，生死之用，非忠信者莫之能也。

尊德义（节录）

察者出，所以知己。知己所以知人，知人所以知命，知命而后知道，知道而后知行。由礼知乐，由乐知哀。有知己而不知命者，无知命而不知己者。有知礼而不知乐者，无知乐而不知礼者。善取，人能从之，上也。

为古率民向方者^(一三)，唯德可。德之流，速乎置邮而传命^(一四)。其载也无重焉，交矣而弗知也^(一五)，亡。德者，且莫大乎礼乐焉。治乐和哀，民不可惑也。反之此，枉矣^(一六)。

语丛一（节录）

有仁有智，有义有礼。

礼生于庄，乐生于亳。礼齐乐灵则戚，乐繁礼灵则慢。

礼，交之行述也。

乐，或生或教者也。

语丛二（节录）

情生于性，礼生于情。

■ 题解

《郭店楚简》是1993年10月于湖北荆门郭店一座楚墓中出土的一批楚文字竹简，共804枚，其中有字简730枚，12000余字。现藏荆门市博物馆。墓主据殉葬耳杯铭文知为"东宫之师"，或谓"东宫之杯"。墓葬时期当为战国中期后段。出土楚简包含多种古籍，多为儒、道两家的著作。郭店楚简的发现，填补了孔、孟之间儒家文献的空白，对研究先秦学术史和思想史具有重要意义。竹简反映了战国中期至秦汉之间学术思想史上的巨大变迁。其文中无"绝圣"和"绝仁弃义"等字样，说明道家早期思想无尖锐的反儒倾向。儒家自孔至孟一百多年间思想发展之脉络，因文献不足所造成的缺憾，楚简出土可有所弥补。楚简儒家著作中提出了性自命出、命自天降、道始于情、情生于性、性一心殊等观点，成为研究的新的突破点。同时对《中庸》是否出于子思，《大学》是否与曾子有关，又将成为研究的课题。但因出土时大多残损，虽然整理者进行了分篇、系联，但已无法完全恢复原状，且篇题均是由整理者拟加的。楚简图版与释文于1998年5月由文物出版社出版，书名为《郭店楚墓竹简》。

■ 注释

（一）知：同"智"。

（二）时：常常。

（三）邦：同"国"。

（四）道：天道也。

（五）畏：通"威"。

（六）四术：心术、诗、书、礼乐，"心术"即感化心理之法，属人道。四术在《礼记·王制》中指诗、书、礼、乐，如："乐正崇四术，立四教，顺先王诗、书、礼、乐以造士，春秋教以礼、乐，冬夏教以诗、书。"

（七）"仁与"句：谓仁与义相辅相成也。

（八）"忠与"句：谓忠与信相辅相成也。

（九）有向：有所适从也。向：方向。

（一〇）和：与"同"相对，《论语·子路》："君子和而不同，小人同而不和。"和大臣，指君臣和谐。

（一一）寝：息也。"寝四"句，即平息四邻的矛盾。

（一二）任：使用，任用。《周礼·地官·牛人》："凡会同军旅行役，共其兵车之牛，与其牵彷，以载公任器。"郑玄注："任，犹用也。"

（一三）向方：归乡正道。

（一四）置邮：用车马传递文书信息。

（一五）交：两者相接触。

（一六）枉：原作"往"，旧作不破读。

■ 讲疏

《五行》篇中听闻君子之道为"四聪"，听闻并知其为天道则为"圣"，帛本《说》："闻之而遂知其天之道也，是圣矣。"此句对"圣"反复论证，并提出"圣人"概念，闻君子道而知其为天道，那么圣人必知何为天道、又因何而为天道。"乐"是五行和后而内心产生的一种情感，五行和则有德。

《性自命出》圣人通过"论会"、"逆顺"、"节度"、"出入"等方法，养性理情，使德生于心中，然后方能"君子美其情，〔贵其义〕，善其节，好其容，乐其道，悦其教，是以敬焉"。这就要求礼乐教化应以人情为美，以仁义为贵，修善节文，整齐仪容，方能形成恭敬安详的盛世景象。作者认为敬、仁、信皆是"德"。

《六德》篇论述了"六德"在社会生活中的作用。在这里，实际上提出了三种社会关系：其一，以礼乐刑法为特征的政治思想；其二，以父系家族血缘纽带为基础的人际关系；其三，以农业社会为特征的生产关系。对于这三种社会关系，"六德"则起着不同的作用。处理好了这三种社会关系，中国古代社会生活当然就能够比较平稳而持续地展开。

《尊德义》由若干短句连缀而成，结构比较松散。内容主要是讲为上治民当以德义为教，礼乐行政从中出，强调人君当以礼乐治民，礼乐之道乃是"人道"。但礼乐之道所以能够实践，其前提是国君必须"有德"，因为"下之事上也，不从其所命，而从其所行"。因此带领民众归乡正道，只有德教能做到。

■ 参考文献

《郭店楚简校读记》，李零著，北京大学出版社 2002 年。

《郭店楚简国际学术研讨会论文集》，武汉大学中国文化研究院编，湖北人民出版社 2000 年。

《郭店楚简研究》，《中国哲学》编辑部、国际儒联学术委员会编，辽宁教育科学出版社 1999 年。

《天、人、性——读郭店楚简与上博竹简》，陈慧、廖名春、李锐著，上海古籍出版社 2014 年。

《郭店楚简与早期儒学》，庞朴等著，台湾古籍出版社 2002 年。

新书（节选）

贾谊（前200—前168），洛阳（今河南省洛阳市）人，汉代杰出政治家、思想家、文学家。汉文帝初年，贾谊由洛阳守吴公推荐，被文帝召见，官至中夫大夫，因力主改革政制，被权贵中伤，出为长沙王太傅。四年后，复被召为梁怀王太傅，怀王坠马死，贾谊自伤为傅无状，郁郁而死。其政治思想以儒学为主，兼采法、道、墨诸家学说。在《过秦论》中指出秦王朝的灭亡是因其不行仁义之道，不懂攻守不同术之理，提出了一套巩固和加强中央集权的政治主张：限制诸侯；定典章、兴礼乐，重礼教、慎刑罚；重农抑商，增加农业人口；崇俭抑奢、公私贮粟、轻徭役；国家垄断铸币权；强边关，解除匈奴威胁等。从而形成了"礼先法后"、"德主刑辅"的政治思想。政论文如《陈政事疏》、《过秦论》等；辞赋以《鵩鸟赋》、《吊屈原赋》最为有名。后人辑其文为《贾长沙集》，另外著有《新书》十卷。

新书·礼

昔周文王使太公望傅太子发，太子嗜鲍鱼，而太公弗与(一)，太公曰："礼，鲍鱼不登于俎(二)，岂有非礼而可以养太子哉(三)？"寻常之室，无奥剽之位(四)，则父子不别；六尺之舆，无左右之义(五)，则君臣不明。寻常之室、六尺之舆，处无礼即上下踳逆(六)，父子悖乱，而况其大者乎！故道德仁义，非礼不成；教训正俗，非礼不备；分争辨讼，非礼不决；君臣、上下、父子、兄弟，非礼不定；宦学事师，非礼不亲；班朝治军，莅官行法，非礼威严不行；祷祠祭祀，供给鬼神，非礼不诚不庄。是以君子恭敬、撙节、退让以明礼^(七)。

礼者，所以固国家，定社稷，使君无失其民者也。主主臣臣^(八)，礼之正也；威德在君，礼之分也^(九)；尊卑大小，强弱有位，礼之数也^(一〇)。礼，天子爱天下，诸侯爱境内，大夫爱官属，士庶各爱其家。失爱不仁，过爱不义，故礼者所以守尊卑之经、强弱之称者也^(一一)。礼，天子适诸侯之宫，诸侯不敢自阼阶。阼阶者，主之阶也^(一二)。天子适诸侯，诸侯不敢有宫^(一三)，不敢为主人礼也。君惠臣忠，父慈子孝，兄爱弟敬，夫和妻柔，姑慈妇听，礼之至也。君惠则不厉，臣忠则不贰，父慈则教，子孝则协，兄爱则友，弟敬则顺。夫和则义，妻柔则正，姑慈则从，妇听则婉，礼之质也。^(一四)

礼者，臣下所以承其上也。故《诗》云："一发五豝，吁嗟乎驺虞^(一五)。"驺者，天子之囿也。虞者，囿之司兽者也。天子佐舆十乘^(一六)，以明贵也。二牲而食^(一七)，以优饱也^(一八)。虞人翼五豝以待一发，所以复中也^(一九)。人臣于是所尊敬^(二〇)，不敢以节待，敬之至也。甚尊其主，敬慎其所掌职，而志厚尽矣^(二一)。作此诗者，以其事深见良臣顺上之志也^(二二)。良臣顺上之志者，可以义矣^(二三)，故其叹之也长，曰"吁嗟乎"。虽古之善为人臣者，亦若此而已。

礼者，所以节义而没不还。故飨饮之礼，先爵于卑贱，而后贵者始羞^(二四)。殽膳下浃而乐人始奏^(二五)。觞不下徧，君不尝羞^(二六)。殽不下浃，上不举乐。故礼者，所以恤下也。由余曰^(二七)："干肉不腐，则左右亲^(二八)。苞苴时有^(二九)，筐篚时至^(三〇)，则群臣附。官无蔚藏^(三一)，腌陈时发^(三二)，则载其上^(三三)。"《诗》曰："投我以木瓜，报之以琼琚，匪报也，永以为好也。^(三四)"上少投之，则下以躯偿矣，弗敢谓报，愿长以为好。古之蓄其下者^(三五)，其施报如此。国无九年之蓄，谓之不足；无六年之蓄，谓之急；无三年之蓄，国非其国也。民三年耕，必余一年之食；九年而余三年之食，三十岁相通，而有十年之积。虽有凶旱水溢，民无饥馑。然后天子备味而食，日举以乐^(三六)。诸侯食珍不失，钟鼓之县可使乐也^(三七)。乐也者，上下同之⁽³⁸⁾。故礼，国有饥人，人主不飧⁽³⁹⁾；国有冻人，人主不裘；报囚之日，人主不举乐⁽⁴⁰⁾。岁凶谷不登，台扉不涂，榭彻干侯，马不食谷，驰道不除，食减膳，飨祭有阙⁽⁴¹⁾。故礼者，自行之义，养民之道也。受计之礼⁽⁴²⁾，主所亲拜者二：闻生民之数则拜之⁽⁴³⁾，闻登谷则拜之。《诗》曰："君子乐胥，受天之祜⁽⁴⁴⁾。"胥者，相也⁽⁴⁵⁾；祜，大福也。夫忧民之忧者，民必忧其忧；乐民之乐者，民亦乐其乐。与士民若此者，受天之福矣。

礼，圣王之于禽兽也，见其生不忍见其死，闻其声不尝其肉，隐弗忍也⁽⁴⁶⁾。故远庖厨，仁之至也。不合围，不掩群⁽⁴⁷⁾，不射宿⁽⁴⁸⁾，不涸泽。豺不祭兽，不田猎⁽⁴⁹⁾；獭不祭鱼，不设网罟⁽⁵⁰⁾；鹰隼不鸷，睢而不逮，不出植罗⁽⁵¹⁾；草木不零落，斧斤不入山林⁽⁵²⁾；昆虫不蛰，不以火田；不麛，不卵，不刳胎，不殀夭，鱼肉不入庙门⁽⁵³⁾；鸟兽不成毫毛不登庖厨。取之有时，用之有节，则物蕃多。汤曰："昔蛛蝥作罟，不高顺、不用命者，宁丁我网⁽⁵⁴⁾。"其惮害物也如是。《诗》曰："王在灵囿，麀鹿攸伏，麀鹿濯濯，白鸟皜皜。王在灵沼，于牣鱼跃⁽⁵⁵⁾。"言德至也。圣主所在，鱼鳖禽兽犹得其所，况于人民乎！

故仁人行其礼，则天下安而万理得矣。逮至德渥泽洽⁽⁵⁶⁾，调和大畅⁽⁵⁷⁾，则天清彻⁽⁵⁸⁾，地富熅⁽⁵⁹⁾，物时熟⁽⁶⁰⁾，民心不挟诈贼⁽⁶¹⁾，气脉淳化，攫啮搏挚之兽鲜⁽⁶²⁾，毒蠚猛蚄之虫密，毒山不蕃，草木少薄矣。⁽⁶³⁾铄乎大仁之化也⁽⁶⁴⁾。

■ 题解

本篇选自《新书》卷六。《新书》又称《贾子》，是贾谊的政论文集，《汉书·艺文志》列入儒家，今存10卷58篇，其中《问孝》、《礼容语上》两篇有目无文，实为56篇。《新书》集中反映了贾谊的政治经济思想，开篇即为著名的《过秦论》，总结了秦朝灭亡的历史教训，其余诸篇提出了一系列政治主张：《宗首》、《藩强》、《权重》等阐述了加强中央集权的思想；《大政》、《修政》等提出了利民安民的民本思想。贾谊的政论散文逻辑严密，感情充沛，气势非凡，代表汉初政论散文的最高成就。鲁迅评价贾谊文章："为西汉鸿文，沾溉后人，其泽甚远。"

■ 注释

（一）太公望：即吕尚，又称姜尚，字子牙，号太公望。与（舆）：何孟春曰："一作予。"

（二）俎：祭宗庙器。

（三）养：《礼记·文王世子》注："养，犹教也。言养者，积浸成长之。"

（四）寻常：《周语》注："八尺为寻，倍尺为常。"奥剽：刘师培曰："剽，疑窔假。"《尔雅·释宫》："东南隅谓之窔"与"西南隅谓之奥"对文。《礼记·曲礼》："为人子者，居不主奥。"是奥为西南隅，尊者所居；窔则为东南隅，卑者所居。

（五）六尺之舆：《汉书·爰盎传》铺注引王先慎曰："《隋唐·礼乐志》舆下云：'汉室制度，以雕玉为之，方径六尺'"，"左右之义"。《礼记·曲礼》："君车将驾。"

（六）踳：原注："音虫，乖舛也。"

（七）郑注："分、辩，皆别也。宦，仕也。班，次也。涖，临也。庄，敬也。撙，犹趋也。"疏："道德为万事之本，仁义群行之大，故举此四者为用礼之主。"撙节，约束。

（八）主主臣臣：原作主臣。夏案：《俗激》："令主主臣臣，上下有差。"

（九）威德：《尚书·吕刑》："德威惟威，德明惟明。"《礼记·表记》："德所威，则人皆畏之。"分，《正字通》："分，名分也。"《荀子·非相》："分莫不于礼。"注："分生于有礼。"

（一〇）数：《易·节·象》曰："节，君子以制数度。"定数，规定。疏："数度，谓尊卑礼命之多少也。"

（一一）经：法则，常规。称：《荀子·礼论》注："称，谓各当其宜。"

（一二）阼阶者，原无"阼阶"二字。阼：《礼记·冠义》疏：阼是主人接宾之处，为东阶，宾客用西阶。

（一三）不敢有宫：谓不敢自居宫殿主人。《礼记·郊特牲》："天子无客礼，莫敢为主焉。君适其臣，升自阼阶，不敢有其室也。"

（一四）"君惠臣忠"至"礼之质也"，出自《左传》昭公二十六年，文字略有出入。厉：原作"属"。姑：《尔雅·释亲》："妇称夫之母为姑。"质：《礼记·曲礼》注："质，犹本也。"

（一五）"《诗》云"句：见《诗·召南·驺虞》。传云："豕牝曰豝。虞人翼五豝以待公之发。"笺："于嗟者，美之也。"疏："驱五豝以待公之发矢也。翼，趋也。"

（一六）佐舆：即佐车。《礼记·少仪》注："佐车，副车也。"

（一七）二牲：《周礼·天官·膳夫》："凡王之馈，膳用六牲。"《礼记·曲礼》注："二，谓重殽膳也。"

（一八）优：《说文》："优，饶也。"段注："饶者，甚饱之辞也。"

（一九）复：陶鸿庆曰："《后汉书·杜诗传》注：'复，谓优宽也。'"中：谓射中。

（二〇）于是：犹言于其。吴昌莹曰："是，之也。之，犹其也。"

（二一）"而志厚尽矣"，于义为长。

（二二）上：原误作"下"。

（二三）"良臣顺上之志者"，原脱"良臣顺上之志"。以：王引之曰："以，犹谓也。"

（二四）没：《小尔雅·广诂》："没，无也。"《方言》："还：及也。"没不还：无不及也。羞：原作"差"。《说文》："羞，进献也。羊，所进也。"

（二五）浃：《小尔雅·释言》："匝也。"《增韵》："帀，俗作匝。"《广雅·释诂》："帀：徧也。"

（二六）尝羞：原作"赏差"。

（二七）由余：《秦本纪》："戎王使由余于秦。由余，其先晋人也，亡入戎，能晋言。故使由余观秦。""秦以女乐二八遗戎王。戎王受而说之，终年不还，由余数谏不听，缪公又数使人间要由余，由余遂去降秦。""三十七年，秦用由余谋伐戎王，益国十二，开地千里。"

（二八）干肉不腐：盖谓庖无腐肉，已尽赐左右矣，与下三句意同。

（二九）苞苴：《礼记·曲礼》注："苞苴，裹鱼肉，或以苇，或以茅。"夏案："苞苴时至，谓人君时有苞苴之赐。"

（三〇）筐筥时至：《诗·小雅·鹿鸣·序》疏："言人君于群臣，既设飨陈馔，又实币帛于筐篚而酬侑之，以行其厚意，然后（臣下）皆得尽其忠诚之心以事上焉。"

（三一）蔚：《仓颉篇》："蔚，草木茂盛貌也。蔚藏，盛贮。"

（三二）腌：《说文》："腌，渍肉也。"夏案："腌肉需日久方可入味。陈，久也。腌陈，谓腌渍已久可食之肉。""太仓之粟，陈陈相因。"谓收藏陈久之物亦通。

（三三）载：《释名·释姿容》："载，戴也。"

（三四）《诗》曰：见《卫风·木瓜》。《诗序》云："卫国有狄人之败，齐桓公救而封之。卫人欲厚报之，而作是诗。"传："木瓜，楙木也，可食之。琼，玉之美者。琚，佩玉名。"笺："匪，非也"。

（三五）蓄：《晋语》四注："蓄，养也。"夏案："犹言待也。"

（三六）"民三年耕"至"日举以乐"亦见于《礼记·王制》。疏云："三十年之通，先以三十年通融之法，留九年之蓄外，计见在之物以制国用。备味，谓诸味皆备。《荀子·解蔽》："口食备味，形居备宫。"日举以乐，《白虎通义·礼乐》："王者食，何以有乐？乐食天下之太平，富积之饶也。"

（三七）县：《周礼·春官·小胥》注："县，谓钟磬之属，县于笋簴（音损句）也。"《周礼·考工记·梓人》注："乐器所县，横曰笋，直曰簴。"

（三八）乐也者，原脱"乐"也。上下同之，《孟子·梁惠王》："王与百姓同乐则王矣。"

（三九）飧：《说文》段注："饔、飧皆谓熟食，分别之，则为朝食、夕食。"

（四〇）"报囚"二句：《韩非子·五蠹》："司寇行刑，君为之不举乐。"《汉书·颜延年传》注："报囚，奏报行决也。"

（四一）登：《孟子·滕文公》注："登，成熟也。"涂：《穀梁传》襄公二十四年注："涂，涂饰。"榭：《尔雅·释鱼·释文》："榭通射"，陶鸿庆曰："古彝器铭，以宣射为宣榭。"驰道不除：《始皇本纪》集解："驰道，天子所行道也。"飨祭有阙：《穀梁传》襄公二十四年："台榭不涂，驰侯，廷道不除，鬼神祷而不祠。"

（四二）受计：《汉书·武帝纪》注："受郡国所上计簿也，若今之诸州计账。"《说文》："计，会也，算也。"

（四三）生民：通谓人民。

（四四）"诗曰"二句见《诗经·小雅·桑扈》。"之祜"原讹子祜。下祜同。祜：音户。

（四五）胥：《尔雅·释诂》："胥，相也。"《吕氏春秋·举难》："相也者，百官之长也。"《集韵》："相，助也。"郑笺谓："胥，有才智之名。"

（四六）隐：朱骏声曰："隐，恻隐之心。"

（四七）"不合围"二句：《礼记·曲礼》疏："春时万物产孕，不欲多杀伤，故不合围绕取也。群，谓禽兽共聚也，群聚则多，不可掩取也。"

（四八）宿：盖谓宿禽宿兽。

（四九）豺：《吕氏春秋·季秋纪》注："豺，兽也，似狗而长毛，于是月杀兽，四围陈之，世所谓祭献。"田：朱骏声曰："田，假借为畋。"《广韵》："畋，取禽兽也。"

（五〇）獭不祭鱼：《说文》："獭，如小狗也，水居食鱼。"《淮南子·时则训》注："獭取鲤鱼于水边，四面陈之，谓之祭鱼。"罟：《说文》："罟，网也。"

（五一）隼：音笋。陆机曰："隼，鹞属。"鸷：《说文》："鸷，击杀鸟也。"睢：《说文》："睢，仰目也。"植罗：一作蔚罗，蔚，小网。

（五二）草木不零落：《王制》疏："谓十月时。此谓揔取林木依时。"

（五三）火田：《王制》疏："放火张罗，从十月以后至仲春，皆得火田。"麑：音迷，鹿子。不卵，谓不取禽卵，以利繁殖。刳：音枯，《广韵》："刳，剖破。"殀，音夭，《王制》注："殀，断杀。"鱼肉，犹鱼育（育下从肉），或谓稚鱼。育：稚也。

（五四）不高顺：疑作"高下顺"，即《论诚篇》云："欲高者高，欲下者下。"不用命，犹言不遵命。宁丁，犹言乃当。

（五五）"《诗》曰"六句，见《大雅·灵台》。传云："神之精明者称灵。"囿，所以域养禽兽也。灵囿，言灵道行于囿也。麀，牝也。濯濯，娱游也。翯翯，肥泽也。沼，池也。牣，满也。

（五六）渥：《广雅·释诂》："渥，厚也。"洽：偏也。

（五七）调和：《庄子·天运》："一清不浊，阴阳调和。"

（五八）彻：《诗·唐风·扬之水》：澈，或作彻。

（五九）煜：王念孙曰："与缊通。地富缊，谓生殖饶多也。"缊：《广雅·释诂》："缊，饶也。"

（六〇）时熟：《礼记·乐记》："德盛而教尊，五谷时熟。"

（六一）贼：《论语·先进》疏："贼，害也。"

（六二）挐：《正字通》："挐，攫执也。"

（六三）蠚：有毒腺和螫刺之虫也。猛：食根虿也。蚄：食谷虫也。密：深藏也。

（六四）铄：《广雅·释诂》："铄，美也。"

■ 讲疏

在贾谊看来，当时的汉朝是一个没有健全的等级制度、没有礼义廉耻、奸人冀幸、众心疑惑的社会。面对这样一种上无制度，弃礼义，捐廉丑的社会现实，贾谊忧心忡忡，认为再也不能遵奉无动为大的道家黄老之术了，而必须改正朔，易服色制度，定官名，兴礼乐，以立君臣、等上下，使纲纪有序、六亲和睦。只有这样，才能使诸侯轨道，百姓素朴，狱讼衰息。因此，叔孙通等人倡导的制礼仪、明尊卑、以礼治国的主张，也成了贾谊政治思想的重要内容。

贾谊认为："礼者，所以固国家、定社稷，使君无失其民者也。主臣，礼之正也；威德在君，礼之分也；尊卑大小，强弱有位，礼之数也。"也就是说，只有通过礼，才能使君臣有别、尊卑有序、强弱有位，也才能使臣不敢欺君、下不敢凌上、卑不敢僭尊，国家才能稳固。因此，在贾谊看来，礼是治国之本，如果丧失了礼，国家便会灭亡。贾谊认为，秦朝违礼义、弃伦理，灭四维（礼、义、廉、耻）而不张，故"君臣乖而相攘，上下乱僭而无差，父子六亲殃戮而失其宜，奸人并起，万民离畔，凡十三岁而社稷为虚。"从这种思想出发，贾谊主张建立一个仁以爱民、礼以尊君的儒家式政权。

- **参考文献**

《新书校注》,(西汉)贾谊撰,阎振益、钟夏校注,中华书局 2000 年。

《贾谊集校注》,王洲明、徐超校注,人民文学出版社 1996 年。

《新书》,(西汉)贾谊撰,卢文弨校,中华书局 1985 年。

《贾谊礼治思想研究》,唐雄山著,中山大学出版社 2005 年。

《贾谊新书》,于智荣译注,黑龙江人民出版社 2003 年。

春秋繁露（节选）

董仲舒（前189—前106），广州（今河北枣强广川）人，西汉著名儒家学者、政治哲学家、今文经学大师。汉景帝时任经学博士，汉武帝时任江都相，后又调任胶西相。董仲舒潜心研究孔子学说，三次对策于汉武帝，主张罢黜百家、独尊儒术。其政治思想以儒家宗法为中心，杂以周朝以来的"阴阳五行说"，提出"天人感应"说、"三纲五常"说，对后世影响极大；教育思想主张以教化为"堤防"，立太学，设庠序，为汉代教育事业的发展做出了贡献。董仲舒后因避公孙弘，托病辞官，专心于著述，朝廷遇有大事，汉武帝常派人听取其意见。董仲舒的著作由后人汇编成书，汉代时称《董仲舒书》，后来称《春秋繁露》。班固《汉书·董仲舒传》收入其《天人三策》，集中反映了董仲舒的政治哲学思想。

■ 题解

《春秋繁露》十七卷，由于书中篇名和《汉书·艺文志》及本传所载不尽相同，后人疑其不尽出自董仲舒一人之手。《春秋繁露》系后人辑录董仲舒遗文而成书，书名为辑录者所加。我国现存最早的《春秋繁露》版本，是南宋嘉定四年（1211）江右计台刻本，现藏于北京图书馆。历代注本繁多，最详尽的是苏舆的《春秋繁露义证》。《春秋繁露》的内容反映了董仲舒"大一统"的政治哲学思想体系，其大致分为两个方面：一是政治上，统一于皇帝；二是思想上，统一于儒家思想。儒家思想以天的形式，凌驾于政权之上。这种思想以儒家宗法为中心，还杂以阴阳五行学说，宣扬"天人感应"。董仲舒讲"天人感应"，形式上有神学的意味，而实质上还是儒家的政治哲学，认为"天"不但为人世安排了正常秩序，还密切注视人间的活动，各种自然现象与政治活动存在密切的关联。

玉杯（节录）

君子知在位者之不能以恶服人也，是故简六艺以赡养之（一）。《诗》、《书》序其志（二），《礼》、《乐》纯其美（三），《易》、《春秋》明其知（四）。六学皆大（五），而各有所长。《诗》道志，故长于质（六）。《礼》制节，故长于文（七）。《乐》咏德，故长于风（八）。《书》著功，故长于事。《易》本天地，故长于数（九）。《春秋》正是非，故长于治人。能兼得其所长，而不能遍举其详也。故人主大节则知闇（一〇），大博则业厌（一一），二者异失同贬（一二），其伤必至，不可不察也。是故善为师者，既美其道（一三），有慎其行（一四），齐时蚤晚（一五），任多少（一六），适疾徐（一七），造而勿趋（一八），稽而勿苦（一九），省其所为（二〇），而成其所湛（二一），故力不劳而身大成。此之谓圣化（二二），吾取之。

■ 注释

（一）性有善质，而未能全善，不教则习近于恶，故以六艺养其德性。简：通"柬"，选择。六艺：《诗》、《书》、《礼》、《乐》、《易》、《春秋》。赡养：指涵养当政者的德性。

（二）序：陶冶。志：情志。

（三）纯：净化。美：审美情趣。

（四）知：通"智"，智慧。

（五）六学：六艺。大：重要。

（六）质：朴，自然本性。

（七）文：文饰。

（八）风：社会教化。

（九）数：自然规律。

（一〇）大：通"太"。节：节制、约束。知闇："闇"通"暗"，指知识面太窄，易孤落寡闻。

（一一）厌：压抑，堵塞。

（一二）异失：不同的失误。同贬：同样受到批评。

（一三）美：赞美。道：六艺之学。

（一四）有：又。

（一五）齐：通"剂"，调剂，安排。蚤：通"早"。

（一六）任：承担。

（一七）适：恰好。疾徐：快慢。

（一八）造：到达。趋：急促。

（一九）稽：留止，至。苦：急躁。

（二〇）省：节省。为：行为，功力。

（二一）湛：同"耽"。

（二二）圣化：指董仲舒所表达的理想化的"六艺"教学过程。

立元神（节录）

君人者，国之本也。夫为国，其化莫大于崇本，崇本则君化若神（一），不崇本则君无以兼人。无以兼人，虽峻刑重诛，而民不从，是所谓驱国而弃之者也，患孰甚焉？何谓本？曰：天地人，万物之本也（二）。天生之，地养之，人成之。天生之以孝悌，地养之以衣食，人成之以礼乐，三者相为手足，合以成体，不可一无也。明主贤君必于其信，是故肃慎（三）三本。郊祀致敬，共事祖祢，举显孝悌，表异孝行，所以奉天本也（四）。秉耒躬耕，采桑亲蚕，垦草殖谷，开辟以足衣食，所以奉地本也（五）。立辟雍庠序，修孝悌敬让，明以教化，感以礼乐，所以奉人本也（六）。

■ 注释

（一）崇本则君化若神：本就是国君，崇本就是要神化国君。

（二）万物之本：此篇讲本，意义不同。君是本，天地人又是三本。

（三）肃慎：恭敬谨慎。

（四）"郊祀致敬"五句：郊祀致敬，祭祀天地。共事祖祢，祖：祖先庙。祢，父庙。提倡孝道。孝是天经地义的。所以，祭天祀地，提倡孝道，都是奉天之本。

（五）"秉耒躬耕"五句：耕地、桑蚕，农业生产，解决衣食需要，就是奉地之本。耒，木制农具。躬耕，汉朝从文帝开始，亲自耕籍田，所收粮食供祭祀用。亲蚕，皇后亲自种桑树养蚕，也供祭祀使用。

（六）"立辟雍庠序"五句：辟雍庠序，天子皇族的学校为辟雍；乡校曰庠，里学曰序，古代的各级教育机构。孝悌敬让，培养道德素质的基础，礼乐教化，是教化的主要内容。

三代改制质文（节录）

《春秋》曰"王正月"，《传》^{（一）}曰："王者孰谓？谓文王也。曷为先言王而后言正月^{（二）}？王正月^{（三）}也。"何以谓之王正月？曰：王者必受命而后王^{（四）}。王者必改正朔，易服色，制礼乐，一统于天下，所以明易姓，非继人，通以己受之于天也。

■ 注释

（一）《传》：指《公羊传》。

（二）曷：为什么。

（三）王正月：周文王正月。

（四）命：天命。

■ 讲疏

选文显示出《春秋》特别重视人类行为的动机，所谓："《春秋》之论事，莫重于志。"其重心在于"矫枉世而直之"，即矫正错误的言行，使之返回正确的轨道。并且认为君王要使国家兴旺发达，关键在于懂得树立根本。

天用孝悌生育万物,地用衣食养育万物,人用礼乐成就万物。又提出在夏、商、周三代在礼乐制度上做出改革,以承天命,"王者必改正朔,易服色,制礼乐"。新王朝的君王受天命才能称王,紧接着改变历法,改换服装色彩,制礼作乐。昭告天下百姓江山已更姓易王,新王已受天命。《玉杯》是董仲舒著作中的名篇。本篇主要通过《春秋》所记载鲁文公、许止、赵盾、公子比等人的事,通过复杂的分析,认为《春秋》特别重视人的心志、办事的动机,这种重视没有明白说出,而是用曲折隐晦的笔法,即"微言"来表达的。《立元神》论述君王要树立根本,使自己具有超凡的才能和智慧,使国家安定团结,繁荣昌盛,人民安居乐业,生活富足。

■ **参考文献**

《春秋繁露义证》,苏舆撰,钟哲点校,中华书局2007年。

《春秋繁露》,(汉)董仲舒著,中华书局2011年。

《春秋繁露》,(汉)董仲舒撰,(清)凌曙注,中华书局1975年。

《董子春秋繁露译注》,阎丽译注,黑龙江人民出版社2003年。

《春秋繁露新注》,曾振宇、傅永聚注,商务印书馆2010年。

《春秋繁露》,(汉)董仲舒著,周桂钿译注,中华书局2011年。

史记（节选）

司马迁（约前145—前90），字子长，夏阳（今陕西省韩城市）人，其先祖世为周代史官。司马迁少年好学，二十以后，游遍全国，考察风俗，采集传说。曾跟随著名的经学家董仲舒、孔安国研究过《春秋公羊传》和《古文尚书》，还具有相当广博的天文历数知识，深刻了解先秦学术思想及其发展脉络。司马迁初任郎中，元封三年（前108），继父司马谈之职，任太史令。太初元年（前104）与唐都、落下闳等共订太初历，后因替李陵辩解，下狱受腐刑。司马迁发愤著书，欲以"究天人之际，通古今之变，成一家之言"，完成我国第一部纪传体通史《太史公书》，后称《史记》。《史记》全书包括十二本纪、三十世家、七十列传、十表、八书，共一百三十篇，为后代正史的典范。《史记》对后世的史学与文学产生深远的影响，鲁迅称其为"史家之绝唱，无韵之离骚"，司马迁被尊为"史圣"。

礼书（节录）

太史公曰：洋洋美德乎^{（一）}！宰制万物^{（二）}，役使群众，岂人力也哉？余至大行礼官^{（三）}，观三代损益^{（四）}，乃知缘人情而制礼，依人性而作仪，其所由来尚矣。

人道经纬万端^{（五）}，规矩无所不贯^{（六）}，诱进以仁义，束缚以刑罚，故德厚者位尊，禄重者宠荣，所以总一海内而整齐万民也⁽七⁾。人体安驾乘⁽八⁾，为之金舆错衡以繁其饰⁽九⁾；目好五色⁽一〇⁾，为之黼黻文章以表其能⁽一一⁾；耳乐钟磬，为之调谐八音以荡其心⁽一二⁾；口甘五味⁽一三⁾，为之庶羞酸咸以致其美⁽一四⁾；情好珍善⁽一五⁾，为之琢磨圭璧以通其意⁽一六⁾。故大路越席⁽一七⁾，皮弁布裳⁽一八⁾，朱弦洞越⁽一九⁾，大羹玄酒⁽二〇⁾，所以防其淫侈，救其凋敝⁽二一⁾。是以君臣朝廷尊卑贵贱之序，下及黎庶车舆衣服宫室饮食嫁娶丧祭之分，事有宜适，物有节文⁽二二⁾。仲尼曰："禘自既灌而往者，吾不欲观之矣⁽二三⁾。"

周衰，礼废乐坏，大小相逾，管仲之家，兼备三归⁽二四⁾。循法守正者见侮于世，奢溢僭差者谓之显荣⁽二五⁾。自子夏⁽二六⁾，门人之高弟也，犹云"出见纷华盛丽而说，入闻夫子之道而乐，二者心战⁽二七⁾，未能自决"，而况中庸以下，渐渍于失教，被服于成俗乎⁽二八⁾？孔子曰"必也正名"⁽二九⁾，于卫所居不合⁽三〇⁾。仲尼没后，受业之徒沈湮而不举，或适齐、楚，或入河海，岂不痛哉⁽三一⁾！

至秦有天下，悉内六国礼仪，采择其善，虽不合圣制，其尊君抑臣，朝廷济济，依古以来⁽三二⁾。至于高祖，光有四海，叔孙通颇有所增益减损，大抵皆袭秦故⁽三三⁾。自天子称号，下至佐僚及宫室官名，少所变改。孝文即位，有司议欲定仪礼，孝文好道家之学，以为繁礼饰貌，无益于治，躬化谓何耳，故罢去之⁽三四⁾。孝景时，御史大夫晁错明于世务刑名⁽三五⁾，数干谏孝景曰："诸侯藩辅⁽三六⁾，臣子一例，古今之制也。今大国专治异政，不禀京师，恐不可传后。"孝景用其计，而六国畔逆⁽三七⁾，以错首名，天子诛错以解难⁽三八⁾。事在《袁盎》语中⁽三九⁾。是后官者养交安禄而已⁽四〇⁾，莫敢复议。

今上即位⁽四一⁾，招致儒术之士，令共定仪，十余年不就。或言古者太平，万民和喜，瑞应辨至⁽四二⁾，乃采风俗，定制作。上闻之，制诏御史曰："盖受命而王⁽四三⁾，各有所由兴，殊路而同归，谓因民而作，追俗为制也⁽四四⁾。议者咸称太古，百姓何望⁽四五⁾？汉亦一家之事，典法不传，谓子孙何？化隆者闳博，治浅者褊狭，可不勉与！"乃以太初之元改正朔，易服色⁽四六⁾，封太山，定宗庙百官之仪，以为典常，垂之于后云。

■ 题解

《礼书》是司马迁《史记》"八书"中的第一篇。《曲礼》云："道德仁义非礼不成，教训正俗非礼不备，分争辩讼非礼不决。"司马迁生活在武帝尊儒的时代，儒家是极力推崇以"礼乐"治国的，故而司马迁将《礼书》排列八书之首。司马迁论礼，主要是本于荀子，从养人之欲、节人之情两方面论述礼的必要性，将礼与人的欲望相协调，从而强调了其保护作用。

■ 注释

（一）洋洋：盛大充实貌，喻礼之广大。

（二）宰制：主宰，支配也。

（三）大行礼官：掌礼仪及接待宾客的官员，《周礼·秋官司寇》中规定为司寇的属官，秦置典客，汉武帝更名鸿胪。

（四）三代损益：夏、商、周三代对礼制所作的减增。

（五）人道：人类社会活动之道德规范。经纬万端：如织物般纵横交贯，相错相通。经纬：纵横交错。

（六）规矩：规则礼法也。

（七）总一：合而为一。海内：指代全国。

（八）安驾乘：以驾车乘马为舒适。

（九）金舆：黄铜装饰的车舆。错：涂饰。衡：车辕前横木。

（一〇）五色：青、黄、赤、白、黑。

（一一）黼黻：古代礼服上刺绣的花纹。黑白相间的斧形花纹曰"黼"，青黑相间的两两相背的花纹曰"黻"。文章：文采。表其能：修饰其仪表。能：通"态"，仪表。

（一二）八音：指金（钟）、石（磬）、土（埙）、革（鼓）、丝（琴瑟）、木（祝敔）、匏（笙）、竹（箫）八类乐器的乐音。荡：涤荡，洗涤。

（一三）五味：指辛、酸、咸、苦、甘等口味。

（一四）庶羞：多种佳肴美味。

（一五）珍善：指珍美的物品。

（一六）圭璧：玉器。圭：上圆下方。璧：扁圆形，中有孔。古代帝王、诸侯举行典礼时所执。

（一七）大路：即"大辂"，一种极质朴的车，以木为之，唯漆之而已，古代天子用以祀天。越席：以蒲草编织的席。

（一八）皮弁：此指国王临朝时所戴之鹿皮礼帽。《周礼》："王视朝则皮弁之服。"布裳：白色麻衣。

（一九）朱弦：指琴瑟上红色丝弦。洞越：瑟底开小孔，使声浊而迟。《礼记·乐记》："清庙之瑟，朱弦而疏越。"

（二〇）大羹：古代祭礼所用没加调味之肉汤。玄酒：上古没有酒，祭时用白水。后有酒，为遵循古制，祭时仍用水，叫作"玄酒"或"玄尊"。

（二一）凋敝：通"雕敝"，追求华丽雕饰的弊端。

（二二）序：等级次序。分：区别、界限。"事有事宜"二句：每一件事情都应有适当的限制和节制。

（二三）"仲尼曰"二句：语出《论语·八佾》。禘：孔安国曰："禘祫之礼，为序昭穆也，故毁庙之主及群庙之主皆合食于太祖。"它是古代天子举行的一种祭祀祖先的隆重典礼。灌：酌酒以献，献酒，奠酒。

（二四）管仲：春秋齐国政治家，名夷吾，字仲。辅助齐桓公进行政治改革，成为春秋时第一个霸主。三归：依《集解》包氏曰："三归，娶三姓女。妇人谓嫁曰归。"不过也有不同的解释，晚清郭嵩焘说："所谓'三归'者，市租之常例之归公者也。桓公既霸，遂以赏管仲。"

（二五）奢溢：奢侈淫逸。僭差：逾越本分。

（二六）自：尽管，虽然。此谓子夏乃孔子门人之中高弟者，谓才优而品第高也，故《论语》四科有"文学子游、子夏"。

（二七）心战：内心矛盾，交战。

（二八）"渐渍于失教"二句：渐渐被不良风气所污染，被流行的习俗所影响。

（二九）正名：《论语》曰："子路曰：'卫君待子而为政，子将奚先？'子曰：'必也正名乎'！"马融曰："正百事之名。"

（三〇）于卫所局不合：谓孔子居卫时，卫灵公好色好战，与孔子所推行的仁政、礼让之道不合。

（三一）不举：不被重用。意谓弟子离散，如大师挚适齐，亚饭干适楚，鼓方叔入于河，少师阳、击磬襄入于海。鲁哀公时，礼坏乐崩，人皆去也。河：指黄河。海：指大海。据《论语·微子》记载，春秋末期，礼崩乐坏，鲁国的乐师或往齐、楚，或适河、海。与本文言"受业之徒"异。

（三二）内：通"纳"，接纳，吸收。朝廷济济：形容朝廷文武百官威严谨慎的样子。依古以来：是沿袭古代礼法制度而来。

（三三）抵：依《集解》应劭曰："抵，至也。"瓒曰："抵，归也。"光：通"广"。叔孙通：薛县（今山东薛城人）。曾为秦博士，秦末起义时，为项羽部下，后归刘邦。汉朝建立，他与儒生共立朝仪。后为太子太傅。事迹见《史记·刘敬叔孙通列传》。

（三四）躬化谓何耳：躬化，谓以身为教。张守节《正义》："《孝文本纪》云，上身戈绨（黑粗丝所织之衣），所幸慎夫人令衣不曳地，帷帐不得文绣，治霸陵皆以瓦器，是躬行俭化，谓何嫌耳，不须繁礼饰貌也。"

（三五）晁错：西汉政治家，景帝时任御史大夫。曾向景帝提出削藩的主张，吴、楚七国叛乱时为袁盎所谮，被杀。刑名：古代名学（逻辑学）术语。

（三六）诸侯藩辅：诸侯是天子的屏藩和辅助。

（三七）六国：吴、楚、赵、菑川、济南、胶西为六国也。齐孝王狐疑城守，三国兵围齐，齐使路中大夫告天子，故不言七国也。畔：通"叛"。

（三八）"天子诛错"句：汉景帝用晁错之计削藩，诸藩国以吴王刘濞为首起兵造反，史称"七国之乱"，汉景帝听信袁盎谗言，杀了晁错，后又派周亚夫领兵平叛。

（三九）《袁盎》：指《袁盎晁错列传》。

（四〇）养交安禄：搞好关系，安于禄位。

（四一）今上：指汉武帝刘彻，汉武帝当政期间重用董仲舒，尊崇儒术，罢黜百家。

（四二）瑞应：古代迷信认为上天降赐祥瑞是人君圣德的感应。辨至：纷至沓来。辨：通"遍"。

（四三）受命：古代帝王假托神权来巩固政权，认为君权神授。

（四四）因民而作，追俗为制也：根据人民的需要和民风习俗的实际关系情况来确定制度政策。

（四五）百姓何望：老百姓哪里有这种想法？望：仰望也，这里有"取法"之义。

（四六）太初之元：太初元年（前104）。正朔：正月初一。改正朔：开始用夏正，以正月为岁首。汉初用秦历，以夏十月为岁首，至此始改用夏历。易服色：改变服饰车马以及祭祀用的牲畜等的颜色，汉属火德，色尚赤。封泰山：于太山之上筑坛祭天。古代朝廷立新王时，常有"改正朔、易服色"等活动。改正朔，即改历法；服色，古代各个王朝所定的车马服饰的颜色。

■ 讲疏

本篇主要讲述了"礼"的缘起、发展及其作用。首先，司马迁通过观察夏、商、周三代的礼制变化，认为"缘人情而制礼，依人性而作仪"。礼仪的内容都是从生活中来的，是顺从百姓的性情发展而来的。其次，"礼"的起源不但历史悠远，而且作用巨大，称它"洋洋"美德，"宰制万物，役使群众，岂人力也哉"甚至将其提高到了神化的地步，因此，得出我们必须重视"礼"的结论。"礼"不但满足了人的情感，而且让生活美观且有秩序。此外，"礼"还有着"防其淫侈，救其凋敝"的作用，它起着调节社会的作用，可防治人的越礼行为发生，即为社会"正名"。司马迁还从反面出发，列举孝文时对"礼"认识不足，以及景帝重视以刑名治国，来说明儒家之"礼"才是治国大法。再者，司马迁主张的不是照搬三代之礼，三代相袭时对"礼"各有损益，应该因时制礼，汉武帝也下诏说："议者咸称太古，百姓何望？汉亦一家之事，典法不传，谓子孙何？"

乐书（节录）

太史公曰：余每读《虞书》^{（一）}，至于君臣相敕^{（二）}，维是几安，而股肱不良^{（三）}，万事堕坏^{（四）}，未尝不流涕也。成王作颂^{（五）}，推己惩艾^{（六）}，悲彼家难，可不谓战战恐惧，善守善终哉^(七)？君子不为约则修德，满则弃礼^(八)，佚能思初，安能惟始^(九)，沐浴膏泽而歌咏勤苦^(一〇)，非大德谁能如斯！《传》曰"治定功成，礼乐乃兴"。海内人道益深^(一一)，其德益至，所乐者益异。满而不损则溢，盈而不持则倾^(一二)。凡作乐者，所以节乐^(一三)。君子以谦退为礼，以损减为乐，乐其如此也。以为州异国殊，情习不同^(一四)，故博采风俗，协比声律^(一五)，以补短移化^(一六)，助流政教。天子躬于明堂临观^(一七)，而万民咸荡涤邪秽，斟酌饱满，以饰厥性^(一八)。故云《雅》《颂》之音理而民正，嘄嗷之声兴而士奋^(一九)，郑卫之曲动而心淫^(二〇)。及其调和谐合，鸟兽尽感，而况怀五常，含好恶^(二一)，自然之势也。

凡音之起，由人心生也^(二二)。人心之动，物使之然也^(二三)。感于物而动，故形于声^(二四)；声相应，故生变^(二五)；变成方^(二六)，谓之音；比音而乐之^(二七)，及干戚羽旄^(二八)，谓之乐也。乐者，音之所由生也，其本在人心感于物也。是故其哀心感者，其声噍以杀^(二九)；其乐心感者，其声啴以缓^(三〇)；其喜心感者，其声发以散^(三一)；其怒心感者，其声粗以厉^(三二)；其敬心感者，其声直以廉^(三三)；其爱心感者，其声和以柔。六者非性也^(三四)，感于物而后动，是故先王慎所以感之。故礼以导其志，乐以和其声^(三五)，政以一其行^(三六)，刑以防其奸。礼乐刑政，其极一也^(三七)，所以同民心而出治道也^(三八)。

凡音者，生人心者也。情动于中^(三九)，故形于声，声成文谓之音^(四〇)。是故治世之音安以乐，其政和^(四一)；乱世之音怨以怒，其政乖^(四二)；亡国之音哀以思^(四三)，其民困^(四四)。声音之道，与政通矣。宫为君，商为臣，角为民，徵为事，羽为物^(四五)。五者不乱，则无惉懘之音矣^(四六)。宫乱则荒^(四七)，其君骄；商乱则搥^(四八)，其臣坏；角乱则忧^(四九)，其民怨；徵乱则哀^(五〇)，其事勤；羽乱则危^(五一)，其财匮。五者皆乱，迭相陵，谓之慢。如此则国之灭亡无日矣。郑卫之音，乱世之音也，比于慢矣^(五二)。桑间濮上之音^(五三)，亡国之音也，其政散，其民流，诬上行私而不可止^(五四)。

凡音者，生于人心者也；乐者，通于伦理者也^(五五)。是故知声而不知音者，禽兽是也；知音而不知乐者，众庶是也。唯君子为能知乐。是故审声以知音，审音以知乐，审乐以知政，而治道备矣。是故不知声者不可与言音，不知音者不可与言乐。知乐则几于礼矣^(五六)。礼乐皆得，谓之有德。德者得也^(五七)。是故乐之隆,非极音也;食飨之礼,非极味也^(五八)。清庙之瑟^(五九),朱弦而疏越^(六〇),一倡而三叹^(六一),有遗音者矣^(六二)。大飨之礼^(六三),尚玄酒而俎腥鱼^(六四),大羹不和^(六五),有遗味者矣^(六六)。是故先王之制礼乐也,非以极口腹耳目之欲也,将以教民平好恶而反人道之正也^(六七)。

人生而静,天之性也;感于物而动,性之颂也^(六八)。物至知知,然后好恶形焉^(六九)。好恶无节于内,知诱于外,不能反己,天理灭矣^(七〇)。夫物之感人无穷,而人之好恶无节,则是物至而人化物也^(七一)。人化物也者,灭天理而穷人欲者也。于是有悖逆诈伪之心,有淫佚作乱之事。是故强者胁弱,众者暴寡,知者诈愚,勇者苦怯^(七二),疾病不养,老幼孤寡不得其所,此大乱之道也。是故先王制礼乐,人为之节^(七三)。衰麻哭泣,所以节丧纪也^(七四);钟鼓干戚^(七五),所以和安乐也;婚姻冠笄^(七六),所以别男女也;射乡食飨,所以正交接也^(七七)。礼节民心,乐和民声,政以行之,刑以防之。礼乐刑政四达而不悖,则王道备矣。

……………

土敝则草木不长,水烦则鱼鳖不大^(七八),气衰则生物不育^(七九),世乱则礼废而乐淫。是故其声哀而不庄^(八〇),乐而不安,慢易以犯节^(八一),流湎以忘本。广则容奸,狭则思欲,感涤荡之气而灭平和之德,是以君子贱之也^(八二)。

凡奸声感人而逆气应之^(八三),逆气成象而淫乐兴焉^(八四)。正声感人而顺气应之,顺气成象而和乐兴焉。倡和有应,回邪曲直各归其分,而万物之理以类相动也^(八五)。

是故君子反情以和其志,比类以成其行^(八六)。奸声乱色不留聪明,淫乐废礼不接于心术^(八七),惰慢邪辟之气不设于身体^(八八),使耳目鼻口心知百体皆由顺正,以行其义^(八九)。然后发以声音,文以琴瑟,动以干戚,饰以羽旄,从以箫管,奋至德之光^(九〇),动四气之和,以著万物之理^(九一)。是故清明象天,广大象地,终始象四时,周旋象风雨^(九二);五色成文而不乱,八风从律而不奸,百度得数而有常^(九三);小大相成,终始相生,倡和清浊,代相为经^(九四)。故乐行而伦清^(九五),耳目聪明,血气和平,移风易俗,天下皆宁。故曰"乐者乐也"。君子乐得其道,小人乐得其欲。以道制欲^(九六),则乐而不乱;以欲忘道,则惑而不乐。是故君子反情以和其志,广乐以成其教^(九七),

乐行而民乡方^{（九八）}，可以观德矣。

德者，性之端也^{（九九）}；乐者，德之华也；金石丝竹，乐之器也。诗，言其志也；歌，咏其声也；舞，动其容也：三者本乎心^{（一〇〇）}，然后乐气从之^{（一〇一）}。是故情深而文明，气盛而化神^{（一〇二）}，和顺积中而英华发外，唯乐不可以为伪^{（一〇三）}。

乐者，心之动也；声者，乐之象也；文采节奏，声之饰也^{（一〇四）}。君子动其本，乐其象，然后治其饰^{（一〇五）}。是故先鼓以警戒，三步以见方，再始以著往，复乱以饬归，奋疾而不拔也，极幽而不隐^{（一〇六）}。独乐其志，不厌其道；备举其道，不私其欲^{（一〇七）}。是以情见而义立，乐终而德尊^{（一〇八）}；君子以好善，小人以息过^{（一〇九）}：故曰"生民之道，乐为大焉"^{（一一〇）}。

君子曰：礼乐不可以斯须去身^{（一一一）}。致乐以治心，则易直子谅之心油然生矣^{（一一二）}。易直子谅之心生则乐，乐则安，安则久，久则天，天则神。天则不言而信，神则不怒而威。致乐，以治心者也；致礼，以治躬者也^{（一一三）}。治躬则庄敬，庄敬则严威。心中斯须不和不乐，而鄙诈之心入之矣；外貌斯须不庄不敬，而慢易之心入之矣。故乐也者，动于内者也；礼也者，动于外者也。乐极和，礼极顺。内和而外顺，则民瞻其颜色而弗与争也，望其容貌而民不生易慢焉。德辉动乎内而民莫不承听，理发乎外而民莫不承顺，故曰"知礼乐之道，举而错之天下无难矣^{（一一四）}"。

············

太史公曰：夫上古明王举乐者，非以娱心自乐，快意恣欲，将欲为治也。正教者皆始于音^{（一一五）}，音正而行正。故音乐者，所以动荡血脉，通流精神而和正心也^{（一一六）}。故宫动脾而和正圣，商动肺而和正义，角动肝而和正仁，徵动心而和正礼，羽动肾而和正智^{（一一七）}。故乐所以内辅正心而外异贵贱也；上以事宗庙，下以变化黎庶也^{（一一八）}。琴长八尺一寸，正度也^{（一一九）}。弦大者为宫，而居中央，君也。商张右傍^{（一二〇）}，其余大小相次，不失其次序，则君臣之位正矣。故闻宫音，使人温舒而广大；闻商音，使人方正而好义；闻角音，使人恻隐而爱人；徵闻音，使人乐善而好施；闻羽音，使人整齐而好礼。夫礼由外入，乐自内出。故君子不可须臾离礼，须臾离礼则暴慢之行穷外；不可须臾离乐，须臾离乐则奸邪之行穷内。故乐音者，君子之所养义也。夫古者，天子诸侯听钟磬未尝离于庭，卿大夫听琴瑟之音未尝离于前，所以养行义而防淫佚也。夫淫佚生于无礼，故圣王使人耳闻《雅》《颂》之音，目视威仪之礼，足行恭敬之容，口言仁义之道。故君子终日言而邪辟无由入也。

■ 题解

《史记》记载了从上古传说中的黄帝时期，到汉武帝元狩元年，长达3000多年的历史，其中对于"礼乐"的论述主要集中在《礼书》和《乐书》中。在本篇中，司马迁深入地阐释了"乐"的内涵，"乐"与"礼"的区别，以及"礼乐"的社会功能。茅坤评曰："汉时古乐亡，而高、惠、文、景及武帝时已无可求矣，故太史公作《乐书》，特述《乐记》之言而成文。"

■ 注释

（一）《虞书》：指《尚书·皋陶谟》，《尚书》的一部分，今本共五篇，是记载传说中的尧、舜、禹等人事迹的书。

（二）"至于君臣相敕"指《皋陶谟》结尾一段："帝庸（因而）作歌曰：'敕天之命，惟时惟几。'乃歌曰：'股肱喜哉！元首起哉！百工熙哉！'"敕：告诫，勉励。

（三）维是几安：意谓考虑如何化危为安。维：通"惟"，思虑，计度。几：危险。

（四）堕坏：败坏也，堕：通"隳"。

（五）成王：周成王，武王之子。《颂》：指《诗经·周颂·小毖》。

（六）推己惩艾：责备自己不能防患于未然，使蔡叔、管叔造成家族内乱。艾：通"乂"，惩戒，警惕。

（七）守：指守礼。

（八）约：穷困也。满：充盈也。

（九）佚：通"逸"，安乐也。惟始：想着开始时的危险。

（一○）沐浴膏泽：生活在幸福之中。膏泽：帝王之恩泽。

（一一）海内人道益深：天下仁义之道更加深入人心。

（一二）持：制约也。

（一三）作乐：制作音乐。节乐：节制欢乐的情绪，使之不入于荒淫。

（一四）情习：人情习俗。

（一五）协比：排列组合。

（一六）补短移化：帮助修正政治上的缺失，移风易俗，化育万民。

（一七）躬：亲身。明堂：古代帝王宣明政教的地方。凡朝会、祭祀、庆赏等大典，都在此举行。

（一八）"斟酌饱满"二句：人民在音乐中斟酌取舍，充分吸取营养，以修养自己的情性。厥：他（们）的。

（一九）《雅》《颂》：此指古代两种乐曲名。理：演奏也。噭噭：意谓高亢的声音。

（二〇）郑、卫之曲：春秋时郑国、卫国的乐歌。内容多被统治者视为邪淫之声。

（二一）怀五常，含好恶：谓人怀五行之德，好恶之情。五常：即五行，指金、木、水、火、土。古代认为人秉五行之德。

（二二）皇侃："夫乐之起，其事有二：一是人心感乐，乐声从心而生；一是乐感人心，心随乐声而变也。"

（二三）物：外界之事物环境。外有善恶来触于心，则应触而动。

（二四）形：表现。

（二五）声：郑玄："宫、商、角、徵、羽杂比为音，单出曰声。"

（二六）方：曲调。郑玄："方，犹文章。"皇侃："单声不足，故变杂五声，使交错成文，乃谓为音也。"

（二七）比音而乐之：组织排比音律，谱成乐章。

（二八）干：盾牌。戚：斧头。羽：野鸡毛。旄：牦牛尾。干、戚用于武舞；羽、旄用于文舞。

（二九）噍以杀：噍音"焦"，忧伤而急促。若外境痛苦，则其心哀戚，哀戚在心，故乐声噍急而杀也。此下六者，皆人君见前境来感己而制乐音，随心见之。

（三〇）啴以缓：宽舒而缓和。

（三一）发以散：奋发而开朗。郑玄："发，扬也。"

（三二）粗以厉：粗狂而暴厉。

（三三）直以廉：正直而清廉。廉：隅也。若外境尊高，故已心悚敬，悚敬在内，则乐声直而有廉角。

（三四）性：天性。

（三五）和：发而皆中节，谓之和。此指和谐。

（三六）政以一其行：以法律整齐其行动。

（三七）其极一也：其最终目的是一样的。

（三八）同民心而出治道：统一民心，出现太平治世。

（三九）情：君之情也。中：内心。心感物而动，故形见于声。

（四〇）文：指节奏曲调。

（四一）其政和：它的政治和谐协调。

（四二）乖：乖僻，邪恶。

（四三）亡国：谓将欲灭亡之国，音乐悲哀而愁思，其民困苦。思：音"四"，悲伤。

（四四）困：困苦。

（四五）"宫为君"五句：以君臣民等比喻五声在乐曲中的轻重位置。

（四六）滞𢤒：同"怗滞"，声音不和谐。

（四七）"宫乱"句：宫声乱，则其音散漫，是其君娇纵的反映。

（四八）"商乱"句：商声乱，则其音颓废，是其臣腐败的反映。搥：不正。

（四九）"角乱"句：角声乱，则其音忧怨，是人民怨愤的表现。

（五〇）"徵乱"句：徵音乱，则其声哀苦，由于徭役不休，其民事勤劳。

（五一）"羽乱"句：羽声乱，则其音震颤，是赋税苛重人民贫困的表现。

（五二）迭：互也。陵：越也。五声并不和，则君臣上下互相陵越，所以谓之为慢。

（五三）桑间、濮上：并、卫国地名。郑玄曰："濮水之上，地有桑间者，亡国之音于此之水出也。昔殷纣使师延作靡靡之乐，已而自沉于濮水，后师涓过焉，夜闻（水中作乐，因听）而写之，为晋平公鼓之。"昔殷纣使师延作长夜靡靡之乐,以致亡国。武王伐纣,此乐师师延将乐器投濮水而死。后晋国乐师师涓夜过此水,闻水中作此乐,因听而写之。既得还国,为晋平公奏之。师旷抚之曰:"此亡国之音也,得此必于桑间濮上乎?纣之所由亡也。"

(五四)散:混乱。流:放荡。诬:诽谤。若用此濮上之音,其政必离散而人民流徙逃亡,因臣诬上,各行私情,国即灭亡而不可禁止也。

(五五)伦理:道德关系。

(五六)禽兽知此为声耳,不知宫商之变。几:迫近,差不多。

(五七)郑玄:"听乐而知政之得失,则能正君、臣、民、事、物之礼。"若听乐而知礼,则礼乐皆得;二者备具,则是有德之君。又言有德之人是能得礼乐之情,所以说"德者得也"。

(五八)"是故乐之隆"四句:张守节曰:"大乐之盛,本在移风易俗,非穷钟鼓之音,故云'非极音也';大礼之盛,本在安上治民,非崇玉帛至味,故云'非极味也'。"食:音嗣。食飨:宗庙祭祀。

(五九)《清庙》:《诗经·周颂》篇名,祭祀文王的乐歌。

(六〇)朱弦:朱红色的丝弦,指瑟。疏越:瑟底有稀疏的孔,可使声音低沉。

(六一)一倡三叹:一人唱歌,三人赞叹,余音不已。

(六二)有遗音矣:虽然未及音之极,却因歌颂先祖的恩德,使人久久不忘。

(六三)大飨:在太祖庙中合祭历代祖先。祭祀之礼,则列玄尊在上,五齐在下。

(六四)尚:献上。玄酒:又名"明水",用以代酒的清水。俎腥鱼:在供案上陈置生鱼。

(六五)大羹不和:肉汁不加调味。

(六六)有遗味矣:礼本在德,尽子孙孝敬之心,故不在甘味,故用水鱼,而余味无穷。

(六七)平:辨别。反:返归。

(六八)颂:通"容",动也。《礼记·乐记》作"欲"。

（六九）"物至知知"二句：接触外物了解外物之后，就会产生好恶的情感。王肃曰："事至，能以智知之，然后情之好恶见。"

（七〇）天理：天性。

（七一）人化物：谓人随外物变化被外物所俘虏。

（七二）胁：欺压。暴：欺凌。苦怯：折磨胆小之人。

（七三）人为之节：使每人的行为有所节制。此下皆陈礼节人之事：制五服哭泣，所以纪丧事之节，而不使背死忘生。

（七四）衰麻：古代麻质丧衣。丧纪：丧事。

（七五）干：盾。戚：斧。武舞时所执。

（七六）冠笄：男子二十举行冠礼，女子十五举行笄礼，表示成年。郑玄："男二十而冠，女许嫁而笄。"

（七七）射乡：大射与饮酒。大射：为祭祀而举行的射礼，胜者可参加祭祀。乡饮酒：古代乡校，三年业成，荐贤者于君，由乡大夫设宴送行，谓之乡饮酒。食飨：宴请宾客。交接：指社交。

（七八）敝：劳熟。烦：数搅动。土过劳熟，水过搅动，则草木鱼鳖不能长大。

（七九）气衰：指四时气候不调。不育：《礼记·乐记》作"不遂"，不成长。气：天时之气。

（八〇）"是故其声"二句：张守节曰："淫乐则声衰而无庄（不庄重），故虽奏以自乐，必致倾危。"

（八一）"慢易以犯节"二句：这种音乐简慢轻佻，节奏紊乱，使人流连沉湎而忘返。

（八二）"广则容奸"四句：淫邪之乐，其声缓慢者则包容奸伪，其声急促者，则激起人贪利的心理；人如果受到这种放荡邪僻气氛的影响，就会丧失内心平和之德。

（八三）奸声：邪恶的声音。逆气：歪风邪气，与下文"顺气"之气，均指社会风气。

（八四）成象：逆气流行于世而民又习之为法。既习乱为法，故民之乐声生于淫佚。

（八五）各归其分：各回归同类。以类相动：同类事物互相应和。

（八六）"是故君子"二句：所以君子要努力恢复天性来调和心志，学习同类好的品质来成就自己的德行。反情：恢复人之天赋善性。

（八七）聪明：视听。心术：心道。

（八八）设：置，存在。

（八九）以行其义：使之得到正确的发展。

（九〇）奋：发也。至德之光：天地之道。

（九一）"动四气之和"二句：调动四时的和气，来表明万物的法则。

（九二）清明、广大：指乐声的清朗与宏大。终始象四时：谓奏歌周而复始如四时之循环。周旋象风雨：谓舞蹈回旋如风雨。

（九三）五色：即五声（宫、商、角、徵、羽）。文：曲调。八风：即八音（金、石、丝、竹、匏、土、革、木）。从律：合乎音律。奸：干扰。百度：谓乐之节奏，节奏非一，故曰百度。数：节度多少也，多少得宜，故曰得数。一成不变，故曰有常。

（九四）"大小相成"四句：十二律不同，犹如月有大小。但有始终，循环相生，声音有清有浊，此唱彼和，相互交替，变化有常。

（九五）故乐行而伦清：所以当雅、颂等正乐流行于天下时，就会收到社会伦理清明的效果。

（九六）欲：指个人欲望。

（九七）广：推广。

（九八）乡：通"向"。方：道。

（九九）"德者"二句：德行是人性的根本，音乐是感情的花朵。德：得理；性之端，本也。人禀性皆以得理为本。

（一〇〇）三者：志、声、容。

（一〇一）乐气：指诗、歌、舞。

（一〇二）"情深而文明"二句：所以感情愈深厚，诗、歌、舞的文采愈加华美，气势愈充沛，变化愈神妙。

（一〇三）"和顺居中"句：和顺之气积于内心，表现在外就会光彩优美，所以美的音乐，不可以虚伪造作。

（一〇四）象：法。乐舞无声则不彰，故声为乐之法。文采：曲调。

（一〇五）"君子动其本"三句：君子内心感情激动，就创作音乐来表现，然后再在音调节奏上加以修饰。本：德。心之动必与德应。

（一〇六）郑玄："将舞必先三举足，以见其舞之渐也。武（武王）舞再更始，以明伐纣时再往也。鸣铙而退，明以整归也。"王肃："舞虽奋疾而不失节，若树木得疾风而不拔。"

（一〇七）"独乐其志"四句：这类乐曲，能使人感到独到的快乐而不会厌倦它所表达的主题，因为它表现出周武王全面推行仁义而不放纵私欲的思想。

（一〇八）"是以情见"二句：所以《武舞》既表达了感情，又确立了正义的原则；随着乐舞结束，它表现的美德受到人们的尊重。

（一〇九）息过：改过。

（一一〇）"生民之道"二句：所以说教育人民的方法，音乐的效果是最大的。

（一一一）斯须：片刻。

（一一二）致：深审。乐以治心：乐由中出，故治心也。易：平易。直：正直。子谅：爱信也。

（一一三）致礼，以治躬者也：审查运用礼仪是为约束自己的行为。

（一一四）德辉：颜色润泽。理：容貌言行。错：通"措"。

（一一五）正教：端正教化。

（一一六）和正：调和修养。

（一一七）"故官动脾而和正圣"五句：此以五行相配之说，来说明官、商、角、徵、羽五声感应人的脾、肺等器官，发而为礼义仁智信五德。圣：当作"信"。

（一一八）变化：转变感化。

（一一九）八尺一寸：这是黄钟律管十倍德长度。古代的尺寸比现在短。正度，标准的尺度。

（一二〇）商：指发出商音的弦。张：张设，安置。傍：通"旁"。

- **讲疏**

《乐书》是司马迁论述礼乐思想（主要是"乐"）的篇章。《乐书》的"太史公曰"部分，简要地记载了春秋至西汉音乐的历史演变，以及音乐与政治的关系。司马迁论乐亦本于荀子，从对人情的节制谈起："凡作乐者，所以节乐。君子以谦退为礼，以损减为乐，乐其如此也。"一者以养人之欲发端，一者从节人之情开始。司马迁把"乐"的起源追溯到虞舜时期，从他的叙述可以看出，自春秋时期起，"乐"便向娱乐性方面发展，而教化功能在逐渐削弱。传统的雅颂之乐，渐渐被挤到后台，甚至推出了庙堂。

按照《礼记·乐记》的说法："乐以治心"，音乐对人的内心产生重要的影响。而在《史记·乐书》中，司马迁运用五行学说，把宫、商、角、徵、羽五音与人的脾、肺、肝、心、肾，以及圣、义、仁、礼、智建立起对应关系，五音、五脏、五德变成一一对应的关系。

- **参考文献**

《史记》，（汉）司马迁撰，（宋）裴骃集解，（唐）司马贞索隐，（唐）张守节正义，中华书局1982年。

《史记》，（汉）司马迁撰，韩兆琦译注，中华书局2013年。

《史记注译》，王利器主编，三秦出版社1988年。

《全校全注全译评史记》，郝志达、杨钟贤主编，天津古籍出版社1997年。

《史记译注》，纪丹阳译注，上海三联书店2014年。

《史记校勘评点本》，李炳海校评，吉林文史出版社2003年。

《史记今注》，夏松凉、李敏主编，南京大学出版社2010年。

汉书（节选）

班固（32—92），字孟坚，扶风安陵（今陕西咸阳东）人，班彪之子，东汉著名史学家、辞赋家。班固9岁能文，入洛阳太学，博览群书，穷究九流百家之言；其父卒，自太学返回乡里。为父守丧时期，在班彪《后传》（续补《史记》之作）的基础上开始编写《汉书》，至汉章帝建初中基本完成。明帝时，班固任兰台令史，与陈宗、尹敏、孟异共同撰成《世祖本纪》，升迁为郎，负责校定秘书。章帝时，以史官兼任记录，奉命把讨论结果整理成《白虎通义》，又称《白虎通德论》。公元89年大将军窦宪奉旨远征匈奴，班固参与谋议，之后窦宪在政争中失败自杀，洛阳令借机捕他入狱，死于狱中。班固为汉赋名家，撰有《两都赋》、《幽通赋》等作。

礼乐志（节录）

《六经》之道同归[一]，而《礼》《乐》之用为急。治身者斯须忘礼[二]，则暴嫚入之矣；为国者一朝失礼，则荒乱及之矣。人函天地阴阳之气[三]，有喜、怒、哀、乐之情。天禀其性而不能节也[四]，圣人能为之节而不能绝也，故象天地而制礼乐，所以通神明，立人伦[五]，正情性，节万事者也。

人性有男女之情，妒忌之别，为制婚姻之礼；有交接长幼之序，为制乡饮之礼；有哀死思远之情，为制丧祭之礼；有尊尊敬上之心，为制朝觐之礼。哀有哭踊之节^(六)，乐有歌舞之容，正人足以副其诚^(七)，邪人足以防其失。故婚姻之礼废，则夫妇之道苦，而淫辟之罪多^(八)；乡饮之礼废，则长幼之序乱，而争斗之狱蕃^(九)；丧祭之礼废，则骨肉之恩薄，而背死忘先者众^(一〇)；朝聘之礼废，则君臣之位失，而侵陵之渐起。故孔子曰："安上治民，莫善于礼；移风易俗，莫善于乐^(一一)。"礼节民心，乐和民声，政以行之，刑以防之。礼乐政刑四达而不悖^(一二)，则王道备矣。

乐以治内而为同^(一三)，礼以修外而为异^(一四)；同则和亲，异则畏敬；和亲则无怨，畏敬则不争。揖让而天下治者，礼乐之谓也。二者并行，合为一体。畏敬之意难见^(一五)，则著之于享献辞受，登降跪拜；和亲之说难形^(一六)，则发之于诗歌咏言，钟石管弦。盖嘉其敬意而不及其财贿，美其欢心而不流其声音^(一七)。故孔子曰："礼云礼云，玉帛云乎哉？乐云乐云，钟鼓云乎哉^(一八)？"此礼乐之本也。故曰："知礼乐之情者能作，识礼乐之文者能述；作者之谓圣，述者之谓明^(一九)。明圣者，述作之谓也。"

王者必因前王之礼，顺时施宜，有所损益，即民之心^(二〇)，稍稍制作，至太平而大备。周监于二代^(二一)，礼文尤具，事为之制，曲为之防^(二二)，故称礼经三百，威仪三千。于是教化浃洽^(二三)，民用和睦，灾害不生，祸乱不作，囹圄空虚，四十余年^(二四)。孔子美之曰：郁郁乎文哉！吾从周^(二五)。"及其衰也，诸侯逾越法度，恶礼制之害己，去其篇籍。遭秦灭学，遂以乱亡。

············

乐者，圣人之所乐也，而可以善民心。其感人深，其移风易俗易，故先王著其教焉^(二六)。

夫民有血气心知之性，而无哀乐喜怒之常，应感而动，然后心术形焉^(二七)。是以纤微憔瘁之音作^(二八)，而民思忧；阐谐嫚易之音作，而民康乐^(二九)；粗厉猛奋之音作，而民刚毅^(三〇)；廉直正诚之音作，而民肃敬；宽裕和顺之音作^(三一)，而民慈爱；流辟邪散之音作，而民淫乱。先王耻其乱也，故制雅颂之声，本之情性，稽之度数^(三二)，制之礼仪，合生气之和^(三三)，导五常之行^(三四)，使之阳而不散，阴而不集^(三五)，刚气不怒，柔气不慑^(三六)，四畅交于中^(三七)，而发作于外，皆安其位而不相夺（也），足以感动人之善心（而）

[也]，不使邪气得接焉，是先王立乐之方也。

…………

今海内更始，民人归本，户口岁息[三八]，平其刑辟，牧以贤良，至于家给，既庶且富[三九]，则须庠序礼乐之教化矣。今幸有前圣遗制之威仪，诚可法象而补备之，经纪可因缘而存著也。孔子曰："殷因于夏礼，所损益，可知也；周因于殷礼，所损益，可知也；其或继周者，百世可知也[四〇]。"今大汉继周，久旷大仪，未有立礼成乐，此贾（宜）[谊]、仲舒、王吉、刘向之徒所为发愤而增叹也[四一]。

■ 题解

班固所著《汉书》共一百卷，是我国最早的纪传体断代史。在体例和内容上虽多承袭《史记》之处，但史料丰富，保存了许多重要文献，在史学上有相当高的地位。《汉书》结构严谨，语言简练，时有骈偶文句，为后世骈文先声。

■ 注释

（一）六经：《易》、《诗》、《书》、《春秋》、《礼》、《乐》也。

（二）斯须：犹须臾。

（三）函：包容也，读与"含"同。它皆类此。

（四）禀：给授也。

（五）伦：理也。

（六）踊：跳也。哀甚则踊。

（七）副：称也。

（八）师古曰："苦，恶也，不当假借。辟读曰僻。"

（九）蕃：亦多也，音扶元反。他皆类此。

（一〇）先者：先人，谓祖考。

（一一）此孝经载孔子之言也。

（一二）悖：乖也，音布内反。

（一三）同于和乐也。

（一四）尊卑为异也。

（一五）见：彰显也。

（一六）说：读曰悦。形亦见也。箣字与管同。

（一七）流：移也。心不移溢于音声也。

（一八）《论语》载孔子之言也。谓礼以节人为贵，乐以和人为本，玉帛钟鼓乃其末也。

（一九）作谓有所兴造也。述谓明辨其义而循行也。

（二〇）即：就也。

（二一）监：观也。二代：夏、殷也。言周观夏、殷之礼，而增损之也。

（二二）言每事立制，委曲防闲也。

（二三）浃：彻也。洽：沾也。浃音子牒反。

（二四）王先谦补注："王念孙曰：'然则囹圄为狱名，而又取禁守之义，不得训圄为狱，训圄为守也。'"

（二五）《论语》载孔子之言也。郁郁：文章貌。

（二六）著：明也。

（二七）言人之性感物则动也。术：道径也。心术：心之所由也。形：见也。

（二八）憔瘁：谓减缩也。

（二九）阐：广也。谐：和也。嫚易：言不急刻也。

（三〇）粗厉：抗厉也。猛奋：发扬也。

（三一）裕：饶也。

（三二）稽：考也。

（三三）生气：阴阳之气也。

（三四）导：引也。

（三五）集：谓聚滞也。

（三六）慑：恐也。

（三七）畅：通达也。

（三八）今：谓班氏撰书时也。息：生也。

（三九）庶：众也。《论语·子路》载："孔子曰：'庶矣哉！'冉有曰：

'既庶矣,又何加焉?'曰:'富之。'曰:'既富矣,又何加焉?'曰:'教之。'"故班氏引之也。

(四〇)《论语》载孔子答子张之言也。

(四一)感叹也。

■ 讲疏

《汉书·礼乐志》记载了从上古到西汉末年礼乐的发展变迁。在各个历史阶段"乐"根据不同的历史和政治环境发生着不同的变化,由于"乐"被当时的统治阶层视为管理国家的手段之一,所以"乐"的发展和政治密不可分。本文把"礼"、"乐"合为一篇,承继了行"礼"时用"乐",作"乐"伴随着行"礼"的儒家传统,孔子云:"礼云礼云,玉帛云乎哉?乐云乐云,钟鼓云乎哉?","人而不仁如礼何?人而不仁如乐何?"

从本文的结构来看,全篇的开头主要论"礼",约四万余字,从"乐者,圣人之所乐也,而可以善民心,其感人深,其移风易俗易,故先王著其教焉"起,绝大部分篇幅主要是讲"乐"。这部分的论述,有的是直接承袭《史记·乐书》,反映出司马迁对班固的巨大影响。本文还讨论了其他儒家典籍中有关音乐的阐释,如《易》、《书》、《论语》、《周礼》等,可以从中看出东汉经学的一些特点。

艺文志(节录)

昔仲尼没而微言绝(一),七十子丧而大义乖(二)。故《春秋》分为五(三),《诗》分为四(四),《易》有数家之传。战国从衡,真伪分争,诸子之言纷然殽乱(五)。至秦患之,乃燔灭文章,以愚黔首(六)。汉兴,改秦之败,大收篇籍,广开献书之路(七)。迄孝武世,书缺简脱,礼坏乐崩(八),圣上喟然而称曰(九):"朕甚闵焉!"于是建藏书之策(一〇),置写书之官,下及诸子传说,皆充秘府。至成帝时,以书颇散亡,使谒者陈农求遗书于天下。诏光禄大夫刘向校经传诸子诗赋,步兵校尉任宏校兵书,太史令尹咸校数术,侍医李柱国校方技(一一)。每一书已(一二),向辄条其篇目,撮其指意(一三),录而奏之。

会向卒^(一四)，哀帝复使向子侍中奉车都尉歆卒父业。歆于是总群书而奏其《七略》^(一五)，故有《辑略》^(一六)，有《六艺略》^(一七)，有《诸子略》，有《诗赋略》，有《兵书略》，有《术数略》，有《方技略》。今删其要，以备篇籍^(一八)。

书

《易》曰："河出图，洛出书，圣人则之。"故《书》之所起远矣，至孔子纂焉，上断于尧，下讫于秦，凡百篇^(一九)，而为之序，言其作意。秦燔书禁学，济南伏生独壁藏之。汉兴亡失，求得二十九篇，以教齐鲁之间。讫孝宣世，有欧阳、大小夏侯氏，立于学官。《古文尚书》者，出孔子壁中。武帝末，鲁共王坏孔子宅，欲以广其宫，而得《古文尚书》及《礼记》、《论语》、《孝经》凡数十篇，皆古字也。共王往入其宅，闻鼓琴瑟钟磬之音，于是惧，乃止不坏。孔安国者，孔子后也，悉得其书，以考二十九篇，得多十六篇^(二〇)。安国献之。遭巫蛊事，未列于学官^(二一)。刘向以中古文校欧阳、大小夏侯三家经文，《酒诰》脱简一^(二二)，《召诰》脱简二。率简二十五字者，脱亦二十五字，简二十二字者，脱亦二十二字，文字异者七百有余，脱字数十。《书》者，古之号令^(二三)，号令于众，其言不立具，则听受施行者费晓。古文读应尔雅^(二四)，故解古今语而可知也。

诗

书曰："诗言志，（哥）[歌]咏言。"故哀乐之心感，而（哥）[歌]咏之声发。诵其言谓之诗，咏其声谓之（哥）[歌]。故古有采诗之官^(二五)，王者所以观风俗，知得失，自考正也。孔子纯取周诗，上采殷，下取鲁，凡三百五篇，遭秦而全者，以其讽诵，不独在竹帛故也。汉兴，鲁申公为《诗》训故，而齐辕固、燕韩生皆为之传。或取《春秋》，采杂说，咸非其本义。与不得已，鲁最为近之。三家皆列于学官。又有毛公之学，自谓子夏所传，而河间献王好之，未得立。

礼

《易》曰："有夫妇父子君臣上下，礼义有所错^(二六)。"而帝王质文世有损益，至周曲为之防，事为之制^(二七)，故曰："礼经三百，威仪三千^(二八)。"及周之衰，诸侯将逾法度，恶其害己，皆灭去其籍，自孔子时而不具，至秦大坏。汉兴，鲁高堂生传《士礼》十七篇[二九]。讫孝宣世，后仓最明。戴德、戴圣、庆普皆其弟子，三家立于学官。《礼古经》者，出于鲁淹中及孔氏，（学七十）[与十七]篇文相似，多三十九篇[三〇]。及《明堂阴阳》、《王史氏记》所见，多天子诸侯卿大夫之制，虽不能备，犹愈仓等推士礼而致于天子之说[三一]。

乐

《易》曰："先王作乐崇德，殷荐之上帝，以享祖考[三二]。"故自黄帝下至三代，乐各有名。孔子曰："安上治民，莫善于礼；移风易俗，莫善于乐。"二者相与并行。周衰俱坏，乐尤微眇，以音律为节，又为郑卫所乱故无遗法。汉兴，制氏以雅乐声律，世在乐官，颇能纪其铿锵鼓舞，而不能言其义。六国之君，魏文侯最为好古，孝文时得其乐人窦公，献其书，乃《周官·大宗伯》之《大司乐》章也。武帝时，河间献王好儒，与毛生等共采《周官》及诸子言乐事者，以作《乐记》，献八佾之舞，与制氏不相远。其内史丞王定传之，以授常山王禹。禹，成帝时为谒者，数言其义，献二十四卷记。刘向校书，得《乐记》二十三篇，与禹不同，其道姣以益微。

■ 题解

本篇节选自《汉书·艺文志》，主要对"六艺略"进行了梳理、阐释。"艺文志"所谓"艺"，即《诗》、《书》、《礼》、《乐》、《易》、《春秋》六艺；所谓"文"，指文学百家之说。"艺文志"之作始见于东汉班固所撰《汉书》，分六艺略、诸子略、诗赋略、兵书略、术数略、方技略等，为我国现存最早之图书总目，班氏自言："今取其要，以备篇籍"。对后代图书文献、学术源流的整理和研究具有重要的参考价值。

■ 注释

（一）微言：李奇称是"隐微不显之言也"。师古云："精微要妙之言耳。"

（二）七十子：孔子之徒。

（三）韦昭曰："谓《左氏》、《公羊》、《谷梁》、《邹氏》、《夹氏》。"

（四）韦昭曰："谓《毛氏》、《齐》、《鲁》、《韩》。"

（五）师古曰："殽，杂也。"

（六）师古曰："燔，烧也。秦谓人为黔首，言其头黑也。"

（七）齐召南曰："此二句既叙在孝武之前，则指高祖时萧何收秦图籍；楚元王学《诗》；惠帝时除挟书之令；文帝使晁错受《尚书》，使博士作《王制》，又置《论语》、《孝经》、《尔雅》、《孟子》博士。即其事也。"

（八）师古曰："编绝散落，故简脱。"

（九）喟然：叹息状。

（一〇）"藏书之策"句：如淳曰："刘歆《七略》曰：'外则有太常、太史、博士之藏，内则有延阁、广内、秘室之府。'"何焯曰："《文选》注三十八引刘歆《七略》曰：'孝武皇帝敕丞相公孙弘广开献书之路，百年之间，书积如山'"。

（一一）数术：占卜之书。方技：医药之书。

（一二）师古曰："已，毕也。"

（一三）师古曰："撮，总取也。"

（一四）师古曰："卒，终也。"

（一五）王应麟曰："古者史官既司典籍，盖有目录以为纲纪。"

（一六）师古曰："辑与集同，谓诸书之总要。"

（一七）师古曰："六艺，《六经》也。"

（一八）师古曰："删去浮沉，取其指要也。其每略所条家及篇数，有与总凡不同者，转为脱误，年代久远，无以详知。"王先谦曰："官本'转'作'传'，'为'作'写'。《考证》云：'传'监本讹'转'。"

（一九）沈钦韩曰："《法言·问神篇》：'昔之说《书》者序以百。'"

（二〇）师古曰："壁中书多，以考见行世二十九篇之外，更得十六篇。"

（二一）实乃当时新经文学兴盛，诸家多对古文经学持排斥态度。

（二二）王应麟曰："《大传》引《酒诰》：'王对曰，唯曰若圭璧。'其脱简之文？"

（二三）"古之号令"句：王应麟曰："秦置《尚书》于禁中，以通章奏。汉之诏命在《尚书》，以《尚书》主王言，故秦汉因是名官。"

（二四）沈钦韩曰："《大戴·小辨篇》：'《尔雅》以观于古，足以辨言矣。'"

（二五）关于采诗的说法：沈钦韩曰："《王制》：'命太师陈诗以观民风'"。《公羊传》宣公十五年注："男女有所怨恨，想从而歌，饥者歌其食，劳者歌其事。男年六十，女年五十无子者，官衣食之，使之民间求诗。乡移于邑，邑移于国，国以闻于天子。"

（二六）师古曰："《序卦》之辞也。错，置也。"

（二七）师古曰："委曲防闲，每事为制也。"

（二八）礼经三百，威仪三千：韦昭曰："《周礼》三百六十官也。三百，举成数也。"臣瓒曰："礼经三百，谓冠、昏、吉、凶。《周礼》三百，是官名也。"颜师古曰："礼经三百，韦说是也。威仪三千，乃谓冠、昏、吉、凶，盖《仪礼》是也。"

（二九）周寿昌曰："《史记·儒林传》：'秦焚书，独有《士礼》，高堂生言之。'"

（三〇）刘敞曰："读当云：《礼古经》者出于鲁淹中及孔氏。"孔氏则安国所得壁中书也。"学七十篇"，当作"与十七篇文相似"。

（三一）师古曰："瘉与愈同。愈，胜也。"

（三二）殷：盛也。

■ 讲疏

"六艺略"包括"易"、"诗"、"书"、"礼"、"乐"、"春秋"六个部分，基本沿自刘歆"七略"的体例。自汉武帝"广开献书之路"以及"建藏书之策"，大量的"献书"和"藏书"需要官员对其分类、整理、总结，于是出现了《七略》这类的目录学著作。本篇节选了"书"、"诗"、"礼"、"乐"四部分，对这四部分的起源和发展进行总结。从起源的角度看："书"，"易曰：'河出图，洛出书，圣人则之。'""书"是圣人描述天象的产物。"诗"，"书曰：'诗言志，歌咏言。'"人通过咏唱的方式将自己的思想心志表达出来形成了诗。"礼"，"易曰：'有夫妇父子君臣上下，礼义有所错。'""礼"是在调节夫妇夫子君臣上下的过程中产生的。"乐"，"易曰：'先王作乐崇德，殷荐之上帝，以享祖考。'""乐"源于崇德和祭祀活动。

■ **参考文献**

《汉书》，（汉）班固撰，（唐）颜师古注，中华书局2012年。

《汉书补注》，（清）王先谦补注，上海师范大学古籍整理研究所整理，上海古籍出版社2008年。

《汉书详解》，（宋）吕祖谦编纂，上海古籍出版社2007年。

《汉书疏证》，（清）沈钦韩等撰，上海古籍出版社2006年。

白虎通义·礼乐（节录）

礼乐

礼乐者，何谓也？礼之为言履也。可履践而行^(一)。乐者，乐也。君子乐得其道，小人乐得其欲。王者所以盛礼乐何？节文之喜怒^(二)。乐以象天，礼以法地。人无不含天地之气，有五常之性者^(三)。故乐所以荡涤，反其邪恶也。礼所以防淫泆，节其侈靡也^(四)。故《孝经》曰："安上治民，莫善于礼"。"移风易俗，莫善于乐。"^(五)子曰："乐在宗庙之中，君臣上下同听之，则莫不和敬。在族长乡里之中，长幼同听之，则莫不和顺。在闺门之内，父子兄弟同听之，则莫不和亲。故乐者，所以崇和顺，比物饰节，节奏合以成文，所以和合父子君臣，附亲万民也。是先王立乐之方也。故听其雅颂之声，志意得广焉。执干戚，习俯仰屈伸，容貌得庄焉。行其缀兆，要其节奏，行列得正焉，进退得齐焉。故乐者，天地之命，中和之纪，人情之所不能免焉也。故乐者，先王之所以饰喜也。军旅铁钺，先王所以饰怒也。故先王之喜怒，皆得其齐焉。喜则天下和之，怒则暴乱者畏之。先王之道，礼乐可谓盛矣^(六)。"闻角声，莫不恻隐而慈者；闻徵声，莫不喜养好施者；闻商声，莫不刚断而立事者；闻羽声，莫不深思而远虑者；闻宫声，莫不温润而宽和者也^(七)。礼所揖让何？所以尊人自损也。揖让则不争。《论语》曰："揖让而升，下而饮，其争也君子。"故"君使臣以礼，臣事君以忠"。"谦谦君子，利涉大川"，以贵下贱，大得民也。屈己敬人，君子之心。故孔子曰："为礼不敬，吾何以观之哉〔八〕？"夫礼者，阴阳之际也，百事之会也，所以尊天地，傧鬼神，序上下，正人道也〔九〕。乐所以必歌者何？夫歌者，口言之也。中心喜乐，口欲歌之，手欲舞之，足欲蹈之。故《尚书》曰："前歌后舞，假于上下〔一〇〕。"礼贵忠何？礼者，盛不足，节有余。使丰年不奢，凶年不俭，贫富不相悬也。乐尚雅何？雅者，古正也。所以远郑声也〔一一〕。孔子曰："郑声淫何？郑国土地民人，山居谷浴，男女错杂，为郑声以相诱悦怿，故邪僻，声皆淫色之声也。"〔一二〕

右总论礼乐

太平乃制礼作乐何？夫礼乐所以防奢淫。天下人民饥寒，何乐之乎？〔一三〕功成作乐，治定制礼。乐言作，礼言制何？乐者，阳也。动作倡始，故言作〔一四〕。礼者，阴也。系制度于阳，故言制。乐象阳也，礼法阴也〔一五〕。

右论太平乃制礼乐

《礼记》曰："黄帝乐曰《咸池》，颛顼乐曰《六茎》，帝喾乐曰《五英》，尧乐曰《大章》，舜乐曰《箫韶》，禹乐曰《大夏》，汤乐曰《大濩》，周乐曰《大武象》，周公之乐曰《酌》，合曰《大武》。"黄帝曰《咸池》者，言大施天下之道而行之，天之所生，地之所载，咸蒙德施也。颛顼曰《六茎》者，言和律吕以调阴阳。茎者著万物也。帝喾曰《五英》者，言能调和五声，以养万物，调其英华也。尧曰《大章》者，大明天地人之道也。舜曰《箫韶》者，舜能继尧之道也。禹曰《大夏》者，言禹能顺二圣之道而行之，故曰《大夏》也。汤曰《大濩》者，言汤承衰，能护民之急也。周公曰《酌》者，言周公辅成王，能斟酌文武之道而成之也。武王曰《象》者，象太平而作乐，示已太平也。合曰《大武》者，天下始乐周之征伐行武，故诗人歌之曰："王赫斯怒，爰整其旅〔一六〕。"当此之时，乐文王之怒以定天下，故乐其武也。周室中制《象》乐何？殷纣为恶日久，其恶最甚，斫涉刳胎〔一七〕，残贼天下。武王起兵，前歌后舞。尅殷之后，民人大喜，故中作所以节喜盛。

右论王者乐六

《礼·王制》曰："东方曰夷，被发文身(一八)。"又曰："南方曰蛮，雕题交趾(一九)。西方曰戎，被发衣皮(二〇)。北方曰狄，衣羽毛，穴居(二一)。"

右论四夷之乐

歌者在堂上，舞在堂下何？歌者象德，舞者象功，君子上德而下功。(二二)

右论降神之乐

王者食所以有乐何？乐食天下之太平，富积之饶也(二三)。明天子至尊，非功不食，非德不饱。故《传》曰："天子食，时举乐。(二四)"王者所以日四食者何？明有四方之物，食四时之功也。四方不平，四时不顺，有彻膳之法焉。所以明至尊著法戒焉(二五)。王者平居中央，制御四方。平旦食，少阳之始也。昼食，太阳之始也；铺食，少阴之始也；暮食，太阴之始也(二六)。《论语》曰："亚饭干适楚(二七)，三饭缭适蔡，四饭缺适秦。"诸侯三饭，卿大夫再饭，尊卑之差也。《弟子职》曰："暮食复礼(二八)。"士也。食力无数(二九)，庶人职在耕桑，戮力劳役，饥即食，饱即作，故无数。

右论侑食之乐

声音者，何谓也(三〇)？声者，鸣也。闻其声即知其所生。音者，饮也。言其刚柔清浊和而相饮也(三一)。《尚书》曰："予欲闻六律、五声、八音。"五声者，宫商角徵羽。土谓宫，金谓商，木谓角，火谓徵，水谓羽。《月令》曰："盛德在木"，"其音角"。又曰："盛德在火"，"其音徵"。"盛德在金"，"其音商"。"盛德在水"，"其音羽"(三二)。所以名之为角者何？角者，跃也。

阳气动跃⁽³³⁾。徵者，止也。阳气止⁽³⁴⁾；商者，张也，阴气开张，阳气始降也。羽者，纡也，阴气在上，阳气在下⁽³⁵⁾。宫者，容也，含也。含容四时者也⁽³⁶⁾。八音者，何谓也？《乐记》曰："土曰埙，竹曰管，皮曰鼓，匏曰笙⁽³⁷⁾，丝曰弦，石曰磬，金曰钟，木曰柷敔⁽³⁸⁾。"此谓八音也。法《易》八卦也。万物之数也。八音，万物之声也。天子所以用八音何？天子承继万物，当知其数。既得其数，当知其声，即思其形。如此，蛹飞蠕动无不乐其音者，至德之道也。天子乐之，故乐用八音⁽³⁹⁾。《乐记》曰："埙，坎音也。管，艮音也。鼓，震音也。弦，离音也。钟，兑音也。柷，乾音也。"埙在十一月，埙之为言熏也。阳气于黄泉之下熏蒸而萌⁽⁴⁰⁾。匏之为言施也，牙也。在十二月，万物始施而牙⁽⁴¹⁾。笙者，大蔟之气⁽⁴²⁾，象万物之生，故曰笙。有七政之节焉，有六合之和焉，天下乐之，故谓之笙。鼓，震音，烦气也。万物愤懑震动而出。雷以动之，温以暖之，风以散之，雨以濡之。奋至德之声，感和平之气也，同声相应，同气相求，神明报应，天地佑之，其本乃在万物之始耶？故谓之鼓也。鞀者⁽⁴³⁾，震之气也，上应卯星，以通王道，故谓之鞀也。箫者，中吕之气也。万物生于无声，见于无形，戮也，肃也。故谓之箫⁽⁴⁴⁾。箫者，以禄为本，言承天继物为民本，人力加，地道化，然后万物戮也。故谓之箫也。瑟者，啬也，闲也，所以惩忽忿窒欲，正人之德也。故曰：瑟有君父之节，臣子之法。君父有节，臣子有义，然后四时和。四时和，然后万物生。故谓之瑟也。琴者，禁也。所以禁止淫邪，正人心也。磬者，夷则之气也。象万物之成也。其声磬。故曰：磬有贵贱焉，有亲疏焉⁽⁴⁵⁾，有长幼焉。朝廷之礼，贵不让贱，所以明尊卑也。乡党之礼，长不让幼，所以明有年也。宗庙之礼，亲不让疏，所以明有亲也。此三者行，然后王道得，王道得，然后万物成，天下乐之。故乐用磬也。钟之为言动也。阴气用事，万物动成。钟为气，用金声也⁽⁴⁶⁾。镈者⁽⁴⁷⁾，时之气声也，节度之所生也。君臣有节度则万物昌，无节度则万物亡。亡与昌正相迫，故谓之镈。柷敔者，终始之声，万物之所生也。阴阳顺而复，故曰柷。承顺天地，序迎万物，天下乐之，故乐用柷。柷，始也。敔，终也⁽⁴⁸⁾。一说笙、柷、鼓、箫、琴、埙、钟、磬如其次。笙在北方，柷在东北方，鼓在东方，箫在东南方，琴在南方，埙在西南方，钟在西方，磬在西北方。^(四九)声五、音八何？声为本，出于五行；音为末，象八风。故《乐记》曰："声成文谓之音，知音而乐之为之乐"也。

■ 题解

《白虎通义》是中国汉代讲论五经同异，统一今文经义的一部重要著作。班固等人根据汉章帝建初四年经学辩论的结果撰集而成，因辩论地点在白虎观而得名。白虎观会议是章帝为制定《汉礼》而召开的一次大型学术会议，《白虎通义》则是为《汉礼》甄别诸礼义理、确定礼制框架而撰集的一份指导性的"礼典"。《白虎通义》还继承了《春秋繁露》"天人合一"、"天人感应"的思想，并加以发挥，把自然秩序和封建社会秩序紧密结合起来，提出了完整的神学世界观；将封建制度下君臣、父子、夫妇之义与天地星辰、阴阳五行等各种自然现象相比附，用以神化封建秩序和等级制度。

■ 注释

（一）《礼·祭义》："礼者，履此者也。"《荀子·大略》云："礼者，人之所履也。"《尔雅·释言》："履，礼也。"注："礼可以履行。"

（二）节文之喜怒：当作"以节文喜怒。"《礼·乐记》："喜则天下和之，怒则暴乱者畏之。先王之道，礼乐可谓盛矣。"

（三）五常之性：五行之秀气也。《礼·乐记》："乐由天作，礼以地制"，注："言法天地也。"又《礼运》云："故人者，其天地之德，阴阳之交，鬼神之会，五行之秀气也。"五行之秀，即五常之性也。

（四）《周礼·大司徒》云："以五礼防万民之伪，而教之中。以六乐防万民之情，而教之和。"注："礼所以节止民之侈伪，使其行得中。乐所以荡正民之情思，而使其心应和也。"

（五）《汉书·董仲舒传》："乐者，所以变民风，化民俗也。其变民也易，其化民也著。故声发于和，而本于情。"

（六）《礼·乐记》文，微异。孔氏以为《乐化篇》记文。

（七）《公羊》隐五年注："故闻宫声，则使人温雅而广大；闻商声，则使人方正而好义；闻角声，则使人恻隐而好仁；闻徵声，则使人整齐而好礼；闻羽声，则使人乐养而好施。"

（八）见《论语·八佾》篇、《易·谦象传》、《损象传》。

（九）《礼·丧服四制》云："凡礼之大体，体天地，法四时，则阴阳，顺人情，故谓之礼。"又《礼运》云："礼所以尊天地，傧鬼神。"皆与此意近。"正人道也"，《御览》作"序上下之道也"。

（一〇）《释名·释乐器》云："人声曰歌。歌者，柯也。所歌之言，是其质也。以声吟咏有上下，如草木之有柯叶。"《南齐书》引《五行传》云："歌谣，口事也。"《礼·乐记》："说之故言之，言之不足，故长言之，长言之不足，故嗟叹之，嗟叹之不足，故不知手之舞之，足之蹈之。"

（一一）《论语·阳货》："恶郑声之乱雅乐也"，《集解》引包云："郑声，淫声之哀者。恶其夺雅乐也。"

（一二）此用"鲁论语"也。《乐记疏》引《异义》云："今《论语》说，郑国之为俗，有溱、洧之水，男女聚会，讴歌相感，故云郑声淫。《左氏》说，烦手淫声，谓之郑声者，言烦手踯躅之音使淫，过矣。谨案《郑诗》二十一篇，说妇人者十九，故郑声淫也。"

（一三）《诗疏》引《书大传》曰："周公将作礼乐，优游之三年不能作。君子耻其言而不见从，耻其行而不见随，将大作，恐天下莫知我，将小作，恐不得扬父祖功业德泽，然后营洛以观天下之心。于是四方诸侯帅其群党，各攻位于其庭。周公曰：'示之以力役且犹至，况导之以礼乐乎。'然后敢作礼乐。《书》曰：'作新大邑于东国洛，四方民大和会。'此之谓也。"

（一四）《礼·乐记》："王者功成作乐，治定制礼。"《后汉书·曹张奋传》："王者化定制礼，功成作乐。"作，始也。

（一五）《郊特牲》又云："礼由阴作者也。"《易·系辞下》："谦以制礼"，虞注："阴称礼"。《礼·乡饮酒义》："是以礼有三让"，注："礼者，阴也。"是礼为阴也。凡阴皆系制于阳，乐阳礼阴，故以系制言之。其实制作对文异，散则通。盖乐者声，声者虚，故言作，动用之意也。礼者形，形者实，故言制，裁断之意也。

（一六）赫：怒意。斯：尽也。

（一七）斫涉刳胎：见《史记·殷本纪》。

（一八）《论语·宪问》："吾其被发左衽矣。"《史记·赵世家》："剪发文身，瓯越之民也。"

（一九）雕：谓刻其肌，以丹青涅之。交趾：足相乡。

（二〇）《书·禹贡》："织皮昆仑、析支、渠搜、西戎即叙"。

（二一）《汉书·匈奴传》："自君王以下，咸食蓄肉，衣其皮革，被旃裘。"又云："居北边，逐水草迁徙，无城郭常居。"

（二二）《御览》引《五经通义》："歌舞同处耶，异耶？歌者象德，舞者象功，君子上德而下功。故歌在堂，舞在庭。歌以养形，歌者有声，舞者有形也。"《礼·乡饮酒义》："工人升歌三终，"明歌者在堂也。

（二三）《周礼·膳夫》职云："王日一举，鼎十有二，以乐侑食。"注："侑，勤也。"《大司乐》："王大食，皆令奏钟鼓。"《论语·微子篇》："亚饭、三饭、四饭"，《周礼》郑注："皆举食之乐。"

（二四）《公羊》隐五年注引《鲁诗传》曰："天子食，时举乐。"此疑脱一"诗"字。

（二五）《周礼·膳夫》云："大荒则不举，大札则不举，天地有灾则不举。"《礼·曲礼》："岁凶，年谷不登，君膳不祭肺。"是天子彻膳之义焉。此依《御览》作"彻膳"，旧作"彻乐"，亦通。

（二六）《淮南子·天文训》："日出于旸谷，浴于咸池，拂于扶桑，是谓晨明。登于扶桑，爰始将行，是谓朏明。至于曲阿，是谓旦明。至于曾泉，是谓蚤食。至于桑野，是谓晏食。至于衡阳，是谓隅中。至于昆吾，是谓正中。至于鸟次，是谓小还。至于悲谷，是谓餔时。至于女纪，是谓大还。至于渊虞，是谓高舂。至于连石，是谓下舂。至于悲泉，爰止其女，爰息其马，是谓县车。至于虞渊，是谓黄昏。至于蒙谷，是谓定昏。"按旦明，盖此之平旦食也。晏食，盖此之昼食也。餔时，盖此之辅食也。黄昏，盖此之暮食也。

（二七）干：纣时乐官。

（二八）复礼：复朝之礼也。

（二九）食力：工商农也。

（三〇）《周礼·大师》云："皆文之以五声，播之以八音。"注："杂比曰音，单出曰声。"对文异，散则通也。

（三一）《贾子·六术》云："是故五声宫商角徵羽，唱和相应而调和，调和而成理，谓之音。"即刚柔清浊和而相饮之意也。声、鸣、音、饮，皆叠韵为训。

（三二）《汉书·律历志》："协之五行，则角为木。五常为仁，五事为貌。商为金为义为言，徵为火为礼为视，羽为水为智为听，宫为土为信为思"也。

（三三）《律志》云："角，触也。物触地而出，戴芒角也。"《风俗通》引《钟律书》同。诸书皆取角触为义，与此微异，皆取叠韵为训，故各述所闻也。下同。

（三四）《律志》云："徵，祉也，物盛大而繁祉也。"

（三五）《律志》云："羽者，宇也，物聚藏宇覆之也。"《钟律书》同。

（三六）《律志》："宫，中也。居中央，畅四方，唱始施生，为四时纲也。"

（三七）匏：匏竹，笙笛。

（三八）柷敔：乐器名。奏乐开始时击柷，终止时敲敔。一说二者同用以和乐，不分终始。

（三九）《大戴·本命》云："八者，维纲也。天地以发明，故圣人以合阴阳之数也。"

（四〇）《释名·释音乐》云："埙，喧也。声浊，喧喧然也。"熏即埙，《说文·土部》："壎，乐器也。以土为之，六孔。"

（四一）《礼·郊特牲》云："匏竹在下"，《释文》："匏竹，笙笛也。"则匏之中又有笙。《淮南时则训》注："笙读为池泽之池。"池有施音，展转相训，得释为施也。

（四二）大蔟：十二律之一。《周礼·春官·大司乐》："凡乐圆钟为宫，黄钟为角，大蔟为徵，姑洗为羽。"《礼记·月令》："孟春之月其音角，律中大蔟。"

（四三）《说文·革部》："鞉，辽也。"

（四四）《释名·释乐器》："箫，肃也。其声肃肃然清也。"

（四五）《初学记》引《五经要义》云："磬，立秋之乐也。秋属西，西方成物，故以象万物之成也。"其声磬者，《乐记》："石声磬，磬以立辨"，

注:"磬当为馨。"

（四六）《御览》引《风俗通》云:"钟者，动也。"《说文·金部》:"钟，乐钟也。秋分之音，万物动成，故谓之钟。"《北堂书钞》引《五经通义》云:"钟者，秋分之声。"是阴气用事，万物动成也。

（四七）《说文·金部》:"镈，大钟。淳于之属，所以应钟磬。"

（四八）《释名·释乐器》云:"柷，如物始见柷柷然也。敔，止也，所以止乐。"

（四九）别录异说也。以《乐记》校之，唯笙、柷、埙、磬不合。盖笙，生也。阳生于子，故北方。柷敔者，终始之声。

■ 讲疏

全书共汇集43条名词解释，内容涉及社会、礼仪、风习、国家制度、伦理道德等各个方面。其中有很多条目汇集了不同的学术观点，有些条目还并列了不同甚至相反的观点，如"王者不臣"条、"王霸"条等，对有关解释都存而不决，以供人们参考。如本篇提出，实现中和的一个重要标志就是礼乐之制的真正贯彻。它说:"礼者，盛不足，节有余。使丰年不奢，凶年不俭，富贫不相悬也。"《白虎通义》主张先用前代的礼乐，待天下太平之后再重新制作。它指出，礼乐在本质上是上通天道，下贯人情。礼乐重实践，重敬让，贵中和，并且"反古不忘本"。此外《白虎通义》用阴阳五行来普遍地具体地解释世界的一切事物，大者如"三纲五常"，小者如婚丧嫁娶、日常生活现象，都可以用阴阳五行说去说明，使阴阳五行成为一种思考定式，这对人们的思维无疑是一种桎梏。

■ 参考文献

《白虎通疏证》，（清）陈立撰，吴则虞点校，中华书局1994年。
《白虎通义思想的历史研究》，向晋卫著，人民出版社2007年。
《白虎通义》，（汉）班固著，陈立疏证，商务印书馆1937年。
《中国文化通史·秦汉卷》，郑师渠主编，北京师范大学出版社2009年。
《汉代美学思想述评》，施昌东著，中华书局1981年。

礼稽命征（节录）

礼之动摇也，与天地同气，四时合信，阴阳为符，日月为明，上下和洽，则物兽如其性命。

孔子谓子夏曰："礼以修外，乐以修内，丘已矣夫^(一)。"

文王见礼坏乐崩，道孤无主，故设礼经三百、威仪三千。

起于太素，十一月阏逢之日^(二)，岁在摄提格之纪^(三)，是云作乐制礼，其天命以黑，故夏有玄珪。天命以白，故殷有白狼衔钩。天命以赤，故周有赤雀衔书。

唐人五庙，夏亦五庙，殷六庙^(四)。唐虞五庙：亲庙四，始祖庙一。夏四庙，至子孙五。殷五庙，至子孙六。周六庙，至子孙七。

三年一祫，五年一禘^(五)，以衣服想见其容色。三日齐，思亲志意，想见所好意喜，然后入庙。

三年一闰，天气小备，五年再闰，天气大备。故三年一祫，五年一禘。禘之为言谛，谛定昭穆尊卑之义也。禘祭以夏四月，夏者阳气在上，阴气在下，故正尊卑之义也。祫祭以冬十月，冬者五谷成熟，物备礼成，故合聚饮食也。

天子祭天地、宗庙、六宗、五岳，得其宜，则五谷丰，雷雨时至，四夷贡物，青白黄马，黄龙翔，黄雀集^(六)。

礼得其宜，则虚危有德星见。

王者德礼之制者，泽谷中有朱鸟、白玉、赤蛇、赤龙出焉。王者得礼之宜，则宗庙生祥木。

　　王者制礼作乐，改损祭器，得鬼神之助，则白玉赤文，象其威仪之状。王者制礼作乐，得天心，则景星见。

　　王者君臣父子夫妻尊卑有别，则石生于泽也。父子君臣夫妇尊卑有别，凰皇至，飞翔于明堂。

　　王者刑杀当罪，赏赐当功，得礼之义，则醴泉出。出号令，合民心，则祥风至。出号施令叶民心，制礼作乐得天意，则景星见。称谥正名，则苇竹受甘露。外内之制，各得其所，四方之事，无有畜滞，则麒麟游囿，六畜繁多，天苑有德星应。

　　天子饮以珠，含以玉；诸侯饭以珠，含以璧；卿大夫饭以珠，含以贝。天子舟车殡。

　　颛顼有三子，生而亡去，为疫鬼。一居江水，是为瘧鬼魃鬼；一居若水，为魍魎；一居人宫室区隅，善惊人小儿，为小鬼。于是常以正岁十二月，令礼官方相氏，蒙熊皮，黄金四目，玄衣纁裳，执戈扬楯，帅百隶及童子，而时傩^{（七）}以索室，而驱疫鬼，以桃弧、苇矢、上鼓，且射之，以赤丸五谷播洒之，以除疫殃。

　　孔子谓子夏曰：群鸧至，非中国之禽也^{（八）}。

　　……

■ 题解

　　《礼稽命征》是《礼纬》的一篇。汉代依托儒家经义宣扬符箓瑞应占验之书，相对于经书，故为"纬书"。《易》、《书》、《诗》、《礼》、《乐》、《春秋》及《孝经》均有纬书，称"七纬"。纬书内容附会人事吉凶，预言治乱兴废，颇多怪诞之谈；但对古代天文、历法、地理等知识以及神话传说之类，均有所记录和保存。纬书兴于西汉末年，盛行于东汉，南朝宋时开始禁止，到隋炀帝即位，搜天下书籍与谶纬相涉者皆焚之，其书遂散亡。纬书虽亡失殆尽，但散见于诸经注疏及为其他书籍所征引者不少，后代学者曾加以搜辑。明孙瑴辑有《古微书》等，由安居香山和中村璋八所辑的《纬书集成》是迄今为止最完备的纬书辑本。

■ 注释

（一）修外：修饰容貌。修内：荡涤心性。已矣夫：恨不制作礼乐。

（二）阏逢：亦作"阏蓬"。十干中"甲"的别称，用以纪年。《尔雅·释天》："太岁在甲曰阏逢。"

（三）摄提格：岁阴名。古代岁星纪年法中的十二辰之一。相当于干支纪年法中的寅年。《尔雅·释天》："太阴在寅曰摄提格。"

（四）殷六庙：契为始祖，汤唯受命王，各立其庙，与亲庙四，故六。

（五）祫：古时天子诸侯宗庙祭礼之一，集合远近祖先的神主于太祖庙大合祭。三年丧毕时举行一次，次年又举行一次，以后每五年一次。禘：古代帝王、诸侯举行各种大祭的总名。

（六）黄龙、黄雀，皆土精也。

（七）傩：原始祭礼。傩神，传说中祛除瘟疫的神。

（八）宋均注："穴处之鸟而来巢，去安就危，昭公将去国周流也。今则处处皆有。"

■ 讲疏

等级制是君主专制的基础，而纬书从不同方面论述了等级的普遍性与绝对性，人受制于天，人与天本身就是一种等级结构，人副天数，人间的一切也必然是等级结构。《礼稽命征》对人的等级、生活方式的等级以及用物的等级作了详细具体的规定。祭祀、用物的等级化由来已久，纬书的新义在于进一步从天人一体化方面进行了论证。《礼稽命征》主张将"礼"与"乐"结合起来，认为"礼"、"乐"只有相互配合，才能达到内外双治的圆满效果，其云："孔子谓子夏曰：礼以修外，乐以修内，丘已矣夫。"宋均注："修外，饰容貌也；修内，荡涤心性也。王者得礼之制，则泽谷之中，白泉出，饮之使寿长。"纬书对于"礼"的诠释，倾向于论述"礼"的本体意味，认为"礼"与天地、四时、阴阳、日月互为感应。

礼　纬

若尚色，天命以赤尚赤，以白尚白，以黑尚黑^(一)。

正朔三而改，文质再而复。三微者三正之始，万物皆微，物色不同，故王者取法焉。十一月，时阳气始施于黄泉之下，色皆赤。赤者阳气，故周为天正，色尚赤。十二月，万物始牙而色白，白者阴气，故殷为地正，色尚白。十三月，万物孚甲^(二)而出，其色皆黑，人得加功展业，故夏为人正，色尚黑。

武王亦乌谷芒应，周尚赤。用兵王命曰为牟。天意若曰，须暇纣五年，乃可诛之。武王即位，此时已三年矣。谷，盖牟麦也。诗曰：贻我来牟^(三)。

禹耳三漏，是谓大通，兴利除害，决河疏江。皋陶乌喙，是为至诚，决狱明白，察于人情。汤臂三肘，是为柳翼，攘至不义，万民蕃息。文王四乳，是调至仁，天下所归，百姓所亲。武王望羊，是为摄扬，盱目陈兵，天下富昌。周公背偻，是为强俊，成就周道，辅于幼主。孔子反宇，是谓尼甫，立德泽，所与藏元通流。

禹舟修己，吞薏苡而生禹^(四)，因姓姒氏。而契姓子氏者，亦以其母吞鳦子而生。

文王得白马、朱鬣、大贝、玄龟。

白马朱鬣，瑞于文王。

风，萌也，养物成功，所以八风象八卦也。

唐、虞五庙，殷六庙，周七庙。

天子五庙，二昭二穆，与始祖而五。

夏无太祖，宗禹而已，则五庙。殷人祖契而宗汤，则六庙。周祖后稷，宗文王、武王，则七庙。自夏及周，少不减五，多不过七。

殷之五年，殷祭亦名禘也。

诸侯之士，一庙。

诸侯执珪。

天子纯玉，尺二寸。公、侯九寸，四玉一石。伯、子、男三玉二石。

天子辟雍^{（五）}，所以崇有德，褒有行。

天子外屏^{（六）}，诸侯内屏，大夫帷，上帝。

天子外阙两观，诸侯内阙一观。

六十一上，笾豆有加。

有正经三百五也，动仪三千四。

天子有灵台^{（七）}，以候天地。诸侯有时台^{（八）}，以候四时。

汉星明，天子寿昌，万民无疾疫灾殃。

天子动容，周旋中礼，则日月五星，不敢纵横。

天子王珪帽，则北辰列齐。

祭者，所以追养继孝也。

秬鬯之草^{（九）}。

鬯草生庭。

刑法格藏，世作颂声，封于太山，考绩柴燎，禅于梁甫，剋石纪号，英炳巍巍，功平世教。

黄帝以德行，蚩尤与黄帝战。

祖以元鸟生子也。

垂旒目，纩塞耳，王者示不听谗、不视非也。

天地之牛角兰栗，宗庙之牛角握，六宗，五岳。四渎角尺。

角星正位指南北，其微笑而经五日，其国不出三日，贼臣入界，诛流血。

钩铃明晖，经六十日已上，其分野昆弟有亲之恩，则钩铃不离房，法令宽。

月宿天廊中央，大将军归来，期六十日。

三台为天阶，太一蹑以上，一曰泰阶，一名天柱。辟雍礼修和服，则星明顺之也。

王者有德，则祥风扬箕。

天子至卿士，旗旒中礼，制度有科，则参旗弓行，正齐均明。

王者制礼作乐，得天心，则景星见。

芸蒿曰叶似蒿，香美可食也。

■ 题解

《礼纬》是以谶纬之说来解释《礼》。纬与经相对，系"经之支流，衍及旁义"。《礼》纬有三，即《含文嘉》、《稽命征》、《斗威仪》。本篇不同于上三篇，与其内容有异同。《隋书·经籍志》著录有郑玄注《礼纬》三卷。已佚。清黄奭《汉学堂丛书》，马国翰《玉函山房辑佚书》，赵在翰《七纬》均有辑佚本。

■ 注释

（一）赤：赤乌，故周尚赤。汤以白狼，故尚白。禹以玄珪，故尚黑色。

（二）孚甲：指草木种子分裂发芽。引申为萌发，萌生。孚：通"莩"，叶里白皮。甲：草木初生时所带种子的皮壳。

（三）贻我来牟：出自《诗·周颂·思文》。

（四）薏苡：植物名。一年生或多年生草本植物，茎直立，叶线状披针形，颖果卵形，淡褐色。薏苡仁含淀粉，供食用、酿酒，并入药。

（五）辟雍：亦作"璧雍"。辟，通"璧"。本为西周时期天子所设大学，校址圆形，围以水池，前门外有便桥，为行乡饮、大射或祭祀之礼的地方。

（六）外屏：天子的门屏。屏，对着门的小墙，后称照壁。与内屏相对。《荀子·大略》："天子外屏，诸侯内屏，礼也。"

（七）灵台：古时帝王观察天文星象、妖祥灾异的建筑。

（八）时台：古代诸侯所筑观察四时气象之台。

（九）秬：黑黍。鬯：古代祭祀用的一种酒。

■ 讲疏

　　本篇主要内容是讲述帝王兴起与天象的感应，天子的仪容服色，正朔等事。汉代通行的《仪礼》本是士礼，天子之礼是由士礼上推而得，汉武帝与诸儒议封禅事数年不能决，于是采倪宽之说自制礼仪，对古礼多有改造。后来刘歆讥讽今文家诸儒对辟雍、封禅、巡狩的仪节茫然无所知，在这种背景之下，纬书就应运而生。纬书对汉代礼制多有论述和发挥，是研究汉代礼学的重要资料。

乐动声仪

作乐制礼，时有五音，始于上元，戊辰夜半^(一)，冬至北方子。

上元者，天气也，居中调礼乐，教化流行，摠五行为一。

中元者，人气也，气以定万物，通于四时者也。

下元者，地气也，为万物始，生育长养，盖藏之主也。

风气者，礼乐之使、万物之首也。物靡不以风成熟也，风顺则岁美，风暴则岁恶。

圣王知物，极盛则衰，暑极则寒，乐极则哀。是以日中则昃，月盈则蚀，天地盈虚，与时消息。制礼作乐者，所以改世俗，致祥风，和雨露，为万姓，获福于皇天者也。圣人作乐，绳以五元^(二)，度以五星，碌贞以道德^(三)，弹形以绳墨^(四)，贤者进，佞人伏。

乐者，移风易俗。所谓声俗者，若楚声高，齐声下。所谓事俗者，若齐俗奢，陈俗利巫也。先鲁后殷，新周故宋，然宋商俗也。

昔归典叶声律。

黄帝乐曰咸池^(五)，帝喾乐曰六英^(六)。帝颛顼曰五茎^(七)，舜曰大韶，禹曰大夏。尧乐曰大章^(八)，舜乐曰箫韶^(九)，禹曰大夏^(一〇)，武曰大武。舜乐曰箫韶^(一一)，周乐伐时曰武象^(一二)。殷曰大濩^(一三)。周曰勺^(一四)。周曰大武象。又曰大武。

孔子曰，箫韶者，舜之遗音也。温润以和，似南风之至，其为音，如寒暑风雨之动物，如物之动人，雷动兽含，风雨动鱼龙，仁义动君子，财色动小人，是以圣人务其本。

神守于心，游于目，穷于耳，往乎万里而至疾，故不得而不速。从胸臆之中而彻太极，援引无题，人神皆感，神明之应，音声相和。

官有六府，人有五脏。五脏者何也，谓肝、心、肺、肾、脾也。肝之为言干也，肺之为言贵也，情动得序。心之为言任也，任于恩也。肾之为言写也，以窍写也。脾之为言辨也，所以积精禀气也。五脏，肝仁、肺义、心礼、肾智、脾信也。肝所以仁者何？肝，木之精也，仁者好生，东方者，阳也，万物始生，故肝象木，色青而有枝叶。目为之候何？目能出泪，而不能内物，木亦能出枝叶，不能有所内也。肺所以义者何？肺者金之精，义者断决，西方亦金，成万物也，故肺象金，色白也。鼻为之候何？鼻出入气，高而有窍，山亦有金石累积，亦有孔穴，出云布雨，以润天下雨则云消，鼻能出纳气也。心所以为礼何？心，火之精也，南方尊阳在上，卑阴在下，礼有尊卑，故心象火，色赤而锐也，人有道尊，天本在上，故心下锐也。耳为之候何？耳能遍内外，别音语，火照有似于礼，上下分明。肾所以智何？肾者水之精，智者进而止，无所疑惑，水亦进而不惑，北方水，故肾色黑，水阴，故肾双。窍为之候何？窍能泻水，亦能流濡。脾所以信何？脾者土之精也，土尚任养万物，为之象，生物无所私，信之至也，故脾象土，色黄也。口为之候何？口能啖尝，舌能知味，亦能出音声，吐滋液。

宫为君，君者当宽大容众，故其声弘以舒，其和清以柔，动脾也。商为臣，臣当以发明君之号令，其声散以明，其和温以断，动肺也。角为民，民者当约俭，不奢僣差，故其声防以约，其和清以静，动肝也。征为事，事者君子之功，既当急就之，其事当久流亡，故其声贬以疾，其和平以功，动心也。羽为物，物者不齐委聚，故其声散以虚，其和断以散，动肾也。

宫为君，商为臣，君臣皆尊，各置一副，故加十四而悬十六。

宫唱而商和，是谓善，太平之乐。角从宫，是谓哀，哀国之乐。羽从宫，往而不反，是谓悲，亡国之乐也。音相生者和。

以雅治人，风成于颂。

人情喜则笑矣。

乐动声仪

召公，贤者也，明不能与圣人分职，常战栗恐惧、故舍于树下听断焉。劳身苦体，然后乃与圣人齐，是周南无美，而召南有之。

镇星不逆行，则凤皇至。

土肥饶，原陆隘狭，斯生奢侈之俗也。

冬至阳气应，则乐均清，景长极，黄钟通土灰，轻而衡仰。夏至阴气应，则乐均浊，景短极，蕤宾通土灰，重而衡低。

春宫秋律，百卉必凋。秋宫春律，万物必劳。夏宫冬律，雨雹必降。冬宫夏律，雷必发声。

天效以景，地效以响，律也。天有五音，所以司日。地有六律，所以司辰。

诗三百五篇。

诗人感而后思，思而后积，积而后满，满而后作。言之不足，故嗟叹之。嗟叹之不足，故咏歌之。咏歌之不厌，不知手之舞之，足之蹈之也。

角音知调，则岁星常应。太岁月建以见，则发明主为兵备[一五]。

徵音和调，则荧惑日行四十二分度之一，伏五月得其度，不及明从晦者，则动应制，致焦明[一六]，至则有雨，备以乐之和。

五音和，则五星如度。

大乐与条风[一七]，生长德等。

韶之为乐，穆穆荡荡，温润以和，似南风之至，万物壮长。

天地一变，五日月俱合，起牵牛[一八]，曰四更易气，辰更易光。

■ 题解

《乐动声仪》是《乐纬》的一篇。本篇讲述了"乐"始于"五元"，圣人作"乐"，以"五元"为准则，以"五星"为法度，以道德为正道，以绳墨为弹割形象的标准。因此使贤能奋进，使奸佞降伏。接下来讲述了五脏、五音、五星、五常、五行、四时之间关联，如五音与政教、诗教的联系。这旨在神化"礼乐"，说明了"乐"不只有娱情的作用，对政教和风俗均有重要影响重要。

■ 注释

（一）戊辰夜半：郑玄注："戊辰，土位。土为宫，宫为君，故作乐尚之，以为始也。夜半子，亦天时之始。礼稽命征：起于太素，十一月闰逢之日，岁在摄提格之纪。是云作乐制礼，盖作乐则有礼，通其文耳。"

（二）绳：正也。

（三）碌：靡也。贞：正也。

（四）弹：割也。

（五）咸：皆也。池：音施，道施于民，故曰咸池。池取无不寝，真润万物，故定以乐名。

（六）六英：宋均注："道有英华，故曰五英。六英，天地四时的精华。"

（七）五茎：五行之道，立根茎也。

（八）大章：尧时仁义大行，法度章明，故曰大章。言其德光被四表，格于上下，其道大章明也。

（九）韶：继也，舜继尧之后，循行其道，故曰箫韶。

（一〇）大夏：宋均注："禹承二帝之后，道重太平，故曰大夏，其德能大诸夏也。"

（一一）箫韶：宋均注："箫之言肃，舜时民乐其肃敬，而纪尧道，故谓之箫韶。"

（一二）武象：象伐时用干戈也。

（一三）大濩：汤承衰而起，濩先王之道，故曰大濩。濩：散布。

（一四）勺：周承衰而起，斟酌文武之道，故曰勺。

（一五）发明：金精鸟。

（一六）焦明：水鸟。

（一七）条风：条达万物之风。

（一八）牵牛前五度。

■ 讲疏

《乐动声仪》对"乐"用作了极为独特的论述。"乐"始于"五元"（上元——天气；下元——地气；中元——人气；时元气——受气于天，布之广地，以时出入万物者也；风元气——物莫不以风成熟也）。"天有五音，地有六律"，五音各代表一种社会角色：宫——君；商——臣；角——民；徵——事；羽——物；五音又代表了不同的社会政治境况。十二个月各有一音律，为十二月律。人的五脏与五音相适；五音又与五星相应，与四时、阴阳、五行、四方相配。古代的圣王各有自己时代的乐章。"礼"、"乐"体现着那个时代的社会秩序和精神，神化"礼乐"正是神化当时社会的基本制度。

乐叶图征

天元以甲子朔旦冬至，日月起于牵牛之初，右行二十八宿，以考王者始终。或尽一，其历数或不能尽一，以四千五百六十为纪，甲寅穷^(一)。

天元十一年，朔旦冬至，圣王受厚祚。

时元者受气于天，布之于地，以时出入万物者也。四时之节，动静各有分次，不得相逾，常以度行也，谓之调露之乐^(二)。

黄帝乐曰咸池^(三)。咸池，五车天关也^(四)。

颛顼曰五茎^(五)。帝喾曰六英。尧曰大章，舜曰箫韶，禹曰大夏，殷曰大濩，周曰勺，又曰大武。

圣王往承天定爵禄人者，不过其能，尊卑有位，位有物，物有宜，功成者赏，功败者罚，故乐用钟^(六)。

夫圣人之作乐，不可以自娱也，所以观得失之效者也。故圣人不取备于一人，必从八能之士，故撞钟者当知钟，击鼓者当知鼓，吹管者当知管，吹竽者当知竽，击磬者当知磬，鼓琴者当知琴。故八士曰："或调阴阳，或调律历，或调五音。故撞钟以知法度，鼓琴者以知四海，击磬者以知民事^(七)。钟音调，则君道得，君道得，则黄钟、蕤宾之律应。君道不得，则钟音不调，钟音不调，则黄钟、蕤宾之律不应。鼓音调，则臣道得，臣道得，则太簇之律应。管音调，则律历正，律历正，则夷则之律应。磬音调，则民道得，民道得，则林钟之律应。竽音调，则法度得，法度得，则无射之律应。琴音调，则四海合，岁气百川一合德，鬼神之道性，祭祀之道得，如此则姑洗之律应。五乐皆得，则应钟之律应，天地以和气至，则和气应，和气不至，则天地和气不应。钟音调，下臣以法贺主；鼓音调，主以法贺臣；磬音调，主以德施于百姓；琴音调，主以德及四海八能之士。常以日冬至成天文，日夏至成地理，作阴乐以成天文，作阳乐以成地理。

圣王正律历，不正则荧惑出入地常，占为大凶。

乐听其声，和以音，考以俗，验以物类。

圣人作乐，不以为娱乐，以观得失之节。故不取备于一人，必须八能之士。故八士或调阴阳，或调五行，或调盛人，或调律历，或调五音。与天地神明合德者，则七始八终^(八)，各得其宜也。

冬至，人主与群臣从八能之士，作乐五百。

阳乐黄钟，阴乐蕤宾也。

黄钟生一，一生万物。

君子铄金为钟，四时九乳^(九)，是以撞钟以知君，钟音调则君道得。

鸣钟显功罪，故乐用钟。

圣人往承天助，以立五均^(一〇)。均都亦律，调五声之均也。

次主东律，东律主黄钟。圣人承天，乐用管。吹管者以知律，管音调则律历正。

乾主立冬，阴阳终始。故圣人承天，以制法刑，使死者不恨，生者不怨。

受命而王，为之制乐，乐其先祖也。

鼓和乐于东郊，致魂灵，下太一之神。天官紫微宫，北极天一太一^(一一)。钩陈，后宫也。

天宫，紫微宫也。钩陈，后宫也。大当，正妃也，阁道，北斗辅。天理，贵人牢。文昌宫，天五官会府也。玄戈，招摇也。梗河，天矛也。织女。连营，贱人牢。咸池、五车。天关，参旗伐也，觜觿，天庙也，奎，天豕也，天矢，娄也，胃，天仓也。狼弧、鱼陵、天船、天苑、卷舌、天老人，皆西方星名也。柳主栈木。

天官，高为云汉。

赤帝锐头^(一二)，黑帝大头。

成康之隆，妖孽灭也。

五音克谐，各得其伦，则凤皇至。冠类鸡头，燕喙蛇头，龙形麟翼，鱼尾五采，不喙生虫。

五凤皆五色，为瑞者一，为孽者四。似凤有四，并为妖、一曰鹔鹴，鸠喙，圆目，身义，戴信，婴礼，膺仁，负智，至则旱役之感也；二曰发明，鸟喙大颈，大翼大胫，身仁，戴智，婴义，膺信，负礼，至则丧之感也；三曰焦明，长喙，疏翼，圆尾，身义，戴信，婴仁，膺智，负礼，至则水之感也；四曰幽昌，兑目，小头，大身，细足，胫若麟叶，身智，戴信，负礼，膺仁，至则旱之感也。

焦明，状似凤皇。

焦明，南方鸟也，状似凤皇，鸠喙疏翼负尾，身礼，戴信，婴仁，膺智，负义，至则水之减，为水备也。

发明，东方鸟也，状似凤皇，鸟喙大颈羽翼，又大足胫，身仁，戴智，婴义，膺信，负礼，至则兵丧之感，为兵备也。

鹔鹴，西方鸟也，状似凤皇，鸠喙专形，身义，戴信，婴仁，膺智，至则旱役之减，为旱备也。

幽昌，北方鸟也，状似凤皇，锐喙小头，大身细足，脏翼若邻叶，身智，戴义，婴信，膺仁，负礼，至则旱之感，为旱备也。

六律：黄钟十一月，太簇正月，姑洗三月，蕤宾五月，夷则七月，无射九月。六吕：大吕十二月，夹钟二月，仲吕四月，林钟六月，南吕八月，应钟十月。阳为律，阴为吕，总谓之十二月律。

大乐必易 (一三)。

稽天地之道，合人鬼之情，发于律吕，计于阴阳，挥之天下，注之音韵。有窃闻者，则其声自闻。

坎主冬至，宫者君之象。人有君，然后万物成，气有黄钟之宫，然后万物调，所以始正天下也。能与天地同仪、神明合德者，则七始八终，各得其宜。而天子穆穆，四方取始，故乐用管。艮主立春，阳气始出，言雷动百里，圣人授民田，亦不过百亩。此天地之分，黄钟之度九而调八音，故圣人以九顷成八家。上农夫食九口，中者七口，下者五口，是为富者不足以奢，贫者无饥馁之忧，三年余一年之蓄，九年余三年之蓄。此黄钟之所成以消息之和，故乐用埙。震主春分，天地阴阳分均，故圣王法承天以立五均。五均者亦律调五声之均也。音至众也，声不过五，物至蕃也，均不过五。为富者虑贫，强者不侵弱，智者不诈愚，市无二价，万物同均，四时当得，公家有余，恩及天下，与天地同德，故乐用鼓。巽主立夏，言万物长短各有差，故圣王法承天，以法授事焉。尊卑各有等，于士则义让有礼，君臣有差，上下皆次，治道行，故乐用笙。离主夏至，阳始下，阴又成物，故圣王法承天，以法授衣服制度。所以明礼义，显贵贱，明烛其德，卒之以度，则女功有差，男行有礼，故乐用弦。坤主立秋，阳气方入，阴气用事，昆虫首穴欲蛰。故圣王法之，授宫室度量，又章制有宜，大小有法，贵贱有差，上下有顺，故乐用磬。兑主秋分，天地万物人功皆以定，故圣王法承天，以定爵禄。爵禄者，不过其能。宫为君，商为臣，商，章也，言臣章明君之功德。尊卑有位，位有物，物有宜，功成者爵赏，功败者刑罚，故乐用钟。乾主立冬，阴阳终而复始、万物死而复件，故圣王法承天，以制刑法，诛一动千，杀一感万，使死者不恨，生者不怨，故用柷敔。

上所以无位在于四季者，地之别名，土于五行最尊，故不自居部。

磬，立秋之乐也，律中夷则，象万物之成也。

不履践生草。

日月遗其珠囊（一四）。

摄提为盾，以其夹捧帝座也。

■ 题解

《乐纬》是以神学迷信解释《乐》的作品。作者隐名埋姓，假托神意，自称为神之启示。纬与经相对，用术数占验讲述经书，多荒诞不经之词。《乐纬》有三：《动声仪》、《稽耀嘉》、《叶图征》。《隋书·经籍志》著录有宋均注《乐纬》三卷。已佚。清黄奭《汉学堂丛书》、马国翰《玉函山房辑佚书》、赵在翰《七纬》均有著录。

■ 注释

（一）纪：即元也。四千五百六十者，五行相代，一终之大数也。王者即位，或遇其统，或不尽其书，故一共以四千五百六十为甲寅之终也。

（二）"时元者"句：以时入，月令十二月政是也。从其出入，则无灾祆祸。调露，调和致于甘露，使物茂长之乐也。

（三）咸：皆也。池：施也。池取无所不浸。德润万物，故定以为名。

（四）五车：咸池别名也。

（五）五茎：能为五行之道，立根茎也。

（六）钟：攻也。凡有罪者，鸣钟以攻之。钟音不调，则咎非其人，则是君之过也。

（七）民事：农桑之事也。

（八）七：谓四方、天、地、人也。

（九）九乳：九州。

（一〇）均：均长八尺，施弦以调六律五声。

（一一）天一太一：北极神之别名。

（一二）锐头：像朱鸟也。

（一三）大乐必易：凡乐皆代易之，故必易。大乐，宗庙之乐。

（一四）日月遗其珠囊：郑玄注："珠谓五星也，遗其囊者，盈缩失度也。"

■ 讲疏

《乐纬》对"乐"的认识与《乐记》相通，它认为"乐"与天地之道相互贯通。本篇《乐叶图征》提到："稽天地之道，合人鬼之情，发于律吕，计于阴阳，挥之天下，注之音韵"。这种对"乐"的认识超越了形式的层面，触及到"乐"的基本精神。对于"乐"的起源，《乐记》不是简单地将"乐"还原为纯粹的、有规则的声音，而是将"乐"的发生与主体、客体之间的感动联系起来："凡音之起，由人心生也。人心之动，物使之然也。感于物而动，故形于声。声相应，故生变。变成方，谓之音。此音而乐之，及干、戚、羽、旄，谓之乐。乐者，音之所由生也，其本在人心之感于物也。"《乐记》在此对音、声、乐等三个近似的概念做了区分，揭示了"乐"产生的具体过程乃是由物感心而发之于声，通过声音的有规则的变化而形成音，音与舞的配合，最终形成"乐"。现存《乐纬》对"乐"的发生问题较少涉及，重点讨论了"乐"的功能问题。

乐 纬

黄帝之乐曰咸池^(一)，颛顼曰六茎^(二)，帝喾曰五英^(三)，尧曰大章，舜曰箫韶，禹曰大夏，殷曰大濩，周曰勺，又曰大武。

是以清和上升，天下乐其风俗，凤皇来仪，百兽率舞，神龙升降，灵龟宴宁。

上元者，天气也，居中调礼乐，教化流行，揔五行气为一。下元者，地气也，为万物始质也，为万物之容范。中元者，人气也，其气以定万物，通于四时，承天心，理礼乐，通上下四时之气，和合人之情，以慎天地者也。时元者，受气于天，布之于地，以时出入万物者也。风元者，礼乐之本，万物之首，物莫不以风成熟也。圣王知物极盛则衰，暑极则寒，乐极则哀，是以日中则昃，月盈则蚀，天地盈虚，与时消息。制礼作乐者，所以改世俗，致祥风，和雨露，为万姓获福于皇天者也。圣人作乐，绳以五元^(四)，度以五星，碌贞以道德^(五)，弹形以绳墨^(六)，贤者进，佞人伏。

声放散则政荒；商声欹散，邪官不理；角声忧愁，为政虐民，民怨故也；徵声哀苦，事烦民劳，君淫佚；羽声倾危，则国不安。

殷汤改制易正，荡涤故俗。

商为五潢^(七)。

岁星与日常应，大岁月建以见。

宫致凤皇，身信；羽致幽昌，身智。角致发明，身仁；徵致焦明，身礼；商致鶌鶋[八]，身义。羽致幽昌，身智；宫致凤皇，身信。

禹治水毕，天赐神女圣姑。玄戈。宫也，以戊子候之。宫乱则荒，其君骄，不听谏，佞臣在侧；宫和，则致凤皇，颂声作。

弁星，羽也，壬子候之。羽乱则危，其财匮，百姓枯竭为旱。

天理，贵人之牢也。

孔子曰：丘吹律定姓，一言得土曰宫，三言得火曰徵，五言得水曰羽，七言的得金曰商，九言得木曰角。

春气和则角声调，夏气和则徵声调。季夏气和则宫声调，秋气和则商声调，冬气和则羽声调。

物以三成，以五立。三与五如八，故音以八。八音金、石、丝、竹、土、木、匏、革[九]，以发宫、商、角、徵、羽也。金为钟，石为磬，丝为弦，竹为管，土为埙，木为柷敔。匏为笙，革为鼓。鼓主震，笙主巽，柷敔主乾，埙主艮，管主坎，弦主离。磬主坤，钟主兑。

商者，章也。臣章明君德，以齐上下相传，肾所用也。

黄钟中宫，数八十一，以天一、地二、人三之数以增减，律成五音中和之气。增治上生，减治下生。上生者三分益一，下生者三分减一。益者以四乘之，以三除之，减者以二乘之，以三除之。

黄钟为宫，林钟为徵，太簇为商，南吕为羽，姑洗为角，应钟为变宫，蕤宾为变徵。以次配之，五音备矣。黄钟下生林钟，故林钟为徵，次黄钟；林钟上生太簇，故太簇为商，次林钟；太簇下生南吕，故南吕为羽，次太簇；南吕上生姑洗，故姑洗为角，次南吕；姑洗下生应钟，故应钟为变宫，次姑洗；应钟上生蕤宾，故蕤宾为变徵。凡有七音，圆相为宫。七音者，盖以相生数七故也。始黄钟生林钟，自十二月至六月，凡七月也。

纳音者，谓之本命所属之音，即宫、商、角、徵、羽也。

人君口德，紫脱常围也。

■ 题解

纬书之一，出于汉代，《隋书·经籍志》著录三卷，后皆佚。《后汉书·方术列传》注《乐纬》有《动声仪》、《稽耀嘉》、《斗图征》。明孙瑴

《古微书》、清马国翰《玉函山房辑佚书》皆辑有佚文。

■ 注释

（一）咸：皆也。池，施也。池取无所不浸。德润万物，故定以为名。

（二）颛顼：上古帝王名。"五帝"之一，号高阳氏。相传为黄帝之孙、昌意之子，生于若水，居于帝丘。十岁佐少昊，十二岁而冠，二十登帝位。在位七十八年。

（三）帝喾：名夋，号高辛氏，是黄帝曾孙，玄嚣孙子，父亲叫蟜极，颛顼是他的堂房伯父。相传帝喾生于穷桑（西海之傧），母因踏巨人足迹而生。

（四）绳：正也。

（五）砥：摩也。贞：正也。

（六）弹：割也。

（七）五潢：天津之别名。

（八）鷫鹴：传说中的西方神鸟。《说文·鸟部》："鷫，鷫鹴也。五方神鸟也。东方发明，南方焦明，西方鷫鹴，北方幽昌，中央凤皇。"

（九）八音：指八种乐器，金，钟镈。石，磬。土，埙。革，鼓鼗。丝，琴瑟。木，柷敔。匏，笙竽。竹，管箫。

■ 讲疏

《乐纬》认为可以由"五音"查知"五政"："声放散则政荒；商声欹散，邪官不理；角声忧愁，为政虐民，民怨故也；徵声哀苦，事烦民劳，君淫佚；羽声倾危，则国不安。"并且"乐"不仅可用于观政，还可以凭借"乐"来移风易俗，进而参赞天道。如"制礼作乐者，所以改世俗"，"乐"之所以有这么大的神通，是因为它体现了天地的和谐与秩序。《乐纬》以为"乐"与四时之气是相互贯通的，在五音之中，春气与角声，夏气与徵声，季夏气与宫声，秋气与商声，冬气与羽声息息相通。这种对"乐"的看法显然是站在天道的角度，将"乐"与天道打成一片。《乐纬》对"乐"的评判已超越了单纯从"乐"的本身来考察其价值，这也代表了中国传统文化对"乐"的共通看法。

■ **参考文献**

《纬书集成》，安居香山，中村璋八辑，河北人民出版社1994年。

《汉代学术史略》，顾颉刚著，东方出版社1996年。

《谶纬论略》，钟肇鹏著，辽宁教育出版社1991年。

《纬书与中国神秘思想》，安居香山著，田人隆译，河北人民出版社1991年。

《经学今诠初编》，中国哲学编辑部编，辽宁教育出版社2000年。

《汉代内学——纬书思想通论》，任蜜林著，巴蜀书社2011年。

乐　论

　　阮籍（210—263），字嗣宗，陈留尉氏（今河南尉氏县）人。他是"建安七子"之一阮瑀的儿子，与嵇康齐名，"竹林七贤"之一，曾为步兵校尉，故称阮步兵。阮籍本有济世之志，值魏晋易代之际，名士少有全者，遂沉湎于酒以自保。或酣醉连月，不涉是非，或放浪形骸，不遵礼法，以避灾免祸。在政治伦理思想上，早期倾向儒家，肯定名教。认为"尊卑有分，上下有等，谓之礼；人安其生，情意无哀，谓之乐"，"礼逾其制，则尊卑乖；乐失其序，则亲疏乱"（《乐论》）。正始之变后，对"名教"持否定态度，认为"礼法"有违于自然，并将"礼法之士"比为"裈中之虱"，表示要与这些"坐制礼法"的"君子"决裂。（《大人先生传》）阮籍长于五言诗，有《咏怀》八十二首，后人辑有《阮步兵集》。

　　刘子问曰："孔子云'安上治民，莫善于礼；移风易俗，莫善于乐。'(一)夫礼者，男女之所以别，父子之所以成，君臣之所以立，百姓之所以平也；为政之具靡先于此。故"安上治民，莫善于礼"也。夫金、石、丝、竹——钟鼓管弦之音(二)，干、戚、羽、旄——进退俯仰之容(三)，有之无益于政，无之何损于化，而曰'移风易俗，莫善于乐'乎？"

　　阮先生曰："善哉！子之问也。昔者孔子著其都乎，且未举其略也。今将为子论其凡，而子自备详焉。(四)"

"夫乐者，天地之体，万物之性也。合其体，得其性，则和；离其体，失其性，则乖。昔者圣人之作乐也，将以顺天地之体，成万物之性也，故定天地八方之音，以迎阴阳八风之声(五)，均黄钟中和之律，开群生万物之情，故律吕协则阴阳和，音声适而万物类，男女不易其所，君臣不犯其位，四海同其观，九州一其节(六)，奏之圆丘而天神下，奏之方丘而地祇上，天地合其德则万物合其生，刑赏不用而民自安矣。"

"乾坤易简(七)，故雅乐不烦；道德平淡，故五声无味。不烦则阴阳自通，无味则百物自乐，日迁善成化而不自知，风俗移易而同于是乐。此自然之道，乐之所始也。"

"其后圣人不作，道德荒坏，政法不立，智慧扰物，化废欲行，各有风俗(八)。故造始之教谓之风，习而行之谓之俗。楚越之风好勇，故其俗轻死；郑卫之风好淫，故其俗轻荡。轻死，故有蹈火赴水之歌；轻荡，故有桑间、濮上之典(九)。各歌其所好，各咏其所为。歌之者流涕，闻之者叹息，背而去之，无不慷慨(一〇)。怀永日之娱，抱长夜之欢，相聚而合之，群而习之，靡靡无已(一一)，弃父子之亲，弛君臣之制，匮室家之礼，废耕农之业，忘终身之乐，崇淫纵之俗(一二)，故江淮之南其民好残，漳汝之间其民好奔(一三)。吴有双剑之节，赵有扶琴之客。气发于中，声入于耳，手足飞扬，不觉其骇。"

"好勇则犯上，淫放(一四)则弃亲。犯上则君臣逆，弃亲则父子乖；乖逆交争，则患生祸起。祸起而意愈异，患生而虑不同。故八方殊风，九州异俗，乖离分背，莫能相通，音异气别，曲节不齐。故圣人立调适之音，建平和之声，制便事之节，定顺从之容(一五)，使天下之为乐者莫不仪焉。自上以下，降杀(一六)有等，至于庶人，咸皆闻之。歌谣者咏先王之德(一七)，俯仰者习先王之容，器具者象先王之式，度数者应先王之制。入于心，沦于气，心气和洽，则风俗齐一。"

"圣人之为进退俯仰之容也，将以屈形体，服心意，便所修，安所事也。歌咏诗曲，将以宣平和，著不逮(一八)也。钟鼓所以节耳，羽旄所以制目。听之者不倾(一九)，视之者不衰；耳目不倾不衰则风俗移易，故移风易俗莫善于乐也。故八音有本体，五声有自然，其同物者以大小相君(二〇)。有自然，故不可乱；大小相君，故可得而平也。若夫空桑之琴，云和之瑟，孤竹之管，泗滨之磬，其物皆调和淳均者，声相宜也，故必有常处^(二一)；以大小相君，应黄钟之气，故必有常数。有常处，故其器贵重；有常数，故其制不妄。贵重，故可得以事神；不妄，故可得以化人。其物系天地之象，故不可妄造；其凡似远物之音，故不可妄易。雅^(二二)颂有分，故人神不杂；节会有数，故曲折不乱；周旋有度，故俯仰不惑；歌咏有主，故言语不悖。导之以善，绥之以和，守之以衷，持之以久；散其群，比其文，扶其夭，助其寿，使去风俗之偏习，归圣王之大化。^(二三)"

"先王之为乐也，将以定万物之情，一天下之意也，故使其声平，其容和。下不思上之声，君不欲臣之色^(二四)，上下不争而忠义成。夫正乐者，所以屏淫声也^(二五)，故乐废则淫声作。汉哀帝不好音，罢省乐府，而不知制礼乐，正法不修，淫声遂起。张放、淳于长骄纵过度，丙强、景武富溢于世。罢乐之后，下移逾肆。身不是好而淫乱愈甚者，礼不设也。"

"刑教一体，礼乐外内也。刑弛则教不独行^(二六)，礼废则乐无所立。尊卑有分，上下有等，谓之礼。人安其生，情意无哀，谓之乐。车服，旌旗，宫室，饮食，礼之具也。钟磬，鞞鼓，琴瑟，歌舞，乐之器也。礼逾其制则尊卑乖。乐失其序则亲疏乱。礼定其象，乐平其心；礼治其外，乐化其内。礼乐正而天下平。"

"昔卫人求繁缨、曲县而孔子叹息，盖惜礼坏而乐崩也^(二七)。夫钟者，声之主也。县者，钟之制也。钟失其制则声失其主；主制无常则怪声并出。盛衰之代相及，古今之变若一，故圣教废毁，则聪慧之人并造奇音。景王喜大钟之律，平王好师延之曲，公卿大夫拊手嗟叹，庶人群生踊跃思闻。正乐遂废，郑声大兴，雅颂之诗不讲，而妖淫之曲是寻。延年造倾城之歌，而孝武思嬛嫚之色^(二八)。雍门作松柏之音，愍王念未寒之服。故猗靡哀思之音发，愁怨偷薄之辞兴，则人后有纵欲奢侈之意，人后有内顾自奉之；是以君子恶大陵之歌，憎北里之舞也。"^(二九)

"昔先王制乐，非以纵耳目之观，崇曲房之嬿也^(三〇)。必通天地之气，静万物之神也；固上下之位，定性命之真也。故清庙之歌咏成功之绩，宾响之诗称礼让之则，百姓化其善，异俗服其德；此淫声之所以薄，正乐之所以贵也。"

"然礼与变俱，乐与时化，故五帝不同制，三王各异造，非其相反，应时变也。夫百姓安服淫乱之声，残坏先王之正，故后王必更作乐，各宣其功德于天下，通其变使民不倦。然但改其名目，变造歌咏，至于乐声，平和自若；故黄帝咏云门之神，少昊歌凤鸟之迹，《咸池》、《六英》之名既变，而黄钟之宫不改易。故达道之化者可与审乐，好音之声者不足与论律也。"

"舜命夔龙典乐，教胄子以中和之德也：'诗言志，歌咏言，声依咏，律和声。八音克谐，无相夺伦，神人以和。'又曰'于欲闻六律、五声、八音，在治忽以出纳五言。女听！'夫烦奏淫声，汩湮心耳，乃忘平和，君子弗听。言正乐通平易简，心澄气清，以闻音律，出纳五言也。夔曰：'戛击鸣球，搏拊琴瑟以咏，祖考来格。(三一)虞宾在位，群后德让，下管鼗鼓，合止柷敔，笙镛以闲，鸟兽跄跄；箫韶九成，凤凰来仪。'(三二)夔曰：'于，予击石拊石，百兽率舞，庶尹允谐。'诗言志，歌咏言，操磬鸣琴，以声依律，述先生之德，故祖考之神来格也；笙镛以闲，正乐声希，治修无害，故繁毓跄跄然也(三三)；乐有节适，九成而已，阴阳调达，和气均通，故远鸟来仪也；质而不文，四海合同，故击石拊石，百兽率舞也。言天下治平，万物得所，音声不哗，漠然未兆(三四)，故众官皆和也。故孔子在齐闻韶，三月不知肉味。言至乐使人无欲，心平气定，不以肉为滋味也。以此观之，知圣人之乐和而已矣。"

"自西陵(三五)、青阳之乐皆取之竹，听凤凰之鸣，尊长风之象，采大林之□，当时之所不见，百姓之所希闻。故天下怀其德而化其神也。夫雅乐周通则万物和(三六)，质静则听不淫，易简则节制全，静重则服人心：此先王造乐之意也。自后衰末之为乐也，其物不真，其器不固，其制不信(三七)，取于近物，同于人闲，各求其好，恣意所存，闾里之声竞高，永巷之音争先(三八)，童儿相聚以咏富贵，蒭牧负戴以歌贱贫(三九)，君臣之职未废，而一人怀万心也。"

"当夏后之末(四〇)，舆女万人(四一)，衣以文绣，食以粱肉，端噪晨歌，闻之者忧戚(四二)，天下苦其殃，百姓伤其毒。殷之季君(四三)，亦奏斯乐，酒池肉林，夜以继日，然咨嗟之音未绝(四四)，而敌国已收其琴瑟矣。满堂而饮酒，乐奏而流涕，此非皆有忧者也，则此乐非乐也。当王莽君臣之时，奏新乐于庙中，闻之者皆为之悲咽。桓帝闻楚琴，悽怆伤心，倚房而悲，慷慨长息曰：'善哉乎！为琴若此，一而已足矣。'顺帝上恭陵，过樊衢，闻鸟鸣而悲，泣下横流，曰：'善哉鸟声。'使左右吟之，曰：'使丝声若是，岂不乐哉。'夫是谓以悲为乐者也。诚以悲为乐，则天下何乐之有。天下无乐，而有阴阳调和，灾害不生，亦已难矣。乐者，使人精神平和，衰气不入，天地交泰，远物来集，故谓之乐也。今则流涕感动，嘘唏伤气，寒暑不适，庶物不遂，虽出丝竹，宜谓之哀。奈何俯仰叹息以此称乐乎。昔季流子向风而鼓琴，听之者泣下沾襟，弟子曰：'善哉鼓琴，亦已妙矣。'季流子曰：'乐谓之善，哀谓之伤。吾为哀伤，非为善乐也。'以此言之，丝竹不必为乐，歌咏不必为善也；故墨子之非乐也。悲夫！以哀为乐者，胡亥耽哀不变，故愿为黔首；李斯随哀不返，故思逐狡兔；呜呼！君子可不鉴之哉。"

附（乐论佚文）

故乐以叙志，舞以宣情，然后文以采章，昭以风雅，播以八音，感以太和。

琵琶筝笛，闲促而声高。琴瑟之体，闲辽而声坤。

■ 题解

阮籍的论说文，如《通老论》、《达庄论》、《通易论》、《乐论》等，都是采用"答客问"的辩难式写法，主人公为"阮子"、"阮先生"或"先生"，比较全面地反映了阮籍的思想。《乐论》指出"和"是"乐"的本质特征，圣人之"乐"具有两方面功能：体现宇宙整体或自然界的和谐以及维护社会整体的和谐。

■ 注释

（一）刘子：未详何人。《孝经·广要道章》："子曰：'教民亲爱莫善于孝，教民礼顺莫善于悌，移风易俗莫善于乐，安上治民莫善于礼。'"

（二）"夫金、石、丝、竹"句：《周礼·春官·大师》："皆播之以八音：

金、石、土、革、丝、木、匏、竹。"郑玄注："金，钟、镈也。石，磬也。土，埙（音熏）也。革，鼓、鼗也。丝，琴、瑟也。木，柷（音注）、敔（音与）也。匏（音咆），笙也。竹，箫、管也。"

（三）《礼记·乐记》："然后发以声音而文以琴瑟，动以干戚，饰以羽旄，从以箫管。"干：盾也；戚：斧也；武舞所执也。羽：翟羽也；旄：旄牛尾；文舞之所执。《礼记·乐记》："屈伸、俯仰、缀兆、疾徐，乐之文也。"

（四）都：总也。《淮南子·本经训》："略，约要也。"凡，大指也。此文以孔子之说为"都"，自身之说为"略"（凡），而待问者自备其"详"。

（五）阴阳八风之声：郑玄注："阳声属天，阴声属地，天地之声，布于四方。"

（六）观：观赏。节：节奏。

（七）乾坤易简：《易·系辞上》："乾以易知，坤以简能。易则易知，简则易从。"《礼记·乐记》："大乐必易，大礼必简。"

（八）荒：废也。欲：与"慾"通，情所好也。《诗·关雎》："风，风也，教也。风以动之，教以仪之。"《汉书·地理志》："民含五常之性，而其刚柔、缓急音声不同，系水土之风气，故谓之风；好恶取舍，动静无常，随君上之情欲，故谓之俗。"

（九）轻死之轻：不重视。轻荡之轻：不庄重。

（一〇）慷慨：感伤。慷：同"忼"，慷慨，感伤也。

（一一）靡靡：相随顺。《尚书·毕命》："靡靡，相随顺之意。"

（一二）弛：坏也。匮：乏也。纵：《尔雅·释诂》："乱也。"残：杀也。漳、汝：二水名。

（一三）江：长江。淮：淮河。

（一四）放：纵也。

（一五）容：即乐舞之客。

（一六）杀：消减。

（一七）谣：《尔雅·释乐》："徒歌谓之谣。"《韩诗外传》："有章曲曰歌，无章曲曰谣。"

（一八）逮：及也。著不逮：使不及于平和者显露出来而导正之。

（一九）倾：侧也。《礼记·曲礼》："倾则奸。"注："视流则容侧，必有不正之心存乎胸中，此君子之所以慎也。"

（二〇）本体：即金、石、土、革、丝、木、匏、竹诸乐器。有自然：五声之象法自然。君，尊也。

（二一）淳：清。有常处：那些乐器的材料必产于其他地方。

（二二）雅：正也，是在人事场合演奏的音乐。

（二三）言语：歌辞。悖：乱。绥：安。衷：中。散：疏散。比：排比。夭：不及。寿：太过。

（二四）色：即前所谓"其容和"之容。声、色两句互举：下不思上之声，上亦不思下之声；君不欲臣之色，臣亦不欲君之色。由乐之教化养成其上下不争的情意而成忠义。

（二五）屏：放去也。

（二六）教：效也，下所法效也。弛：放也，缓：释也。

（二七）繁缨：马饰，皆诸侯之服。崩：毁也。

（二八）嬿嫚：作"靡曼"。靡：细也。曼：色理曼泽。

（二九）猗靡：情意相倾尽也。偷：苟且也。奉：养也。

（三〇）嬿：安顺貌。

（三一）戛：戟也。格：至也。

（三二）鼗鼓、柷敔：皆八音之一。陆德明《释文》："柷所以作乐，敔所以止乐。"镛，大钟。闲，迭也。

（三三）蕃：蕃息也。毓：古育字。蕃毓，犹言群生。

（三四）漠：清也。

（三五）西陵：国名。

（三六）周：备也。

（三七）信：没有差错。

（三八）永巷：长巷。

（三九）荔：刈草。负：担也。

（四〇）夏后之末：夏朝君主之末一代，即桀。

（四一）舆：多也，众也。
（四二）戚：哀戚。
（四三）殷之季君：纣。
（四四）咨：叹息声。

■ 讲疏

阮籍的《乐论》是继荀子《乐论》和《礼记·乐记》之后的又一篇重要关于音乐的论文。在这篇论文里，阮籍假托"阮先生"回答"刘子"的问题，即先秦儒家为什么认为"移风易俗，莫善于乐"，在对答中着重探讨了"乐"的本质、特征、功能、发展等重大美学理论问题。阮籍长期濡染儒学，不可避免地受到儒家社会、哲学、美学思想的影响。我们从这篇论文中可以看到，他在论述"乐"与"礼"的关系，"正乐"与"淫声"的区别，乐的基本精神"和"，以及先王制乐的目的等问题时，都继承和发扬了先秦儒家的美学观。但他生活在兵灾四起、社会动荡和思辨哲学、道家思想盛行的魏晋时代，他的美学观又不能不打上鲜明的时代烙印，提出了许多与儒学相异的新见解。

一、阮籍提出"乐"的本质和根源是"天地之体，万物之性"。他认为天地生于自然，万物生于天地，天地自然是和谐的，而"乐"之所以"八音有本体，五声有自然"，是因为天地自然的声音大小、位置是有调和而不错乱的"常处"、"常数"。因此"乐"和艺术的本体、本质、根源在于顺乎"天地之体"，合乎"万物之性"，"昔先王制乐，非以纵耳目之观，崇曲房之嬿也；必通天地之气，静万物之神也；固上下之位，定性命之真也"。这既是非人所强为"自然之道"，又是"乐之所始"；"乐"和艺术之所以能起移风易俗的作用，也就在于它体现了天地阴阳、群生万物所固有的和谐，使人"心气和洽"，进而使社会人生达于和谐。此说固然和儒家曾提及而未深究的"大乐与天地同和"相通，更与道家"道法自然"，"原天地之美而达万物之理"的美学观相合，反映了魏晋时期儒道美学观日益交融的发展趋势。

二、在美学时空观上主张"通变"论。在时间上，阮籍认为"乐与时化"、"应时变也"，不同时代有不同的"乐"和艺术，只有"通其变"，才能

"使民不倦"。但不论怎么变,"乐"的基本精神必须"和",只有"平和自若",方能"入于心,沦于气"而移风易俗。在空间上,他认为不同地域有不同的风俗,"八方殊风,九州异俗",同时也就有不同的音乐,"各歌其所好,各咏其所为",而不同的音乐、艺术又影响着各地不同的风俗。风俗有妍媸,音乐有雅郑,所以音乐、艺术要移风易俗,必须审时度势,既"应先王之制",又按天地自然定律"定万物之情,一天下之意",方能"去风俗之偏习,归圣王之大化"。此论丰富了古代"通变"说的内涵。

三、反对"以悲为乐",主张调适、平和、欢愉之声。阮籍认为:如果音乐总是表现嘘唏长息的悲咽之音,会使人沉溺于哀伤之中,导致阴阳失调,灾害丛生。音乐、艺术不仅要像先秦儒家所说的应导致社会的"平和",而且应使审美者个人"心气和洽"、"精神平和"。认为只有这样,才能"衰气不入","移风易俗"。同时,他还指出,音乐、艺术要使人"心气和洽",创作者、欣赏者必须"无欲"、"不争"、"平和",如果被物欲、利害所驱使,就不能达到"精神平和"、"心气和洽"的境界了。此说为儒、道、释所共有,尤为道家、释家所乐道。

■ 参考文献

《阮籍集》,(三国魏)阮籍著,李志钧等校点,上海古籍出版社1978年。
《阮籍集校注》,陈伯君校注,中华书局1987年。
《阮籍评传》,高晨阳著,南京大学出版社1994年。
《阮籍集校注》,(三国魏)阮籍著,郭光校注,中州古籍出版社1991年。
《中国美学史·魏晋南北朝编》,李泽厚、刘纲纪著,安徽文艺出版社1999年。

声无哀乐论

嵇康（223—262），字叔夜，谯郡铚（今安徽宿县西南）人。为"竹林七贤"之一，曾任中散大夫，世称"嵇中散"。嵇康与魏宗室通婚，不满于掌握政权的司马氏集团，终为司马昭所杀。好老庄，倡言"越名教而任自然"，又自称"每非汤武而薄周孔"（《与山巨源绝交书》）。诗歌风格清峻，亦有名于世，少好音乐，精于弹琴，临刑时犹索琴奏《广陵散》。嵇康善于著论，常与传统旧说不合。认为音乐"可以导养神气，宣和情志"，"感荡心志，而发泄幽情"（《琴赋》），具有强大的审美感染力。肯定人们对于音乐的审美需要，认为它是"人心至愿，情欲之所钟"（《声无哀乐论》）。探讨音乐艺术的审美特征，认为音乐本身并无情感因素，诸种音响，"其犹臭味在于天地之间"，是自然的客观存在。其和谐与否，取决于一定的规律，"有自然之和，而无系于人情"。后人辑有《嵇中散集》。

有秦客问于东野主人曰(一)："闻之前论曰：'治世之音安以乐，亡国之音哀以思(二)。'夫治乱在政，而音声应之。故哀思之情，表于金石；安乐之象，形于管弦也(三)。又仲尼闻韶(四)，识虞舜之德；季札听弦，知众国之风；斯已然之事，先贤所不疑也。今子独以为声无哀乐，其理何居(五)？若有嘉讯(六)，今请闻其说。"

主人应之曰："斯义久滞，莫肯拯救(七)。故（念）[令]历世，滥于名实⁽⁸⁾。今蒙启导,将言其一隅焉⁽⁹⁾。夫天地合德,万物贵生⁽¹⁰⁾。寒暑代往,五行以成⁽¹¹⁾。(故)章为五色⁽¹²⁾,发为五音。音声之作,其犹臭味在于天地之间。其善与不善,虽遭遇浊乱,其体自若⁽¹³⁾,而不变也。岂以爱憎易操,哀乐改度哉!及宫商集(化)[比]⁽¹⁴⁾,声音克谐⁽¹⁵⁾,此人心至愿,情欲之所钟⁽¹⁶⁾。古人知情不可恣,欲不可极⁽¹⁷⁾,因其所用,每为之节⁽¹⁸⁾,使哀不至伤,乐不至淫⁽¹⁹⁾,因事与名,物有其号,哭谓之哀,歌谓之乐,斯其大较也⁽²⁰⁾。然乐云乐云,钟鼓云乎哉⁽²¹⁾?哀云哀云,哭泣云乎哉⁽²²⁾?因兹而言,玉帛非礼敬之实,歌(舞)[哭]非(裴哀)[哀乐]之主也⁽²³⁾。何以明之?夫殊方异俗,歌哭不同。使错而用之⁽²⁴⁾,或闻哭而欢,或听歌而(感)[戚]⁽²⁵⁾。然而哀乐之情均也。今用均[同]之情,而发万殊之声⁽²⁶⁾,斯非音声之无常哉?然声音和比,感人之最深者也。劳者歌其事,乐者舞其功⁽²⁷⁾。夫内有悲痛之心,则激切哀言⁽²⁸⁾。言比成诗,声比成音。杂而咏之,聚而听之。心动于和声,情感于苦言⁽²⁹⁾。嗟叹未绝,而泣涕流涟矣⁽³⁰⁾。夫哀心藏于(苦心)内,遇和声而后发;和声无象,而哀心有主。夫以有主之哀心,因乎无象之和声,其所觉悟,唯哀而已,岂复知吹万不同,而使其自已哉⁽³¹⁾?风俗之流,遂成其政⁽³²⁾。是故国史明政教之得失,审国风之盛衰,吟咏情性以讽其上⁽³³⁾。故曰:亡国之音哀以思也。夫喜怒哀乐,爱憎惭惧,凡此八者,生民所以接物传情,区别有属,而不可溢者也⁽³⁴⁾。夫味以甘苦为称,今以甲贤而心爱,以乙愚而情憎。则爱憎宜属我,而贤愚宜属彼也。可以我爱而谓之爱人,我憎则谓之憎人?所喜则谓之喜味,所怒则谓之怒味哉?由此言之,则外内殊用,彼我异名。声音自当以善恶为主,则无关于哀乐;哀乐自当以情感[而后发],则无系于声音。名实俱去,则尽然可见矣。且季子在鲁,采诗观礼,以别《风》《雅》,岂徒任声以决臧否哉?又仲尼闻《韶》,叹其一致,是以咨嗟⁽³⁵⁾,何必因声以知虞舜之德,然后叹美耶?今粗明其一端,亦可思过半矣。"

秦客难曰:"八方异俗⁽³⁶⁾,歌哭万殊,然其哀乐之情,不得不见也。夫心动于中,而声出于心,虽托之于他音,寄之于余声,善听察者,要自觉之不使得过也⁽³⁷⁾。昔伯牙理琴,而钟子知其所志,隶人击磬而(子产)[子期]识其心哀⁽³⁸⁾,鲁人晨哭而颜渊审其生离⁽³⁹⁾。夫数子者,岂复假智于常音，借验于曲度哉⁽⁴⁰⁾？心戚者则形为之动，情悲者则声为之哀⁽⁴¹⁾，此自然相应，不可得逃，唯神明者能精之耳⁽⁴²⁾。夫能者不以声众为难，不能者不以声寡为易，今不可以未遇善听，而谓之声无可察之理，见方俗之多变，而谓声音无哀乐也。又云：贤不宜言爱，愚不宜言憎。然则有贤然后爱生，有愚然后憎成，但不当共其名耳。哀乐之作，亦有由而然，此为声使我哀，音使我乐也。苟哀乐由声，更为有实，何得名实俱去耶？又云：季子采诗观礼，以别《风》《雅》；仲尼叹《韶》音之一致，是以咨嗟。是何言欤？且师襄（奉）[奏]操，而仲尼睹文王之容，师涓进曲，而子野识亡国之音。宁复讲诗而后下言，习礼然后立评哉？斯皆神妙独见，不待留闻积日，而已综其吉凶矣⁽⁴³⁾，是以前史以为美谈⁽⁴⁴⁾。今子以区区之近知⁽⁴⁵⁾，齐所见而为限，无乃诬前贤之识微，负夫子之妙察耶？"⁽⁴⁶⁾

　　主人答曰："难云'虽歌哭万殊，善听察者要自觉之，不假智于常音，不借验于曲度'，钟子之徒云云是也。此为心悲者虽谈笑鼓舞⁽⁴⁷⁾，情欢者虽拊膺咨嗟⁽⁴⁸⁾，犹不能御外形以自匿，诳察者于疑似也⁽⁴⁹⁾，以为就令声音之无常，犹谓当有哀乐耳。又曰：'季子听声以知众国之风，师襄（奉）[奏]操，而仲尼睹文王之容。'案如所云，此为文王之功德，与风俗之盛衰，皆可象之于声音。声之轻重，可移于后世，襄涓之巧，能得之于将来。若然者，三皇五帝，可不绝于今日⁽⁵⁰⁾，何独数事哉？若此果然也，则文王之操有常度⁽⁵¹⁾，《韶》《武》之音有定数⁽⁵²⁾，不可杂以他变，操以余声也⁽⁵³⁾，则向所谓声音之无常，钟子之触类，于是乎踬矣⁽⁵⁴⁾。若音声无[常]，钟子触类，其果然耶？则仲尼之识微，季札之善听，固亦诬矣。此皆俗儒妄记⁽⁵⁵⁾，欲神其事而追为耳。欲令天下惑声音之道，不言理自尽此。而推使神妙难知，恨不遇奇听于当时，慕古人而自叹，斯所以大罔后生也⁽⁵⁶⁾。夫推类辨物，当先求之自然之理，理已定，然后借古义以明之耳⁽⁵⁷⁾。今未得之于心，而多恃前言以为谈证⁽⁵⁸⁾，自此以往，恐巧历不能纪。又难云：'哀乐之作，犹爱憎之由贤愚，此为声使我哀，而音使我乐。苟哀乐由声，更为有实矣。'夫五色有好丑，五声有善恶，此物之自然也。至于爱与不爱，喜与不喜，人情之变，统物之理，唯止于此，然皆无豫于内，待物而成耳。至夫哀乐自以事会，先遘于心，但因和声，以自显发；故前论已明其无常，今复假此谈以正名号耳⁽五九⁾。不谓哀乐发于声音，如爱憎之生于贤愚也。然和声之感人心，亦犹酒醴之发人（情）[性]也。酒以甘苦为主⁽六〇⁾，而醉者以喜怒为用。其见欢戚为声发，而谓声有哀乐，[犹]不可见喜怒为酒使，而谓酒有喜怒之理也。"

秦客难曰："夫观气采色，天下之通用也。心变于内而色应于外，较然可见⁽六一⁾，故吾子不疑。夫声音，气之激者也，心应感而动，声从变而发⁽六二⁾；心有盛衰，声亦降杀⁽六三⁾。同见役于一身，何独于声便当疑耶？夫喜怒章于色诊⁽六四⁾，哀乐亦宜形于声音。声音自当有哀乐，但暗者不能识之。至钟子之徒，虽遭无常之声，则颖然独见矣⁽六五⁾。今矇瞽面墙而不（悟）[晤]，离娄照秋毫于百寻⁽六六⁾，以此言之，则明暗殊能矣⁽六七⁾。不可守咫⁽六八⁾尺之度，而疑离娄之察，执中庸之听而猜钟子之聪⁽六九⁾，皆谓古人为妄记也。"

主人答曰："难云：'心应感而动，声从变而发，心有盛衰，声亦降杀。哀乐之情，必形于声音，钟子之徒，虽遭无常之声，则颖然独见矣。'必若所言，则浊质之饱⁽七〇⁾，首阳之饥⁽七一⁾，卞和之冤，伯奇之悲，相如之含怒⁽七二⁾，不占之怖祇⁽七三⁾，千变百态，使各发一咏之歌，同启数弹之微，则钟子之徒，各审其情矣。尔为听声音者，不以寡众易思，察情者，不以大小为异？同出一身者，期于识之也；设使从下[出]，则子野之徒，亦当复操律鸣管，以考其音，知南风之盛衰⁽七四⁾，别雅郑之淫正也⁽七五⁾。夫食辛之与甚噱⁽七六⁾，熏目之与哀泣⁽七七⁾，同用出泪，使狄牙尝之，必不言乐泪甜而哀泪苦，斯可知矣。何者？肌液肉汁，蹙笮便出⁽七八⁾，无主于哀乐，犹簁酒之囊漉⁽七九⁾，虽笮具不同，而酒味不变也⁽八〇⁾。声俱一体之所出，何独当含哀乐之理耶？且夫《咸池》、《六茎》、《大章》、《韶夏》⁽八一⁾，此先王之至乐，所以动天地，感鬼神⁽八二⁾。今必云声音莫不象其体而传其心，此必为至乐不可托之于瞽史⁽八三⁾，必须圣人理其弦管⁽八四⁾，尔乃雅音得全也。舜命夔击石拊石⁽八五⁾，八音克谐，神人以和。以此言之，至乐虽待圣人而作，不必圣人自执也。何者？音声有自然之和，而无系于人情，克谐之音成于金石，至和之声得于管弦也。夫纤毫自有形可察，故离瞽以明暗异功耳，若以水济水，孰异之哉！"⁽八六⁾

秦客难曰："虽众喻有隐，足招攻难，然其大理，当有所就。若葛卢闻牛鸣，知其三子为牺⁽⁸⁷⁾；师旷吹律，知南风不竞，楚师必败；羊舌母听闻儿啼，而审其丧家⁽⁸⁸⁾。凡此数事，皆效于上世⁽⁸⁹⁾，是以咸见录载。推此而言，则盛衰吉凶，莫不存乎声音矣。今若复谓之诬罔，则前言往记，皆为弃物⁽⁹⁰⁾，无用之也。以言通论，未之或安⁽⁹¹⁾。若能明（斯）[其]所以，显其所由⁽⁹²⁾，设二论俱济，愿重闻之。"

主人答曰："吾谓能反三隅者，得意而[忘]言，是以前论略而未详。今复烦循环之难⁽⁹³⁾，敢不自一竭耶！夫鲁牛能知之牺历之丧生⁽⁹⁴⁾，哀三子之不存，含悲经年，诉怨葛卢，此为心与人同，异于兽形耳，此又吾之所疑也。且牛非人类，无道相通⁽⁹⁵⁾，若谓鸣兽皆能有，葛卢受性，独晓之，此为称其语而论其事，犹译传异言耳，不为考声音而知其情，则非所以为难也。若谓知者，为当触物而达，无所不知，今且先议其所易者。请问圣人卒入胡域⁽⁹⁶⁾，当知其所言否乎？难者必曰：知之。知之之理，何以明之？愿借子之难以立鉴识之域⁽⁹⁷⁾。或当与关接识其言耶⁽⁹⁸⁾？将吹律鸣管，校其音耶？观气采色，知其心耶？此为知心自由气色，虽自不言，犹将知之，知之之道，可不待言也。若吹律校音，以知其心，假令心志于马，而误言鹿，察者固当由鹿以（弦）[知]马也，此为心不系于所言，言或不足以证心也。若当关接而知言，此为孺子学言于所师，然后知之。则何贵于聪明哉？夫言非自然一定之物，五方殊俗，同事异号⁽⁹⁹⁾，[趣]举一名以标识耳⁽¹⁰⁰⁾。夫圣人穷理，谓自然可寻，无微不照⁽¹⁰¹⁾。理蔽则虽近不见，故异域之言不得强通。推此以往，葛卢之不知牛鸣，得不（全）[信]乎？又难云：'师旷吹律，知南风不竞，楚多死声。'此又吾之所疑也。请问师旷吹律之时，楚国之风耶？则相去千里，声不足达。若正识楚（国）[风]来入律中耶？则楚南有吴越，北有梁宋，苟不见其原，奚以识之哉？凡阴阳愤激，然后成风⁽¹⁰²⁾，气之相感，触地而发⁽¹⁰³⁾，何（得）[必]发楚庭来入晋乎？且又律吕分四时之气耳⁽¹⁰⁴⁾，时至而气动，律应而灰移⁽¹⁰⁵⁾。皆自然相待，不假人以为用也。上生下生⁽¹⁰⁶⁾，所以均五声之和，叙刚柔之分也⁽¹⁰⁷⁾。然律有一定之声，虽冬吹中吕，其音自满而无损也⁽¹⁰⁸⁾。今以晋人之气吹无（韵）[损]之律，楚风安得来入其中，与为盈缩⁽¹⁰⁹⁾耶？风无形，声与律不通，则校理之地无取于风律，不其然乎？岂独（独）师旷多识博物，自有以知胜败之形，欲固众心，而托以神微，若伯常骞之许景公寿哉！又难云'羊舌母听闻儿啼，而审其丧家'复请问何由知之？为神心独悟，闇语而当耶⁽一〇⁾？尝闻儿啼，若此其大而恶，今之啼声，似昔之啼声，故知其丧家耶？若神心独悟暗语之当，非理之所得也，虽曰听啼，无取验于儿声矣。若以尝闻之声为恶，故知今啼当恶，此为以甲声为度，以校乙之啼也。夫声之于（音）[心]，犹形之于心也，有形同而情乖，貌殊而心均者。何以明之？圣人齐心等德，而形状不同也。苟心同而形异，则何言乎观形而知心哉？且口之激气为声，何异于籁籥纳气而鸣耶⁽一一⁾？啼声之善恶，不由儿口吉凶，由琴瑟之清浊，不在操者之工拙也。心能辨理善谈而不能令内籥调利，犹瞽者能善其曲度，而不能令器必清和也⁽一二⁾。器不假妙瞽而良，籥不因惠心而调。然则心之与声，明为二物：二物诚然，则求情者不留观于形貌，揆心者不借听于声音也⁽一三⁾。察者欲因声以知心，不亦外乎⁽一四⁾！今晋母未得之于老成，而专信昨日之声，以证今日之啼，岂不误中于前世，好奇者从而称之哉！"

秦客难曰："吾闻败者不羞走⁽一五⁾，所以全也。吾心未厌⁽一六⁾而言难复，更从其余。今平和之人，听筝笛琵琶，则形躁而志越⁽一七⁾；闻琴瑟之音，则（听）[体]静而心闲。同一器之中，曲用每殊，则情随之变⁽一八⁾。奏秦声则叹羡而慷慨⁽一九⁾，理齐楚则情一而思专，肆姣弄则欢放而欲惬⁽二〇⁾，心为声变，若此其众。苟躁静由声，则何为限其哀乐？而但云至和之声，无所不感，托大同于声音，归众变于人情，得无知彼不明此哉？"

主人答曰："难云'琵琶筝笛，令人躁越'，又云'曲用每殊，而情随之变'，此诚所以使人常感也，琵琶筝笛，间促而声高，变众而节数⁽二一⁾，以高声御数节，故更[使]形躁而志越。犹铃铎警耳⁽二二⁾，钟鼓骇心，故闻鼓鼙之音⁽二三⁾，思将帅之臣，盖以声音有大小，故动人有猛静也。琴瑟之体，闲辽而音埤⁽二四⁾，变希而声清，以埤音御希变，不虚心静听，则不尽清和之极，是以（听）[体]静而心闲也。夫曲用不同，亦犹殊器之音耳。齐楚之曲多重故情一；变（妙）[少]故思专。姣弄之音，挹众声之美⁽二五⁾，会五音之和，其体赡而用博⁽二六⁾，故心役于众理；五音会，故欢放而欲惬。然皆以单复、高埤、善恶为体，而人情以躁静专散为应。譬犹游观于都肆，则目

声无哀乐论

滥而情放；留察於曲度，则思静而容端。此为声音之体，尽于舒疾，情之应声亦止于躁静耳。夫曲用每殊，而情之处变，犹滋味异美，而口辄识之也。五味万殊，而大同于美；曲变虽众，亦大同于和。美有甘，和有乐，然随曲之情，近于和域；应美之口，绝於甘境，安得哀乐於其间哉？然人情不同，自师所解，则发其所怀。若言平和哀乐正等，则无所先发，故终得躁静；若有所发，则是有主于内，不为平和也。以此言之，躁静者，声之功也；哀乐者，情之主也；不可见声有躁静之应，因谓哀乐皆由声音也。且声音虽有猛静，猛静各有一和，和之所感，莫不自发。何以明之？夫会宾盈堂，酒酣奏琴(一二七)，或忻然而欢，或惨尔而泣，非进哀于彼，导乐于此也。其音无变于昔，而欢戚并用，斯非吹万不同耶？夫唯无主於喜怒，[亦应]无主於哀乐，故欢戚俱见；若资偏固之音，含一致之声，其所发明，各当其分，则焉能兼御群理，总发众情耶？由是言之，声音以平和为体，而感物无常；心志以所俟为主，应感而发。然则声之与心，殊涂异轨，不相经纬(一二八)，焉得染太和于欢戚，缀虚名於哀乐哉？"(一二九)

秦客难曰："论云：'猛静之音各有一和，和之所感，莫不自发，是以酒酣奏琴而欢戚并用(一三〇)。'此言偏并之情，先积于内，故怀欢者值哀音而发，内戚者遇乐声而感也。夫音声自当有一定之哀乐，但声化迟缓，不可仓卒(一三一)，不能对易。偏重之情，触物而作。故令哀乐同时而应耳。虽二情俱见，则何损于声音有定理耶？"

主人答曰："难云：'哀乐自有定声，但偏重之情，不可卒移。故怀感戚者遇乐声而哀耳。'即知所言，声有定分，假使《鹿鸣》重奏，是乐声也(一三二)；而令戚者遇之，虽声化迟缓，但当不能便变令欢耳，何得更以哀耶？犹一爝之火(一三三)，虽未能温一室，不宜复增其寒矣。夫火非隆寒之物，乐非增哀之具也。理弦高堂，而欢戚并用者，(真主)[直至]和之发滞导情，故令外物所感得自尽耳。难云：'偏重之情触物而作，故令哀乐同时而应耳。'夫言哀者，或见机杖而泣，或睹舆服而悲(一三四)，徒以感人亡而物存，痛事显而形潜，其所以会之，皆自有由，不为触地而生哀，当席而泪出也。今无机杖以致感，听和声而流涕者，斯非和之所感，莫不自发也。"(一三五)

秦客难曰："论云：'酒酣奏琴，而懽戚并用。欲通此言，故答以偏情感物而发耳。'今且隐心而言，明之以成效^{（一三六）}。夫人心不欢则戚，不戚则惧，此情志之大域也^{（一三七）}。然泣是戚之伤，笑是欢之用也。盖闻齐楚之曲者，唯睹其哀涕之容，而未曾见笑噱之貌^{（一三八）}，此必齐楚之曲，以哀为体；故其所感皆应其度。岂徒以多重而少变，则致情一而思专耶？若诚能致泣，则声音之有哀乐，断可知矣^{（一三九）}。"

主人答曰：虽人情感于哀乐，哀乐各有多少。又哀乐之极，不必同致也。夫小哀容坏，甚悲而泣，哀之方也；小欢颜悦，至乐而笑，乐之理也。何以明之？夫至亲安豫，则怡若自然^{（一四〇）}，所自得也；及在危急，仅然后济，则抃不及舞^{（一四一）}。由此言之，舞之不若向之自得，岂不然哉！至夫笑噱，虽出于欢情，然［自以理成，又非］自然应声之具也。此为乐之应声，以自得为主，哀之应感，以垂涕为故。垂涕则形动而可觉，自得则神合而无变，是以观其异而不识其同，别其外而未察其内耳。然笑噱之不显于声音，岂独齐楚之曲邪？今不求乐于自得之域，而以无笑噱谓齐楚体哀，岂不知哀而不识乐乎？

秦客问曰："仲尼有言：'移风易俗，莫善于乐。'即如所论，凡百哀乐，皆不在声，即移风易俗，果以何物耶？又古人慎靡靡之风，抑慆耳之声^{（一四二）}，故曰'放郑声，远佞人^{（一四三）}'。然则郑魏之音，击鸣球以协神人^{（一四四）}，敢闻郑雅之体，隆弊所极^{（一四五）}，风俗移易，奚由而济？幸重闻之，以悟所疑。"

主人应之曰："夫言移风易俗者，必承衰弊之后也。古之王者，承天理物^{（一四六）}，必崇简易之教^{（一四七）}，御无为之治^{（一四八）}，君静于上，臣顺于下，玄化潜通，天人交泰^{（一四九）}。枯槁之类，浸育灵液^{（一五〇）}，六合之内，沐浴鸿流，荡涤尘垢^{（一五一）}。群生安逸，自求多福^{（一五二）}，默然从道，怀忠抱义^{（一五三）}，而不觉其所以然也。和心足于内，和气见于外。故歌以叙志，舞以宣情；然后文之以采章，照之以风雅，播之以八音，感之以太和^{（一五四）}。导其神气，养而就之^{（一五五）}；迎其情性，致而明之；使心与理相顺，气与声相应。合乎会通，以济其美^{（一五六）}，故凯乐之情见于金石^{（一五七）}，含弘光大，显于音声也。若以往则万国同风，芳荣济茂，馥如秋兰^{（一五八）}，不期而信，不谋而成，穆然相爱，犹舒锦绣而粲炳可观也^{（一五九）}。大道之隆，莫盛于兹，太平之业，莫显于此。故曰'移风易俗，莫善于乐'。乐之为体，以心为主，故无声之乐，民之父母也^(一六〇)。至八音会谐^(一六一)，人知所悦，亦总谓之乐，然风俗移易，不在此也。夫音声和此［比］，人情所不能已者也。是以古人知情之不可放，故抑其所遁^(一六二)；知欲不可绝，故因其所自。为可奉之礼，制可导之乐^(一六三)。口不尽味，乐不极音；揆终始之宜^(一六四)，度贤愚之中，为之检^(一六五)，则使远近同风，用而不竭，亦所以结忠信，著不迁也^(一六六)，故乡校庠塾亦随之变。丝竹与俎豆并存，羽毛与揖让俱用，正言与和声同发，使将听是声也，必闻此言，将观是容也，必崇此礼，礼犹宾主升降，然后酬酢行焉^(一六七)。于是言语之节，声音之度，揖让之仪，动止之数^(一六八)，进退相须，共为一体^(一六九)。君臣用之于朝，庶士用之于家，少而习之，长而不怠，心安志固，从善日迁^(一七〇)，然后临之以敬，持之以久而不变，然后化成。此又先王用乐之意也。故朝宴聘享，嘉乐必存^(一七一)。是以国史采风俗之盛衰，寄之乐工，宣之管弦，使言之者无罪，闻之者足以诫。此又先王用乐之意也。若夫郑声，是音声之至妙。妙音感人，犹美色惑志，耽槃荒酒^(一七二)，易以丧业。自非至人，孰能御之^(一七三)！先王恐天下流而不反^(一七四)，故具其八音，不渎其声^(一七五)；绝其大和，不穷其变；损窈窕之声^(一七六)，使乐而不淫，犹大羹不和，不极勺药之味也^(一七七)。若流俗浅近，则声不足悦，又非所欢也。若上失其道，国丧其纪^(一七八)，男女奔随，淫荒无度^(一七九)，则风以此变，俗以好成。尚其所志，则群能肆之；乐其所习，则何以诛之？托于和声，配而长之，诚动于言，心感于和，风俗壹成，因而名之。然所名之声，无中于淫邪也；淫之与正同乎心，雅郑之体亦足以观矣。"

■ 题解

嵇康通晓音律，尤爱弹琴，作《风入松》，相传《孤馆遇神》亦为嵇康所作，又作《长清》、《短清》、《长侧》、《短侧》四曲，被称为"嵇氏四弄"，与蔡邕创作的"蔡氏五弄"合称"九弄"，是我国古代一组著名琴曲。嵇康著有音乐理论著作《琴赋》、《声无哀乐论》，主张声音的本质是"和"，合于天地是音乐的最高境界，认为喜怒哀乐从本质上讲并不是音乐的感情而是人的情感。在《声无哀乐论》中，嵇康特别讨论了音乐是什么，即音乐自身的规定性的问题。冯友兰说："就这个意义说，它是中国美学史上讲音乐的第一篇文章。"的确,《声无哀乐论》不仅是一篇重要的音乐理论文章,也是思想史研究无法忽略的文献。刘勰评曰:"嵇康之辨声,师心独见,锋颖精密,盖人伦之英也。"(《文心雕龙·论说篇》)

■ 注释

(一)东野:指颍川。

(二)《毛诗序》:"治世之音安以乐,其政和;乱世之音怨以怒,其政乖;亡国之音哀以思,其民困。"

(三)金:钟;石:磬;管:箫;弦:琴瑟也。

(四)韶:孔安国曰:"韶,舜乐名,谓以圣德受禅,故尽美。"

(五)居:读为"姬",齐鲁之间语气助词,表奇怪。《礼记·檀弓上》:"檀弓曰:'何居,我未之前闻也。'"注:"居读为姬姓之姬,齐鲁之间语助也。"又《郊特牲》注:"何居,怪之也。"

(六)讯:《尔雅》:"讯,告也。"

(七)《左传》注:"拯犹救助也。"

(八)念:或作"令"。《左传》注:"滥:失也。"

(九)《论语》:"举一隅不以三隅反,则不复也。"

(一〇)《易传·系辞下》:"阴阳合德而刚柔有体。"又《坤卦·文言》曰:"至哉坤元,万物资生。"《荀子·礼论》:"天地合而万物生。"《论衡·自然》:"天地合气,万物自生。"

(一一)《易传·系辞下》:"寒往则暑来,暑往则寒来。"

(一二)章:明也。

(一三)若:如故。

(一四)化:吴钞本作"比",次也。《史记·乐书》:"比音而乐之。"《正义》曰:"比,次也。"《礼记·乐记》:"声成文谓之音。"注:"宫、商、角、徵、羽,杂比为音,单出为声。"

(一五)《书舜典》:"八音克谐。"《尔雅》:"谐,和也。"

(一六)钟:《释名》:"钟:聚也。"

(一七)《礼记·曲礼上》:"欲不可从,乐不可极。"

（一八）《礼记·乐记》："是故先王之制礼乐，人为之节。"

（一九）《论语》："子曰：'关雎乐而不淫，哀而不伤。'"

（二〇）《史记·货殖列传》："此其大较也。"《索隐》曰："较音角，大较，犹大略也。"

（二一）《论语》："子曰：'礼云礼云，玉帛云乎哉？乐云乐云，钟鼓云乎哉？'"

（二二）《庄子·天道》："钟鼓之音，羽毛之容，乐之末也；哭泣衰绖，隆杀之服，哀之末也。"

（二三）"悲哀"疑当作"哀乐"。

（二四）《毛诗传》："错，杂也。"

（二五）感，《世说新语·文学》注引作"戚"。《淮南子·齐俗训》："载哀者闻歌声而泣，载乐者见哭而笑。"

（二六）《世说新语·文学》注引无"而"字。《淮南子·本经训》："隔而不通，分为万殊。"

（二七）《文选·谢混·游西池诗》注引《韩诗》曰："伐木废，朋友之道绝，劳者歌其事。"《汉书·景帝纪》："诏曰：'歌者所以发德也，舞者所以明功也。'"

（二八）《汉书·贾山传》："其言多激切。"

（二九）《左氏·昭公二十一年传》："和声入于耳而藏于心。"马融《长笛赋》："心乐五声之和。"《战国策·秦策》："苦言乐也。"

（三〇）《毛诗序》："言之不足，故嗟叹之。"《诗·氓》："不见复关，泣涕涟涟。"《释文》："涟，泣貌。"

（三一）《庄子·齐物论》："夫吹万不同，而使其自已也。咸其自取，怒者其谁耶？"郭象注："自已而然，则谓之天然，天然耳，非为也。"

（三二）《淮南子·本经训》："晚世风流俗败。"又《泰族训》："因其喜音，而正《雅》《颂》之声，故风俗不流。"

（三三）《毛诗序》："国史明乎得失之迹，伤人伦之废，哀刑政之苛，吟咏情性，以风其上。"

（三四）《礼记·礼运》："何谓人情？喜怒哀乐爱恶欲，七者弗学而能。"

（三五）一致：《易·系辞下》："天下同归而殊途，一致而百虑。"这里说韶音之美，与德一致也。

（三六）曹植《泰山梁父行》："八方各异气。"《汉书》注："四方四维，谓之八方。"

（三七）《礼记·乐记》："凡音者生于人心者也，情动于中，故形于声。"

（三八）隶人：罪人。

（三九）《家语·颜回》："孔子在卫，昧旦晨兴，颜回侍侧，闻哭者之声甚哀。子曰：'回，汝知此何所哭乎？'对曰：'回以此哭声非但为死者而已，又有生离别者也。'"

（四〇）王褒《洞箫赋》："徐听其曲度兮。"《后汉书》注："曲度，谓曲之节度也。"

（四一）《礼记·问丧》："悲哀在中，故形变于外也。"

（四二）《易传·系辞上》："神而明之，存乎其人。"

（四三）《易传·系辞上》："错综其数。"综，理也。

（四四）《公羊》闵公二年："桓公使高子将南阳之甲，立僖公而城鲁，鲁人至今以为美谈。"

（四五）《广雅》："区区，小也。"

（四六）《韩子·说林上》："圣人见微以知明。"《淮南子·主术训》："孔子学鼓琴于师襄，而谕文王之志，见微以知明矣。"

（四七）《易传·系辞上》："鼓之舞之以尽神。"

（四八）拊：抚也。膺：胸也。

（四九）《吕氏春秋·疑似》："疑似之际，不可不察。"

（五〇）《吕氏春秋·用众》："此三皇五帝之所以大立功名也。"注："三皇：伏羲、神农、女娲也。五帝：黄帝、颛顼、帝喾、帝尧、帝舜也。"

（五一）《楚辞·九章》："刓方以为圆兮，常度未替。"注："度：法也。"

（五二）《论语》："乐则《韶》、《武》。"《周礼》注："《大韶》，舜乐也。言其德能绍尧之德也。《大武》，武王乐也。武王伐纣以除其害，言其德能成大武功。"

（五三）《汉书·礼乐志》："杂变并会，雅声而远姚。"

（五四）《易传·系辞上》："引而伸之，触类而长之。"《列子》注："踬，碍也。"

（五五）《荀子·儒效》："患然若终身之虏而不敢有他志，是俗儒者也。"

（五六）《文选》注："罔，诬也。"

（五七）《史记·酷吏传》："张汤决大狱，欲传古义。"

（五八）《易·大畜卦象》曰："君子以多识前言往行，以畜其德。"

（五九）《春秋繁露·深察名号》："是正名号者于天地。"

（六〇）《论衡·幸偶》："酒之成也，甘苦异味。"

（六一）较：明也。

（六二）《汉书·礼乐志》："应感而动，然后心术形焉。"又《艺文志》："哀乐之心感，而歌咏之声发。"

（六三）降：丰厚。杀：减降。

（六四）诊：视也。色诊：即谓查验面色。

（六五）颎：通颎（音窘），火光。指机理则颎灼而彻尽。

（六六）《慎子》："离朱之明，察毫末于百步之外。"《商君书·弱民》："离娄见秋毫之末。"《孟子注》："离朱即离娄。"《毛诗传》："八尺为寻。"

（六七）魏文帝《月重轮行》："明暗相绝，何可胜言。"

（六八）咫：八寸为咫。

（六九）庸：常也。猜：疑也。聪：察也。

（七〇）浊质：《史记·货殖列传》："洒削薄技也，而郅氏鼎食；胃脯简微耳，而浊氏连骑。"《汉书·食货志》："郅氏作质氏。"

（七一）首阳：《论语》："伯夷叔齐饿于首阳之下。"

（七二）《战国策·秦策》："寡人悉然含怒日久。"注："含，怀也。"

（七三）《说文》："祗：敬也。"

（七四）《左传》襄公十八年《传》："晋人闻有楚师，师旷曰：'不害，吾骤歌北风，又歌南风，南风不竞，多死声，楚必无功。'"注："歌者吹律以咏八风，南风音微，故曰不竞。唯歌南北风者，听晋楚之强弱也。"

（七五）《毛诗序》："雅者，正也。"《论语》："郑声淫。"

（七六）《说文》："噱：大笑也。"

（七七）《说文》："熏，火烟上出也。"

（七八）跋：通蹩，急迫。笮：迫也。

（七九）《说文》："筵箪，竹器也。"《集韵》："筵，下物，竹器，可以除粗取细。"《广雅》："泚，渗也。"

（八〇）笮：压榨。

（八一）《汉书·礼乐志》："昔黄帝作《咸池》，颛顼作《六茎》，尧作《大章》，舜作《招》，禹作《夏》。"

（八二）《毛诗序》："故正得失，动天地，感鬼神，莫近于《诗》。"

（八三）瞽：乐太师。史：太史也。

（八四）《汉书·张禹传》："后堂理丝竹管弦。"

（八五）石：磬也。拊：击也。

（八六）《左传》昭公二十年："齐侯至自田。晏子侍于遄台，子犹驰而造焉。公曰：'唯据与我和乎？'"

（八七）牺：宗庙祭祀之牲。

（八八）《国语·晋语》："杨食我生，叔向之母闻之，往。及堂，闻其号也，乃还，曰：'其声豺狼之声，终灭羊舌氏之宗者，必是子也。'"

（八九）《广雅》："效，验也。"《吕氏春秋·长见》："使文王为善于上世也。"注："上，犹前也。"

（九〇）《易·大畜卦象》曰："君子以多识前言往行，以畜其德。"《广雅》："记书也。"《老子》："圣人常善救人，故无弃物。"

（九一）冯衍《显志赋》："讲圣哲之通论兮。"

（九二）《论语》："子曰：'视其所以，观其所由。'"《集解》："以：用也。由：经也。"

（九三）《史记·高祖本纪》："三王之道若循环，终而复始。"

（九四）夫鲁牛能之牺历之丧生：此谓鲁牛能记历次小牲之死。

（九五）《论衡·指瑞》："鸟兽之知，不与人通。"

（九六）卒：通"猝"，暴也。

（九七）《汉书》注："域，界局也。"

（九八）《广雅》："关：通也。"

（九九）《礼记·王制》："五方之民，言语不通。"《新书·过秦》："始皇既没，余威震于殊俗。"

（一〇〇）趣：通"趋"，急促。标：表识也。

（一〇一）《后汉书·班固传》："奏记东平王曰：'愿将军隆照微之明。'"《说文》："照：明也。"

（一〇二）《大戴礼·曾子天圆》："阴阳之气偏则风。"《春秋元命苞》曰："阴阳怒为风。"

（一〇三）凡阴阳愤激句：《春秋繁露·五行》："地起气为风。"《汉书·律历志》："角，触也。物触地而出戴芒角也。"

（一〇四）律吕分四时之气：《汉书·律历志》："律有十二，阳律为律，阴律为吕，律以统气类物。"律管可以分气。

（一〇五）《太平御览》十六引《京房易传》曰："阴阳和则影至，律气应则灰除。候气之法，为室三重，户开，涂衅必周，密布缇幔，室中以木为案，内庳外高，从其方位，加律其上，以葭莩灰抑其内端，案历而候之，气至者灰去。其为气所动者，其灰散，风所动者，其灰聚。"

（一〇六）上生下生：《吕氏春秋·音律》："三分所生，益之一分以上生。三分所生，去其一分以下生。黄钟、大吕、太簇、夹钟、姑洗、仲吕、蕤宾为上，林钟、夷则、南吕、无射、应钟为下。"上者上生，下者下生。

（一〇七）《左传》襄公二十九年传："五声和，八风平。"

（一〇八）《礼记·月令》："孟夏之月，律中中吕。"

（一〇九）《国语·越语》："嬴缩转化。"《后汉书》注："盈缩：进退。"

（一一〇）闇：通暗。

（一一一）籁：三孔籥也。籥，箫，或籥如笛。

（一一二）《礼记》："瞽，乐人也。"

（一一三）《尔雅》："揆，度也。"

（一一四）《说文》："外：远也。"

（一一五）曹植《请招降江东表》曰："善论者不耻谢，善战者不羞走。"

（一一六）厌：服也。

（一一七）《淮南子·俶真训》："神越者其言华。"注："越，散也。"

（一一八）《周礼·春官鼓人》："教为鼓，而辨其声用。"

（一一九）《史记·李斯列传》："上书曰：'击瓮叩缶，弹筝搏髀，而歌呜呜快耳者，真秦之声也。'"

（一二〇）弄：小曲。姣：好也。惬：快也。

（一二一）《尔雅》："数：疾、快。"

（一二二）《广雅》："铎，铃也。"《周礼》注："文事奋木铎，武事奋金铎。"

（一二三）《礼记·乐记》："君子听鼓鼙之声，则思将帅之臣。"

（一二四）埤：通"卑"。

（一二五）挹：抒也。

（一二六）赡：《吕氏春秋》注："赡，犹足也。"

（一二七）《吕氏春秋·长攻》："代君至酒酣。"注："酣，饮酒合乐之时。"

（一二八）《淮南子·地形训》："凡地形东西为纬，南北为经。"

（一二九）《说文》："缀，合箸也。"

（一三〇）并：偏邪相就也。

（一三一）《玉篇》："猝，犬从草中暴出也，言仓猝暴疾也。今作卒。"

（一三二）《毛诗序》："鹿鸣，燕群臣嘉宾也。"

（一三三）《庄子·逍遥游》："日月出矣，而爝火不息。"《释文》："字林云：'爝：炬火也。'"

（一三四）舆服：这里指亡亲的舆服。

（一三五）"今无机杖以致感"句：此谓非有所见，但听声而致哀，因感于和声而发。

（一三六）隐：度也。成：定也。

（一三七）《家语·入官》："大域之中，而公治之。"注："大域，犹辜较也。"

（一三八）《说文》："噱：大笑貌。"

（一三九）《礼记注》："断，犹决也。"

（一四〇）豫：《尔雅》："豫，乐也。"

（一四一）抃：拍手，鼓掌。抃舞：因欢欣而鼓掌舞蹈。

（一四二）靡靡：声之好细也。惽：悦也。

（一四三）放郑声，远佞人：《论语》："放郑声，远佞人。郑声淫，佞人殆。"

（一四四）《书·益稷》："戛击鸣球，搏拊琴瑟以咏，祖考来格。"

（一四五）《魏志·陈思王传》："诏报曰：'盖教化所由，各有隆弊。'"

（一四六）《汉书·五行志》："王者自下承天理物。"

（一四七）《淮南子·泰族训》："宽裕简易者，乐之化也。"

（一四八）《论语》："子曰：'无为而治者，其舜也与？'"《老子》："为无为则无不治。"

（一四九）泰：通也。

（一五〇）《庄子·徐无鬼》："枯槁之士宿名。"

（一五一）司马相如《难蜀父老》曰："六和之内，八方之外。"《汉书》注："天地四方谓之六合。"

（一五二）《诗·文王》："永言配命，自求多福。"

（一五三）《易·复卦象》曰："中行独复，以从道也。"

（一五四）和心足于内句：《庄子·天运》："夫至乐者，先之以人事，顺之以天理。然后调理四时，太和万物。"

（一五五）就：成也。

（一五六）《易传·系辞上》："圣人有以见天下之动，而观其会通。"

（一五七）凯：乐也。

（一五八）《荀子·王制》："其民之亲我，欢若父母；好我，芳若芝兰。"

（一五九）粲、炳：明亮的样子。

（一六〇）《礼记·孔子闲居》："孔子曰：'民之父母，必达于礼乐之原，以致五至，行三无。无声之乐，无体之礼，无服之丧，此之谓三无。'"

（一六一）《书·舜典》："八音克谐，无相夺伦，神人以和。"

（一六二）《说文》："遁：逃也。"

（一六三）为可奉之礼，制可导之乐：《荀子·乐论》："先王制《雅》《颂》之声亦导之。"

（一六四）揆：揣测。

（一六五）检：法度也。

（一六六）"则使远近同风"句：《国语·晋语》："平公既做新声，师旷曰：'公室其将卑乎！夫德广而有节，是以远服而迩不迁。'"

（一六七）酬：劝也。酢：报也。

（一六八）《荀子·修身》："齐给便利，则节之以动止。"

（一六九）《仪礼》注："须：待也。"《吕氏春秋·情欲》："其情一体也。"注："体：性也。"

（一七〇）《春秋·说题辞》曰："恬淡为心，思虑为志。"

（一七一）聘享：聘问献纳。聘问必有宴享，故聘、享连文。郑玄注："享，献也。既聘又享，所以厚恩惠也。"嘉乐，钟磬也。

（一七二）《毛诗序》："槃：乐也。"

（一七三）《说文》："御，使马也。"

（一七四）流：谓荡散。

（一七五）《礼记注》："渎之言亵也。"

（一七六）窈窕：美好。

（一七七）大羹：肉渚，不调以盐菜。颜师古："勺药，香草名。其根主和五藏，又辟毒气，故合之于兰桂以助诸食，因呼五味之和为勺药耳。"

（一七八）《论语》："曾子曰：'上失其道，民散久矣。'"《国语》注："纪，法也。"

（一七九）《毛诗序》："东方之日，刺时也。君臣失道，男女淫奔。"

■ 讲疏

本篇主要讨论音乐的本质，音乐与情感的关系，音乐与教化功能三方面的问题。首先，嵇康认为乐音是自然的产物，不会因为社会人事的变化而改变。同时，音乐对于人的情绪有很大影响，一定类型的音乐能够激发起相应的情绪，同前代的论述相比，本文对音乐新解有一定的历史价值。嵇康的音乐之道与其以和为本的审美理想，否定了巧制与伪饰，把音乐作为纯粹的审美对象，让乐音的和谐与宽容礼让、温和顺从的道德准则在音乐之中融汇到一起。嵇康在音乐中发现了自我，确立了人的主体性地位，进一步发展了魏晋玄学。

■ **参考文献**

《嵇康集校注》,（三国魏）嵇康著,戴明扬校注,人民文学出版社1962年。

《嵇康集译注》,（三国魏）嵇康著,夏明钊译注,黑龙江人民出版社1987年。

《嵇康评传》,童强著,南京大学出版社2006年。

《中国美学史：魏晋南北朝编》,李泽厚、刘纲纪著,安徽文艺出版社1999年。

《中国诗论史》,霍松林主编,黄山书社2007年。

宋书（节选）

《宋书》，二十四史之一，南朝梁沈约等人所著。沈约（441—513），字休文，吴兴武康（今浙江武康）人，南朝史学家、文学家。沈约幼孤贫，笃志好学，博览群书，历仕宋、齐、梁三代，官至尚书令，封建昌县侯。武帝永明五年（487）奉诏撰《宋书》，他根据宋何承天、山谦之、苏宝生的《宋书》，进行增删、订补工作，将宋末十几年的史迹加以补充。沈约协助梁武帝萧衍进行篡位大计，参与废去齐和帝的计划，晚年更因此事而精神恍惚，未几毙命，享年七十三岁。朝议请赐谥为"文"，梁主改为"隐"字。著有《晋书》一一〇卷、《齐纪》二十卷、《梁武纪》十四卷、《迩言》十卷、《谥例》、《宋文章志》三十卷、《四声谱》等，皆佚，仅《宋书》流传至今。严可均《全上古三代秦汉三国六朝文》辑其遗文八卷，作品由张溥辑入《汉魏六朝百三家集》，有《沈隐侯集》。

礼志（节录）

夫有国有家者，礼仪之用尚矣[一]。然而历代损益，每有不同，非务相改，随时之宜故也。汉文以人情季薄[二]，国丧革三年之纪；光武以中兴崇俭，七庙有共堂之制；魏祖以侈惑宜矫，终敛去袭称之数[三]；晋武以丘郊不异，二至并南北之祀。互相即袭，以讫于今，岂三代之典不存哉，取其应时之变而已。且闵子讥古礼,退而致事;叔孙创汉制^(四),化流后昆。由此言之,任己而不师古,秦氏以之致亡;师古而不适用,王莽所以身灭。然则汉、魏以来,各揆古今之中^(五),以通一代之仪。司马彪集后汉众注,以为《礼仪志》,校其行事,已与前汉颇不同矣。况三国鼎峙,历晋至宋,时代移改,各随事立。自汉末剥乱,旧章乖弛,魏初则王粲、卫凯典定众仪^(六);蜀朝则孟光、许慈创理制度^(七);晋始则荀顗、郑冲详定晋礼^(八);江左则荀崧、刁协缉理乖紊^(九)。其间名儒通学,诸所论叙,往往新出,非可悉载。今抄魏氏以后经国诞章,以备此志云。

■ 注释

(一)尚:尊崇,注重。

(二)季薄:浇薄。谓社会风气浮薄。《后汉书·朱穆传》:"常感时浇薄,慕尚敦笃。"

(三)袭称:全套尸服。《三国志·魏志·武帝纪》:"葬高陵。"裴松之注引晋王沉《魏书》:"常以送终之制,袭称之数,繁而无益,俗又过之,故豫自制终亡衣服,四箧而已。"

(四)"叔孙"句:叔孙通著有《傍章》十八篇和《汉礼器制度》。

(五)揆:揣测。

(六)"魏初"句:曹操为魏王时,卫凯与王粲主持勘定礼仪制度。

(七)"蜀朝"句:汉建安十九年(214)《三国志·孟光传》:"先主定益州,拜为议郎,与许慈等并掌制度。"

(八)"晋始"句,西晋泰始年间,司马氏集团重定礼乐,使荀𫘝、郑冲详定晋礼。

(九)"江左"句,《晋书》:"元帝践阼,征拜尚书仆射,使崧与协共定中兴礼仪。"缉理,整理、整治。《南齐书·王僧虔传》:"宜命有司,务勤功课,缉理遗逸,迭相开晓,所经漏忘,悉加补缀。"《梁书·萧景传》:"诏曰:'扬州应须缉理,宜得其人。'"乖紊:舛误杂乱。

乐志（节录）

　　《易》曰："先王作乐崇德，殷荐之上帝，以配祖考。"^(一)自黄帝至于三代，名称不同。^(二)周衰凋缺，又为郑卫所乱。魏文侯虽好古，然犹昏睡于古乐。于是淫声炽而雅音废矣。

　　及秦焚典籍，《乐经》用亡。^(三)汉兴，乐家有制氏，但能记其铿锵鼓舞，而不能言其义。^(四)周存六代之乐^(五)，至秦唯余《韶》、《武》而已。始皇改周舞曰《五行》^(六)，汉高祖改《韶舞》曰《文始》，以示不相袭也。^(七)又造《武德舞》，舞人悉执干戚，以象天下乐已行武以除乱也。^(八)故高祖庙奏《武德》、《文始》、《五行》之舞。周又有《房中之乐》，秦改曰《寿人》。其声，楚声也，汉高好之^(九)，孝惠改曰《安世》^(一〇)。高祖又作《昭容乐》、《礼容乐》。《昭容》生于《武德》，《礼容》生于《文始》、《五行》也。^(一一)汉初，又有《嘉至乐》，叔孙通因秦乐人制宗庙迎神之乐也。文帝又自造《四时舞》，以明天下之安和。盖乐先王之乐者，明有法也；乐己所自作者，明有制也。^(一二)孝景采《武德舞》作《昭德舞》，荐之太宗之庙。孝宣采《昭德舞》为《盛德舞》，荐之世宗之庙。汉诸帝奏《文始》、《四时》、《五行》之舞焉。

■ 注释

　　（一）"《易》曰"句：《汉书·乐志》师古注："此《豫卦》象辞也。殷，盛大也。上帝，天也。言王者作乐，崇表其德，大荐于天，而以祖考配飨之也。"

　　（二）"自黄"句：《汉书·乐志》："昔黄帝作《咸池》，颛顼作《六茎》，帝喾作《五英》，尧作《大章》，舜作《招》，禹作《夏》，汤作《濩》，武王作《武》，周公《勺》。《勺》，言能勺先祖之道也。《武》，言以功定天下也。《濩》，言救民也。《夏》，大承二帝也。《招》，继尧也。《大章》，章之也。《五英》，英华茂也。《六茎》，及根茎也。《咸池》备矣。"

　　（三）"及秦"句：《隋书·音乐志》上："梁氏之初，乐缘齐旧。武帝思弘古乐，天监元年，遂下诏访百僚曰：'夫声音之道，与政通矣，所以移风易俗，朋贵辨贱。……'于是散骑常侍、尚书仆射沈约奏答曰：'窃以秦代灭学，《乐经》残亡。"与本志所言同。

（四）"汉兴"句：《汉书·乐志》："汉兴，乐家有制氏，以雅乐声律，世世在大乐官，但能纪其铿锵鼓舞，而不能言其义。"

（五）"周存"句：《周礼·春官·大司乐》："以乐舞教国子，舞《云门》、《大卷》、《大咸》、《大磬》、《大夏》、《大濩》、《大武》。"郑玄注："此周所存六代之乐。黄帝曰《云门》、《大卷》，黄帝能成名万物，以明民共财，言其德如云之所出，民得以有族类。《大咸》、《咸池》尧乐也，尧能殚均刑法以仪民，言其德无所不施。《大磬》，舜乐也，言其德能绍尧之道也。《大夏》，禹乐也，禹治水傅土，言其德能大中国也。《大濩》，汤乐也，汤以宽治民而除其邪，言其德能使天下得其所也。《大武》，武王乐也，武王伐纣以除其害，言其德能成武功。"

（六）"始秦"句：《乐府诗集》五二"始皇"下有"二十六年"四字，"周"下有"大武"二字。《汉书·乐志》："《五行舞》者，本周舞也，秦始皇二十六年，更名曰《五行》也。"

（七）"汉高"句：《汉书·乐志》："《文始舞》者，曰本舜《招舞》也，高祖六年，更名曰《文始》，以示不相袭也。"

（八）"又造"句：《乐府诗集》五二"造"上有"四年"二字。《汉书·乐志》："《武德舞》者，高祖四年作，以象天下乐己行武以除乱也。"

（九）"故高"句：《汉书·乐志》："又有《房中》祠乐，高祖唐山夫人所作也。周有《房中乐》，至秦名曰《寿人》。凡乐，乐其所生，礼不忘本，高祖乐楚声，故《房中乐》楚声也。"据此，《房中乐》至汉始为楚声，周至秦非楚声，本志所言不确。

（一〇）"孝惠"句：《汉书·乐志》："孝惠二年，使乐府令夏侯宽备其箫管，更名曰《安世乐》。"又再《安世房中歌》十七章。

（一一）"高祖"句：《汉书·乐志》："高祖六年，又作《昭容乐》、《礼容乐》。《昭容》者，犹古之《昭夏》也，主出《武德舞》。《礼容》者，主出《文始》、《五行舞》。舞卜无乐者，将至至尊之前，不敢以乐也；出用乐者，言舞不失节，能以乐终也。大氐皆因秦旧事焉。"《隋书·音乐志》下："牛弘奏曰：'又作《昭容》、《礼容》，增演其意。《昭容》生于《武德》，盖犹古之《韶》也。《礼容》生于《文始》，矫秦之《五行》也。'"

（一二）"文帝"句：《汉书·乐志》："《四时舞》者，孝文所作，以示天下之安和也。盖乐己所自作，明有制也，乐先王之乐，明有法也。"

■ 题解

《宋书》所述历史，始于宋武帝永初元年（420）起，下迄宋顺帝升明三年（478）结束，共计60余年齐。全书共100卷，分为"本纪"、"志"、"列传"。今本个别列传有残缺，少数列传是后人用唐高峻《小史》、《南史》所补。《宋书》志的部分上溯先秦，魏、晋尤为详尽，记载了不少诏诰、奏疏和古代乐曲、歌词等珍贵资料。"八志"原排在列传之后，后人移于本纪、列传之间，并把律历志中律与历两部分分割开。

《宋书》保存了很多的史料，包括当时的诏令奏议、书札、文章等，参考价值很高。沈约在《宋书》各志中的叙述，经常溯及到魏晋时期，完全可以弥补《三国志》等书的缺陷。它收录当时的诏令奏议、书札、文章等各种文献较多，保存了原始史料，有利于后代的研究。余嘉锡称赞《宋书》志是"史家之良规"。

■ 讲疏

《礼志》共五卷（卷14—卷18），几乎为全志篇幅的三分之一，比重如此之大，说明沈约十分重视礼法，也是东晋以来，世家大族传习礼法的反映。《礼志》的内容广泛，《志序》："班固《礼乐》、《郊祀》，马彪《癸祀》、《礼仪》，蔡邕《朝会》，董巴《舆服》，并各立志。夫礼之所苞，其用非一，郊祭朝飨，匪云别事，旗章服物，非礼而何？今总而裁之，因谓《礼志》。"可见《宋书》的《礼志》合郊、祭祀、朝会、舆服总为一篇，内容庞杂。

《乐志》共四卷（卷19—卷22），记载了魏晋及刘宋时期乐舞的沿革。内容主要有：记述乐舞的起源和发展；刘宋时期乐舞的发展；朝廷郊庙享宴所用乐章；朝廷施于享宴的《鞞舞》、《公莫舞》、《拂舞》，并记其起源、舞姿以及后来的发展；八音乐器及其形制；由民歌发展而来的，以"丝竹更相和，执节者歌"的相和歌曲；汉代以至宋代的鼓吹铙歌；流传在民间的乐舞，并且收录了大量歌词。为古代文学史的研究提供了丰富的资料。

■ 参考文献

《宋书》，（南朝）沈约撰，中华书局1974年。

《宋书乐志校注》，（南朝）沈约著，苏晋仁、萧炼子校注，齐鲁书社1982年。

《宋书校议》，丁福林著，上海古籍出版社2002年。

贞观政要·论礼乐（节录）

《贞观政要》共十卷四十篇，八万余言，吴兢编撰。吴兢（670—749），字西斋，汴州浚仪（今河南开封）人，唐代史学家、文学家。武周时，诏授直史馆，修国史，迁右拾遗内供奉。中宗神龙中，改右补阙，参与撰修《武后实录》，书成，迁起居郎、水部郎中。开元三年（715），拜谏议大夫，仍修史，后兼修文馆学士，历卫尉少卿、太子左庶子。开元十七年（729），贬荆州司马，后累迁洪州、舒州刺史。天宝初年，入朝为恒王傅。其一生经历了高宗、武则天、中宗、睿宗、玄宗五朝，因"励志勤学，博通经史"而受到器重，著述宏富，有《唐书》一百卷、《唐春秋》三十卷、《唐史备阙记》十卷、《太宗勋史》一卷、《贞观政要》十卷等。其史学叙事风格简洁，秉笔直书，因叙事简明，准确，被人称为"良史"。吴兢现除零散诗文外，仅存《贞观政要》一书流传于世。

太宗初即位，谓侍臣曰："准《礼》[一]，名，终将讳之。前古帝王，亦不生讳其名[二]，故周文王名昌，《周诗》云：'克昌厥后[三]。'春秋时鲁庄公名同，十六年《经》书：'齐侯、宋公同盟于幽。[四]'惟近代诸帝，妄为节制，特令生避其讳，理非通允，宜有改张。"因诏曰："依《礼》，二名义不偏讳，尼甫达圣[五]，非无前指。近世以来，曲为节制，两字兼避，废阙已多，率意而行，有违经语。今宜依据礼典，务从简约，仰效先哲[六]，垂法将来，其官号人名，及公私文籍，有'世'及'民'两字不连读，并不须避。"

……………

贞观十四年，太宗谓礼官曰："同爨[七]尚有缌麻之恩[八]。而嫂叔无服，又舅之与姨，亲疏相似，而服纪有殊，未为得礼，宜集学者详议。余有亲重而服轻者，亦附奏闻。"是月尚书八座与礼官定议曰[九]：臣窃闻之，礼所以决嫌疑[一○]、定犹豫、别同异、明是非者也。非从天下，非从地出，在人情而已矣。人道所先，在乎敦睦九族[一一]，九族敦睦，由乎亲亲，以近及远。亲属有等差，故丧纪有降杀[一二]，随恩之薄厚，皆称情以立文。原夫舅之与姨，虽为同气，推之于母，轻重相悬。何则？舅为母之本宗，姨乃外戚他姓，求之母族，姨不与焉，考之经史，舅诚为重。故周王念齐，是称舅甥之国[一三]；秦伯怀晋，实切《渭阳》之诗[一四]。今在舅服止一时之情，为姨居丧五月[一五]，徇名丧实，逐末弃本。此古人之情或有未达，所宜损益，实在兹乎。

太常少卿祖孝孙[一六]奏所定新乐[一七]。太宗曰："礼乐之作，是圣人缘物设教[一八]，以为樽节，治政善恶，岂此之由？"御史大夫杜淹对曰[一九]："前代兴亡，实由于乐。陈将亡也，为《玉树后庭花》[二○]，齐将亡也而为《伴侣曲》[二一]，行路闻之，莫不悲叹，所谓亡国之音[二二]。以是观之，实由于乐。"太宗曰："不然，夫音声岂能感人？欢者闻之则悦，哀者听之则悲。悲悦在于人心，非由乐也。将亡之政，其人心苦，然苦心所感，故闻之则悲耳。何乐声哀怨，能使悦者悲乎？今《玉树》、《伴侣》之曲，其声具存，朕能为公奏之，知公必不悲耳。"尚书右丞魏征对曰："古人称：礼云，礼云，玉帛云乎哉！乐云，乐云，钟鼓云乎哉！[二三]乐在人和，不由音调。"太宗然之。

贞观七年，太常卿萧瑀奏言："今《破阵乐舞》，天下之所共传[二四]，然美盛德之形容，尚有所未尽。前后之所破刘武周[二五]、薛举[二六]、窦建德、王世充等，臣愿图其形状，以写战胜攻取之容。"太宗曰："朕当四方未定，因为天下救焚拯溺，故不获已，乃行战伐之事，所以人间遂有此舞，国家因兹亦制其曲。然雅乐之容[二七]，止得陈其梗概，若委曲写之，则其状易识。

朕以见在将相，多有曾经受彼驱使者，既经为一日君臣，今若重见其被擒获之势，必当有所不忍，我为此等，所以不为也。"萧瑀谢曰："此事非臣思虑所及。"

■ 题解

《贞观政要》主要记载唐太宗在位二十三年期间（627—649）的政治生活，即贞观年间唐太宗李世民与魏征、房玄龄、杜如晦等大臣的对话，大臣的谏言、奏疏等。它和《旧唐书》、《新唐书》、《资治通鉴》等有关贞观政事的记载相比，较为详细，为研究唐初政治和李世民、魏征等人的政治思想提供了重要资料。书中提出了"君依于国，国依于民"的重民思想；务实求治、与民休息、重视农业、发展生产的施政方针；"爱之如一"较为持平的民族政策；用人唯贤才的主张，广开言路的开明措施；尊儒重教的文化政策；仁德先行、省刑慎罚的统治策略；以及俭约慎行、善始慎终的人格要求。本书是中国古代开明政治理论和实践的集大成之作。

《贞观政要》的成书时间不详，学界主要有四种说法，一是中宗时成书说；二是开元八、九年成书说；三是开元、天宝之间成书说；四是开元十七年成书说。《贞观政要》得到历代帝王的重视，参考其中的治国策略。唐玄宗、唐宪宗、唐文宗、唐宣宗都受到过《贞观政要》的影响。

■ 注释

（一）准《礼》：按照《周礼》。准：依也。

（二）生讳其名：活着的时候就避讳其名字。

（三）"克昌"句：《诗经·周颂·臣工之什·雍》篇之辞。克昌厥后：能使他的子孙昌盛。

（四）"齐侯"句：《春秋公羊传》卷第八，曰："夏，六月，公会齐侯、宋公、陈侯、郑伯，同盟于幽"。

（五）尼甫：对孔子的尊称。甫，古代男子的美称。

（六）先哲：先代圣人。

（七）同爨：同住，一同烧火做饭。爨：烧火做饭。

（八）缌麻：丧服的名称。在古代丧服分五种：斩衰、齐衰、大功、小功、缌麻。缌麻是五服中最轻的一种，其服用幼麻布制成，服期三个月。

（九）八座：唐代六部尚书及左右仆射称为八座。

（一〇）嫌疑：疑惑不明。

（一一）九族：高祖至玄孙之亲，举近者以该远。五服异姓之亲，亦在其中。

（一二）古代按照与死者关系的亲疏而行丧礼等级。

（一三）"故周王"句：《左传》成公二年，晋侯使巩朔献齐捷于周，王弗见，使单襄公辞曰："夫齐，甥舅之国也，宁不亦淫从其欲，抑岂不可谏？"

（一四）"秦伯"句：《诗·秦风·渭阳》："我送舅氏，曰至渭阳。"朱子注："舅氏，秦康公之舅，晋公子重耳也，出亡在外，穆公召而纳之。时康公为太子，送之渭阳，而作此诗。渭，水名。秦时都雍，至渭阳者，盖东行送之于咸阳之地也。"表现外甥与舅父惜别之情。

（一五）五月：小功之服。

（一六）祖：姓也。孝孙：名。

（一七）新乐：初，隋用黄钟一宫，惟击七钟，其五钟设而不击，谓之哑钟。至是叶律郎张文收乃依古断竹为十二律，命与孝孙吹调五钟，叩之而应，由是十二律皆用。而孝孙又以十二月旋相为六十声，八十四调，雅乐成调，无出七声。本宫近相用，唯乐章则随律定均，合以笙磬，节以钟鼓。

（一八）缘物设教：取法于天地之象而设教化。物：天地的物象。

（一九）杜淹：字执礼，杜如晦的叔父。博学多闻，尤善于机辩。太宗时曾任吏部尚书。

（二〇）《玉树后庭花》：陈后主，奢淫日甚，每饮酒，使嫔妃与狎客共赋诗。采其艳丽者，被以新声，选宫女千余人，习而歌之，分部迭进。其曲有《玉树后庭花》、《临春乐》，大略皆美诸嫔妃之容色。君臣相酬歌，自夕达旦。以此为常，由是覆灭。

（二一）《伴侣曲》：南朝齐的末代皇帝东昏侯萧宝卷，荒淫无道，凶暴嗜杀，聚敛无度。大兴宫室，又宠潘贵妃，曾作《伴侣曲》，朝欢暮乐，不理朝政，后被梁武帝（萧衍）所灭。

（二二）亡国之音：泛指淫靡之音。

（二三）"礼云"句：《论语·阳货》篇孔子之辞。

（二四）《破陈乐舞》：即《七德舞》也。太宗为秦王时，破刘武周，军中相与作《破陈乐》，用乐工百二十八人，被银甲，执戟而舞。凡三变，每变为四阵，象击刺左圆右方，先偏后伍，交错曲伸，以象鱼丽、鹅鹳，观者莫不扼腕踊跃。元日、冬至，朝会、庆贺，常奏。后舞人改用进贤冠、虎文裤、腾蛇带、乌皮靴，二人执旌居前，更号《神功破阵乐》。七德者，取《左传》"武有七德"名之也，所以示其发扬蹈厉之容也。

（二五）刘武周：马邑人，隋世为鹰扬校尉，义宁初，据马邑郡，起兵附于突厥，突厥立武周为定杨可汗，称帝，改元。后太宗败之于并州，奔突厥，为突厥所斩。

（二六）薛举：兰州人，隋末起兵，自号西秦霸王。建元后，僭帝号于兰州。太宗降举于高垤城，未几死。子仁杲代立，秦王率诸将讨之，以仁杲及其党归京师，斩之。

（二七）雅乐：古代帝王祭祀天地、祖宗及朝贺、宴会等大典所用的乐舞。雅乐原指儒家奉为典范的周代"六舞"，因其音乐"中正和平"，歌词"典雅纯正"，故称为"雅乐"。

■ 讲疏

《论礼乐》篇主要论述了礼乐的功用，及贞观年间因施行礼乐制度而使风俗移易。"礼乐"是纲常伦理的关键，是处理人际关系、改变道德风尚、调整君臣秩序的原则。太宗诏令改革礼制，自身躬行不辍，为天下之表率，意在移风易俗，改良社会风气。本篇着重记载了贞观君臣在这方面的许多言论，以及修订礼乐制度的各种举措。当时许多经济和政治上的典章制度，常常贯穿在各种礼中，依靠各种礼制来加以确立和维护。太宗认为："礼乐之作，是圣人象物设教，以为搏节"，因此他诏史部尚书高士廉等刊正姓氏，撰为《氏族志》，其目的在于"崇树今朝冠冕"。他还下诏："氏族之美，实系于冠冕，婚姻之道，莫先于仁义"，"使识嫁娶之序，务合典礼"。太宗改革礼制，用礼法教诫诸子大臣，懂得"礼乐"是一种有效的治国方式。古代帝王常用兴礼乐为手段以求达到尊卑有序、远近和合的统治目的。

■ **参考文献**

《贞观政要集校》，(唐)吴兢撰，谢保成集校，中华书局2003年。

《贞观政要》，(唐)吴兢著，中华书局2011年。

《贞观政要》，(唐)吴兢撰，戈直集注，裴汝诚导读，紫剑整理，上海古籍出版社2008年。

《贞观政要》，(唐)吴兢撰，齐鲁书社2010年。

《贞观政要译注》，(唐)吴兢撰，裴汝诚等译注，上海古籍出版社2007年。

《贞观政要译注》，(唐)吴兢著，上海三联书店2013年。

议礼乐

白居易（772—846），字乐天，自号醉吟先生、香山居士，原籍太原（今属山西），后迁居下邽（今陕西渭南市）。贞元进士，授秘书省校书郎，历任盩厔县尉、翰林学士、左拾遗、左赞善大夫诸职。因上书言事，贬江州司马，后移忠州刺史。长庆中，由中书舍人出任杭州刺史，宝历时任苏州刺史，后官至刑部尚书。其学术思想糅合儒、道、释三家；以儒家"穷则独善其身，达则兼济天下"为主导，在文学上，曾与元稹一起，从事"新乐府运动"。一生著作甚富，《新唐书·艺文志》著录有《白氏庆集》七十五卷，今人朱金城有《白居易集笺校》，《旧唐书》卷一〇六、《新唐书》卷一一九有传，李商隐撰有《白公墓碑铭并序》，其年谱以朱金城《白居易年谱》较为通行。

问：礼乐并用，其义安在？礼乐共理，其效何征？礼之崩也，何方以救之乎？乐之坏也，何术以济之乎？

臣闻：序人伦，安国家，莫先于礼；和人神，移风俗，莫尚于乐[一]。二者所以并天地，参阴阳，废一不可也。何则？礼者纳人于别而不能和也；乐者致人于和而不能别也[二]。必待礼以济乐，乐以济礼，然后和而无怨，别而不争。是以先王并建而用之，故理天下如指诸掌耳。《志》曰："《六经》之道同归，而礼乐之用为急。"[三]故前代有乱亡者，由不能知之也。有知而危败者，由不能行之也。有行而不至于理者，由不能达其情也。能达其情者，其唯宗周乎！周之有天下也，修礼达乐者七年，刑措不用者四十年（四），负扆垂拱者三百年（五），龟鼎不迁者八百年（六）。斯可谓达其情，臻其极也。故孔子曰："吾从周"（七），然则继周者其唯皇家乎！臣伏闻：礼减则销，销则崩，乐盈则放，放则坏（八）。故先王减则进之，盈则反之，济其不及而洩其过用。用能正人道，反天性，奋至德之光焉。国家承齐、梁、陈、隋之弊，遗风未殚。故礼稍失于杀，乐稍失于奢。伏惟陛下虑其减削。则命司礼者大明唐礼；防其盈放，则诏典乐者少抑郑声。如此，则礼备而不偏，乐和不流矣。继周之道，其在兹乎！

■ 题解

本篇选自《策林》，《策林》是白居易于元和元年（806）参加制举试前，独自拟作，共七十五篇，以自砺自试，是汇集了白居易早期思想的一本策文集。《策林》从时务政治出发，主要探讨了为君为圣之道、施政化民之略、求贤选能之方、整肃吏治之法、省刑慎罚之术、治军御兵之要、矜民恤情之核、礼乐文教之功等八方面问题。《策林》的精神特质体现在以民为本的儒家情怀、重振国威的使命意识、有犯无隐的批评精神、尚明崇圣的复古理念、客观理性的辩证色彩等五个方面。

■ 注释

（一）"臣闻"六句：《孝经》广要道章："子曰：'教民亲爱，莫善于孝。教民礼顺，莫善于悌。移风易俗，莫善于乐。安上治民，莫善于礼。'"

（二）"礼者"二句：《礼记·乐记》："乐者为同，礼者为异。同则相亲，异则相敬。乐胜则流，礼胜则离。合情饰貌者礼乐之事也。礼义立，则贵贱等矣；乐文同，则上下和矣，好恶著，则贤不肖别矣。"

（三）"六经"句：《礼乐志》篇之辞。师古曰："六经谓《易》、《诗》、《书》、《春秋》、《礼》、《乐》也。"

（四）刑措：亦作"刑厝"。置刑法而不用。《荀子·议兵》："传曰：'威厉而不试，刑错而不用。'"

（五）扆：户牖之间谓之扆。

（六）龟鼎：国之守器，以谕帝位也。《尚书》曰："宁王遗我大宝龟。"《左传》曰："鼎迁于商也"。

（七）吾从周：《论语·八佾》："子曰：'周监于二代，郁郁乎文哉，吾从周。'"

（八）"臣伏闻"四句：《礼记·祭义》："故礼主其减，乐主其盈。礼减而进，以进为文；乐盈而反，以反为文。礼减而不进则销，乐盈而不反则放。"

■ 讲疏

白居易在《策林》中，提出了一系列旨在突出礼乐文教功能的主张，即体旨达情、斥异崇儒、禁释正心、礼乐相济、去饰重实、厚生利人、词通讽谕等方面。白居易的礼乐文教观是其儒学思想的具体体现，并对其诗学观的形成产生了重要影响。白居易的礼乐思想集中体现在《策林》中的《议礼乐》、《沿革礼乐》、《复乐古器古曲》三篇。在这三篇涉及音乐功能、性质、特征的文章中，白居易表述了如下观点：其一，"序国家，安人伦"、"和人神，移风俗"是音乐的功能和意义所在。其二，"抑郑声"、"继周之道"是推行礼乐的当务之急。其三，白居易批驳了固守成规不知变通的谬论，认为不要在枝节即"末"上纠缠，应从"本"上着手，这个"本"就是有益于治理国家"即正人伦，宁家国"、"和人心，厚风俗"，一切都要从这一点出发，不管是沿袭以前的礼乐还是变动固有礼乐，都可以做得得体、适当。白居易的这些主张，特别强调将礼乐的教化功用落实到具体实践中。

■ 参考文献

《白香山集》，（唐）白居易著，商务印书馆1934年。

《白居易集笺校》，（唐）白居易著，朱金城笺注，上海古籍出版社2010年。

《白居易集》，（唐）白居易著，中华书局1979年。

《中国诗学大辞典》，傅璇琮等主编，浙江教育出版社1999年。

《白居易文集校注》，（唐）白居易著，谢思炜校注，中华书局2011年。

礼乐论（节录）

王安石（1021—1086），字介甫，晚号半山，小字獾郎，抚州临川人（现为抚州东乡县上池里洋村）；北宋杰出政治家、思想家、文学家，唐宋古文八大家之一；谥文，封荆国公，世人又称王荆公，世称临川先生。庆历进士，曾任扬州签判、鄞县知县、舒州通判、提点江东刑狱等职。仁宗时，呈上《言事书》万余言，系统地提出变法革新的主张，未被采纳。神宗时被召为翰林学士、参知政事，后两次任宰相，推行新法。因受司马光为首的守旧派反对，新政被废除，罢相后，退居江宁（今江苏南京）。在文学领域，王安石主张"文以贯道"，反对悖道害世的文章，强调儒家传统的文学功能思想，主张以"礼教治政"作为文学的首要内容。在评价文艺作品的审美标准上，也"以适用为本"，但不否定形式美的多样性。有《王临川集》、《临川集拾遗》、《临川先生歌曲》等著作存世。

气之所禀命者[一]，心也。视之能必见，听之能必闻，行之能必至，思之能必得，是诚之所至也。不听而聪，不视而明，不思而得，不行而至，是性之所固有，而神之所自生也，尽心尽诚者之所至也。故诚之所以能不测者，性也。贤者，尽诚以立性者也；圣人，尽性以至诚者也。神生于性，性生于诚，诚生于心，心生于气，气生于形。形者，有生之本。故养生在于保形，充形在于育气，养气在于宁心，宁心在于致诚，养诚在于尽性，不尽性不足以养生。能尽性者，至诚者也；能至诚者，宁心者也；能宁心者，养气者也；能养气者，保形者也；能保形者，养生者也；不养生不足以尽性也。生与性之相因循，志之与气相为表里也。生浑则蔽性，性浑则蔽生，犹志一则动气，气一则动志也。先王知其然，是故体天下之性而为之礼，和天下之性而为之乐。礼者，天下之中经^(二)；乐者，天下之中和^(三)；礼乐者，先王所以养人之神，正人气而归正性也。是故大礼之极，简而无文；大乐之极，易而希声。简易者，先王建礼乐之本意也。

世之所重，圣人之所轻；世之所乐，圣人之所悲。非圣人之情与世人相反，圣人内求，世人外求。内求者乐得其性，外求者乐得其欲，欲易发而性难知，此情性之所以正反也。衣食所以养人之形气，礼乐所以养人之性也。礼反其所自始，乐反其所自生，吾于礼乐，见圣人所贵其生者至矣。世俗之言曰："养生非君子之事。"是未知先王建礼乐之意也。

养生以为仁，保气以为义，去情却欲以尽天下之性，修神致明以趋圣人之域。圣人之言，莫大于颜渊之问，"非礼勿视，非礼勿听，非礼勿言，非礼勿动^(四)"，则仁之道亦不远也，耳非取人而后聪，目非取人而后视，口非取诸人而后言也，身非取诸人而后动也。其守至约，其取至近，有心有形者皆有之也。然而颜子且犹病之，何也？盖人之道莫大于此。"非礼勿听"，非谓掩耳而避之，天下之物不足以干吾之聪也；"非礼勿视"，非谓掩目而避之，天下之物不足以乱吾之明也；"非礼勿言"，非谓止口而无言也，天下之物不足以易吾之辞也；"非礼勿动"，非谓止其躬而不动，天下之物不足以干吾之气也。天下之物，岂特形骸自为哉？其所由来盖微矣。不听之时，有先聪焉；不视之时，有先明焉；不言之时，有先言焉；不动之时，有先动焉。圣人之门，惟颜子可以当斯语矣。是故非耳以为聪，而不知所以聪者，不足以尽天下之听；非目以为明，而不知所以明者，不足以尽天下之视。聪明者，耳目者之所能为；而所以聪明者，非耳目之所能为也。是故待钟鼓而后乐者^(五)，非深于乐者也；待玉帛而后恭者^(六)，非深于礼者也。蒉桴土鼓^(七)，而乐之道备矣；燔黍捭豚^(八)，污尊抔饮^(九)，礼既备矣。然大裘无文^(一〇)，大辂无饰^(一一)，圣人独以其事之所贵者，何也？所以明礼乐之本也。故曰：礼之近人情，非其至者也。

··········

君子之所不至者三：不失色于人，不失口于人，不失足于人。不失色者，容貌精也；不失口者，语默精也；不失足者，行止精也。君子之道也，语其大则天地不足容也，语其小则不见秋毫之末[一二]，语其强则天下莫能敌也，语其约则不能致传记。圣人之遗言曰："大礼与天地同节，大乐与天地同和。[一三]"盖言性也。大礼性之中，大乐性之和，中和之情通乎神明。故圣人储精九重而仪凤凰[一四]，修五事而关阴阳[一五]，是天地位而三光明[一六]，四时行而万物和。《诗》曰："鹤鸣于九皋，声闻于天。[一七]"故孟子曰："我善养吾浩然之气，充塞乎天地之间。[一八]"杨子曰："貌、言、视、听、思，性所有，潜天而天，潜地而地也。[一九]"

呜呼，礼乐之意不传久矣！天下之言养生修性者，归于浮屠、老子而已[二〇]。浮屠、老子之说行，而天下为礼乐者，独以顺流俗而已。夫使天下之人驱礼乐之文，以顺流俗为事，欲成治其国家者，此梁、晋之君所以取败之祸也[二一]。然而世非知之也者，何耶？特礼乐之意大而难知，老子之言近而易晓[二二]。圣人之道得诸己，从容人事之间而不离其类焉；浮屠直空虚穷苦，绝山林之间，然后足以善其身而已。由是观之，圣人之与释、老，其远近难易可知也。是故赏与古人同而劝不同，罚与古人同而威不同，仁与古人同而爱不同，智与古人同而识不同，言与古人同而信不同，同者道也，不同者心也。……

■ 题解

《礼乐论》收入《临川先生文集》第66卷。本篇阐述了王安石关于"仁"、"礼"、"乐"以及三者基本关系的观点。王安石认为人性在起始是无所谓善恶的，人的自然生命就是人性的本质，先王为了使人类能顺其本性而发展，依据人的天性制定了礼乐。这种"礼"体现了人类的本性，其作用是在于校正人的精气，使人不失本性。人有"内求"与"外求"两种本能，如果反省自己，内求诸心，就会得到其本性；否则，追求外在的欲望，就会失去本性。同时，"礼"又是和"仁"相联系的，先王制定礼乐的本意是为了人们的"养生"，"养生"即是"仁"，"仁"是"礼"的根本属性。与之相应，"仁道"也离不开"礼"，如果人们的视、听、言、动都是在"礼"的制约下，那么离仁德也就不远了。

■ 注释

（一）气：中国古代的哲学概念，指人的主观精神。朱熹《答黄道夫书》："天地之间，有理有气。理者也，形而上之道也，生物之本也；气也者，形而下之器也，生物之具也。是以人物之生必禀此理，然后有性；必禀此气，然后有形。"

（二）中经：宋代国子监教诸生读经，分上、中、下三经，《尚书》《周易》、《公羊传》、《穀梁传》、《仪礼》五经谓中经。

（三）中和：儒家用语，见《礼记·中庸》："喜怒哀乐之未发谓之中，发而皆中节谓之和。中也者，天下之大本也；和也者，天下之达道也。致中和，天地位焉，万物育焉。"

（四）"非礼"句：谓一切行为语言都要以礼为准则。《论语·颜渊》："颜渊曰：'请问其目。'子曰：'非礼勿视，非礼勿听，非礼勿言，非礼勿动。'颜渊曰：'回虽不敏，请事斯语矣。'"

（五）钟鼓：古时礼乐之器。《诗经·周南·关雎》："窈窕淑女，钟鼓乐之。"此处指能起到教化作用的音乐。

（六）玉帛：圭璋与束帛。本为祭祀、会盟、朝聘时所用之物，此谓财富。《抱朴子·嘉遁》："谓荣显为不幸，以玉帛为草土。"

（七）蒉桴土鼓：蒉桴，用草和土抟成的鼓槌。土鼓，古代鼓的一种。《周礼·春官·籥章》："掌土鼓豳籥。"郑玄注引杜子春云："土鼓以瓦为匡，以革为两面，可击也。"

（八）燔黍捭豚：指上古烹饪用具出现前对食物进行简单加工的情况。捭，撕裂。《礼记·礼运》："夫礼之初，始诸饮食，其燔黍捭豚，污尊而杯饮。"郑玄注："中古未有釜、甑，释米捭肉，加于烧石之上而食之耳。"孔颖达疏："燔黍者，以水洮释黍米，加于烧石之上而燔之。捭豚者，捭析豚肉，加于烧石之上而熟之。"

（九）污尊抔饮：谓掘地为坑当作酒尊，以手捧酒而饮。《盐铁论·散不足》："古者污尊抔饮，盖无爵觞樽俎。"《孔子家语·问礼》："太古之时，燔黍捭豚，污尊抔饮。"王肃注："凿地为尊，以手饮之也。"

（一〇）大裘：《周礼·天官·司裘》："司裘掌为大裘，以共王祀之服。"郑玄注："大裘，黑羔裘，服以祀天，示质。"

（一一）大辂：玉辂也，天子所乘之高车。《尚书·顾命》："大辂在宾阶面。"孔安国传："大辂，玉。"孔颖达疏："《周礼》巾车掌王之五辂：玉辂、金辂、象辂、革辂、木辂，是为五辂也。大辂，辂之最大，故知大辂，玉辂也。"

（一二）秋毫之末：喻极细微之物。《孟子·梁惠王》上："明足以察秋毫之末。"杨伯峻注："秋毫之末，有人说是鸟尾之细毛，有人说是禾穗上之白毛，总之是极细小的东西。"

（一三）"大礼"句：出《礼记·乐记》。孔颖达疏："大乐喻天地同和者，天地气和而生万物。大乐之体顺阴阳律吕，生养万物，是大乐与天地同和也。大礼与天地同节者，天地之形，各有高下大小为限，节大礼，辨尊卑贵贱，与天地相似，是大礼与天地同节也。"

（一四）仪凤凰：《尚书·益稷》："箫韶九成，凤皇来仪。"毛亨传："备乐九奏而致凤凰，则余鸟兽不待九而率舞。仪，有容仪。"

（一五）五事：《尚书·洪范》："五事：一曰貌，二曰言，三曰视，四曰听，五曰思。貌曰恭，言曰从，视曰明，听曰聪，思曰睿。"《汉书·谷永传》："窃闻明王即位，正五事，建大中，以承天心。"

（一六）天地位：《周易·系辞》上："夫《易》，圣人所以崇德而广业也。知崇礼卑，崇效天，卑法地。天地设位，而易行乎其中矣。成性存存，道义之门。"三光：日、月、星。班固《白虎通义·封公侯》："天有三光日月星，地有三形高下平。"

（一七）"鹤鸣"句：出《诗经·小雅·鹤鸣》。高亨注："皋，沼泽。九皋，言一连串的小湖泽。"

（一八）"我善"句：出《孟子·公孙丑》上。朱熹集注："浩然，盛大流行之貌。"杨伯峻注译："那一种气，最伟大，最刚强，用正义去培养它，一点不加伤害，就会充满山下四方，无所不在。"

（一九）"貌、言"句：《法言·问神》："或问神。曰：'心'。请问之。曰：'潜天而天，潜地而地。天地，神明而不测者也。心之潜也，犹将测之，况于人乎？况于事伦乎？'"李轨注："惟其所潜。"

（二〇）浮屠：佛。袁宏《后汉纪·明帝纪》上："浮屠者，佛也。"老子：《史记·老子韩非列传》："老子者，楚苦县厉乡曲仁里人也，姓李氏，名耳，字聃，周守藏室之史也。"张守节正义："老子，姓李，名耳，字伯阳，一名重耳。"

（二一）梁：谓南朝梁武帝萧衍，其败在于笃信佛教。武帝初年，崇儒立学，设谤木，断贡献，其政颇有可观。晚年崇佛教，曾三读舍身于同泰寺，终致侯景之乱，饥饿而死，为后世笑。晋，谓西晋哀帝司马丕。在位时桓温已渐跋扈，帝不思社稷，一意笃信道教神仙之说，终至丧身亡国。

（二二）晓：原本作"轻"，据缪氏本改。

■ 讲疏

在本篇中，王安石首先讨论了尽性与形气、情欲的关系。王安石认为尽性与保养形气之间是互为因果关系的，"神生于性，性生于诚，诚生于心，心生于气，气生于形。"王安石认为养生、去情却欲有助于人性的完善，然而人性是一种潜在的生命之能，它必须在后天的生活实践中逐渐养成，所以后天之习对于尽性起着极为重要的作用。人的后天之习决定人的善恶、智愚，所以必须慎重对待，王安石认为，慎习的具体途径就是循礼乐："圣人之言，莫大颜渊之问，'非礼勿视，非礼勿听，非礼勿言，非礼勿动'，则仁之道亦不远也。"循礼乐就是按照人们的本性去视、听、言、动；尽性、循礼乐就要体现在日常生活的"貌、言、视、听、思"之中，礼乐是天地的中和之道，也是人性的本然状态，人的言谈举止如果遵循礼乐，就能够做到精粹专一，就可以和天地合为一体，达到圣人的境界。

■ 参考文献

《王荆公文集笺注》，（宋）王安石撰，李之亮笺注，巴蜀书社2005年。

《王安石学术思想研究》，李祥俊著，北京师范大学出版社2000年。

《中国哲学史资料简编·宋元明部分》，北京大学哲学系中国哲学史教研室、中国科学院哲学研究所中国哲学史组编，中华书局1968年。

《中国哲学大辞典》，张岱年主编，上海辞书出版社2010年。

二程遗书（节选）

程颐（1033—1107），字正叔，洛阳伊川（今河南洛阳伊川县）人，世称伊川先生，北宋理学家和教育家。历官汝州团练推官、西京国子监教授，官至崇政殿说书。与兄程颢同学于周敦颐，并称"二程"，共创"洛学"，为理学奠定了基础。程颐与程颢以"理"为最高范畴，程颐认为理为"冲漠无朕，万象森然已具"，是创造万事万物的根源。他认为理是形而上的，阴阳之气是形而下的，形而上之理为形而下之气存在的根据。程颐把理与气相对来论述，开创了宋代新的思想流派。程颐主要哲学著作有《周易程氏传》、《颜子所好何学论》等，另有后人所编《遗书》、《文集》、《经书》等，收入《二程全书》。

伊川先生语四

问："穷神知化，由通于礼乐，何也？"曰："此句须自家体认。一作玩索。人往往见礼坏乐崩，便谓礼乐亡，然不知礼乐未尝亡也。如国家一日存时，尚有一日之礼乐，盖由有上下尊卑之分也。除是礼乐亡尽，然后国家始亡。虽盗贼至所为不道者，然亦有礼乐。盖必有总属，必相听顺，乃能为盗，不然则叛乱无统，不能一日相聚而为盗也。礼乐无处无之，学者要须识得。"问："'明则有礼乐，幽则有鬼神'[一]，何也？"曰："鬼神只是一个造化。'天尊地卑，乾、坤定矣'，'鼓之以雷霆，润之以风雨'，是也。"

"礼云礼云^(二)，玉帛云乎哉？乐云乐云，钟鼓云乎哉？""此固有礼乐，不在玉帛钟鼓。先儒解者，多引'安上治民莫善于礼，移风易俗莫善于乐'^(三)。此固是礼乐之大用也，然推本而言，礼只是一个序，乐只是一个和。只此两字，含畜多少义理。"又问："礼莫是天地之序？乐莫是天地之和？"曰："固是。天下无一物无礼乐。且置两只椅子，才不正便是无序，无序便乖^(四)，乖便不和。"又问："如此，则礼乐却只是一事。"曰："不然。如天地阴阳，其势高下甚相背，然必相须而为用也。有阴便有阳，有阳便有阴。有一便有二，才有一二，便有一二之间，便是三，已往更无穷。老子亦曰：'三生万物。'此是生生之谓易，理自然如此。'维天之命，于穆不已'^(五)，自是理自相续不已，非是人为之。如使可为，虽使百万般安排，也须有息时。只为无为，故不息。《中庸》言^(六)：'不见而彰，不动而变，无为而成，天地之道可一言而尽也。'使释氏千章万句^(七)，说得许大无限说话，亦不能逃此三句。只为圣人说得要，故包含无尽。释氏空周遮说尔，只是许多。"（遗书卷十八）

■ 题解

《二程遗书》又称《河南程氏遗书》，共二十五卷。该书包括《遗书》、《外书》、《文集》、《易传》、《经说》、《粹言》六种，其中程颐的著作居多。由于门人分头整理的缘故，其中有若干条语录重复出现。从第一卷到第十卷，只有少数条目下面注明了伊川（程颐）或明道（程颢）的字样，大多数条目没有说明记载的是何人之言行，从第十一卷到第十四卷标明是明道语录，从第十五卷到第二十五卷表明是伊川语录。后来该书由理学之集大成者朱熹加以综合编订。宋代文化中起着主导作用的是理学思想，洛学是理学最主要的一支学派，程颢、程颐既是洛学的创立者，也是理学思想的奠基者之一。他们提倡学历史必须边学习，边揣摩与思考，"深思之"，"不可一概看"，历史上的国家制度、人情风俗也都是随时变易的，"行礼不可全泥古，须视时之风气自不同"。

■ 注释

（一）幽：隐也。

（二）礼：即《礼记·乐记》。

（三）"多引"句：《孝经·广要道章第十二》："子曰：'教民亲爱，莫善于孝；教民礼顺，莫善于悌；移风易俗，莫善于乐；安上治民，莫善于礼。'"安，宁也，定也。

（四）乖：背也。

（五）"维天"句：《诗经·周颂·清庙之什·维天之命》："维天之命，於穆不已。於乎不显，文王之德之纯。"

（六）《中庸》：南宋理学家朱熹从《礼记》中摘出《中庸》、《大学》，分章断句，加以注释，又注《论语》，配以《孟子》，题称《四书章句集注》，"四书"之名始立，后用作学习的入门书。

（七）释氏：佛姓释迦的略称。

■ 讲疏

本卷是《遗书》中篇幅最长的，约43000字，是记录程颐言论内容最为精详的，其议论所涉及问题的面较为广泛，基本上反映了程颐的思想面貌。其中"礼乐"由圣人制作，最终来源于天意，与天地宇宙之本原——道之间有着神圣的关联，古人"道—圣人—礼乐教化—众生"的知识传递模式，为乐教理论找到了存在的合法性与神圣性的本源，"礼乐"教化于是成为统治天下的必由之道。"礼乐"是天道的载体，故而承天之命的人间君主务必以制礼作乐为大务，借礼乐教化所具有的超自然的力量来加强和神化现有社会制度和统治秩序，为君主专制政治提供了必需的合法资源和神圣光环，这也是乐教先天意识形态品格的自然凸显。就"礼"与"乐"的关系而言，要寻求"和"的理想状态。"礼"主"别"，体现"尊尊"，"乐"主"和"，体现"亲亲"，"礼"与"乐"合一，既体现"别"之贵贱等差，更体现"和"之化合协调。如果一方强调过分，必然影响到另一方，造成不良的后果。因此，无论是作为政治制度、伦理规范或审美理想，"礼"与"乐"都要相互配合、相互渗透，得宜而适中。

■ **参考文献**

《二程集》点校本，（宋）程颢、程颐著，中华书局1981年。

《二程遗书》，（宋）程颐、程颢撰，潘富恩导读，上海古籍出版社2000年。

《二程研究》，管道中著，中华书局1937年。

问礼乐（节录）

真德秀（1178—1235）本姓慎，因避孝宗讳改姓真，福建浦城（今浦城县仙阳镇）人，始字实夫，后更字景元，又更为希元，号西山，世称西山先生，南宋理学家，朱熹的再传弟子。庆元五年（1199），真德秀进士及第，开禧元年（1205）中博学宏词科。理宗时擢礼部侍郎、直学士院。史弥远惮之，被劾落职。起知泉州、福州。绍定五年（1232）起知泉州、福州，召为户部尚书，改翰林学士。端平元年（1234），入朝为户部尚书，改翰林学士、知制诰。端平二年（1235）拜参知政事，卒谥文忠。他以直谏著称，主张恢复中原，同情人民疾苦，为官颇有政声。著作有《大学衍义》、《真文忠公文集》等。

用和为贵章

敬者，礼之本；制度威仪，礼之文。和者，乐之本；钟鼓管磬者，乐之文。礼乐二者，阙一不可。《记》曰："乐由阳来，礼由阴作。[一]天高地下，万物散殊，而礼制行焉。流而不息，合同而化，而乐兴焉[二]。"故礼属阴[三]，乐属阳[四]，礼乐之不可阙一，如阴阳之不可偏胜[五]。礼胜则离，以其太严而不通乎人情，故离而难合。乐胜则流，以其太和而无所限节，则流荡忘返。所以有礼须用有乐，有乐须用有礼。此礼乐且是就性情上说，然精粗本末亦初无二理。礼中有乐^(六)，乐中有礼^(七)，朱文公谓严而泰^(八)，和而节^(九)。

■ 题解

真德秀沿袭了《礼记·乐记》中"乐胜则流，礼胜则离"的说法，认为"礼"、"乐""离而难合"，强调"礼乐"不可偏胜。于是真德秀进一步对"礼乐"关系做出评价，认为"礼中有乐，乐中有礼"，"礼"与"乐"之间既相互紧密关联、互为支撑，又不能相提并论、并为一谈，始终维持着固有的张力，处于一种动态平衡关系。

■ 注释

（一）"乐由"句：《礼记·郊特牲》："乐由阳来者也，礼由阴作者也，阴阳和而万物得。"

（二）"天高"句：《礼记·乐记》："天高地下，万物散殊，而礼制行矣。流而不息，合同而化，而乐兴焉。"天尊于上，地卑于下，物散殊有大有小，此即制之所由起。盖礼主乎别故也。阴阳二气流行于天地之间未尝止息。二气和合，而化生万物，此乐之所由兴。盖乐主乎和，故也所谓阴阳二气者日月。雷霆风雨寒暑之类，皆是二气和合方能生成万物。

（三）"故礼"句：凡天地间道理一定而不可易者皆属阴。

（四）"乐属"句：凡天地间流行运转者皆属阳。

（五）"礼乐"句：一岁之间寒暑之相易，雨露霜雪之相济，方能气候和平，物遂其生。阳太胜则亢而为旱，阴太胜则溢而为水。有阴无阳则物不生，有阳无阴则生而不成。

（六）"礼中"句：言严肃之中有自然之和，此即是礼中之乐。

（七）"乐中"句：言和乐之中有自然之节，此即是乐中之礼。

（八）"朱文"句：此即礼中有乐。

（九）"和而"句：此即乐中有礼。

■ 讲疏

文章首先从"本"与"文"两个方面，指出了"礼"与"乐"既相互区别又相互联系的关系。一方面,"礼"与"乐"之本不同,"礼"为"敬","乐"为"和"。真德秀强调静时要一,动时亦要一,静时能敬,则无思虑纷纭之患;动时能敬,则无举措烦扰之患。如此则本心不失,这是为学之要。所谓"和",作为儒家乐教思想,强调人心的平和,以"和乐"养"心",来得"礼乐"之本,真德秀提出:"五声十二律亦皆阴阳变错而成,故乐音之和与天地之和相应,可以养人心,成风俗也","圣人因此作为之乐,所以象天地之和也"。音律是来自阴阳之气交错而成,可与天地之和相感应,从而颐养人心。另一方面,"礼"的"威仪态"由乐的"钟鼓管磬"表现出来。真德秀援引《礼记》中的话语,用"阴"与"阳"间"不可偏胜"的关系,来说明"礼"、"乐"二者"不可阙一"。

■ **参考文献**

《真西山先生集》,(宋)真德秀撰,中华书局1985年。

《宋史·真德秀传》,(元)脱脱等撰,中华书局1985年。

《宋元学案》,(清)黄宗羲著,(清)全祖望补修,陈金生、梁运华点校,中华书局1986年。

《真德秀学术思想研究》,孙先英著,上海人民出版社2008年。

《中国大百科全书》,中国大百科全书出版社2011年。

传习录·礼乐论（节选）

王守仁（1472—1529），幼名云，字伯安，浙江绍兴府余姚县（今余姚市）人，因曾筑室于会稽山阳明洞，自号阳明，学者称之为阳明先生。弘治进士，授刑部云南清吏司主事，改兵部主事，因反对宦官刘瑾，谪贵州龙场驿丞。后历任吏部郎中、南京太仆寺少卿、都察院右副都御史等职，封新建伯，官至南京兵部尚书，卒谥文成。明代最著名的思想家、文学家、哲学家和军事家，陆王心学之集大成者，与和孔子、孟子、朱熹并称为孔、孟、朱、王。且精通儒家、佛家、道家，而且能够统军征战，是中国历史上罕见的全才。王守仁留有三本传世之作《传习录》、《阳明全书》和《大学问》。

问《律吕新书》^(一)，先生曰："学者当务为急。算得此数熟，亦恐未有用。必须心中先具礼乐之本方可。且如其书说，多用管以候气^(二)。然至冬至那一刻时，管灰之飞，或有先后须臾之间。焉知那管正值冬至之刻？须自中心先晓得冬至之刻始得。此便有不通处。学者须先从礼乐本原上用功。"

马子莘问^(三)："'修道之教'^(四)，旧说谓'圣人品节，吾性之固有，以为法于天下，若礼乐刑政之属。'此意如何？"先生曰："道即性即命，本是完完全全，增减不得，不假修饰的，何须要圣人品节？却是不完全的物件。礼乐刑政是治天下之法。固亦可谓之教，但不是子思本旨。若如先儒之说，下面由教入道的。缘何舍了圣人礼乐刑政之教，别说出一段戒慎恐惧工夫，却是圣人之教为虚设矣。"子莘请问。先生曰:"子思性、道、教,皆从本原上说天命。于人则命便谓之性;率性而行,则性便谓之道;修道而学,则道便谓之教。率性是诚者事,所谓'自诚明谓之性'也;修道是诚之者事,所谓'自明诚谓之教'也。圣人率性而行,即是道。圣人以下,未能率性于道,未免有过不及,故须修道。修道则贤知者不得而过,愚不肖者不得而不及,都要循着这个道,则道便是个教。此'教'字与'天道至教'、'风雨霜露,无非教也'(五)之'教'同。'修道'字与'修道以仁'同。人能修道,然后能不违于道,以复其性之本体,则亦是圣人率性之道矣。下面'戒慎恐惧'便是修道的工夫,'中和'便是复其性之本体,如《易》所谓'穷理尽性以至于命'(六),'中和位育'便是尽性至命。"

来书云:"杨、墨之为仁义(七),乡愿之乱忠信,尧、舜、子之之禅让,汤、武、楚项之放伐(八),周公、莽、操之摄辅,谩无印正,又焉适从?且于古今事变,礼乐名物,未尝考识,使国家欲兴明堂,建辟雍(九),制历律,草封禅,又将何所致其用乎?故《论语》曰'生而知之'者,义理耳。若夫礼乐名物,古今事变,亦必待学而后有以验其行事之实。此则可谓定论矣。"

所喻杨、墨、乡愿,尧、舜、子之、汤、武、楚项、周公、莽、操之辨,与前舜、武之论,大略可以类推。古今事变之疑,前于良知之说,已有规矩尺度之喻,当亦无俟多赘矣。至于明堂、辟雍诸事,似尚未容于无言者。然其说甚长,姑就吾子之言而取正焉,则吾子之惑将亦可以少释矣。夫明堂、辟雍之制,始见于吕氏之《月令》(一○)、汉儒之训疏(一一),《六经》、《四书》之中未尝详及也。岂吕氏、汉儒之知,乃贤于三代之贤圣乎?齐宣之时,明堂尚有未毁,则幽、厉之世,周之明堂皆无恙也。尧、舜茅茨土阶(一二),明堂之制未必备,而不害其为治;幽、厉之明堂。固犹文、武、成、康之旧(一三),而无救于其乱。何邪?岂能"以不忍人之心而行不忍人之政",则虽茅茨土阶,固亦明堂也,以幽、厉之心而行幽厉之政,则虽明堂,亦暴政所自出之地邪?武帝肇讲于汉而武后盛作于唐,其治乱何如邪?天子之学曰辟雍,诸侯之学曰泮宫,皆象地形而为之名耳。然三代之学,其要皆所以明人伦,非以辟不辟、泮不泮为重轻也。孔子云:"人而不仁,如礼何!人而不仁,如乐何!"制礼作乐,必具中和之德,声为律而身为度者,然后可以语此。若夫器数之末，乐工之事，祝史之守^(一四)，故曾子曰"君子所贵乎道者三，笾豆之事^(一五)，则有司存也"。尧命"羲和，钦若昊天，历象日月星辰"，其重在于"敬授人时"也。舜在"璇玑玉衡"^(一六)，其重在于"以齐七政"也。是皆汲汲然以仁民之心，而行其养民之政，治历明时之本，固在于此也。羲和历数之学，皋、契^(一七)未必能之也，禹、稷未必能之也；尧、舜之知而不遍物^(一八)，虽尧、舜亦未必能之也。然至于今，循羲和之法而世修之，虽曲知小慧之人、星术浅陋之士，亦能推步占候而无所忒，则是后世曲知小慧之人^(一九)，反贤于禹、稷、尧、舜者邪？封禅之说，尤为不经，是乃后世佞人谀士，所以求媚于其上，倡为夸侈，以荡君心，而靡国费。盖欺天罔人，无耻之大者，君子之所不道，司马相如之所以见讥于天下后世也。吾子乃以是为儒者所宜学，殆亦未之思邪？夫圣人之所以为圣者，以其生而知之也。而释《论语》者曰："'生而知之'者，义理耳。若夫礼乐名物，古今事变，亦必待学而后有以验其行事之实。"夫礼乐名物之类，果有关于作圣之功也，而圣人亦必待学而后能知焉，则是圣人亦不可以谓之"生知"矣！谓圣人为"生知"者，专指义理而言，而不以礼乐名物之类，则是礼乐名物之类无关于作圣之功矣。圣人之所以谓之"生知"者，专指义理，而不以礼乐名物之类，则是"学而知之"者亦惟当学知此义理而已，"困而知之"者亦惟当困知此义理而已。今学者之学圣人，于圣人之所能知者，未能"学而知之"，而顾汲汲焉求知圣人之所不能知者以为学，无乃失其所以希圣之方欤？凡此皆就吾子之所惑者，而稍为之分释，未及乎"拔本塞源"之论也^(二〇)。

问："'一日克己复礼，天下归仁^(二一)。'朱子作效验说^(二二)，如何？"先生曰："圣贤只是为己之学，重功夫不重效验。仁者以万物为体，不能一体，只是己私未忘。全得仁体，则天下皆归于吾。仁就是'八荒皆在我闼'意，天下皆与，其仁亦在其中。如'在邦无怨，在家无怨'，亦只是自家不怨，如'不怨天，不尤人'之意^(二三)。然家邦无怨，于我亦在其中，但所重不在此。"

■ 题解

《传习录》是王守仁讲学论道的专著，由他的门生弟子辑录，主要汇辑王守仁讲学语录及论学书札，本书书名取义出自《论语·学而》："传不习乎？"朱熹："传谓受之于师，习谓熟知之于己。"全书编选以提揭人心、讲学明道为标准，集中反映了王阳明的心性之学，在中国古代哲学史上有着重要的地位。

■ 注释

（一）律吕：律有十二，阳六为律，阴六为吕。《律吕新书》二卷，蔡元定作。蔡字季通，号西山，朱子视为老友。

（二）候气：法以葭莩之灰，置于律管。

（三）马明衡：字子莘，莆田人，官御史。嘉靖三年以上谏得罪下狱，削籍归。闽中有王氏学，自明衡始。

（四）修道：《中庸》："天命之谓性，率性之谓道，修道之谓教。"

（五）无非教也：《礼记·孔子闲居》："天有四时，春夏秋冬，风雨霜露，无非教也。"

（六）穷理尽性以至于命：见《易经·说卦传》第一章语。

（七）杨、墨：杨朱、墨翟。

（八）放伐：夏桀无道，汤放之于南巢；商纣无道，武王克之于牧野。

（九）明堂：周天子于各地设明政教之堂。辟雍：像雍水环绕如璧。《礼记·王制》："大学在郊。天子曰辟雍，诸侯曰泮宫。"

（一〇）月令：吕不韦集诸儒之说著十二月纪，名吕氏春秋。篇首皆有月令，即是月之政令。

（一一）训疏：指郑玄等的注疏。

（一二）茅茨土阶：尧舜之时以茅茨盖屋，筑土为阶。

（一三）成、康：成王，康王，周之第三，第四王，皆贤君。

（一四）器数：礼乐器物。祝：掌祭祀。史：主文书。

（一五）笾豆：祭祀之礼器。

（一六）璇玑玉衡：玉制可以旋转窥测日月星辰之机。

（一七）皋、契：皋陶，又作咎繇。舜之臣，为士师，即执法之官。契亦舜臣，为司徒，掌教育。

（一八）遍物：事事都要做。

（一九）曲知：一隅之知。

（二〇）拔本塞源：拔去木之本，充塞水之源。语出《左传·昭公九年》。

（二一）归仁：《论语·颜渊第十二》第一章之语。

（二二）效验说：朱子《论语集注》注此句："极言其效之甚远而至大也。"

（二三）不怨天，不尤人：语出《论语·宪问》。

- **讲疏**

《传习录》是王守仁讲学论道的专著。他的一生是追求"道"的一生，其终极目标是圣人理想的实现。因此，他的心学可以说就是圣学，"圣人之学，心学也。"在他的哲学体系中，"心"是唯一的实在，是本体，因此，"心"就是纯然天理，是"至善"。他提出"知行合一"，依据"善"的行动，在主体道德实践中，自觉性显现主体性，与道德活动作为一个整体统一的过程，即是"知行合一"。同时，"良知"学说是阳明哲学的核心概念，王阳明认为"致良知"是实现"圣"的唯一途径，它使人依据良知进行道德修炼和实践。

- **参考文献**

《王阳明传习录详注集评》，陈荣捷著，台湾学生书局1999年。

《传习录》，叶绍钧点注，上海商务印书馆1927年。

《传习录》，（宋）王阳明撰，中州古籍出版社2008年。

《传习录》，（宋）王阳明著，阎韬注评，江苏古籍出版社2001年。

《王阳明著述选评》，吴震撰，上海古籍出版社2004年。

文史通义（节选）

章学诚（1738—1801），字实斋，号少岩。浙江会稽（今绍兴）人。乾隆进士，官国子监典籍，主讲定州定武、保定莲池、归德文正等书院，后入湖广总督毕沅幕府，助修《续资治通鉴》。章学诚一生致力于讲学，著述和编修方志，继承清初"通经致用"的传统，提出"六经皆器"、"六经皆史"说，认为"古之所谓经，乃三代盛时典章法度，见于政教行事之实"，否认"六经"为传统权威。章学诚主张考证史料和发挥义理相结合，把治经引向治史，认为："古人未尝离事而言理"，愤于乾嘉学派的治经风气，积二十四年而撰成《文史通义》，开学术思想摆脱经学传统束缚的风尚。著作后人编为《章氏遗书》。

诗教上

同衰文弊，六艺道息，而诸子争鸣。盖至战国而文章之变尽，至战国而著述之事专，至战国而后世之文体备。故论文于战国，而升降盛衰之故可知也。战国之文，奇衺错出〔一〕而裂于道，人知之；其源皆出于六艺，人不知也。

后世之文，其体皆备于战国，人不知；其源多出于《诗》教，人愈不知也。知文体备于战国，而始可与论后世之文；知诸家本于六艺，而后可与论战国之文；知战国多出于《诗》教，而后可与论六艺之文。可与论六艺之文，而后可与离文而见道；可与离文而见道，而后可与奉道而折诸家之文也。

战国之文其源皆出于六艺，何谓也？曰：道体无所不该，六艺足以尽之。诸子之为书，其持之有故而言之成理者，必有得于道体之一端，而后乃能恣肆其说，以成一家之言也。所谓一端者，无非六艺之所该，故推之而皆得其所本，非谓诸子果能服六艺之教，而出辞必衷于是也。老子说本阴阳[二]，《庄》、《列》寓言假象，《易》教也。邹衍侈言天地，关尹推衍五行[三]，《书》教也。管、商法制[四]，义存政典，《礼》教也。申、韩刑名[五]，旨归赏罚，《春秋》教也。其他杨、墨、尹文之言[六]，苏、张、孙、吴之术[七]，辨其源委，挹其旨趣，九流之所分部，《七录》之所叙论[八]，皆于物曲人官，得其一致，而不自知为六典之遗也。

战国之文既源于六艺，又谓多出于《诗》教，何谓也？曰：战国者，纵横之世也。纵横之学，本于古者行人之官。观《春秋》之辞命，列国大夫聘问诸侯，出使专对，盖欲文其言以达旨而已。至战国而抵掌揣摩，腾说以取富贵[九]，其辞敷张而扬厉，变其本而加恢奇焉，不可谓非行人辞命之极也。孔子曰："诵《诗》三百，授之以政，不达；使于四方，不能专对，虽多，亦奚以为？"是则比兴之旨，讽喻之义，固行人之所肄也。纵横者流，推而衍之，是以能委折而入情，微婉而善讽也。九流之学，承官曲于六典，虽或原于《书》、《易》、《春秋》，其质多本于礼教，为其体之有所该也。及其出而用世，必兼纵横，所以文其质也。古之文质合于一，至战国而各具之质，当其用也，必兼纵横之辞以文之，周衰文弊之效也。故曰：战国者，纵横之世也。

后世之文，其体皆备于战国，何谓也？曰：子史衰而文集之体盛，著作衰而辞章之学兴。文集者，辞章不专家，而萃聚文墨以为蛇龙之菹也[一〇]。后贤承而不废者，江河导而其势不容复遏也。经学不专家，而文集有经义；史学不专家，而文集有传记；立言不专家，自注：即诸子书也。而文集有论辨；后世之文集，舍经义与传记、论辨之三体，其余莫非辞章之属也，而辞章实备于战国，承其流而代变其体制焉。学者不知，而溯挚虞所衷之《流别》[一一]，自注：挚虞有《文章流别传》。甚且以萧梁《文选》，举为辞章之祖也，其亦不知古今流别之义矣。

今即《文选》诸体，以征战国之赅备。自注：挚虞《流别》，孔逭《文苑》(一二)，今俱不传，故据《文选》。京都诸赋(一三)，苏、张纵横六国，侈陈形势之遗也。《上林》、《羽猎》，安陵之从田(一四)，龙阳之同钓也(一五)。《客难》、《解嘲》(一六)，屈原之《渔父》、《卜居》(一七)，庄周之惠施问难也(一八)。韩非《储说》，比事征偶，连珠之所肇也(一九)；自注：前人已有言及之者。而或以为始于傅毅之徒(二〇)，自注：傅玄之言(二一)。非其质矣。

孟子问齐王之大欲，历举轻暖肥甘，声音采色，《七林》之所启也(二二)。而或以为创之枚乘，忘其祖矣。邹阳辨谤于梁王，江淹陈辞于建平(二三)，苏秦之自解忠信而获罪也。《过秦》、《王命》、《六代》、《辨亡》诸论(二四)，抑扬往复，诗人讽谕之旨，孟、荀所以称述先王儆时君也。自注：屈原上称帝喾，中述汤、武，下道齐桓，亦是。淮南宾客，梁苑辞人，原、尝、申、陵之盛举也(二五)。东方、司马(二六)，侍从于西京，徐、陈、应、刘征逐于邺下(二七)，谈天雕龙之奇观也。遇有升沉，时有得失，畸才汇于末世，利禄萃其性灵，廊庙山林，江湖魏阙(二八)，旷世而相感，不知悲喜之何从，文人情深于《诗》、《骚》，古今一也。

至战国而文章之变尽，至战国而后世之文体备，其言信而有征矣。至战国而著述之事专。何谓也？曰：古未尝有著述之事也，官师守其典章，史臣录其职载，文字之道，百官以之治而万民以之察，而其用已备矣。是故圣王书同文以平天下，未有不用之于政教典章，而以文字为一人之著述者也。自注：详见《外篇·校雠略·著录先明大道论》。道不行而师儒立其教，我夫子之所以功贤尧、舜也。然而"予欲无言"(二九)，"无行不与"(三〇)，六艺存周公之旧典，夫子未尝著述也。《论语》记夫子之微言，而曾子、子思俱有述作以垂训，至孟子而其文然后闳肆焉，著述至战国而始专之明验也。自注：《论语》记曾子之没，吴起尝师《曾子》，则《曾子》没于战国初年，而《论语》成于战国之时明矣。春秋之时，管子尝有书矣。自注：《鬻子》、《晏子》，后人所托。然载一时之典章政教，则犹周公之有《官礼》也。记管子之言行，则习管氏法者所缀辑，而非管仲所著述也。自注：或谓管仲之书，不当称桓公之谥，阎氏若璩又谓后人所加，非《管子》之本文。皆不知古人并无私自著书之事，皆是后人缀辑，详《诸子》篇。兵家之有《太公阴符》(三一)，医家之有《黄帝素问》(三二)，农家之《神农》、《野老》(三三)，先儒以谓后人伪撰、而依托乎古人，其言似是，而推究其旨，则亦有所未尽也。盖末数小技，造端皆始于圣人，苟无微言要旨之授受，则不能以利用千古也。

三代盛时，各守人官物曲之世氏，是以相传以口耳，而孔、孟以前，未尝得见其书也。至战国而官守师传之道废，通其学者述旧闻而著于竹帛焉。中或不能无得失，要其所自，不容遽昧也。

以战国之人而述黄、农之说，是以先儒辨之文辞而断其伪托也；不知古初无著述，而战国始以竹帛代口耳，自注：外史掌三皇五帝之书，及四方之志，与孔子所术六艺旧典，皆非著述一类，其说已见于前。实非有所伪托也。然则著述始专于战国，盖亦出于势之不得不然矣。著述不能不衍为文辞，而文辞不能不生其好尚。后人无前人之不得已，而惟以好尚逐于文辞焉，然犹自命为著述，是以战国为文章之盛，而衰端亦已兆于战国也。

■ 注释

（一）奇衺：谲诈杰出，觚角非常也。

（二）老子：春秋时道家创始人。有《道德经》，主张"无为而治"，幻想退到"小国寡民"的社会。

（三）关尹：指尹喜，相传为春秋末道家。班固注："名喜，为关吏，老子过关，喜去吏而从之。"基本思想与老聃一致，故《庄子·天下》篇把他与老聃并列。

（四）管、商：指管仲、商鞅。管仲：春秋时齐国名臣。初事公子纠，襄公乱政，他与公子纠逃奔鲁国，并助公子小白（即齐桓公）争夺君位，遭失败，桓公欲治其罪，经鲍叔牙力荐，任齐相，助桓公进行改革，使桓公成为春秋时期第一个霸主。商鞅：战国政治家。闻秦孝公求贤，入秦。孝公三年任左庶长，进行变法。十二年第二次变法，使秦强大。

（五）申、韩：指申不害、韩非。申不害：战国时学者。其思想主于"术"，即君主驾驭使用大臣的手腕权术。《史记》本传说："申子之学，本于黄、老而主刑名。"韩非：战国末思想家。愿为韩国公室贵族，与李斯同出于荀卿门下。他主张"以法为主"，而"法"、"术"、"势"相结合的政治思想。

（六）杨、墨、尹文：指杨朱、墨翟、尹文子。杨朱：战国时学者。尝与墨子弟子禽滑厘辩论，认为"古之人损一毫利天下不与也，悉天下奉一身不取也。人人不损一毫，人人不利天下，天下治矣"。（《列子·杨朱篇》）其说与墨子的"兼爱"思想相反，时人视为"为我"，孟子斥其为异端。墨翟：春秋战国之际思想家，墨家学派创始人。主张兼爱、非攻、节用、节丧、尚贤等。亦主张尊天、事鬼。尹文子：战国齐国学者。著有《尹文子》一篇，属名家。

（七）苏、张、孙、吴：指苏秦、张仪、孙武、吴起。苏秦：战国时纵横家。曾与张仪同事鬼谷子。张仪：战国时纵横家。孙武：春秋时军事家。吴起：战国时军事家。《汉书·艺文志》："《苏子》十篇；《张子》十篇。"《兵书略》："《吴孙子兵法》八十二篇；《吴起》四十八篇。"

（八）《七录》：南朝梁阮孝绪撰。共收图书六千二百八十八种，分为七录五十五部。七录分别为经典录、纪传录、子兵录、文集录、术挤录、佛法录、仙道录。它一定程度上总结了前代目录学之成就。原书已失传，序目尚存《广弘明集》。阮孝绪，南朝梁学者。字士宗，陈留尉氏（今属河南）人，撰成《七录》一书。

（九）腾说以取富贵：《战国策·秦策》："（苏秦）见说赵王于华屋之下，抵掌而谈，赵王大悦，封为武安君。"

（一〇）菹：泽生草也。《孟子·滕文公下》："驱蛇龙而放之菹。"

（一一）挚虞：字仲洽，京兆长安（今陕西西安）人，西晋文学家。曾编有《文章别流集》六十卷，为最早的按文体分类的通代文章总集，已亡佚。此书把文章区分为诗、颂、赋、箴、铭、哀辞等多种文体，较之前人分类更加精密。

（一二）孔逭《文苑》：南朝齐人孔逭编《文苑》一百卷。南宋王应麟《玉海》谓孔逭"集汉以后诸儒文章，今存十九卷"。后全佚，孔逭生平不详。

（一三）京都诸赋：指班固《两都赋》、张衡《两京赋》、《南都赋》、左思《三都赋》，在《文选》中均有选录。

（一四）安陵：指《战国策·楚策》上讲楚王与安陵君云游梦的情况。

（一五）龙阳：指《战国策·魏策》上魏王与龙阳君共船而钓的事。

（一六）《客难》、《解嘲》：《客难》指司马相如《答客难》赋，这是一篇散文赋。《解嘲》：扬雄所作之赋。此赋从内容到形式都是模仿《答客难》而作。

（一七）《渔父》、《卜居》：这两文不仅内容相近，而且都是对问体，借郑詹尹与渔父两人对问对答来表达问题。

（一八）惠施：战国时学者。宋人。有辩才，知识渊博。其"合同异"的哲学思想现在保存在《庄子·天下篇》中，《庄子·秋水篇》尚有其与庄子辩论之内容。

（一九）连珠：《韩非子》有《内储说》和《外储说》篇，其文章辞义连珠，而并不是说《韩非子》中尚有《连珠》篇。而按章氏文章上下文看："韩非《储说》，比事征偶，连珠之所肇也。"意思是说，"比事征偶"，连珠特色的开创乃始于韩非《储说》。因而连珠不该加篇名号。

（二〇）傅毅：东汉官吏。

（二一）傅玄：西晋学者。

（二二）《七林》：洪迈认为傅玄作。

（二三）江淹：南朝文学家。少贫孤好学，早有文名。时称"江郎"。晚年才思微退，不如前敏，故又有"江郎才尽"之语。其诗风格清丽，多拟古之作。

（二四）《文选》有贾谊《过秦论》，班彪《王命论》，曹冏《六代论》，陆机《辨亡论》。

（二五）原、尝、申、陵：指赵国平原君赵胜、齐国孟尝君田文、楚国春申君黄歇、魏国信陵君魏无忌，号称战国时四大公子，因都大量招有门客而称著。

（二六）东方、司马：指东方朔、司马相如。东方朔：西汉大臣、文学家。性诙谐滑稽，善辞赋。常以滑稽怪异的动作言辞对武帝进行讽谏。

（二七）徐、陈、应、刘：指徐幹、陈琳、应场、刘桢。都是文学之士，相聚于魏都邺，均为"建安七子"。

（二八）魏阙：心下巨阙，言神内守也。

（二九）"予欲无言"出自《论语·阳货》。

（三〇）"无行不与"出自《论语·述而》。

（三一）《太公阴符》：《汉书·艺文志》道家类仅著录《太公》二百三十七篇，《隋书·经籍志》始有《太公阴谋》、《太公阴符钤录》两书，旧题均为西周吕望著。

（三二）《黄帝素问》：战国时人依托黄帝而作，全书以黄帝、岐伯等问答形式写成。

（三三）《神农》：战国时人依托神农而作，颜师古引刘向《别录》云，疑李悝及商君所作。《野老》，相传为战国时隐士野老著，姓名不详，隐于田野。曾游历齐、楚、秦，对耕种颇有研究。

诗教下

或曰：若是乎，三代以后，《六艺》惟《诗》教为至广也。敢问文章之用莫盛于《诗》乎？曰：岂特三代以后为然哉！三代以前，《诗》教未尝不广也。

夫子曰："不学《诗》，无以言。"（一）古无私门之著述，未尝无达衷之言语也。惟托于声音而不著于文字，故秦人禁《诗》、《书》，《书》阙有间，而《诗》篇无有散失也。后世竹帛之功胜于口耳，而古人声音之传胜于文字，则古今时异而理势亦殊也。自古圣王以礼乐治天下，三代文质出于一也。世之盛也，典章存于官守，礼之质也；情志和于声诗，乐之文也。迨其衰也，典章散而诸子以术鸣，故专门治术，皆为官礼之变也，情志荡而处士以横议，故百家驰说，皆为声诗之变也。自注：名、法、兵、农、阴阳之类，主实用者，谓之专门治术，其初各有职掌，故归于官，而为礼之变也。谈天、雕龙、坚白、异同之类，主虚理者，谓之百家驰说。其言不过达其情志，故归于诗，而为乐之变也。战国之文章，先王礼乐之变也。自注：六艺为《官礼》之遗，其说亦详外篇《校雠略》中《著录先明大道论》。然而独谓《诗》教广于战国者，专门之业少而纵横腾说之言多。后世专门子术之书绝自注：伪体子书不足言也。而文集繁，虽有醇驳高下之不同，其究不过自抒其情志。故曰：后世之文体，皆备于战国，而《诗》教于斯可谓极广也。学者诚能博览后世之文集，而想见先王礼乐之初焉，庶几有立而能言，自注：学问有主即是立，不尽如朱子所云肌肤筋骸之束而已也。可以与闻学《诗》学

《礼》之训矣。

学者惟拘声韵为之诗，而不知言情达志，敷陈讽谕，抑扬涵泳之文，皆本于《诗》教。是以后世文集繁，而纷坛承用之文，相与沿其体用莫由知其统要也。至于声韵之文，古人不尽通于《诗》，而后世承用诗赋之属，亦不尽出六义之教也，其故亦备于战国。是故明于战国升降之体势，而后礼乐之分可以明，六艺之教可以别，《七略》九流诸子百家之言可以导源而浚流，两汉、六朝、唐、宋、元、明之文可以畦分而塍别，官曲术业、声诗辞说、口耳竹帛之迁变，可坐而定矣。

演畴皇极，训、诰之韵者也，所以便讽诵，志不忘也；六象赞言，爻、系之韵者也，所以通卜筮，阐幽玄也。六艺非可皆通于《诗》也，而韵言不废，则谐音协律，不得专为《诗》教也。传记如《左》、《国》，著说如《老》、《庄》，文逐声而遂谐，语应节而遵协，岂必合《诗》教之比兴哉！焦赣之《易林》（二），史游之《急就》（三），经部韵言之不涉于《诗》也。《黄庭经》之七言（四），《参同契》之断字（五），子术韵言之不涉于《诗》也。后世杂艺百家，诵拾名数，率用五言七字，演为歌诀，咸以取便记诵，皆无当于诗人之义也。而文指存乎咏叹，取义近于比兴，多或滔滔万言，少或寥寥片语，不必谐韵和声，而识者雅赏其为《风》、《骚》遗范也。故善论文者，贵求作者之意指，而不可拘于形貌也。

传曰："不歌而诵谓之赋。"班氏固曰："赋者古诗之流。"刘氏勰曰："六艺附庸，蔚为大国。"盖长言咏叹之一变，而无韵之文可通于《诗》者，亦于是而益广也。屈氏二十五篇，刘、班著录，以为《屈原赋》也。《渔父》之辞，未尝谐韵而入于赋，则文体承用之流别，不可不知其渐也。文之敷张而扬厉者，皆赋之变体，不特附庸之为大国，抑亦陈完之后，离去宛丘故都，而大启疆宇于东海之滨也。后世百家杂艺，亦用赋体为拾诵，自注：窦氏《述书赋》（六），吴氏《事类赋》（七），医家《药性赋》（八），星卜命相术业赋之类。盖与歌诀同出六艺之外矣。然而赋家者流，犹有诸子之遗意，居然自命一家之言者，其中又各有其宗旨焉，殊非后世诗赋之流，拘于文而无其质，茫然不可辨其流别也。是以刘、班《诗赋》一略，区分五类；而屈原、陆贾、荀卿定为三家之学也。自注：说详外篇《校雠略》中《汉志诗赋论》。马、班二史，于相如、扬雄诸家之著赋,俱详著于列传。自刘知几以还,从而抵排非笑者,盖不胜其纷纷矣,要皆不为知言也。盖为后世文苑之权舆^(九),而文苑必致文采之实迹,以视范史而下^(一〇),标文苑而止叙文人行略者为远胜也。然而汉廷之赋,实非苟作,长篇录入于全传,足见其人之极思,殆与贾疏董策^(一一),为用不同,而同主于以文传人也。是则赋家者流,纵横之派别而兼诸子之余风,此其所以异于后世辞章之士也。故论文于战国而下,贵求作者之意指,而不可拘于形貌也。论文拘形貌之弊,至后世文集而极矣。盖编次者之无识,亦缘不知古人之流别,作者之意指,不得不拘貌而论文也。集文虽始于建安,自注:魏文撰徐、陈、应、刘文为一集^(一二),此文集之始。挚虞《流别集》,犹其后也。而实盛于齐、梁之际;古学之不可复,盖至齐梁而后荡然矣。挚虞《流别集》乃是后人集前人。人自为集,自齐之《王文宪集》始^(一三),而昭明《文选》又为总集之盛矣。范、陈、《晋》、《宋》诸史所载文人列传^(一四),总其撰著,必云诗、赋、碑、箴、颂、诔若干篇,而未尝云文集若干卷,则古人文字散著篇籍,而不强以类分可知也。孙武之书,盖有八十二篇矣,自注:说详外篇《校雠略》中《汉志兵书论》。而阖闾以谓"子之十三篇,吾既得而见"^(一五),是始《计》以下十三篇^(一六),当日别出独行,而后世始合之明征也。韩非之书,今存五十五篇矣。而秦王见其《五蠹》、《孤愤》^(一七),恨不得与同时。是《五蠹》、《孤愤》当日别出独行,而后世始合之明征也。《吕氏春秋》自序^(一八),以为良人问《十二纪》,是《八览》、《六论》,未尝入序次也。董氏《清明》、《玉杯》、《竹林》之篇^(一九),班固与《繁露》并纪其篇名,是当日诸篇,未入《繁露》之书也。夫诸子专家之书,指无旁及,而篇次犹不可强绳以类例,况文集所哀,体制非一,命意各殊,不深求其意指之所出,而欲强以篇题形貌相拘哉!

赋先于诗,骚别于赋。赋有问答发端,误为赋序,前人之议《文选》,犹其显然者也。若夫《封禅》、《美新》、《典引》^(二〇),皆颂也。称符命以颂功德,而别类其体为"符命",则王子渊以圣主得贤臣而颂嘉会^(二一),亦当别类其体为"主臣"矣。班固次韵,乃《汉书》之自序也。其云"述《高帝纪》第一"、"述《陈项传》第一"者,所以自序撰书之本意,史迁有作于先,故已退居于述尔。今于史论之外,别出一体为"史述赞",则迁书自序,所谓"作《五帝纪》第一","作《伯夷传》第一"者,又当别出一体为"史作赞"矣。汉武诏策贤良，即策问也。今以出于帝制，遂于"策问"之外，别名曰"诏"。然则制策之对，当离诸策而别名为"表"矣。贾谊《过秦》，盖《贾子》之篇目也。自注：今传贾氏《新书》首列《过秦》上下二篇，此为后人辑定，不足为据。《汉志》，《贾谊》五十八篇，又赋七篇，此外别无论著，则《过秦》乃《贾子》篇目明矣。因陆机《辨亡》之论[二二]，规仿《过秦》，遂援左思"著论准《过秦》"之说，而标体为"论"矣。自注：左思著论之说，须活看，不可泥。魏文《典论》，盖犹桓子《新论》[二三]、王充《论衡》之以论名书耳。《论文》，其篇目也。今与《六代》、《辨亡》诸篇同次于论，然则昭明《自序》所谓"老、庄之作，管、孟之流，立意为宗，不以能文为本"，其例不收诸子篇次者，岂以有取斯文，即可裁篇题论，而改子为集乎？《七林》之文，皆设问也。今以枚生发问有七，而遂标为"七"，则《九歌》、《九章》、《九辨》，亦可标为"九"乎？《难蜀父老》[二四]，亦设问也。今以篇题为难，而别为"难"体，则《客难》当与同编，而《解嘲》[二五]当别为"嘲"体，《宾戏》[二六]当别为"戏"体矣。《文选》者，辞章之圭臬，集部之准绳，而淆乱芜秽，不可弹诘；则古人流别，作者意指，流览诸集，孰是深窥而有得者乎？集人之文尚未得其意指，而自衷所著为文集者，何纷纷耶！若夫总集别集之类例，编辑撰次之得失，今古详略之攸宜，录选评钞之当否，别有专篇讨论，不尽述也。

■ 注释

（一）不学《诗》，无以言：出自《论语·季氏》。

（二）焦氏《易林》用韵语作《易》占，盖仿古繇辞。《易林》今传本四卷。又名《大易变通》，以一卦演为六十四卦，六十四卦之变共四千零九十六卦，各系繇辞，皆四言韵语，以占验吉凶。《易》于象数之中别为占侯一派，实由此出，为后来以术数谈《易》者所推崇。焦赣：西汉学者，名延寿，梁（今河南商丘）人。

（三）史游：西汉官吏。元帝时曾任黄门令。著《急就》一篇。《汉书·艺文志》列入小学家。此书通称《急就篇》，《隋书·经籍志》称《急就章》。这是汉时教学童之书，故内容杂记普通事物，如人名、药名、器物、动植物等，为人生应有之知识。形式以三字、七字为一句，亦有四字为句，句必协韵，以便读者。

（四）《黄庭经》：《唐书·艺文志》："《老子黄庭经》一卷。"道教经书，作者不详，西晋初问世，作者传说甚多，或说老聃，或谓出于汉王褒。因后世又有《黄庭内景经》与《黄庭中景经》，故又名《黄庭外景经》，是内丹（人体内养功）基本经典，主张抚养性命守虚无，合气凝神，用"内视意念"协调呼吸，以达"存神"静境，闭（止念）外九窍，守（守观）内三要，积精累气以成真。

（五）《参同契》：晁公武《郡斋读书志》："《周易参同契》三卷。"

（六）窦氏《述书赋》：指唐窦暨撰《述书赋》，二卷。臯字灵长，扶风（今陕西咸阳东）人。《四库全书总目提要》称"官至检校户部员外郎、宋、汴节度参谋"。

（七）吴氏《事类赋》：指宋吴淑撰《事类赋》。

（八）《药性赋》：用以说明中药功能的韵文，看来这类赋还不少，常见的有旧题金李东垣撰《珍珠囊补遗药性赋》。

（九）权舆：《尔雅·释诂》："权舆，始也。"

（一〇）范史：指范晔《后汉书》。范晔：南朝宋史学家。博涉经史，通晓音律，官至尚书吏部郎。元嘉初，降为宣城太守。在此期间，乃广采东汉史书，著《后汉书》九十卷。后迁左卫将军、太子詹事，参与机要。元嘉二十二年（445）因彭城王刘义康谋反案被告有牵连，以某犯罪被杀。《后汉书》的十志因此未成。

（一一）贾疏董策：指《汉书·贾谊传》载《陈政事疏》等和《汉书·董仲舒传》载《对贤良策》。

（一二）魏文撰徐、陈、应、刘文为一集：魏文帝《与吴质书》"徐、陈、应、刘，一时俱逝，痛可言邪！顷撰其遗文，都为一集"。

（一三）齐之《王文宪集》：南朝齐王俭，南朝齐著名谱牒学家和目录学家。萧道成代宋建齐，禅代诏策，多出其手。

（一四）范、陈、《晋》、《宋》：指范晔《后汉书》、陈寿《三国志》、唐初修的《晋书》和沈约《宋书》。陈寿：西晋史学家。《晋书》为唐初唐太宗命房玄龄等所修，此前曾流行十八、九家晋史，太宗都不满意，故令重修。

全书一百三十卷，除纪、志、传外，尚有"载纪"三十卷，专门记载各族统治者在北方所建立的"十六国"史事。沈约：南朝梁文学家、史学家。永明五年（487）奉命撰《宋书》，次年完成纪、传七十卷，其后又完成志三十卷，共一百卷。

（一五）阖闾：春秋时吴国国君。姬姓，一作"阖庐"，又名"光"，亦称公子光。吴王僚十二年（前515），使勇士专诸刺杀僚，代立王。任用伍员、孙武等，整顿军政。周敬王十四年（前506），联合蔡、唐，大举攻楚，五战五胜，遂入郢。周敬王二十四年（前496），率军攻越，败于槜李（今浙江嘉兴西南），被越大夫浮以戈击伤，不久死去，在位十九年。

（一六）《计》：《计篇》是《孙子兵法》十三篇之首篇，是孙武军事思想的概述。

（一七）《五蠹》、《孤愤》：是《韩非子》两篇篇名，也是韩非的代表作。五蠹指学者（儒家）、言谈者（纵横家）、带剑者（游侠）、患御者（逃避兵役者）及工商之民。蠹本蛀木之虫，韩非认为这五种人"不战而荣，不耕而食，不织而衣"，无益于耕战，他们危害国家如同蠹之蛀木，若不去掉，国家日趋于亡。《孤愤》则是韩非提倡变法，遭到当权反对，孤立无援，悲愤填膺，故作此篇以揭露与旧贵族的矛盾。

（一八）《吕氏春秋》：为吕不韦门客集体编纂，由吕不韦亲自裁定。分《十二纪》、《八览》、《六论》，每"纪"之下又分为五篇，每"览"之下分为八篇，每"论"之下分为六篇，全书共一百六十篇，二十余万字。成书于秦始皇八年（前239）。该书特点，杂取战国以来儒、道、墨、阴阳、法、纵横、兵、农、名诸家之说，形成自己的体系，故《汉书·艺文志》将其列入杂家类。这个"杂"乃是兼取众家之长。

（一九）《清明》、《玉杯》、《竹林》：均为董仲舒《春秋繁露》名篇。

（二〇）《封禅》、《美新》、《典引》：指司马相如《封禅文》、扬雄《剧秦美新》、班固《典引》，均载《文选》。

（二一）王子渊：王褒，有《圣主得贤臣颂》、《九怀》等作品传世。

（二二）陆机《辨亡》：陆机，西晋文学家。所著《辨亡》，言吴所以灭亡，前人云乃仿效《过秦论》而作。

（二三）桓子《新论》：桓谭，东汉初哲学家。

（二四）《难蜀父老》：司马相如作。

（二五）《解嘲》：扬雄所作。

（二六）《宾戏》：指班固《答宾戏》。

■ 题解

　　章学诚在《文史通义·诗教》篇主要讲古代文体的演变，认为后世各种文体都大备于战国，战国之文，源于"六艺"，特别是多出于"诗教"。但他并不从传统的以风俗教化和温柔敦厚为主要内容的诗教观进行论述，而是从文辞义例方面来梳理"诗教"在文辞流变中的基础性作用。这是章学诚在治学上敢于、善于跳出前人成见和时代风气，用探索文史的源流、义例的方式来治学的具体表现。

■ 讲疏

　　在《诗教》上下两篇的论述过程中，章学诚从"离文而见道，奉道而折文"的原则出发，从古今文辞著述的具体事理上揭示出诗、战国之文与后世之文"承其流而代变其体制"的关系。论述由诗教起源而流变于后世的文辞义例，将对文道关系的分析与对文章流变的分析结合在一起，并且论证了义例与形貌的区别。《诗教》篇的论述意旨和论述方式，值得仔细分析，这对理解中国的文体发展和诗文传统，以及章学诚在学术史上的独特地位，都具有启迪作用。

经解上

　　六经不言经，三传不言传，犹人各有我而不容我其我也。依经而有传，对人而有我，是经传人我之名，起于势之不得已，而非其质本尔也。《易》曰："上古结绳而治，后世圣人易之以书契，百官以治，万民以察。"夫为治为察，所以宣幽隐而达形名（一），布政教而齐法度也，未有以文字为一家私言者也。《易》曰："云雷屯，君子以经纶。"（二）经纶之言，纲纪世宙之谓也。郑氏注，谓"论撰书礼乐，施政事。"经之命名，所由昉乎(三)！然犹经纬经纪云尔，未尝明指《诗》、《书》六艺为经也。

三代之衰，治教既分，夫子生于东周，有德无位，惧先圣王法积道备，至于成周，无以续且继者而至于沦失也，于是取周公之典章，所以体天人之撰而存治化之迹者，独与其徒，相与申而明之。此六艺之所以虽失官守，而犹赖有师教也，然夫子之时，犹不名经也。逮夫子既殁，微言绝而大义将乖，于是弟子门人，各以所见、所闻、所传闻者，或取简毕，或授口耳，录其文而起义。左氏《春秋》、子夏《丧服》诸篇(四)，皆名为传，而前代逸文，不出于六艺者，称述皆谓之传，如孟子所对汤武及文王之囿，是也。则因传而有经之名，犹之因子而立父之号矣。至于官师既分，处士横议(五)，诸子纷纷著书立说，而文字始有私家之言，不尽出于典章政教也。儒家者流，乃尊六艺而奉以为经，则又不独对传为名也。荀子曰："夫学始于诵《经》，终于习《礼》。"庄子曰："孔子言治《诗》、《书》、《礼》、《乐》、《易》、《春秋》六经。"又曰："翻十二经(六)，以见老子。"荀、庄皆出子夏门人，而所言如是，六经之名，起于孔门弟子亦明矣。

然所指专言六经，则以先王政教典章，纲维天下，故《经解》疏别六经，以为入国可知其教也。《论语》述夫子之言行，《尔雅》为群经之训诂，《孝经》则为再传门人之所述，与《缁衣》、《坊》、《表》诸记(七)，相为出入者尔。刘向、班固之徒，序类有九，而称艺为六，则固以三者为传，而附之于经，所谓离经之传，不与附经之传相次也。当时诸子著书，往往自分经传，如撰辑《管子》者之分别经言，墨子亦有《经》篇，韩非则有《储说》经传，盖亦因时立义，自以其说相经纬尔，非有所拟而僭其名也。经同尊称，其义亦取综要，非如后世之严也。

圣如夫子，而不必为经。诸子有经，以贯其传，其义各有攸当也。后世著录之家，因文字之繁多，不尽关于纲纪，于是取先圣之微言，与群经之羽翼，皆称为经。如《论语》、《孟子》、《孝经》，与夫大小《戴记》之别于《礼》，《左氏》、《公》、《穀》之别于《春秋》，皆题为经，乃有九经、十经、十三、十四诸经(八)，以为专部，盖尊经而并及经之支裔也。而儒者著书，始严经名，不敢触犯，则尊圣教而慎避嫌名，盖犹三代以后，非人主不得称我为朕也。然则今之所谓经，其强半皆古人之所谓传也。古之所谓经，乃三代盛时，典章法度，见于政教行事之实，而非圣人有意作为文字以传后世也。

■ 注释

（一）形名：《尹文子》云："名者，名形者也。形者，应名者也。……今万物具存，不以名正之则乱；万名具列，不以形应之则乖。故形名者，不可不正也。"

（二）云雷屯，君子以经纶：见《易·屯卦·象辞》。《正义》曰："经，谓经纬，纶，谓纲纶。言君子法此屯象有为之时，以经纶天下，约束于物，故云'君子以经纶'也。"

（三）昉：适也。

（四）子夏：春秋时卫国人，孔子弟子。名卜商，字子夏。才优而品第高，尤以文学见称。自孔子死后，七十子之徒散游诸国，他定居西河（今山西临汾）。魏文侯任为太常，以师事之，咨问国政。著有《诗序》、《易传》。

（五）横：纵则顺，横则逆，故政之不顺者为横政。

（六）十二经：《释文》："一说云《诗》、《书》、《礼》、《乐》、《易》、《春秋》六经，又加《六纬》，合为十二经。"

（七）《缁衣》、《坊》、《表》：即《缁衣》、《坊记》、《表记》，均为《礼记》篇名。

（八）九经、十经、十三经、十四诸经：据皮锡瑞《经学历史》云："唐分三《礼》、三《传》，合《易》、《诗》、《书》为九经。宋又增《论语》、《孝经》、《孟子》、《尔雅》为十三经。"后又加《大戴记》而有十四经。

经解中

事有实据，而理无定形，故夫子之述六经，皆取先王典章，未尝离事而著理。后儒以圣师言行为世法，则亦命其书为经，此事理之当然也。然而以意尊之，则可以意僭之矣。盖自官师之分也，官有政，贱者必不敢强干之，以有据也。师有教，不肖者辄敢纷纷以自命，以无据也。孟子时，以杨、墨为异端矣[一]。杨氏无书，墨翟之书，初不名经。自注：虽有《经》篇、《经说》，未名全书为经。而庄子乃云："苦获、邓陵之属[二]，皆诵《墨经》[三]"，则其徒自相崇奉而称经矣。东汉秦景之使天竺，《四十二章》，皆不名经，自注：佛经皆中国翻译，竺书无经字。其后华言译受，附会称经，则亦文饰之辞矣。《老子》二篇，刘、班著录，初不称经，《隋志》乃依阮《录》，称《老子经》，意者阮《录》出于梁世，梁武崇尚异教，则佛老皆列经科，其所仿也。而加以《道德真经》，与《庄子》之加以《南华真经》，《列子》之加以《冲虚真经》，则开元之玄教设科，附饰文致，又其后而益甚者也。韩退之曰："道其所道，非吾所谓道。"则名教既殊，又何防于经其所经，非吾所谓经乎？若夫国家制度，本为经制。李悝《法经》[四]，后世律令之所权舆，唐人以律设科，明祖颁示《大诰》[五]，师儒讲习，以为功令，是即《易》取经纶之意，国家训典，臣民尊奉为经，义不背于古也。

孟子曰："行仁政，必自经界始。"地界言经，取经纪之意也。是以地理之书，多以经名，《汉志》有《山海经》[六]，《隋志》乃有《水经》[七]，后代州郡地理，多称图经[八]，义皆本于经界，书亦自存掌故，不与著述同科，其于六艺之文，固无嫌也。至于术数诸家，均出圣门制作。周公经理垂典，皆守人官物曲，而不失其传。及其官司失守，而道散品亡，则有习其说者，相与讲贯而授受，亦犹孔门传习之出于不得已也。然而口耳之学，不能历久而不差，则著于竹帛，以授之其人，自注：说详《诗教上》篇。亦其理也。是以至战国，而羲、农、黄帝之书一时杂出焉。其书皆称古圣，如天文之甘石《星经》[九]，方技之《灵》、《素》、《难经》[一〇]，其类实繁，则犹匠祭鲁般[一一]，兵祭蚩尤[一二]，不必著书者之果为圣人，而习是术者，奉为依归，则亦不得不尊以为经言者也。

又如《汉志》以后，杂出春秋战国时书，若师旷《禽经》[一三]，伯乐《相马》之经[一四]，其类亦繁，不过好事之徒，因其人而附合，或略知其法者，托古人以鸣高，亦犹儒者之传梅氏《尚书》[一五]，与子夏之《诗大序》也。他若陆氏《茶经》[一六]，张氏《棋经》[一七]，酒则有《甘露经》[一八]，货则有《相贝经》[一九]，是乃以文为谐戏，本无当于著录之指。譬犹毛颖之可以为传⁽²⁰⁾，蟹之可以为志⁽²¹⁾，琴之可以为史⁽²²⁾、荔枝牡丹之可以为谱耳⁽²³⁾。此皆若有若无，不足议也。盖即数者论之，异教之经，如六国之各王其国，不知周天子也。而《春秋》名分，人具知之，彼亦不能窃而据也。制度之经，时王之法，一道同风、不必皆以经名，而礼时为大，既为当代臣民，固当率由而不越；即服膺六艺，亦出遵王制之一端也。术艺之经，则各有其徒，相与守之，固无虞其越畔也。至谐戏而亦以经名，此赵佗之所谓妄窃帝号⁽²⁴⁾，聊以自娱，不妨谐戏置之；六经之道，如日中天，岂以是为病哉！

■ 注释

（一）杨、墨：杨朱书不传，其遗说散见于《列子·杨朱》、《说符》及《韩非子·说林》、《说苑·权谋》中。《汉志》墨家有《墨子》七十一篇（今存五十三篇）。

（二）苦获、邓陵：都是先秦南方墨子信徒，生平事迹不详。

（三）《墨经》：《墨子》一书中有《经》和《经说》两篇，当时墨子之徒称《墨经》恐即指此内容。而《墨子》一书，自《汉书·艺文志》至《诸子集成》均称《墨子》。梁启超作《墨经校释》，高亨吸收各家对《墨经》校释，成《墨经校诠》，则是对全部内容之总称。

（四）李悝：《汉志》："《李子》三十二篇。"原注云："名悝，相魏文侯，富国强兵。"《法经》，《隋志》已亡，清黄奭辑《李子法经》六篇。

（五）《大诰》：《明史·刑法志》云："《大诰》者，太祖患民狃元习……采辑官民过犯，条为《大诰》。"

（六）《山海经》：全书十八篇，篇次为《南山经》、《西山经》、《北山经》、《东山经》、《中山经》各一篇，《海外经》四篇，《海内经》五篇，《大荒经》四篇。它最大特点是用神话形式而写，故被认为是我国最古老的神话著作，历史地理学家则认为是一部地理书，亦有认为是最古之"巫书"。它对研究古代地理、风俗、神话以及原始社会均有价值。

（七）《水经》：三卷，成书于三国，作者不详。是我国第一部记述河道水系的专著。共记河流水道一百三十七条。因其记载过于简单，晋以后为之作注者甚多。其中北魏郦道元《水经注》最为著名。

（八）图经：是早期方志之一种著作形式，与地记同时出现于两汉，隋唐五代时期成为方志第二阶段的主要形式。

（九）《星经》：《郡斋读书志》天文类："甘石《星经》一卷，汉甘公、石申撰，以日月五星三垣二十八舍恒星，图象次舍，有占诀以候休咎。"

（一〇）《灵》、《素》、《难经》：指《灵枢》、《素问》、《难经》三部医书。《难经》，《直斋书录解题》医书类著录："《难经》二卷。案《文献通考》作五卷。渤海秦越人撰，济阳丁德用补注。"

（一一）鲁般：春秋末著名工匠，即公输子，名般，一作班，鲁国人，故称鲁班。生活年代约为鲁定公、鲁哀公之际，比孔子稍后。他发明木作工技，长于制作攻城器械，工艺精巧，故被尊为木匠祖师。曾为楚惠王制造登城云梯，欲用以攻宋，墨子亲往劝止。

（一二）蚩尤：传说中原始社会末期部落酋长，一说姓姜，为东方九黎族首领，活动于今山东、河南、河北三省交界地带，相传他以金属制造兵器，《世本》有"蚩尤以金作兵器"记载，因而成为兵器制造的始祖。

（一三）师旷《禽经》：师旷，春秋时晋国乐师，精于审音调律。

（一四）伯乐《相马》：伯乐，相传古之善相马者。春秋时秦穆公之臣。曾推荐方九堙，为穆公相得千里马。《相马经》二卷，《隋书·经籍志》著录于子部五行类，并注明已佚。

（一五）梅氏《尚书》：指梅赜所献假《古文尚书》。

（一六）陆氏《茶经》：陆羽，唐朝著名茶叶专家。嗜饮茶，著《茶经》三卷，对茶叶之源流、饮法、茶道、茶具等论述甚详。旧时被尊奉为茶圣。

（一七）张氏《棋经》：据说宋人张拟著，《宋史·艺文志》杂艺术类著录《张学士棋经》一卷。

（一八）《甘露经》：《说郛》九四有王玭《甘露经》一卷。

（一九）《相贝经》：《新唐书·艺文志》农家类载《相贝经》一卷，未言作者。

（二〇）毛颖之可以为传：唐代韩愈以毛笔拟人，为之作传，称《毛颖传》。后人便将毛颖作为毛笔之代称。

（二一）蟹之可以为志：唐末文学家陆龟蒙著有《蟹志》载《笠泽丛书》卷四。

（二二）琴之可以为史：北宋学者朱长文著有《琴志》。

（二三）荔枝牡丹之可以为谱：北宋蔡襄著有《荔枝谱》，北宋欧阳修著有《牡丹谱》。

（二四）赵佗：真定人，高后时，自称南粤武帝，发兵攻长沙边邑。文帝即位，以书让佗，佗上书谢曰："老夫故敢妄窃帝号，聊以自娱。"事详《汉书·南粤王赵佗传》。

经解下

异学称经以抗六艺，愚也；儒者僭经以拟六艺（一），妄也。六经初不为尊称，义取经纶为世法耳，六艺皆周公之政典，故立为经。夫子之圣，非逊周公，而《论语》诸篇不称经者，以其非政典也。后儒因所尊而尊之，分部隶经，以为传固翼经者耳。佛老之书，本为一家之言，非有纲纪政事，其徒欲尊其教，自以一家之言，尊之过于六经，无不可也。强加经名以相拟，何异优伶效楚相哉？亦其愚也。扬雄、刘歆（二），儒之通经者也。扬雄《法言》，盖云时人有问，用法应之，抑亦可矣。乃云象《论语》者，抑何谬邪？虽然，此犹一家之言，其病小也。其大可异者，作《太玄》以准《易》，人仅知谓僭经尔，不知《易》乃先王政典而非空言，雄盖蹈于僭窃王章之罪，弗思甚也。自注：详《易教》篇。卫氏之《元包》，司马之《潜虚》，方且拟《玄》而有作，不知《玄》之拟《易》已非也。刘歆为王莽作《大诰》（三），其行事之得罪名教，固无可说矣。即拟《尚书》，亦何至此哉？河汾六籍，或谓好事者之缘饰，王通未必遽如斯妄也（四）。诚使果有其事，则"六经奴婢"之诮，犹未得其情矣。奴婢未尝不服劳于主人，王氏六经，服劳于孔氏者，又何在乎？

束晳之《补笙诗》（五），皮日休之《补九夏》（六），白居易之《补汤征》（七），以为文人戏谑而不为虐，称为拟作，抑亦可矣；标题曰"补"，则亦何取辞章家言，以缀《诗》、《书》之阙邪？"至《孝经》，虽名为经，其实传也。

儒者重夫子之遗言，则附之经部矣。

马融诚有志于劝忠(八)，自以马氏之说，援经征传，纵横反复，极其言之所至可也。必标《忠经》(九)，亦已异矣。乃至分章十八，引《凤》缀《雅》，一一效之，何殊张载之《拟四愁》，《七林》之仿《七发》哉？诚哉非马氏之书，俗儒所依托也。宋氏之《女孝经》，郑氏之《女论语》，以谓女子有才，嘉尚其志可也。但彼如欲明女教，自以其意立说可矣，假设班氏、惠姬与诸女相问答(一〇)，则是将以书为训典，而先自托于子虚、亡是之流(一一)，使人何所适从？彼意取其似经传耳，夫经岂可似哉？经求其似，则诨骗有卦，自注：见《辍耕录》(一二)。靴始收声，有《月令》矣(一三)。自注：皆谐谑事。

若夫屈原抒愤，有辞二十五篇，刘、班著录，概称之曰《屈原赋》矣。乃王逸作《注》，《离骚》之篇，已有经名。王氏释经为径，亦不解题为经者，始谁氏也。至宋人注屈，乃云"一本《九歌》以下有传字"，虽不知称名所始，要亦依经而立传名，不当自宋始也。夫屈子之赋，固以《离骚》为重，史迁以下，至取《骚》以名其全书，今犹是也。然诸篇之旨，本无分别，惟因首篇取重，而强分经传，欲同正《雅》为经，变《雅》为传之例；是《孟子》七篇，当分《梁惠王》经，与《公孙》、《滕文》诸传矣。夫子之作《春秋》，庄生以谓议而不断(一四)，盖其义寓于其事其文，不自为赏罚也。汉魏而下，仿《春秋》者，盖亦多矣。其间或得或失，更仆不能悉数。后之论者，至以迁、固而下，拟之《尚书》；诸家编年，拟之《春秋》。不知迁、固本纪，本为《春秋》家学，书志表传，殆犹《左》、《国》内外之，相与为终始发明耳。诸家阳秋(一五)，先后杂出，或用其名而变其体，自注：《十六国春秋》之类(一六)。或避其名而拟其实，自注：《通鉴纲目》之类(一七)。要皆不知迁、固之书，本绍《春秋》之学，并非取法《尚书》者也。

故明于《春秋》之义者，但当较正迁、固以下其文其事之中，其义固何如耳。若欲萃聚其事，以年分编，则荀悦、袁宏之例具在，未尝不可法也。必欲于纪传编年之外，别为《春秋》，则亦王氏《元经》之续耳(一八)。夫异端抗经，不足道也。儒者服习六经，而不知经之不可以拟，则浅之乎为儒者矣。

■ 注释

（一）儒者僭经：指扬雄、王通所作。

（二）刘歆：（约前53—23）：西汉末年学者。字子骏，后改名秀，字颖叔，沛（今江苏沛县）人。成帝时任黄门郎。河平中，受诏与父刘向领校群书。哀帝即位，为侍中太中大夫，迁骑都尉、奉车光禄大夫，复领《五经》，卒父前业，集六艺群书，完成《七略》一书。王莽执政后，倍受宠信，官至京兆尹，封江休侯，典儒林史卜之官。王莽称帝，拜为国师。地皇末谋诛王莽，事泄自杀，亦说事泄被杀。

（三）王莽：王莽（前45—23），字巨君，东平陵（今山东济南东）人。汉元帝王皇后之侄。哀帝卒，以大司马领尚书事专权，迎立年仅九岁的平帝，号安汉公，诸事皆决其手。元始五年（5）平帝死，即居摄践祚，称"假皇帝"，初始元年（8）称帝，改国号为"新"。居摄二年九月，东郡太守翟义举兵讨莽，"莽于是依《周书》作《大诰》。"（《汉书·翟义传》）

（四）王通：河汾人。

（五）束皙：西晋文学家。

（六）《补九夏》：《皮子文薮》第三卷《补周礼九夏系文》。

（七）《补汤征》：《白氏长庆集》二十九卷《补逸书》："汤征诸侯，葛伯不祀，汤始征之，作《汤征》。"

（八）马融：东汉经学家。其才高而博闻多识，遍注《周易》、《尚书》、《毛诗》、《三礼》、《论语》、《孝经》等经书，又注《老子》、《列女传》、《淮南子》、《离骚》等。又作《三传异同说》，是当时古文经学的代表人物，门生常以千数。

（九）《忠经》：旧托马融而作。

（一〇）班氏惠姬：指班昭，东汉史学家、文学家，班彪之女。其博学而才高，其兄班固著《汉书》，八表及《天文志》未完而卒。和帝诏昭就东观藏书阁续而成之。《汉书》初出，世人多未能读，昭乃亲授同郡马融等诵读。又作《女诫》七篇，以为妇女行为规范。

（一一）子虚、亡是：司马相如《子虚赋》、《上林赋》，设子虚、亡是公以为问答之词。

（一二）《辍耕录》：元末明初陶宗仪作。

（一三）《月令》：《礼记》名篇。

（一四）议而不断：《庄子·齐物论》："六合之外，圣人存而不论；六合之内，圣人论而不议。《春秋》经世先王之志，圣人议而不辩。"

（一五）阳秋：因避讳而将春秋称为阳秋。晋简文帝郑太后名阿春，故晋人讳"春"，多改春秋为阳秋。

（一六）《十六国春秋》：北魏崔鸿作。

（一七）《通鉴纲目》：朱熹所作。全书五十九卷，其书起讫，一依《资治通鉴》之旧，从《通鉴》中节取事实，编为纲目。纲为提要，顶格大书，模仿《春秋》；目以叙事，低格分注，模仿《左传》。朱氏编此书的目的有二：一是认为《通鉴》部头太大，读者不能得其要领。二是《通鉴》的封建正统思想还不够强，书法不够完备。因此，凡是不符合正统观念的，《纲目》一律加以改定。

（一八）《元经》：《书录解题》："《元经薛氏传》十五卷，称王通撰，薛收传，阮逸补并注。"

■ 题解

《文史通义》是一部史学理论著作。它是清代著名学者章学诚的代表作，与刘知几的《史通》一直被视作中国古代史学理论的双璧。章学诚在《文史通义》中，不仅批判了过去的文学和史学，也提出了编写文史的主张。章学诚在这部书中提出了"经世致用"、"六经皆史"、"做史贵知其意"和"史德"等著名论断，建立了自己的史学理论体系。吕思勉评："《经解》三篇，上篇论儒家之书所由名为经；中篇论诸家之书以经名者；下篇论后人之拟经也。"

■ 讲疏

关于我国史学的源流，《文史通义》开卷便宣称："《六经》皆史也"，又说："古人未尝离事而言理，《六经》皆先王之政典也。"（《易教上》）在《浙东学术》中，进一步阐述："三代学术，知有史而不知有经，切人事也；后人贵经术，以其即三代之史耳；近儒谈经，似于人事之外别有所谓义理矣。"章氏提出"六经皆史"的命题，以为《六经》皆属先王的政典，记述了古代的典章制度，说明史之源起先于经，并且指明经术乃是三代之史。虽然"六经皆史"不是章氏的创见，在他之前王守仁已提出"五经亦史"的见解，但是在乾嘉时期，针对"汉学"注重"舍今求古"的考据和"宋学"专尚"空谈性天"的两个极端，"六经皆史"提出学术必须"切合当时人事"，在客观上却有着积极的意义。这个命题的提出，源自章氏史学"经世"的思想，不但将史学的产生上溯至《六经》之前，而且扩大了古史研究的范围，对先秦史学史和史料学的研究做出了贡献。对于"六经皆史"的论述，《文史通义》的《易教》、《书教》、《诗教》、《礼教》、《经解》、《史释》、《浙东学术》等诸篇，均有涉及。

■ 参考文献

《文史通义校注》，（清）章学诚著，叶瑛校注，中华书局1985年。

《文史通义注》，叶长青撰，华东师范大学出版社2012年。

《文史通义》，（清）章学诚著，吕思勉评，上海古籍出版社2008年。

《章学诚和〈文史通义〉》，仓修良著，中华书局1984年。

《文史通义》，章锡琛注，王岫庐、朱经农编，商务印书馆1926年。

《文史通义新编新注》，（清）章学诚著，仓修良编注，浙江古籍出版社2005年。

杂著·礼

曾国藩

曾国藩（1811—1872），初名子城，字伯涵，号涤生，谥文正，出生于湖南长沙府。晚清重臣，湘军之父，湘军的创立者和统帅者，晚清"中兴四大名臣"之一。道光进士，任翰林院侍讲学士、礼部侍郎。曾编练湘军，镇压太平天国，又督办直隶、山东、河南三省军务，镇压捻军，后任直隶、两江总督等。有《曾文正公全集》传世。

古之君子之所以尽其心，养其性者，不可得而见；其修身、齐家、治国、平天下，则一秉乎礼。自内焉者言之，舍礼无所谓道德；自外者言之，舍礼无所谓政事。故六官经制大备(一)，而以《周礼》名书。春秋之世，士大夫知礼(二)、善说辞者，常足以服人而强国。战国以后，以仪文之琐为礼，是叔齐之所讥也(三)。荀卿(四)、张载(五)兢以礼为务，可谓知本好古，不逐乎流俗。近世张尔岐氏作《中庸论》(六)，凌廷堪氏作《复礼论》(七)，亦有以窥见先王之大原。秦蕙田氏辑《五礼通考》(八)，以天文、算学录入为观象授时门；以地理、州郡录入为体国经野门；于著书之义例，则或驳而不精；其于古者经世之礼之无所不该，则未为失也。

■ 题解

在曾国藩"无所不窥"的学问追求中,礼学一直是他关注的学术重心,并包括了礼经学、礼仪制度考订、礼学理论等各个方面,他的礼学体现出"兼综汉宋"的学术旨趣,源于他以礼治人的经世理念。曾国藩一直刻苦钻研礼学,其礼学既是经世之术,又是其调和汉宋的理论尝试。曾氏礼学以理为体,以礼为用,以经世为旨归,这一学术形态的出现,是清代理学与汉学的对立中吸取汉学之长的结果。曾国藩宗宋儒,亦不废汉学,目的是汲取汉学家礼学经世的主张,以挽救理学的日益没落。

■ 注释

(一)六官:周六卿之官。《周礼》以天官冢宰、地官司徒、春官宗伯、夏官司马、秋官司寇、冬官司空分掌邦国之政,总称六官或六卿。

(二)士大夫:指官吏或较有声望、地位的知识分子。《周礼·考工记序》:"坐而论道,谓之王公;作而行之,谓之士大夫;审曲面执,以饬五材,以辨民器,谓之百工。"郑玄注:"亲受其职,居其官也。"

(三)叔齐:又名司马侯,春秋晋国大夫。《左传·襄公二十一年》。晋国大夫栾盈被诬陷而出逃楚国。晋国执政大夫叔向同齐灵公、卫殇公会于商任。会见中,晋叔向发现齐、卫二国国君缺乏应有的诚敬之心,于是生发了"礼,政之舆也。政,身守也。怠礼失败,失政不立,是以乱也"的议论。叔齐认为礼是政治权力的体现,借助礼,政治权力才得以推行。

(四)荀卿:即荀子。战国末思想家、政治家、教育家。名况,时人尊而号为"卿"。他提出"性恶论",认为人的自然本性是恶的,必须通过礼乐道德的教化和法律约束,才能使人去恶从善。

(五)张载:字子厚,凤翔郿县(今陕西眉县)横渠镇人,世称横渠先生,北宋哲学家,理学创始人之一。

(六)张尔岐:清初学者。字稷若,号蒿庵居士,又号汗漫,山东济阳人。专以教授门徒和著述为务,治学笃守程朱,曾著《天道论》、《中庸论》。三十岁以后,专心于《仪礼》的研究。所著《仪礼郑注句读》,是一部较有影响的学术著作。

（七）凌廷堪：清经学家和音律学家。字仲子，又字次仲。安徽歙县人。曾任宁国府治（今安徽宣化）府学教授。去官后主讲敬亭、紫阳书院。仰慕江永、戴震之学，潜心钻研经史、对六书、历算及古今疆域的沿革，职官的异同，无不通达考辨，尤精《礼经》与乐律。

（八）秦蕙田：清经学家。字树峰，号味经。江苏金匮（今无锡）人。专力"三礼"之学，继徐乾学《读礼通考》体例，网罗众说，撰《五礼通考》二百六十二卷，自称平生精力尽于此书，以详考古代礼制的演变渊流。

■ 讲疏

曾国藩吸纳了先秦至清初的礼学思想，认为"礼"不等同于礼节仪式，而是修齐治平的根本。曾国藩认为礼学经典是经世之学，"其学问宗旨以礼为归"。冯友兰提到："专就经世之术说，曾国藩之学实可称为礼学。从天地万物以至一家一户的柴米油盐，都是他的礼学对象。"曾氏认为，礼是体国经野之学，察及人间及自然万象。将研究三礼的专家与考究历代典章制度、留心当世的学者共同纳之于礼学一途，对他们的学术贡献一并表彰。

更可贵的是，曾国藩具有礼以"时"为大的思想，主张因时变通，不必拘泥成制，从而能够进行不同于传统的改革；同时不赞成"轻循俗好"，仍坚持传统礼制的基本精神。在近代历史条件下，他礼学思想中所蕴含的"不泥古制"的变易精神，促进了传统文明向新的文明转变。他认为礼学以尽心养性为目的，道德之意，必须由礼才得以表现，政事也是对礼的具体实践。

■ 参考文献

《曾国藩大全集》，（清）曾国藩著，陈书凯编译，武汉出版社2012年。
《曾国藩全集》，蒋星德编著，岳麓书社2011年。
《曾国藩学术传论》，武道房著，安徽大学出版社2012年。
《曾国藩的礼学思想试探》，李育民，《江西师范大学学报》（哲学社会科学版），2008年第1期。

新学时期代表文章选录

礼教绪论

马一浮

马一浮（1883—1967），名浮，字一浮，浙江会稽（今浙江绍兴）人。中国现代思想家，20世纪"新儒家"的早期代表人物之一。著述丰富，主要有《泰和会语》、《宜山会语》、《复性书字讲录》、《尔雅台答问》、《尔雅台答问继编》、《老子道德经注》、《马一浮篆刻》、《蠲戏斋佛学论著》、《蠲戏斋诗编年集》、《避寇集》等，后人辑为《马一浮集》。

《礼教绪论》选自《复性书院讲录》卷四，以《礼记》中的《仲尼燕居》篇为教材讲述礼教，将此篇分为显遍义、显中义、原治、简过、原政、简乱六科，逐句逐段地讲解了此篇的大部分章节，着重阐释儒家崇尚道德理性的文化精神，旨在将传统儒家礼教推向现代。《复性书院讲录》一书，立足于现代，全面介绍了作者的新儒学思想，可以让读者更加深入地了解儒学由传统走向现代的发展历程，对传统儒学的新发展起到了很好的推动作用。

马一浮认为儒家诗教与礼教密切相关，"六艺之教，莫先于《诗》，莫急于《礼》。诗者，志也；礼者，履也。在心为志，发言为诗；在心为德，行之为礼"。马一浮所谈的"六艺"，不仅指《诗》、《书》、《礼》、《乐》、《易》、《春秋》六部经典，同时也涉及这六大类的知识文化及其教化理念。

诗、礼是心中之志与德在人言行上的外化，对于诗、礼的发生，他认为："诗主于仁感而后兴，礼主于义，以敬为本。"内心的至仁得以成诗，"敬以直内"得以成礼。人的所行与所志相应，也就是所行必与所言相应，言而履之，就是礼。乐其所志，然后行为合乎中和之道和礼仪法度，礼使之达到的，乐也能使人达到，"故即诗即礼，即礼即乐"。"六艺"是互摄相通的，"故言《诗》则摄《礼》，言《礼》则摄《乐》，《乐》亦《诗》摄，《书》亦《礼》摄，《易》与《春秋》亦互相摄，如此总别不二，方名为通"。

马一浮十分推崇《论语》一书。他认为，《论语》一书，其大义"无往而非六艺之要"。而《论语》之外，《礼记》与《仪礼》则并重，因其所记"圣言独多"。在他看来："欲明礼以义起，于此可得损益之旨，不专以说古制为能事。故治礼不可以但明郑学为极，当求之二戴，直追游、夏之传。观孔子与弟子言礼，皆直抉根原。"他认为："舍礼乐无以为政。故政之实，礼乐是也。礼乐之实，言行是也。"天子为政，礼乐是其明事理，化人性，安上治民所不可或缺的手段，所谓"夫'安上治民，莫善于礼'，'移风易俗，莫善于乐'，'政者，正也'，所以正己而正人也"。同时，他指出："以法制禁令为政者，是不揣其本而齐其末也。"以法制禁令治民，是弃本逐末而已。

1939年，马一浮受聘为复性书院主讲，总持讲学事宜。"复性"即复明仁义道德的善的本性。复性书院以讲明经术，注重义理，欲使学者知类通达，深造自得，养成刚大贞固之才为主旨。书院从1939年9月开始讲学，到1941年5月停止讲学，前后共一年零八个月。之后，书院就专事刻书。《复性书院讲录》共有六卷，是马一浮先生对书院学生所讲之全部讲稿。其中，卷一是总纲，告诫学者为学之目的、内容、方法和途径；卷二至卷六对多部儒家经典进行了全面、深入、独到的阐释：第二卷讲述《论语》大义，第三卷讲述《孝经》大义，第四卷讲述儒家诗教和礼教，第五卷讲述《洪范》约义，第六卷讲述易学思想。复性书院讲学实践期间，是马一浮学术生涯的重要阶段之一，《复性书院讲录》是作者以新儒学研究者的眼光重新阐释"六艺"之学，可以说是现代新儒学思想的代表作。

艺术之教育底功用

冯友兰

冯友兰（1895—1990），字芝生，河南省唐河县人。主要代表作"三史"（《中国哲学史》、《中国哲学简史》、《中国哲学史新编》）、"六书"（《新理学》、《新事论》、《新事训》、《新原人》、《新原道》、《新知言》）。历任中州大学（现在的河南大学）、广东大学、燕京大学教授、清华大学文学院院长兼哲学系主任，西南联大哲学系教授兼文学院院长，清华大学校务会议主席，北京大学哲学系教授。冯友兰为中国哲学史的学科建设做出了重大贡献，被视为20世纪"新儒家"代表人物之一。

《艺术之教育底功用》这篇文章选自《新理学》。《新理学》共十章。是作者"贞元六书"之一，是其新理学体系的总纲。全书依次论述了理、太极、气、两仪、四象、道、天道、性、心、道德、人道、势等问题，内容涉及自然、社会、个人诸方面。首先，冯友兰区分了科学与哲学，认为科学的对象是"实际"，哲学的对象是"真际"，"实际"是指有事实的存在者，即是标志客观事物存在的"器世界"；"真际"指凡可称为有者，即指在逻辑上先于客观事物而存在的"理世界"。他认为"实际"不能脱离"真际"，"真际"可以离开"实际"且比"实际"更根本。哲学必须通过"实际"以达到

"真际",但一经达到"真际",便可撇开"实际"而专讲"真际"。其次,冯友兰又对共相与殊相,即一般与个别的关系进行了探讨。他继承、发挥了程朱理学理、气范畴的意义,认为理是每一类事物的所以然之理,它是该类事物的共相;气是指具体世界的总的物质基础,它与理相结合,就产生了实际的具体事物器,即个别事物的殊相。每类事物都有共相与殊相的矛盾,但共相并不寓于殊相之中,而是比殊相更根本。他将世界划分为在上的"理世界"和在下的"器世界",认为是超时空的"理世界"是"器世界"的根据,"器世界"是"理世界"的体现。在认识论上,他认为"感觉"和"思(逻辑分析)"具有不同的对象。"感觉"不能认识共相,"思"不能认识殊相,但"感觉"可认识殊相,"思"能认识共相。认识共相比认识殊相更深刻。

在这篇文章中,冯友兰提出应该用美的艺术作品引导人的道德行为,即"美善相乐"的观点。首先,他指出:"有艺术作品,能使人觉一种境而引起一种善底情者,此种艺术作品,自社会之观点看,可以有教育底功用,可以作为一种教育的工具。"进而揭示出儒家之所以重视乐,是因为"乐可以有教育底功用,可以作为一种教育的工具"。接着,他引用《荀子·乐论》以及《礼记·乐记》中的论述作为自己观点的论据,层层递进,充分论证了乐具有教育的功用。他认为欲使人有某种情可以通过提倡某种乐来实现,进而指出:"乐的主要性质是和;有不可变之和,可以说是和之理。乐之理涵蕴和之理;实际底乐,乃代表乐之理,亦即代表和之理者。"即"乐之理"蕴含着"和之理",并且能够代表"和之理",所以"故好底音乐可以使人觉和而引起其和爱之情"。他进一步认为:"好底乐能引起人之善心,使其潜移默化,日迁善而不自觉。所以乐能'移风易俗,天下皆宁'。"并以诗歌这一艺术表现形式为例,揭示其所体现的艺术教育功能。冯友兰希望吸收儒家重视乐的这一思想,充分发挥艺术的教育功用,用美的艺术作品引起道德的行为,达到"美善相乐"的理想境界。冯友兰吸取儒家传统乐教思想的精髓,全文论述深入浅出。这种是对艺术功用的认识具有重要的学术价值和现实意义,对于当代社会风尚的引领与精神文明的建设,也不乏启发意义。

乐的精神与礼的精神
——儒家思想系统的基础

朱光潜

朱光潜（1897—1986），安徽桐城人，笔名孟实、孟石。中国现代美学奠基人。主要编著有《文艺心理学》、《悲剧心理学》、《谈美》、《诗论》、《谈文学》、《克罗齐哲学述评》、《西方美学史》、《美学批判论文集》、《谈美书简》、《美学拾穗集》等，主要翻译著作有爱克曼的《歌德谈话录》、柏拉图的《文艺对话集》、莱辛的《拉奥孔》、黑格尔的《美学》、克罗齐的《美学原理》、维柯的《新科学》等。

《乐的精神与礼的精神——儒家思想系统的基础》发表于《思想与时代》1942年第7期，此文收入《朱光潜全集》第九卷。朱光潜从美学家的角度，以现代学术眼光来看待儒家思想的基础——乐和礼。文中详尽地解说了儒家礼乐的内涵，作者"意旨重解说不重评判"，主要有以下三个方面的内容。

其一，谈乐与礼的性质和关系。首先，作者提出一般人对于礼乐的普遍错误见解，说明礼乐的真正性质："乐的精神是和，静，乐，仁，爱，道志，情之不可变；礼的精神是序，节，中，文，理，义，敬，节事，理之不可易。乐的许多属性都可以'和'字统摄，礼的许多属性都可以'序'字统摄。"其次,分谈"和序"之义。"和"的意义在于人需要内心和谐,社会也需要和谐,才能健康幸福;"序"是指具有条理秩序,一个人的思想要成一个融贯的系统,必要有条理秩序;一个社会要和而无争,也必有制度法律。最后,谈"和"与"序"的辩证关系。"和"是个人修养和社会发展的一种胜境,而达到这个胜境的路径是"序"。"和"与"序"的辩证关系,也是乐与礼的辩证关系。乐之中有礼,礼之中也必有乐,两者内外相应,相反相成。对此,作者从三个角度进行了论证:"乐发扬,礼节制";"乐在化,礼在别";"乐是自然(修养成自然),礼是人为(修养所下的功夫)"。

其二,谈礼乐的功用。在以伦理学为儒家哲学基础的前提下,在儒家性善论这一观点的基础之上,恶的起源被归之于习,礼乐的功用则在于调节,"所以修养的功夫就在调节性欲,使归于正,使复于性的本来善的倾向。乐与礼就是调节情欲使归于正的两大工具"。即在情欲不得其正之时,调节情欲使归于正。古代诗教之义也在于此。儒家不主张"戕贼"情欲,人的情欲若不能发散、宣泄,会产生抑郁烦闷,情欲也会不得其正。诗教的意义在于,"诗言志",又"可以兴",乐感人至深,对于人的品德影响最大。对于礼,朱光潜认为:"儒家因为透懂礼的性质与功用,所以把伦理学、哲学、美学打成一气,真善美不像在西方思想中成为三种若不相谋的事。"他将儒家思想与西方思想进行对比,西方将灵与肉、理智与情欲看作敌对,而儒家的思想是求调节情欲而达到中和,不主张戕贼。这也正是礼乐的功用。

其三,谈礼乐与教化。儒家论教育,大半从礼乐入手,通过"孔鲤趋庭"的典故,可见礼乐在孔门教育中的地位。而礼乐的最大功用,不在个人修养而在教化。朱光潜认为:"内仁而外义,内心和谐而生活有秩序纪律,这是个人的伦理的理想,也是社会的政治的理想。实现这个理想,致和以乐,致序以礼,这是个人的修养方法,也是社会的教化方法,所以儒家的教育就是政治,他们的教育学和政治学又都从伦理学出发。"譬如"政教",政与教中,重点在教,教隆而政举;礼与乐中,重点在乐,乐的性质和其所感化的国民性格与文化状况紧密相关。儒家论治国,重德化、轻政刑,礼乐的地位得以凸显。

在文末,作者回归文章开头提出的问题,即儒家究竟有没有一两个基本观念把他们的哲学思想维系成一个一贯的体系。答案是肯定的。儒家以礼乐观宇宙，宇宙中的每一件事物都有其"和"与"序"，宇宙中也有礼乐。由此生发出的儒家的"法天"观念，孝天孝亲、敬天敬亲，也就是乐的精神和礼的精神，贯穿而成宗教哲学的基础。作者提出："礼乐兼备是理想，实际上无论个人与国家，礼胜乐胜以至于礼失乐失的现象都尝发现。我们可以用这个标准评论一个人的修养，一派学术的成就，一种艺术的风格，以至一个文化的类型。"礼乐思想是贯穿整个儒家思想体系的基础。

礼乐新解

周谷城

　　周谷城（1898—1996），复旦大学历史系教授，曾任全国人大常委会副委员长，中国史学会常务理事兼首任执行主席等。周谷城的教学和研究涉及史学、哲学、美学、逻辑学、政治学、社会学、教育学等学科，代表著作有《中国通史》、《论西亚古史的重要性》、《中国社会史论》、《史学与美学》、《中国社会史论》等。

　　《礼乐新解》一文原载《文汇报》1962年2月9日。这篇文章中，周谷城论述了礼与乐这两个儒家思想的重要概念，具有鲜明的时代特征。作者把礼乐看成一个过程，由礼到乐就是由劳到逸，由紧张到轻松，由纪律严明到心情舒畅，由矛盾对立到矛盾统一，由对立斗争到问题解决，由差别境界到绝对境界，由科学境界到艺术境界的过程。

　　首先，文章对"礼"和"乐"的含义进行了剖析解说。作者用拆字法拆解"禮"字，并结合古籍进行了推断，认为"礼"不仅有古人供神的"礼品"之意，还是"客观事物的规律和人类行为的纪律"；对于"乐"，作者参照甲骨文、金文中"樂"的字形进行了剖析，认为"乐"包含了"乐器"、"音乐"和"快乐"三种意义。他认为："礼与乐两者，性质完全不同。就纪律这个意义而言，礼完全属于斗争过程；就快乐这个意义而言，乐完全属于斗争成果。"文章中作者多处提及斗争学说，体现出鲜明的特点。文中引用《乐记》"乐由中出，礼自外作"之语，说明"乐"出于主观，"礼"出于客观，以此佐证"礼偏于客观而乐偏于主观"的结论。

其次，文章论述了礼乐之间相反相成的联系。通过古文经学派和今文经学派对于六经的排列次序对比，以及《乐记》"礼乐"的多次相连并举，将礼乐和对立统一矛盾规律结合起来，得出"有礼一定有乐，先有礼再有乐"的观点，并且认为："出于主观的乐与出于客观的礼，又以整个天地或宇宙或自然的存在与发展为依据。"宇宙天地是由礼到乐的，人类社会也是由礼到乐的。作者认为："人类是要改造自然，利用自然的；但须发现自然规律，遵守自然规律；故曰'大乐与天地同和，大礼与天地同节'。"这种用反映论来阐释传统的儒家思想，也具有鲜明的时代特征。

再次，文章谈到礼乐的功用。作者将其分为三层：第一层是"发现规律，统一信仰"，即"《乐记》所谓'乐统同，礼辨异'是也。统同建筑在辨异上，由辨异可以达到统同。由分析情况，发现规律，可以达到认识一致，信仰统一"；第二层是"根据规律，遵守纪律"，即"改造现实，实现信仰。遵守纪律，是礼所道的行；改造现实，消去矛盾对立，达到矛盾统一，进入艺术境界，是乐所道的和。《庄子·天下篇》谓'礼以道行，乐以道和'；《荀子·儒效篇》谓'礼言是其行也，乐言是其和也'云云"；第三层是基于前面两者之上进行加工，"使心理习惯倾向于发现规律，遵守纪律；使感情表现，固定于几种方式，自然中和"。这三层功用之间是相续的。

此外，作者分列礼和乐的三层功用，说明礼乐的功用是有限度的，一旦超过某种限度，就会导致此功用变成与原来方向相反的东西。最理想的状态是"礼的教育做到物欲相持而长，乐的教育做到能奋至德之光"。文末再次照应开头观点，"由礼到乐，由劳到逸，由紧张到轻松，由纪律严明到心情舒畅，由矛盾对立到矛盾统一，由对立斗争到问题解决，由差别境界到绝对境界，由科学境界到艺术境界，亦断而相续，前进未有已时"，并强调"礼乐不可斯须去身"。

由音乐探索孔子的艺术精神

徐复观

徐复观（1903—1982），原名秉长、字佛观，湖北浠水人，不惑之年弃军从文，师从熊十力，是20世纪"新儒家"的主要代表人物之一。1958年，他与牟宗三、唐君毅等人联合署名的《为中国文化敬告世界人士宣言》发表，成为新儒学思潮在港台地区崛起的重要标志。主要著作有《中国人性论史》《两汉思想史》《中国思想史论集》《中国艺术精神》《儒家政治思想与民主自由人权》《中国文学论集》等。

《由音乐探索孔子的艺术精神》一文，选自《中国艺术精神》。徐复观从孔子对乐的论述入手探讨儒家艺术精神的主要特征。首先，作者提出孔子是古代乐教的传承者。音乐艺术出现得很早，和"礼"相比，文字中的"乐"比"礼"出现得更早；古代以音乐为教育，并且乐教的地位非常重要，礼所占的分量无法与之相比拟。随着社会生活逐渐复杂化，礼取代了乐在教育中传统的中心地位后，"一般贵族把礼的文饰这一方面，发挥得太过，致使徒有形式而没有内容，所以孔子常思加以矫正"。孔子的思想是礼乐并重，并把乐安放在礼的上位，说"兴于《诗》，立于礼，成于乐"，乐甚至是"人格完成的境界"。孔子不但在个人教养上非常重视乐，在政治上也传承古代乐教，重视乐在政治教化中的作用,"由一人之修养而通于天下国家,这是儒家的传统"。儒家典籍中多有关于乐的传承,对此,作者通过《乐论》和《乐记》做了若干考证。

其次,孔子对于乐的艺术精神有新的发现。一方面,强调美与善的统一。作者提出,在孔子的界定中,善与美不是可互通的隶属于一个范畴的概念,"'美'实是属于艺术的范畴,'善'是属于道德的范畴"。艺术上的美还需要有道德上的善,才是孔子所要求的"乐"。他认为:"乐之所以能成其为乐,因为人感到它是某种意味的"美"。乐的美是通过它的音律及歌舞的形式而见。这种美,虽然还是需要通过欣赏者在特种关系的发见中而生起,但它自身毕竟是由美的意识进而创造出一种美的形式,毕竟有其存在的客观的意味。"另一方面,强调仁与乐的统一,将二者联系融合在一起的是"和"。作者认为乐与仁的统一即是艺术与道德的融和统一,"德充实了艺术的内容,艺术助长、安定了道德的力量"。

再次,作者归纳出孔子的艺术精神是"为人生而艺术",儒家所传承和发展的也是"为人生而艺术"的音乐,这种精神的真正意义在于人性由乐而得到一个"大圆融"。"为人生而艺术"的音乐,"决不曾否定作为艺术本性的美,而是要求美与善的统一,并且在其最高境界中,得到自然的统一;而在此自然的统一中,仁与乐是相得益彰的。但这并不是仅由艺术的本身即可以达到。……艺术是人生重要修养手段之一;而艺术最高境界的达到,却又有待于人格自身不断地完成"。作者谈乐之艺术价值,根源在于人性之"静",当没有外物相扰,人性一片纯然,生命向更高的人生境界提升,乐从人性之自然而感的处所流出,这样的乐是"静"的性格,形式则是"大乐必简必易"之"简易"。作者强调"今日要领取儒家真正的艺术精神"、"论中西艺术之异同得失",都"必须追溯在这种根源之地来作论断"。

此外,作者论述了孔子"为人生而艺术"的精神对文学的伟大启示:"孔门为人生而艺术的精神,唐以前是通过《诗经》的系统而发展;自唐起,更通过韩愈们所奠基的古文运动的系谱而发展。"作者还阐释了音乐的衰退及其原因、历代儒者试图寻求雅乐之复兴等问题,认为儒家真正的艺术精神,自战国末期,已经湮没。孔子所要求于乐的,是善与美的、仁与乐的统一。这里的乐是就其音乐艺术的意义来说的,即是道德精神与艺术形式的统一。"为人生而艺术"是儒家的性格和孔子的艺术精神。

孔子的礼学体系
——纪念孔子诞辰二千五百四十周年

蔡尚思

蔡尚思（1905—2008），福建德化人。历任上海大夏大学讲师，复旦、沪江、光华、东吴大学和武昌华中大学、无锡国专教授，沪江大学副校长、代校长，复旦大学历史系主任、副校长。主要著作有《中国思想研究法》、《中国传统思想总批判》、《孔子思想体系》等。

蔡尚思先生早年曾提出过"孔子的思想核心是仁"的观点，但经过多年的研究与反思之后修改了自己的观点，认为孔子的思想核心应当是"礼"。《孔子的礼学体系——纪念孔子诞辰二千五百四十周年》这篇文章从多个方面、详列三十余条例证，系统地阐明了孔子以"礼"为核心的思想体系。

首先，伦理内涵方面，作者指出"礼独高于其他诸德"，诸德如"仁"、"知"、"庄"、"恭"、"勇"等，都是"非礼不成"的。这也自然地引出作者的观点：与其说孔子的思想体系核心是"仁"，不如说是"礼"更为确切。文中认为："有些学者以为，仁是内容，礼是形式；仁是道德，礼是政治。难道视、听、言、动，全是形式而没有内容，全是政治而没有道德吗？"作者颇为认同"礼是仁之实"的说法。"礼"和"仁"不能按内容性质之别来划分,孔子的思想是以"礼"为"仁"、"孝"、"忠"、"中和"的主要标准。其次,在政治制度方面,"礼"也是作为主要标准的。所谓"礼乐不兴,则刑罚不中(《子路》)",作者认为:"孔子认为法治只能使民'免而无耻',礼治就能使民'有耻且格'(《为政》)。礼治是优于法治的。"在法律方面,以"礼"为法律的主要标准,就不同于当今的法治精神(法不容情),而是情比法高,更加注重宗法私情。至于其他方面,外交(以会遇之礼相见)、军事(军旅有礼)、经济(贫而乐,富而好礼)、教育(不学礼,无以立)都体现出"礼"的重要地位。再次,学术方面。史学的主要标准也是"礼",孔子之"春秋笔法"即是明证。文艺美学中,诗歌和音乐均以"礼"为主要标准。孔子概括诗三百篇为"思无邪",斥郑声"淫",认为音乐应是"正"而"雅"的乐。在审美观念中,孔子也认为"礼"当在美之先,"绘事后素"。对此,作者又列举了生活方面。大如祭祀,要注重亲疏、尊卑有别;小如饮食、衣服、乘御、寝坐等方面,都各有其礼。与不同的身份地位的人相见也要合其礼,如见贵夫人、官员、朋友必须合礼。男女要有别,男女不仅"有别",而且女性的地位远低于男性。此外,作者还分列一条"男女性别是优劣品质的大问题",指出孔子歧视女子的思想。末几条中作者又回归"礼"的内涵意义,叙述了"礼"的主本次末、范围、能否变革等问题。"礼的重要性不仅高于其他诸德,而其范围的广大也几乎是无所不包的。孔子说:'礼,定社稷,序人民,利后嗣者也。'(《左传》隐公十一年)""孔子认为小礼可以变革,如帽子之类,尽可从今;大礼不可变革,如拜君之类,必须从古(《子罕》)",孔子的礼学体系全面且细致,打下了礼教理论的基础,而孔子也成为"礼教系统的祖师"。作者在文末特别指出,礼教不是宗教,只具有宗教的作用而不含有宗教的性质。

在"附言"中,蔡尚思认为:"我从幼至今不断研究孔子思想,写出的文字也不少,其中较大的转变,是对他从尊信到疑问,从笼统到具体,从核心是仁到核心是礼,核心是礼并不以礼为限。我肯定孔子在中国思想文化史上,影响最大,有首先探讨的价值。"他肯定了儒家礼乐思想在中国思想文化史上的影响和价值,并期望在学术交流探讨中促进其发展,以包容万象的胸怀对待不同的主张。

宗周的礼乐文明

杨向奎

　　杨向奎（1910—2000），字拱辰，河北丰润人。先后执教于甘肃学院、西北大学、东北大学、山东大学、中国社会科学院研究生院。在中国古代史、思想文化史、自然哲学和理论物理学等领域做出了重大贡献。主要著作有《西汉经学与政治》、《中国古代社会与古代思想研究》、《中国古代史论》、《清儒学案新编》、《大一统与儒家思想》、《宗周社会与礼乐文明》、《墨经数理研究》、《自然哲学与道德哲学》、《中国屯垦史》（合著）等，论文集有《绎史斋学术文集》、《繙经室学术文集》等。

　　《宗周的礼乐文明》一文，是杨向奎所著《宗周社会与礼乐文明》一书下卷第二、三章的结语部分。文中指出，周代礼乐文明是对此前传统礼乐加工改造后的产物。周代礼乐文明经历了两次有重大意义的加工：一次是周公对礼的加工改造，一次是孔子时礼乐的加工改造。周公以德代礼，从"天人之际"转到"人人之际"，提倡"敬德"；孔子以仁释礼，走向"人人之际"，提倡"成仁"。经过两次改造后的儒家世界观遂成为两千多年中国封建社会礼乐文明的基础。

　　文章指出，原始社会"礼尚往来"中的礼品交换，实质上是一种货物交易行为，这种交易行为是用礼品赠予和酬报的方式进行的。这一原始内容虽经周公的加工改造，减少了礼仪中的商业意义，但在西周社会，还可以看出浓厚的原始性质。后经孔子对礼的进一步加工改造后，才去掉了礼仪中的原始商业性质。作者认为，《三礼》不可能全是假的，其中的部分篇章反映了宗周的典章制度、风俗人情。虽然不能说其作者就一定是周公，但礼的具体内容及其实施，某些乐章的制定，肯定是周初统治者所为，而主要是周公。"自周公制礼作乐开始，是首次有意识的对于'礼'加工改造，他用'德'字概括了过去的'礼'。'德'字不仅包括着人们主观方面的修养，也有客观方面的规范"。周公首次有意识地加工改造了"礼"，在原始的待人敬天的在"礼"以及行礼中的仪容中充实了"德"的内容，逐渐脱离了"天人之际"而倡"德"，首次从原始的商业交换行为中抽象出"礼"的概念，变成一种脱离实物而纳入道德伦理范畴的"礼"。周公对仪的加工改造是以乐舞代仪，《大武》乐章即是周公承王命而作。孔子是周公思想的继承和发扬者，他对礼作了第二次加工改造。他重视"礼"并赋予新的内涵，但他不以"礼"为最本质的东西，在前人的基础上，孔子提出"仁"作为最高道德准则。"仁"即人，其内涵乃"德"与"礼"的综合，"规规矩矩的做人，以有礼貌的态度待人"，旨在搞好"人人之际"的关系。这样孔子的"礼"不仅去掉了原始商业交换性质，而且给予"礼"全新的含义，进一步阐释总结了礼乐文化的精神实质。这种由"天人之际"转向"人人之际"，是古代世界观的转折点。

此外，文章还分析了理学家对礼乐文明的发展起到的作用，阐释了理学家的礼乐思想。他认为："大程虽然使人类的宇宙活泼起来为宇宙立心，仁、诚是宇宙本体，是一个春意盎然的宇宙与人类的社会，虽然当时的实际情况并不如此……但大程之歌颂宇宙还是应当肯定的。"程颐、朱熹一派的哲学思想未能全面发展先秦的礼乐文明，而走向偏枯，他们没有注意到"人人之际"，而格物致知，诚意正心的两截方面论也并不周延，于是给陆王派以可乘之机。明清之际南北诸位大思想家，对传统理学多持批判态度，乾嘉时代朴学兴，遂使一代新学代替旧学而起，所谓汉宋之争由此而起。杨向奎运用丰富的史料和论据，提出了独具特色的见解，条理清晰地阐述了周公和孔子对礼乐的加工与改造，分析了礼乐在不同时期的内涵，对学习研究宗周礼乐文明具有重要的借鉴价值。

评孔丘的"正乐"思想

蒋孔阳

蒋孔阳（1923—1999），重庆万州人，复旦大学中文系教授。著有《文学的基本知识》、《论文学艺术的特征》、《形象与典型》等，译著《近代美学史述评》、《从文艺看苏联》，主编《二十世纪西方美学名著选》、《哲学大辞典·美学卷》、《辞海·美学分册》、《中国学术名著提要·艺术卷》等。

《评孔丘的"正乐"思想》一文，载于《文艺理论研究》1980年第1期。在20世纪50年代以来的美学大讨论中，蒋孔阳的理论立足点是"实践"。他认为真正的唯物主义美学应当从人的客观的社会实践出发来解释美和美感。在他看来，美不是抽象的、一般的社会实践，而是更为具体、宽泛的，因而强调美与美感的多样性、丰富性和具体性。《评孔丘的"正乐"思想》指出，儒家"礼乐"是一个完整的概念，儒家的美学思想应当就是儒家的礼乐思想。孔丘"正乐"有两个目的：一是用"礼"统帅"乐"，而且所要正的"乐"是能够为"礼"服务的"乐"；二是用"礼乐"反对一切非"礼"之乐。孔子提出"礼乐"不仅有音乐上的美学意义，而且具有鲜明的政治倾向性。

文章从探讨孔子的政治倾向性入手来理解"正乐"思想。根据历来对孔子的两种不同看法，以及相关史实印证，作者认为，孔子是站在"革新的保守派的立场"上提出"正乐"思想的。孔子的"正乐"既是要恢复殷周的礼乐制度，而且又加入了新的内容"仁"。他想通过礼乐推行仁政、德政，挽救"礼崩乐坏"的局面，使殷周奴隶制重新恢复生命。"正乐"首先是为了孔子的政治目的服务的。孔子重视音乐，一方面是因为孔子精通音乐，对音乐具有很强的鉴赏能力；另一方面是通过音乐可以实现自己的政治理想。孔子对西周的礼乐制度十分向往，按照礼乐的方式实行仁政和德政才是孔子心中理想的政治。而到了晚年，孔子周游列国处处碰壁，感到自己的政治理想无法实现时，他转而将重点放在了礼乐对意识形态的影响上。孔子想通过对诗和音乐的整理和删改，来维护和保存殷周的礼乐制度。他声称："吾自卫反鲁，然后正乐，雅颂各得其所。"（《子罕篇》）蒋孔阳认为："孔丘特别提出雅、颂两个部分，并以之作为他'正乐'的标准，可见他是要把古代奴隶主贵族的音乐，重新加以整理，重新用来占领意识形态的领域。"

　　文章从四个方面理解和评价了孔子的"正乐"思想，作者认为：第一，他按照自己的需要，把古代奴隶主贵族的礼乐，尽量加以美化，用来作为他"正乐"的最高理想；第二，于美化奴隶主贵族音乐的同时，孔丘"正乐"的另一个内容，是极力排斥当时新兴的音乐郑卫之音；第三，孔丘美化古代的雅乐，反对新兴的俗乐……而且要把仁义的新内容注进到他的礼乐思想中去，从而使他的礼乐思想成为他整个政治伦理哲学的一个组成部分，即所谓"礼乐刑政"的思想；第四，还有更重要的道德教育上的目的……他以"诗书礼乐"教，想通过诗书和礼乐来达到他培育理想的人格的目的。文章对孔子"正乐"思想在封建社会所起的作用进行了辩证简要的分析。蒋孔阳这篇文章，对孔子"正乐"思想的立场、目的，以及"正乐"的内涵和其发挥的作用，进行了具有时代色彩的阐释，从中可以看到 20 世纪儒学发展的思想历程。

忧乐圆融
——中国的人文精神

庞朴

庞朴(1928—2015),江苏淮阴人。曾任山东大学讲师、《历史研究》主编等职,曾为中国社会科学院研究员。致力于中国哲学史、思想史、文化史以及出土简帛方面的研究。主要著作有《公孙龙子研究》《帛书五行篇研究》《儒家辩证法研究》《文化的民族性与时代性》《一分为三论》等。

《忧乐圆融——中国的人文精神》一文,选自《庞朴学术文化随笔》。庞朴认为中国式的思维方式,最重要的特点就是"圆融",在《易经》中叫作"圆而神"。儒家称之为中庸之道、中和之德;道家谓之"得其环中,以应无穷"。西方所谓的否定之否定,差可比拟。说得简单点,可以叫作"一分为三",即"在简单事物中,这些成分有似于两极间的第三者;在复杂事物中,这些成分便外化为实在的第三者,成为两极的黏合剂和缓冲剂,直至成为整个事物的统一代表"。"三分法"是中国思想文化的特色,是中国思维方法的精髓。庞朴认为"一分为三"为中国文化密码,并运用这个密码来解读中国文化成果,做出了诸多的有益尝试和深入探讨。

《忧乐圆融——中国的人文精神》一文,比较和分析了徐复观的"忧患意识"说和李泽厚的"乐感文化"说。庞朴指出:"所理解和主张的三分法……在承认两极是真实的同时,更指出由于两极的互动,在两极之间,必有一种或种种兼具两极性质和色调(也可以说是不具两极性质和色调)的中间实在;从静态的二分观点来看,它们常被看成是不稳定的乃至不真实的,有时叫作动摇的、暂存的、折中的、妥协的,以及诸如此类的种种否定性规定;但是不管怎样贬低它,它仍然存在着,而且是真实的。"他通过"三分法"探讨了两种学说的区别和联系,旨在厘清"忧患"与"乐感"作为文化心理因素,是"如何表现并影响了中国文化的特性,从而指出二说的偏颇,希望得到一个更如实的看法"。文章指出上述二说都不能真正体现中国文化的基本精神,中国文化同时兼备两种精神,也即"儒家思想流传下来的忧患精神和由道家思想流传下来的怡乐精神"即"忧乐圆融",这两种精神的理想地结合,便构成了中国人的理想的人格。

文章指出,由于为说者人生际遇及学识修养、个人性格的差异,"忧患意识"说和"乐感文化"说有诸多差异,并进一步分析二说各自的偏颇之处,指出二说都不能单独作为中国文化基本精神的代表。庞朴依据"三分法"原理,指出二说不应该是水火不容的,"忧乐"本是共存共荣、相互联系的。西汉后儒道两家更是融合了外来的佛学,"成就了中国文化的新的统一体",其精神就可以用"忧乐"二字概括,他认为:"所谓'忧',展现为如临如履、奋发图强、致君尧舜、取义成仁等等之类的积极用世态度;而所谓'乐',则包含有啜菽饮水、白首松云、虚与委蛇、遂性率真等等之类的逍遥自得情怀。"而"忧乐圆融"则进一步成就了中国开放包容、博大精深的文化,"圆融也成为一种优势,使得中国文化能顺利迎接外来的佛学,不因它的迷狂和辨析而盲从和自馁,相反却以圆融去容纳和包涵,论证和充实,并最终汇成了源远流长、雄峙东方的忧乐圆融的中国人文精神"。基于我们民族的不同性格,在各个不同时代有其不同的变异,从而呈现出不同的时代精神。文章指出:"正是圆融本身,可以促使它不泥于一曲,不止于故步,不扬彼抑此,不厚古薄今;可以保证它取长补短而不崇洋媚外,鼎故革新而不妄自菲薄,适应时代而不数典忘祖,认同自己而不唯我独尊。"作者运用"一分为三"的方法论,旁征博引,深刻细致地论述了中国人文精神的内涵,对中国人的基本精神作了深入的探讨,对儒家文化思想的研究以及"忧乐圆融"人文精神的揭示具有重要意义。

中国古典美学的奠基石
——论《乐记》的美学思想

周来祥

周来祥（1929—2011），山东大学文学与新闻传播学院教授。主要研究方向中国古代美学、西方美学、中西比较美学。治学60年，形成以"美是和谐"为核心的美学理论体系。主要著述有《论美是和谐》、《周来祥美学论文自选集》、《中西比较美学大纲》（合著）等。

《中国古典美学的奠基石——论〈乐记〉的美学思想》一文，选自《论中国古典美学》，全文围绕《乐记》进行了详尽的叙述。首先，作者根据各种文献记载以及对《乐记》内容特点的分析，推论《乐记》成书年代大概在春秋末战国初，在荀子《乐论》之前，作者可能是公孙尼子。《乐记》经过秦火和楚汉之争有所散佚，可能经过了汉儒的重新编纂。作者认为："《乐记》的思想更接近孔子和春秋间的思想，它不同于尸佼、荀况、吕不韦，而是由孔子到荀子发展过程中间产生的一种历史现象，因而成书年代定于春秋末战国初是比较适当的。"

其次，作者认为《乐记》"总结了《周易》、《尚书》以来春秋间的音乐思想，顺应时代的要求，兼采了法家的主张，发展了儒家的思想，铸成我国

第一部较为成体系的文艺理论和美学著作",是我国古典文艺理论和古典美学的奠基之作,并归纳为音乐的时代孕育了音乐的美学。先秦时代是一个音乐繁荣的时代,表现在三方面:其一,乐器种类繁多,乐律也发展到较高水平;其二,曲式丰富多变;其三,音乐普及程度较高,并且已出现闻名于世的乐师。也正是因为音乐的这种繁荣和影响,不同阶级、阶层的思想家,尤其是儒家非常注重对音乐的研究和利用。《乐记》作为儒家关于音乐理论的奠基之作,吸收了《尧典》以来的尤其是孔子的音乐美学观点,提出了一个最早的较为完整的美学体系。

再次,作者认为《乐记》这个美学体系,包括了重要的理论内容和基本的美学原理。其一,强调了音乐的美学本质(表现人心、抒发感情)和音乐与政治的联系,且具有朴素唯物主义和朴素辩证法的精神;其二,论述了礼乐相互区别和交互为用的观点,阐明了音乐和礼仪、道德、政治的复杂关系,极大地甚至是过分地强调了音乐的社会作用;其三,严格区分了"声"、"音"、"乐"这三个不同的概念以及情与这三个概念的关系,强调情与理的结合;其四,对音乐内容和形式的范畴作了明确的规定,认为内容决定形式,情感制约曲调。在音乐内容形式的关系上,《乐记》更重视内容。它认为内容是首要的,是根本,音乐形式是次要的,是"末节";其五,提倡和乐,反对淫乐;复兴古乐,排斥新乐。"以'和'为美,以'和乐'作为理想的音乐或理想的艺术美的形态。"

此外,文章认为我国古代首先创造了音乐美学,而欧洲特别是古希腊最早出现的却是《诗学》,将《乐记》与《诗学》作对比,论述归纳了两者之间的许多共同的美学原理。《乐记》和《诗学》都把素朴的辩证法运用于美学;都强调主观和客观的和谐,再现和表现的统一;都主张描写普遍性、必然性和规律性的东西;都肯定文艺中真、善、美的统一,都要求文艺认识、思想和娱乐作用的结合;有大体相同的社会基础。但同时,两者也在一般规律中有着各自的特点。作者认为:"《乐记》更强调善、强调道以节情。强调'　通'、'乐通伦理',更强调乐以和人的社会伦理作用。《诗学》则依　　仿说,更强调真,强调理智,强调艺术的认识作用。""由于　　殊性和民族文化的显著差异,《乐记》和《诗学》又形成两个各具特色的美学和文艺理论体系，一个偏重于表现，强调美、善结合，一个偏重于再现，侧重美、真的统一。这种特点及其影响，极为深远，直到今天还可感到它的存在。"作者强调《乐记》的影响不只局限于狭隘的音乐范围内，而且波及诗词、戏曲和小说等广泛的文艺领域，是我国古典主义美学和文艺理论的奠基石，其影响之大，概及整个文化艺术思想，成为中国古典美学史和文艺理论史的脊骨和主干。

后 记

2007年，我的小书《礼乐文化与中国文论早期形态研究》在中华书局出版。从那以后，我就有一个想法，那就是要编礼乐文化研究方面的一个读本。但这十年来，因为科研、教学任务太过繁重，无暇分身，此事便一再耽搁。如今《礼乐文化研究读本》一书能在商务印书馆出版，也算是自己数年来研究礼乐文化的一个文献资料的小结。在本书的编著过程中，我的硕士研究生王雪芹、博士研究生陈濛和李轶婷做了大量资料的整理、校对工作。

夏静

2017年5月